尽　善　尽　　　弗　求　弗　迪

맥압

见证读书 | 华尔街见闻

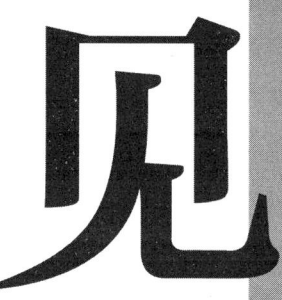

见证逆潮

WITNESS THE TIDE

全球资产逻辑大变局的思考

付鹏 著

电子工业出版社
Publishing House of Electronics Industry
北京·BEIJING

未经许可，不得以任何方式复制或抄袭本书之部分或全部内容。
版权所有，侵权必究。

图书在版编目（CIP）数据

见证逆潮：全球资产逻辑大变局的思考 / 付鹏著. —北京：电子工业出版社，2024.3
ISBN 978-7-121-46773-8

Ⅰ.①见… Ⅱ.①付… Ⅲ.①世界经济－研究 Ⅳ.①F11

中国国家版本馆CIP数据核字（2023）第224064号

责任编辑：王陶然
印　　刷：三河市鑫金马印装有限公司
装　　订：三河市鑫金马印装有限公司
出版发行：电子工业出版社
　　　　　北京市海淀区万寿路173信箱　邮编：100036
开　　本：720×1000　1/16　印张：29　字数：455千字
版　　次：2024年3月第1版
印　　次：2024年12月第15次印刷
定　　价：99.00元

凡所购买电子工业出版社图书有缺损问题，请向购买书店调换。若书店售缺，请与本社发行部联系，联系及邮购电话：（010）88254888，88258888。
质量投诉请发邮件至zlts@phei.com.cn，盗版侵权举报请发邮件至dbqq@phei.com.cn。
本书咨询联系方式：（010）68161512，meidipub@phei.com.cn。

自　序

或许很多读者都知道我对冲基金交易员的职业背景，但本书并非全篇都在对宏观或交易策略进行严谨的分析与总结，它更多的是我从业多年形成的经济世界观和思考体系。或许有些读者曾经看到过我的一些观点，可能认为我太异想天开了。但那是我沿着思考路径，比对真实场景，通过对我过去积累的交易员经验进行总结而得到的结论。现在，我把自己的经济世界观和思考体系展现给读者，希望能够给读者提供一些切入宏观经济现象、看待资产变化情况的新角度。

第 1 章是导论。我从自己的经济世界观和思考体系出发，总结了我认为最重要的三组关键词：分工和分配、债务和杠杆、收入和贫富。它们分别决定了财富的创造、财富的扩张和财富的分配。这三组关键词是我们理解人、社会、国家行为的重要维度，也是我们后续从中观或微观角度展开论述所有大类资产关系的基础。

第 2 章是对第一组关键词——分工和分配的具体阐述。经济学理论的分工和分配的结果有着较为苛刻的前提条件，但现实世界并不存在绝对公平的分工和分配。

第 3 章是对第二组关键词——债务和杠杆的理解。人们在完成财富的原始积累后，让其"滚雪球"般增长需要依靠债务和杠杆，但折现未来的特性决定了债务和杠杆的两面性。

第 4 章是对二战后充满竞争的世界的总结。二战后，世界形成了新的分工和分配秩序。

第 5 章是对全球货币体系变化和里根大循环的介绍。在新的分工和分配秩序下，全球货币体系不断变革并形成了美元霸权，而著名的里根大循环则建立在美元作为全球货币的基础之上。

第 6 章是对全球化程度加深过程中不同经济体在全球分工中所处的地位的理解。这是我评价一个经济体，了解其经济结构，决定其分析方式的基础。通过拆分全球经济一体化下的三级模型，读者可以对全球各个经济体的角色有一个初步的了解。

第 7 章探讨了在全球经济一体化下，各国金融、货币政策与"利率病"的状况，这是对债务杠杆的载体——金融的扩展和反馈。

第 8 章是本书的核心，也是大多数读者较为关心的一章。FICC（Fixed Income, Currencies & Commodities，固定收益、外汇和大宗商品）及大类资产的概念进入我国仅 10 多年时间，但对其研究的程度逐渐加深。在经过海外对冲基金交易的训练后，我认为 FICC 的核心就在于利率曲线。利率包含的信息最多，想要透彻掌握也最难，而我们对跨资产的理解和思考离不开对利率曲线的解读。因此，本章在利率、信用、债务、财政、汇率、商品、权益的理解和它们相互之间的联系上着墨尤多。

第 9 章是对我的经济世界观中的最后一组关键词——收入与贫富的展开。由于经济全球化和金融杠杆，贫富分化有所加重。本章详细分析了日本、中国香港和美国社会的 K 型演化史，并对房地产、消费和资本垄断等失衡问题进行了分析。

第 10 章和第 11 章是对当前经济环境变化的一些思考，也是本书名为《见证逆潮》的来源。贫富分化加剧、逆全球化进程加速，其所产生的宏观异象超出了过去 40 多年市场的一般认知，而我们有幸成为其见证者。第 12 章着重分析了日本长短利率倒挂的曲线及其背后的深刻原因，并延伸了一些相关的思考。

第 12 章是对未来可能性的探究。

本书是我对自己的经济世界观和思考体系的总结，也是我对自己过去经验的总结。我在保证数据客观、真实、准确的情况下，向读者展示了我对经济的思考。看待问题的方式有千千万万种，希望本书的内容对各位读者有所启发，也希望读者和我一起对宏观经济和资产进行研究和探索。

由于我的精力有限，书中难免存在不足之处，希望读者不吝赐教。让我们的思维火花相互碰撞，成为照亮未知前方的启明之星。

2023 年 11 月 11 日

目录 CONTENTS

第1章 导论

1.1 分享和巨人的肩膀　　1
1.2 我的经济世界观和框架体系　　7
1.3 见证逆潮时代　　12

第2章 分工、分配与全球化

2.1 分工——一切经济的源头　　16
2.2 国际分工带来了贸易全球化　　18
2.3 国际分配的出现　　21
2.4 现代国际分工和贸易　　21
2.5 原则：不完全竞争下的新贸易理论和战略性贸易关系　　23
2.6 分配——生产要素的所有制度　　26
2.7 有没有公平的分工和分配？　　27
2.8 分配失衡的争吵　　30
2.9 天生的利己主义带来了逆全球化　　32
2.10 霸权：决定分工，决定分配　　35
2.11 失衡、重构和全球化、逆潮　　36
2.12 历史的痕迹　　38

第 3 章 债务和杠杆 —— 宿命的加速器

3.1	探究财富的本源	41
3.2	历史上财富积累缘何困难？	43
3.3	劳动、财富、货币、金融	48
3.4	经济发展和债务、杠杆的反馈	50
3.5	经济各个部门的债务和杠杆	53
3.6	国家之间的债务问题	56
3.7	债务和杠杆、收入和贫富的模型	57
3.8	债务和杠杆 —— 天使还是恶魔？	76
3.9	债务和杠杆的处置方式	78

第 4 章 二战后新殖民主义和全球化之路

4.1	竞争和优胜劣汰	83
4.2	殖民地和战争带来的进化	85
4.3	二战后"具备底线同时又竞争"的世界	87
4.4	二战后的世界"重构"	89
4.5	二战后的分工和分配	91
4.6	走向全球一体化	93

第5章 探索中的前行：全球货币体系变化与里根大循环

- 5.1 全球货币体系的演变：实物货币和信用货币　97
- 5.2 布雷顿森林体系　105
- 5.3 过渡阶段：牙买加协议　112
- 5.4 石油美元与美元霸权　114
- 5.5 现行的国际货币体系特征　117
- 5.6 重温里根大循环　119

第6章 全球经济一体化下的三级分工体系

- 6.1 全球化下的三级分工体系　133
- 6.2 三级分工体系的正反馈　138
- 6.3 三级分工体系的负反馈　139
- 6.4 全球化下三大部门债务和杠杆的循环　142
- 6.5 三级分工体系的债务权力——特里芬难题　144
- 6.6 三级分工体系的债务闭环——双缺口模型　146
- 6.7 全球化的代价　148
- 6.8 分配失衡　150

第 7 章 "利率病"与 K 型社会

7.1 金融与低利率	154
7.2 利率的指导者:中央银行	156
7.3 2% 的通胀目标	165
7.4 货币政策还"包治百病"吗?	170
7.5 "三低时代"和"利率病"	179

第 8 章 FICC 的根源:全球化下的利率曲线

8.1 黄金、美元都源自信用和债务	186
8.2 好债务和坏债务	192
8.3 回顾美国好债务和坏债务的发展历史	195
8.4 通过财政来看债务和黄金	199
8.5 通过利率来看支出和赤字	203
8.6 重构财政收支,重塑好债务	208
8.7 大类资产波动率的传导性	210
8.8 美元利率曲线:全世界的锚	213
8.9 汇率背后的借贷和投资	219
8.10 新兴市场国家的债务危机	230
8.11 大宗商品价格背后的逻辑	234
8.12 全球权益市场的逻辑	250

第 9 章 收入与贫富：K 型之殇

9.1 财富积累与分化，推动历史进程　266

9.2 K 型宿命：失衡　267

9.3 K 型社会的演化简史——日本、中国香港和美国　283

9.4 K 型社会的失衡问题——房地产、消费主义和资本垄断　362

第 10 章 逆潮时代：加速的全球分化

10.1 2020 年前美国贫富分化已经到历史高位　403

10.2 经济增长放缓加剧贫富分化　406

10.3 贫富分化会拖累经济增长　407

10.4 经济危机与贫富分化　409

第11章 逆潮初痕

11.1	从新凯恩斯主义到长短利差交易	413
11.2	利差的指引：深度倒挂	416
11.3	重新理解利率曲线：从以长端利率为锚到以短端利率为锚	419
11.4	薪资增速与通胀黏性——逆全球化	422
11.5	财政开源节流之税收政策	427
11.6	日本逐渐重回全球资产配置	429
11.7	日本，失去了 30 年？	430
11.8	全球化下日本对内、对外的直接投资	439

第12章 未来：理想和残酷的世界

12.1	分配均衡的必然	443
12.2	理想的世界：同一个世界，同一个家	444
12.3	残酷的世界：不能输的"大国"	447

第 1 章　导　论

我们每个人都在巨人的肩膀上前行。这是一个象征和寓言，揭示了我们与过去和现在的伟大先驱们的紧密联系。这些巨人的智慧、经验和成就，为我们提供了宝贵的指导和启示，让我们能够站在他们的肩膀上，看得更远，飞得更高。

与此同时，我们自己也在不断成长和进步。这种成长不仅是个人或团体的进步，还是整个人类社会的进步。在追求个人和团体的成就和成功的过程中，我们也意识到自己的责任和使命，希望能够在自己的肩膀上，为后来者提供更好的环境和条件，让他们能够比我们飞得更高、更远。

因此，当我们走在成功的道路上时，我们不仅要感恩那些曾经为我们铺路、提供指导的巨人，还要尽自己所能，挺起肩膀，为那些跟随我们脚步的后来者提供支持和帮助。这样，我们每个人都可以在巨人的肩膀上前行，同时也在为后来者提供让他们能够更高、更远地翱翔的平台和机会。

1.1　分享和巨人的肩膀

我的父母作为中国金融领域的首批从业者，他们的职业生涯从中国早期的银行业扩展到证券行业，所以我一出生便有了一个更加容易感知金钱的成长环境，这使我早早地感受到了经济和金融的脉搏。

童年的时候，父母不得不一边工作一边照顾我，导致我从小就要跟着父亲一起进入企业做调研——虽然那时候我只是一个蹭吃蹭喝的小跟班；

童年的时候，我曾跟随外公作为新中国第一代股民在"486"电脑的 DOS 系统中敲敲"潜龙"、看看"龙虎榜",跑到楼下散户大厅里盯着那个翻牌报价机,感受美妙的数字世界和人生百态——虽然那时候我只是在暑假来蹭证券公司大户室的空调图凉快的。

童年的时候,我在银行门口看到有人倒卖外汇券。那是当时的汇率制度不完善的产物,是违法的,但是那种买卖的感觉逐步在我的心中埋下了种子——虽然那时候我只是在那里等母亲下班。

这些童年的经历,以及间接地和金钱打交道确实为我的成长提供了非常大的帮助。我深刻地认识到,对金钱的敏感度在金融领域的各个方面都有着至关重要的作用,无论是投资、理财还是借贷,都离不开对金融知识的了解和对市场的敏锐洞察力。这种敏感度不仅体现在对货币价值的判断上,还体现在对市场动态、投资机会以及风险评估的洞察力上。

通过见证和实践,我逐渐掌握了这些必要的技能和知识,并将其运用于我的生活和工作中。因此,我也非常注重让我的子女在金融方面得到良好的熏陶和教育。只有让他们"泡"在和金钱打交道的环境中,参与或见证金融行业的各个维度和方面,才能够让他们对金融有更加深刻的认识和了解,从而在将来具备独立处理金融事务的能力和素质。

在伦敦的 10 多年时间里,从大学期间倒卖二手车、做换汇业务、汇率套期保值,到毕业后在金融机构实习,再到最后进入一家对冲基金公司工作,我非常幸运地接受了学院派和实战派的共同培养。我非常感谢那些年在工作中与我无私分享的老板和同事,他们的无私分享使我以最小的代价和最少的时间成本获得了最快速的成长。

他们这种分享精神让我深受启发,使我养成了良好的交流习惯。2000 年,当时新兴的即时通信工具(QQ)在国内开始流行,我逐渐认识到与他人即时交流的重要性。后来,我开始参加国内的一些金融论坛,与他人积极分享和互动。20 多年来,我始终保持着写日记的习惯,并逐步借助更具时代特征的工具与他人保持频繁的沟通和交流。

我认为沟通和交流是一个互相补充的过程。通过交换信息,我们可以发现彼此的优点并弥补各自的不足。对金融从业人员而言，沟通和交流是基本素质之一。他们不应局限于每天坐在电脑前关注新闻和报价，应适当地放慢交易节奏，多参与户外活动，与同行及非同行进行发散性沟通。这对于他们拓展思维非常有益。

这么多年来，我一直坚持写日记，并乐于与他人分享我的见解和经验。通过我的日记，许多人获得了很多有价值的建议和启示。然而，也有不少人纳闷，为什么我如此愿意分享，因为在他们看来，大多数人并不会轻易地公开自己的日记。然而，我的分享习惯实际上与我的记录习惯密不可分。我始终认为，我记录下来的不仅是文字，还是自己的成长历程和思考过程。

全球大类资产所涉及的投资领域非常广泛，它并不是一个不可告人的市场。在这个市场中，一个人展现得更多的是其投资逻辑、投资框架等综合素养。在投资过程中，我公开自己的投资理念和决策过程不但可以增加自己的投资信心，而且可以为他人提供有价值的参考。此外，我通过分享自己的投资经验，还可以帮助他人更好地了解市场动态和投资风险，与他人共同探讨投资之道。

一直以来，我分享日记的目的，就是希望能够帮助更多的人。同时，我也相信在这个信息爆炸的时代，人们只有通过互相交流和学习，才能更好地提升自己的投资素养和综合能力。因此，我愿意继续分享自己的日记，让更多的人从中受益。

FICC 的投资框架是一种全面且有序的投资方法，其结构从宏观经济学角度出发，逐步深入各个微观层面。这种框架的构建需要对全球范围内的经济、市场、行业以及公司等多个层面进行深入研究，而这需要我们有丰富的专业知识和经验积累。

在这个过程中，我们需要对大量的数据和信息进行整理、分析、归纳和演绎，从而形成一套完整的逻辑框架体系。这个过程不仅需要我们有深入的理论知识，还需要我们结合实际情况进行不断的实践和总结。因此，我们想要构建这样的投资框架需要投入大量的时间和精力，需要不断地学习和思考。

幸运的是，前辈们已经为我们提供了很多宝贵的知识和经验。他们已经对大多数的投资领域进行了深入的探讨和研究，并为我们总结了很多经验和教训。我们需要做的，就是将这些知识和经验进行梳理和整合，从而形成一个更加完整和系统的投资框架。

然而，将这些内容融会贯通并不是一件容易的事情。在理解和运用这些知识的过程中，我们需要付出很多的时间和精力。我们只有不断地实践和总结，才能真正掌握这个投资框架的精髓，从而更好地将其应用于投资决策中。

有些人相信，只要不断地实践和探索，就可以逐步了解未知的领域。然而，我认为这种方法不但靠运气的成分非常高，而且成本巨大。此外，它还很容易让人误入歧途。一些投资者更倾向于与那些一年赚取 20 倍收益的人交流，而不愿意去听那些大学教授讲述金融市场的基本知识。这种行为可能会导致投机主义和短期交易盛行，从而使其他投资者忽视了长期稳健的投资策略和价值投资的重要性。因此，我认为只有不断地学习和积累知识，才能更好地掌握投资的要领，提高成功的概率。

伦敦金融城和纽约华尔街都是全球知名的金融中心，汇集了众多的投资大佬。这些投资大佬大多数是经验丰富的老者，他们有着许多年的投资经验，对市场有着深入的理解和精准的判断。与此不同，在中国，我们看到的投资者们往往是年轻气盛、意气风发的年轻人，他们凭借着勇气和冲劲在市场上崭露头角。

我记得有一位投资非常成功的老前辈跟我说过，金融市场的投资生涯就像是一场马拉松比赛，考验的并不是选手们的速度，而是他们的耐力和节奏。在投资中，职业选手并不会被眼前的短期利益所迷惑，而会以更加长远的眼光来规划自己的投资策略。他们懂得如何控制自己的气息，掌握步伐节奏，从而在投资的长跑中获得最终的胜利。

而那些"爆发型"的外行，虽然可能会在投资过程中暂时取得大幅度的领先，但如果没有自知之明，不了解自己赚钱的原因，那么他们很可能会对自己的投资能力产生误判，从而变得过于自大和鲁莽。这样的行为往往会导致他们在到达终点前功亏一篑，错失获得最终胜利的机会。因此，在投资市场上，真正的赢家不仅需要有精准的判断力和长远的眼光，还需要具备稳健的投资策略和良好的心理素质。

前辈的话，凝结了他的人生体悟。他用自己丰富的经验和深刻的见解，为我们指明了前行的道路。我们选择进入金融市场的第一件事情就是问问自己，我们是在寻找一条长期稳定的投资回报之路，还是希望通过短期的高风险高收益来获得暴富的机会呢？

如果我们只是希望在金融市场中驰骋，而不考虑获得长期稳定的回报，那么进入金融市场可能并不是我们最好的选择。金融市场是一个充满风险和不确定性的场所，我们需要具备扎实的基础知识和理性的投资策略，才能够获得长期稳定的回报。如果我们只凭一时的运气或者激情投入市场，那么很可能会遭受损失，甚至可能会影响我们的财务状况。

而如果我们是前者，希望在金融市场中获得长期稳定的回报，那么我们需要对前辈们的知识体系进行认真的学习和总结，从而构建自己的投资框架。前辈们的经验和教训，是我们学习和借鉴的宝贵资源。通过学习他们的经验，我们可以更快地掌握市场规律，降低投资风险。

当然，只学习前辈们的经验是不够的，更重要的是，我们要真正进入市场，通过实践获得经验。只有将理论知识与实际操作相结合，我们才能真正掌握金融市场的本质。

总之，金融市场是一个充满挑战和机遇的场所。我们需要理性对待市场的波动和风险，不断学习和积累经验，逐步形成自己的投资策略和风险控制方法。只有通过长期的积累和学习，我们才能在金融市场中获得成功。

历史上，许多经济学家为推动经济社会发展作出了巨大的贡献，但是令人感到惋惜的是，一些人认为经济学家缺乏成为优秀投资者的能力。这种偏见的存在，主要是因为经济学家们过于专注经济学理论和世界观的研究，以至于他们难以将理论与实践相结合，深入更具体的资产配置和交易层面。

然而，我们需要认识到的是，经济学家们对于经济学理论和世界观的研究并不代表他们在投资方面的能力不足。事实上，许多经济学家具有深厚的理论基础和敏锐的洞察力，他们能够运用这些优势进行准确的预测和分析，从而为投资决策者提供有价值的建议。

同样地，金融从业人员对于资产本身具有丰富的专业知识和实践经验。例如，债券从业人员对于债券定价、信用风险以及债券套利交易等有着精深的理解；外汇交易者对于汇率衍生产品有着深入的认识；商品交易者对于各种商品的供需基本面有着准确的把握。

然而，尽管金融从业人员在资产管理方面有着丰富的实践经验，他们却经常遇到宏观经济问题。在面对宏观经济问题时，他们往往感到无所适从，无法将这些问题与自己的专业领域相联系，从而形成了难以突破的瓶颈。即使他们能够认识到这些问题的重要性，也缺乏足够的知识和方法来解决这些问题。因此，他们需要寻求经济学家的帮助，以便更好地理解并解决这些宏观经济问题。

自上而下的过程，便是通过洞察宏观经济因素与金融市场的关联性，建立它们之间的紧密联系。这一过程不仅需要我们有深度的专业知识，还需要我们具备敏锐的洞察力和预见性。这个过程如同在浩瀚的海洋中寻找指引航向的灯塔，对于了解和研究整个金融体系至关重要。

本书作为我整个分析框架的顶层，也是最核心的部分，充分展示了自上而下的思维方式对于哲学性框架的深入探究。它以简洁明了的方式，通过清晰且易于理解的逻辑，帮助读者理解政治、经济以及金融市场之间的相互关系。此外，本书还通过不断更新相关大类资产的框架，帮助读者拓宽视野，以便更好地理解和掌握各类资产之间的联系。

本书的主旨，即帮助读者在繁复的金融市场中找到适合自身的投资方式，运用所学的知识，作出正确的投资决策，从而增加财富。

投资大师们在进行投资决策时，都基于共同的基础，并在此基础上进行深入的思考和延伸，从而构建了各自重要的投资框架。例如，乔治·索罗斯在其投资框架中加入了全球分工和分配的理论，并特别关注国家之间的经常项目和资本项目的循环，形成了他在汇率市场上的基本决策框架。这些内容在他的著作《金融炼金术》中有详细阐述。

此外，就债务和杠杆方面的投资策略而言，桥水基金的瑞·达利欧先生可以被视为权威的投资人之一，其著作《债务危机》在金融及其相关领域中具有极高的参考价值。

关于中国经济的框架，余永定先生自 2000 年开始在各大报纸上更新的关于"双顺差"的文章，对我产生了深远的影响和极大的启发。他的独特见解和深入分析，解释了复杂的经济现象，让我对经济学有了更深入的认识和理解。他的思维清晰、逻辑严密、推理精确，让我深受启发。

余永定先生的著作——《见证失衡》于 2010 年出版。这是一部真正具有价值的体系性图书，以独特的视角和见解，揭示了全球贸易失衡的原因、影响和应对措施。不过，在当时盛行"涨停炒股秘籍"和"擒龙大法"的年代，这本书只能被尘封在图书馆的角落里，无疑是一种巨大的遗憾。

我的幸运之处在于，自从我进入大学以来，我能够轻松地获得这些前辈们的研究成果。实际上，站在巨人的肩膀上并不需要付出太大代价，因为获得许多研究成果的成本并不高。这些研究成果不仅增加了我的知识储备，还为我带来了极大的启示。通过不断的积累和思考，我逐渐形成了自己的学术观点和研究方向，进一步推动了我的学术成长和发展。因此，我认为自己能在巨人的肩膀上前行，不仅是一种机遇，还是一种责任和使命。

我的投资框架和经济世界观是在广泛吸收和深入总结前人经验的基础上，融入了我个人的独特见解和感受建立的。我希望我所总结、归纳的这些内容能够对得起自己这 20 多年来付出的努力，为投资者提供有价值的参考和启示。

1.2 我的经济世界观和框架体系

10 多年前，我在华尔街见闻网站上分享了"全球三级架构下的大类资产的运行逻辑"的系列内容，引起了很多人的关注。我详细阐述了几十年来全球政治经济以及跨资产类别的表现及其相互之间的逻辑关系。虽然这个体系对于很多人来说已经比较熟悉，但其实它只是我整个逻辑框架的第二层，而且是基于我顶层的经济世界观衍生应用的第一步。

在我看来，在这个自上而下的体系中，最核心的是经济世界观部分。它看似复杂难懂，却是整个逻辑框架中最为关键的部分。我们在进行单一资产分析时可能并不需要完全掌握这一部分，但如果我们想要构建一套属于自己的逻辑体系，就必须先理解这部分内容。

基于前辈们的研究成果，我总结出以下三组关键词：分工和分配、债务和杠杆、收入和贫富，这是我的经济世界观（见图1-1）。

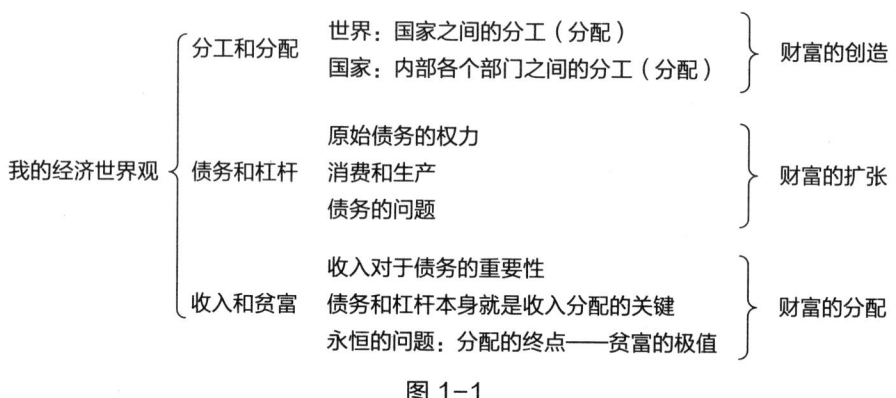

图 1-1

1. 分工和分配

这个框架主要涉及全球经济体系中不同国家和地区的角色和功能分配，以及资源在不同地区之间的分配。这直接决定了不同国家和地区的经济增长和资产价值。

2. 债务和杠杆

这个框架主要关注的是经济体系中的债务和杠杆问题。债务和杠杆不仅会影响到经济的增长速度和稳定性，还会影响到不同资产类别的表现。

3. 收入和贫富

这个框架主要探讨的是收入差距和贫富分化的问题。不同资产类别在不同经济环境下的表现与收入分配密切相关，因此，理解这个框架对于分析不同资产类别的表现至关重要。

在我看来，这三组关键词是理解全球政治、经济以及金融市场的关键，也是构建我整个逻辑框架的基础。通过掌握这些框架，我们可以更加清晰地认识到不同国家和地区的经济状况以及未来发展趋势，从而更好地把握不同资产类别的投资机会。

分工和分配是古典经济学和现代经济学的核心框架。经济学并不是一个解决方法，它更多的是对于原因的探求。从亚当·斯密开始，经济学家们试图去解释一种在自由市场模式下起主导作用的分工和分配的体系，理想化地实现自我的再平衡机制。凯恩斯认为，市场经济无法实现充分就业和收入的平等分配。当经济出现结构性问题时，凯恩斯主义无法解决债务扩张和分配失衡等核心矛盾，只能延缓问题的爆发。对于经济危机的爆发，有两种对立的观点：一种观点认为是市场失灵造成的，因此主张强化政府干预；另一种观点认为是政府不当干预造成的，因此应当减少干预，让市场自动实现经济恢复。经济学派先后经历了古典自由主义、凯恩斯主义、主张恢复古典自由主义的新自由主义三个阶段。

自二战结束以来，全球化成为全球经济运转的核心宏观框架。在这一框架中，我提出了全球三级分工体系下的大类资产的中观逻辑。然而，全球化并非完美无缺，其内部存在着矛盾。这种矛盾其实早在分工和分配的探索中就被众多经济学家研究和陈述过了。这些学者从不同角度和维度提出了全球化矛盾产生的原因，但我们的目标并非判断谁对谁错，而是需要认识到，正如乔治·索罗斯所言，这个世界是一个综合作用和反馈的结果，并非简单的因果关系。因此，当我们静下心来思考这些观点时，不难发现，不同观点所揭示的原因和矛盾其实都指向了一个核心的哲学观念：全球化的矛盾是世界经济运转的现实问题，需要在多维度、多层次上寻求解决之道。

关于全球分工与分配的问题，无论是乔治·索罗斯还是保罗·克鲁格曼，又或者是丹尼·罗德里克，都曾用非常深刻的价值观和政治维度解释过，并且都详细地阐述过这个无法避免的客观现实。他们认为，在古典经济学家们眼中，真正完美的世界都是通过假设呈现的，然而真正意义上的完美世界并不存在。正是在这种基本价值观的驱动下，经济学或许才变得更加生动，而不是一个依靠着不断假设来得出结论的学科。这样一来，我们就可以从经济学真正串联到金融市场以及全球各国、各大类资产。

记得2016年我在华盛顿和美国的一些智库进行交流的时候，就已经发现这不是一个简单的贸易问题。美国的"精英们"其实已经将对于矛盾的担忧上升到了对于全球分工和分配问题的核心矛盾的讨论。在这个问题上，中美价值观产生了巨大的分歧，而这种分歧是无法调和的。

当世界的分工和分配的角色发生变化的时候，意味着我们原本运转了几十年的全球分工体系下的大类资产的逻辑将会随之变化。对于这些内容，我会在后面的章节中详细展开。

在债务和杠杆领域，达利欧是权威，他对债务和杠杆的洞见颇深。众多人士仅学到了金融的皮毛，而实际上，金融的核心在于债务和杠杆。金融业本质上就是提供债务和杠杆服务的行业，其通过金融市场及服务来满足各领域对债务和杠杆的需求。在后续内容中，我将深入探讨金融对资产的影响。

收入是支撑债务和杠杆的关键，而债务和杠杆以及金融本身，又是导致收入差距甚至贫富分化的根源，这形成了一种独特的闭环。依赖债务和杠杆的后果便是周期性危机，因此，西方的周期性危机可以从这个维度进行解读。然而，这并非周期性危机的哲学源头，只是其中观危机的表现。

当然，在现代经济的运转模式下，危机的出现并不是一个完全自然的结果。实际上，它的产生往往是监管政策变化的结果。这些变化驱动着加杠杆和去杠杆的周期性循环。当政策倾向于鼓励加杠杆时，金融市场会受到刺激而进入一种贪婪的状态，即追求高收益和快速回报。然而，当去杠杆开始时，泡沫会被刺破，市场又会经历一次崩溃和重建。

对于市场为何不能保持稳定、平衡的发展，或许我们需要跳出金融市场的范畴，从更深层次的心理学的角度去寻找答案。人类的本性可能在其中起到了关键作用。本性使得个别人在追求财富和地位的过程中，会被眼前的利益所迷惑，从而忽略了风险的存在。这也许就是为什么市场会经历一轮又一轮的繁荣和萧条，而无法持续平稳发展的原因。

收入和贫富是分工和分配所导致的必然结果，也可以被视为债务和杠杆效应的产物。无论是在产业领域还是在国际分工体系中，这一规律都适用。如果仅仅依靠分工和分配来获取收入，那么贫富差距的扩大速度会非常缓慢，不同劳动价值之间并不会因为分工的存在而形成巨大的差异。然而，一旦引入债务和杠杆，贫富差距就会被迅速拉大，进而导致金融领域的实力越强大，危机周期就越短。这种趋势同样适用于国家之间的分配关系，即全球化矛盾会随着金融实力的增强而变得越来越尖锐，危机周期也变得越来越短。

而我们创造收入的能力、创造新的需求的能力并不会随着金融的强大而加速，或者周期性变短，因为在从技术创新到应用的过程中，金融的作用或许大一些，但在创新的初期，金融的作用微乎其微，这是由资本逐利的天性决定的。

社会组织复杂化、技术的发展和垄断，以及金融自由化、产业空心化都在一定程度上导致了财富不平等的加剧。现代信用货币体系发展以来，金融自由化和债务杠杆在加速全社会财富增长的同时，也加速了财富的分化。分配的不均导致有效需求不足，甚至会导致经济危机或社会危机的爆发。在危机的冲击下，各国决策层形成了宽松刺激政策托底需求的路径依赖，但依靠利率曲线下移推动的需求是以推高杠杆和债务累积为代价的。举债终究是要还的，负债是以未来的收入为基础的。杠杆和信贷刺激了市场的虚假繁荣，金融体系自身也有顺周期性的特点。资本家受利益驱使盲目扩大生产，但从长期来看，没有有效需求支撑的生产最终会过剩。刺激政策本身不能够从根本上解决收入增长和分配的问题，在新的经济增长点出现或以危机的形式完成出清之前，经济增长和通胀预期的中枢仍然趋于下行。近百年来的两次危机——1929年的经济大萧条和2008年的金融危机，其背后都有分配矛盾累积的影子。历史上，战争的爆发和王朝、政权的更迭也大多是因贫富分化、社会阶级矛盾达到不可调和的程度造成的。

随着全球范围内的贫富差距日益扩大，国家内部的贫富差距也呈现出不断扩大的趋势。这种不断加剧的不平等现象最终会导致各种矛盾的不可调节，进而引发全球范围内的剧烈变革和再分配。这种再分配不仅包括国家之间的财富再分配，还包括国家内部的资源再分配。

贫富差距的扩大不仅会对经济发展产生负面影响，还会对社会的稳定与和谐产生深远的影响。因为贫富差距的扩大会导致社会不同阶层的紧张和不满情绪逐渐积累，进而引发各种社会矛盾和冲突。

这三部分内容构成了我经济世界观的核心，是我们理解大类资产逻辑框架的关键，也是我们后续从中观或微观角度展开论述所有大类资产关系的基础。这个经济世界观是我们认识经济世界、理解大类资产关系的基石，为我们提供了一个从宏观到微观、从大到小的视角，帮助我们更好地阐述不同维度下大类资产之间的关系。

1.3 见证逆潮时代

二战后，全球化的发展经历了一系列显著的变化。从德国和日本开始，全球化逐渐扩展到东南亚、亚洲四小龙，以及中国大陆。全球化一路高歌猛进，不断推动着世界经济的繁荣和发展。然而，2008年的金融危机给这个看似强劲的发展趋势敲响了警钟。这场危机不但波及范围广，而且给全球经济带来了严重的破坏，许多国家和地区的经济都受到了不同程度的影响。因此，2008年的金融危机可以被视为一个重要的历史节点，它提醒人们全球化的发展并非一帆风顺，需要人们时刻警惕和审慎应对。

在那之后的漫长岁月里，全球范围内的分工合作、互利共赢与失衡危机、再分配的博弈，如同一条环环相扣的链条，周而复始地循环着。每一次循环，都似乎在讲述着一个全新的故事，而这个故事又与我们在前文中探讨过的所有议题紧密相连。我们这一代投资者，大多只亲身经历了过去几十年中国逐步融入全球化浪潮后的发展阶段，对于这个周而复始的循环后半段的历程，大多数人只能从书本中寻找那些历史的痕迹。

这个循环，是一个跨越了时代、国家和文化的复杂现象。在不同的历史阶段，它以不同的形式和表现出现，但无论以哪种形式出现，它都反映了人类社会在寻求发展、进步和平衡过程中的矛盾与挣扎。在这个循环中，我们可以看到全球化的推进如何带动了经济的繁荣和社会的进步，但同时也带来了新的挑战和问题。

全球化带来的分工合作和互利共赢是不可否认的。通过跨国合作和贸易，企业得以在全球范围内寻找最优的资源、技术和市场条件,从而提高生产效率,促进经济发展。然而,全球化也带来了一系列失衡和再分配的问题。随着技术的快速发展和全球市场的不断扩大,国家之间的贫富差距日益扩大,社会内部的贫富差距也开始显现。

为了解决这些问题,各国政府和国际组织开始寻找再分配的途径。他们采取了一系列政策措施,如贸易保护主义、社会福利计划、税收改革等,以重新分配全球化的利益,减小社会内部的贫富差距。这些措施在一定程度上取得了成功,同时也带来了一些新的问题。

对我们这一代投资者来说,全球化带来的发展机遇是前所未有的。中国在过去几十年里的飞速发展,就是全球化进程中的一个重要组成部分。中国经济腾飞在很大程度上得益于中国企业的全球化战略和中国市场的开放。然而,我们也需要清醒地认识到,这个发展过程并非一帆风顺,在享受全球化带来的机遇的同时,我们也要面对全球化带来的挑战。

历史是一面镜子,它能够让我们更好地理解现在和未来。通过研究全球化的历史,我们可以更好地理解全球化进程的本质和规律,从而更好地应对和把握未来的挑战和机遇。同时,我们也需要认识到,全球化是一个复杂的现象,它需要各国共同努力和协作才能得到有效的推进和发展。在这个过程中,我们需要保持开放的心态、积极的态度和创新的思维,以应对全球化带来的各种挑战和问题。

2016年,唐纳德·特朗普的当选让全球局势陷入了动荡和纷争,引发了全球范围内的贸易争端和不确定性,进而导致了全球民粹主义思潮的大幅度升温。这种思潮的崛起,让全球经济开始出现分崩离析的现象,动荡和纷争也在这个过程中不断加剧。事实上,这一系列动荡和纷争几乎贯穿了2008年金融危机后的10年,而这个问题并没有得到有效的解决,直到2016年才逐渐浮出水面。

随着新冠疫情的暴发,逆全球化的声音也日益加大。虽然对这个话题的讨论仍在继续,但实际上,全球经济的分崩离析或许早已发生。原有的金融市场逻辑框架发生了一些非常明显的变化,这些变化包括但不限于证券市场上的资本流向、全球资本在选择标的物和投资资产时需要考虑的因素,等等。这些变化让产业端也悄然无声地发生着改变。因此，我们需要认真思考如何应对这些变化，并采取相应的措施来避免未来的动荡和纷争。

这并不是一种简单的、局限在某一特定领域的矛盾，而是一种深度的、牵涉到大类资产的中观传导逻辑的复杂现象。它远远超出常规逻辑的范畴，需要我们以一种全新的视角去看待和理解。这就是为什么我要把核心的经济世界观放在所有内容的开端，因为我们需要借助它，并以它为基础，从而深入思考未来的可能性。

这个充满不确定性的逆潮时代，可能会延续很长的时间。当我们在金融市场上观察到由宏观经济、微观经济和产业政策变化驱动资本基本面改变，并逐渐渗透到金融市场上产生强烈反应时，我们不得不去思考过去在全球化分工和分配世界观下的产物在经历 40 多年的时间后是否已经发生了变化。依赖过去这 40 多年全球化的资产交易逻辑似乎已经不再适用，现在我们需要重新审视这个领域，重新思考新的逻辑和框架。

这也是我撰写本书的重要动机之一。在实体经济和金融及金融衍生产品领域，我们其实都得益于全球化的红利，目睹了地球村这 40 多年的发展。可以说，我们都是这 40 多年经济红利的受益者。然而，对许多人来说，当前这个时代是一个前所未有的、具有重大特征的时代。因此，如果继续依赖过去 40 多年的投资经验和逻辑，很可能会遇到极大的问题。

事实上，本书从提出立意到成书，已经有好几年的时间了。在这几年中，我发现金融市场在越来越强化这样的路径和逻辑。因此，我认为有必要重新审视并整理这些思路。或许，我们正在见证一个从全球化到全球明暗脱钩的逆潮时代。

为了对过去 40 多年的逻辑进行回顾，我在本书中以通俗易懂的语言表达了我的思想，并对未来的变化提出了可能性。希望这些思想和提议能给予读者一些启示，并对他们有所启发。

作为金融领域的一名从业者，或许思考和研究如此大的框架从短期来看意义并不大，但如果人们希望能在金融这个行业长时间耕耘，这样的思考可能会有真正意义上的帮助。这个帮助是全面的，从全局到细节，从宏观到微观，从理论到实践，从价值观到市场，都能帮助人们洞察先机。

虽然我写作这本书经历了一个漫长而艰辛的过程，耗费了数年时间，但最终呈现出来的成果是值得的。在这个过程中，我静下心来梳理和整理了各种复杂的信息。我希望通过这些内容，帮助大家在当今起伏动荡的全球市场中厘清思路，在复杂多变的全球市场中寻找问题的答案。

最后，我将这本书赠予我的孩子们，期望它能成为他们未来理解世界、进入经济和金融行业的基石。同时，我要向我的前辈们以及与我共同努力、整理这本书的同事们表示感谢。如果没有他们的协助，我可能要等到正式退休以后，才能完成这样全面、系统的整理工作。

第 2 章　分工、分配与全球化

2.1　分工——一切经济的源头

自马歇尔创立新古典经济学以来，主流经济学对分工问题的关注度有所下降。经济学的研究重心从经济组织问题转向了资源配置问题。在马歇尔的理论框架中，外部经济增长被视为报酬递增的唯一来源，而分工则被简化为企业针对环境进行的静态调整机制。然而，这种在均衡框架中的静态分析存在根本缺陷，既无法解释内生经济增长现象，也无法解释生产率在不同经济体之间的差异性。

而自亚当·斯密开始，早期古典经济学理论着重探讨的核心议题是分工和经济发展之间的关系。具体而言，这涉及以下四个方面的问题：首先，分工的源头何在？是什么因素决定了分工的细致程度和专业化程度？其次，分工带来了哪些市场效应？在分工不断深化的过程中，市场结构会发生怎样的变化？市场机制又会呈现出怎样的特点？再次，市场中的贸易格局是什么样的？在高度分工的市场环境下，贸易活动将如何开展？贸易关系又将如何形成？最后，随着分工的深化和市场规模的扩大，收入和分配将呈现出怎样的特征？其公平性和效率性又将如何影响社会经济的发展？

在回答以上四个方面的问题的过程中，我们就能慢慢形成一套框架系统。我对世界经济的认知也是从回答这四个方面的问题开始的，即如何深刻地理解分工与分配的原理与矛盾。追根溯源，不完全竞争关系下形成的国际分工和分配的经济模型，就是我对于全球大类资产分析的经济框架的源头。

亚当·斯密的分工理论的核心要点是强调劳动分工能够显著促进生产量的增长。他明确阐述了劳动分工的重要性。在1776年出版的《国富论》的开篇，他明确指出："劳动生产力、人类劳动技能以及思维判断力的大幅提高，都是劳动分工的结果。"尽管亚当·斯密并不是第一个注意到劳动分工的人，但他的独特之处在于首次阐明了劳动分工的重要性，从而为现代经济学的发展开辟了新的道路。

当然，劳动分工并不是原始状态下自然形成的。亚当·斯密认为，劳动分工起源于人类个体才能的自然差异性，以及人类所独有的交易倾向。交换与易货本质上是追逐私利的行为，其利益决定于分工。假定独立个体劳作趋于专业化，这将带来生产力的提升，经由剩余产品的交换行为，促使个人财富增长，该过程最终将扩大社会生产，促进社会繁荣，并达到私利与公益的平衡。

在《国富论》中，亚当·斯密详尽地阐述了劳动分工的优势。劳动分工能够促进生产量的显著增长，提升劳动生产率，并增加国家财富。他指出劳动分工具有以下三个方面的优势：首先，它有助于提高个体劳动者的工作熟练度和判断力；其次，它节约了劳动者在不同工作内容之间切换所需的时间；最后，它增加了人们发明新工具的可能性。正是由于这些优势的存在，人们才得以通过劳动分工与协作，显著提升自身的能力，完成仅靠单个个体难以完成的任务。

根据亚当·斯密在《国富论》里对分工的阐述（见图2-1），从分工带来的好处开始，社会出现了差异化的产品，产品交换催生了贸易，而产品交换的场所就自然地形成了市场，分工即市场扩大的结果。如果没有市场就不会有分工，人们

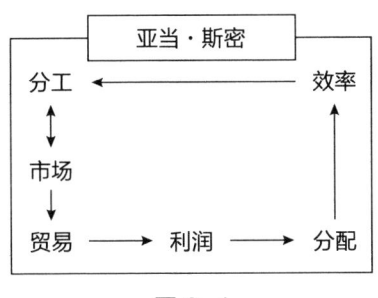

图2-1

只能自产自销。市场的扩大和贸易的繁荣带来了利润和分配，分配的差异性促进了效率提升、技术进步和科技创新，进而促进了生产力的发展。生产力发展会进一步要求分工更加细化，而分工的进一步细化又促使市场进一步扩大，这个周而复始的过程就是经济良性发展的驱动力。

随着分工的不断演进，人类各个历史阶段依次呈现出各种不同的所有制形式。换言之，在分工发展的每个阶段，劳动者、生产资料、工具和产品之间的关系，共同决定了生产要素的所有制度。这种所有制形式，进一步决定了该阶段分工的具体形式，从而形成了相应的组织形式的分工制度。

2.2 国际分工带来了贸易全球化

亚当·斯密在《国富论》中鲜明地阐述了自由贸易的理论，这一理论成为他反对重商主义的"贸易差额论"和"贸易保护政策"的关键性论据。他主张，国内行之有效的劳动分工原理，同样适用于国家之间的经济活动，此观点构成了他独特的国际分工理论的基础。

亚当·斯密从最初的分工概念出发，进一步扩展到国家之间的分工。他主张，若一个国家在某个行业具备高于其他国家的生产效率，即具有绝对优势，那么该国应集中力量生产该项具有绝对优势的产品，然后通过国际分工的方式，与同样具有绝对优势的其他国家进行贸易交换。这样，通过自由贸易的形式，交易双方都可以从中获得利益，进一步增加彼此的收益。绝对优势理论构成了亚当·斯密国际贸易理论的重要基础。

在亚当·斯密绝对优势模型的基础上，我们构建了国际分工和自由贸易的初步框架。随后，大卫·李嘉图于1817年提出了以比较优势为基础的国际贸易互利理论。大卫·李嘉图主张，我们应该根据生产成本的相对差异来进行国际分工和自由贸易，这对参与分工和交换的各方都是有利的。即使一个国家无法生产出绝对低成本的产品也没关系，只要它能够生产出成本相对较低的产品，就可以与其他国家进行贸易，并且使参与贸易的各方从中获益。

通过一个简单的示例，我们就可以阐述贸易是如何使参与双方的境遇得到改善，从而提升总体收益的。假设 A 国和 B 国只生产 X 和 Y 两种产品，A 国全部可投入的资源可生产 8 个 X 产品或 8 个 Y 产品，或二者的组合；相对而言，B 国可生产 4 个 X 产品或 6 个 Y 产品，或二者的组合。在此背景下，A 国在生产 X 产品上对 B 国具有绝对优势，而 B 国在生产 Y 产品上对 A 国具有比较优势。因此，B 国应该全部生产 Y 产品，而 A 国应该全部生产 X 产品，即双方应分别生产各自具有优势的产品。

在自由贸易的条件下，A 国可以 1 个单位 X 产品在 B 国换取 1.5 个 Y 产品，而 B 国可以 1 个 Y 产品在 A 国换取 1 个 X 产品。因此，通过专业化分工和交换，A 国和 B 国的总产量可外移至虚线的位置，即两国的总收益都得到了提高（见图 2-2）。

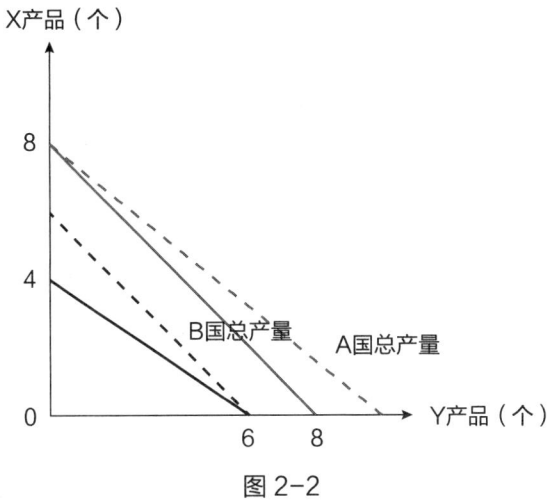

图 2-2

在自由市场下，我们只简单地假设了交换，各国生产要素的不同决定了生产分工的不同，相互的贸易也是理论上基于互补和公平的平衡机制所设计的。假设的这种公平也是基于完全竞争的，每个参与者、生产者都不会去试图影响价格，去蓄意破坏这种完全的竞争形成对自己有利的"条件"。在这样的情况下，每个国家都能够从分工中增加收益，且一国的收益并不以一国的损失为代价。在理想中的分工互补模式下，通过发挥各自的优势，国家之间以自由贸易主导生产要素流动，近乎一种自我平衡的模式，汇率调节机制的发挥，可以改变失衡状态，各部门之间也可以进行互补以实现平衡。古典经济学理论认为，即便只有一个国家奉行自由贸易政策，其他国家都奉行贸易保护政策，该国依然能够获利。

大卫·李嘉图的比较优势贸易理论作为自由贸易理论的基础，为倡导自由贸易政策提供了有力的支撑。然而，该理论并未完全解释国际贸易的发生机制。为进一步优化比较优势理论，1933年，瑞典经济学家赫克歇尔和俄林以资源禀赋模式考察了生产要素禀赋在比较优势中的来源，证明了参与国际贸易的一国将从中受益。

古典经济学在历史上首次证明了分工和贸易对经济增长的重要作用，同时也详细解释了国际贸易的发生机制。这个机制涉及寻求国际分工产生的原因，强调了比较优势和最优分工的概念。通过深入分析，古典经济学家们发现，当一个国家在某种产品的生产上具有相对较高的生产效率，即具有比较优势时，这个国家就具备了参与国际贸易的基础。这种比较优势可以来自资源禀赋、技术进步、劳动力市场条件等多个方面。

为了进一步解释国际分工的产生，古典经济学家们引入了"绝对优势"和"相对优势"两个概念。绝对优势指的是一个国家在某种产品的生产上具有绝对更高的生产效率，而相对优势指的是一个国家在某种商品的生产上相对于其他国家具有更高的生产效率。通过比较优势和相对优势的概念，古典经济学家们成功地解释了国际贸易的发生机制和国际分工产生的原因。

古典经济学的核心观点是，通过分工和贸易，各国可以发挥自己的比较优势，使其实现资源的最优配置和经济效益的最大化。这种国际分工和贸易的机制不仅可以提高各国的生产效率，还可以帮助其通过国际贸易实现互利共赢，推动全球经济持续增长。

由于自由贸易的出现，各国都按照各自有利的生产条件进行精细分工和高效交换，使各国的珍贵资源、劳动力和资本得到了有效的利用，大幅提高和增加了劳动生产率及物质财富。在这个过程中，每个国家都越来越依赖于其他国家的生产和与其他国家的紧密互动。

这种全球化的分工和贸易关系，使得国际的合作与互动成为当今世界经济的重要特征。全球市场成了一个有机整体。在这个整体中，各国之间的贸易往来日益频繁，国际贸易成为国际分工和全球市场的结果。

2.3 国际分配的出现

随着经济和社会的发展，在国际分工分配的过程中，由于各国自然资源的不均衡，生产要素的不均衡，发展阶段的不同，技术程度、富裕程度的不同，导致自由市场下那种理想的分工分配（通过调节机制）的模式，在实际运转中遇到了非常大的现实问题。贸易自由化及其对社会不平等和收入分配的影响引起了经济学家们的广泛关注，他们开始研究国际贸易中国家之间的收入和分配关系的问题。

亚当·斯密在《国富论》中的国际分工和自由贸易体系，是基于绝对优势模型建立的。古典经济学假定市场竞争是完全的，也就是对于分工的基本原则的陈述，建立在自由市场有着自行的调节机制，并且倾向于生产社会迫切需要的产品的品种和数量上。古典自由贸易理论过于理想化，存在不少问题。

国家之间最初的生产要素的分配不是均衡的。有的国家人口多，有的国家人口少；有的国家处于内陆，有的国家处于海岸；有的国家拥有丰富的矿产资源，有的国家拥有广袤的农田。最初的分配和历史文明的进程，决定了每个国家的属性，也决定了其分工。单个国家在特定产业的比较优势是贸易产生的原因，每个国家根据自身要素和禀赋参与到国际分工中。

2.4 现代国际分工和贸易

从亚当·斯密到大卫·李嘉图再到俄林，这些著名的经济学家的理论代表着古典经济学对于国际分工和贸易的杰出贡献。他们的理论在当时的经济环境下对社会产生了深远的影响。在过去的几十年里，经济学家们不断地从不同的角度进行思考，总结和完善了国际分工产生的原因。

例如，费农教授从产品生命周期和技术差异的角度，详细解释了国际分工和贸易的产生。他认为，随着产品的生命周期不断变化，技术的差异使得各个国家在不同阶段具有不同的比较优势，从而产生了国际分工和贸易。这种理论得到了许多学者的支持和验证，成为国际经济学中的重要理论之一。

另一位著名经济学家克鲁格曼则从经济特征相近的国家的角度出发，解释了国际分工和国际贸易的产生。他认为，规模效应递增导致的成本下降是国际分工和贸易产生的主要原因。在经济特征相近的国家之间，由于生产规模扩大，生产成本会逐渐降低，从而使一国成为净出口国。这种理论并不依赖于国家之间的资源禀赋差异，而强调了规模效应在国际贸易中的重要作用。

此外，迈克尔·波特教授从国家竞争优势的角度来阐述国际分工。他认为，一个国家的竞争优势取决于其产业是否具有创新能力和竞争力。在国际分工中，一个国家如果能够发展出具有竞争优势的产业，就可以通过国际分工和贸易来获得更多的利益。这种理论强调了国家在国际分工中的主动性和创造性，为我们理解国际分工产生的原因提供了新的视角。

国际分工的形成具有历史偶然性，是一国特定历史事件和经济政策的产物。随着生产规模的扩大，这种分工模式得以积累和巩固，但其并非完全由各国的资源禀赋差异所决定。尽管二战后生产要素的禀赋差异构成了国际分工和贸易模式的基础，但由自然要素的天然优势决定一国分工地位的影响正逐渐减弱，而规模经济和技术创新等人为优势开启了国际分工的新路径。

二战以后，各种因素从不同角度对国际分工和贸易的关系产生了影响，但任何单一因素都无法完全解释这两者的关系。目前，许多因素综合作用，形成了现代国际贸易分工体系，这些因素包括要素禀赋、成本优势、规模效应、产品周期、国家竞争优势、战略性贸易关系以及国际政治选择等多个方面。在不同的经济发展阶段，影响较大的变量因素也会有所不同，甚至还需要考虑国际政治选择的因素。

在现实世界中，竞争的淘汰机制、优势的累积效果、创新的质变作用等因素都有可能破坏这种平衡状态。因此，纯粹的自由竞争并不存在。在国家之间的分工体系中，只有当各国拥有完全互惠对等的贸易条件和管理模式时，才能确保国家层面的公平和平衡。然而，政治家们通常需要为本国居民的利益负责，这是他们获得国内政治权力的重要条件。因此，可以说政治家们本身就不可能使国家之间形成对等的竞争关系。

在国际贸易的假设中，公平机制通常是基于社会或全球总产出和总收益最大化的目标，而非个人或利己主义。然而，实现全球分工配置的帕累托改进可能会与人类的本性相冲突。在这种情况下，国际贸易的主体可能会违背公平分配的原则。

基于上述理论，克鲁格曼构建了竞争性贸易关系模型，这可能更加接近于现实世界的实际情况。在经济发展初期，各国通常会采取包括贸易保护在内的各种产业支持政策，因为政策制定者认为这些产业可以产生技术外溢，进而主导全球产业分工格局，并最终决定经济增长的潜力。这一观点揭示了理想化的国际贸易关系存在的问题。二战以后，随着全球化的发展，国际分工得到了进一步的细化和深化。

2.5　原则：不完全竞争下的新贸易理论和战略性贸易关系

新贸易理论改变了传统自由贸易的看法，在学习曲线、规模经济和动态创新的影响下，边际规模效用递增，行业市场份额会逐渐向少数企业集中，完全竞争市场是不存在的。

比如，互联网行业虽然从表面上看属于低门槛的自由竞争市场，但实际上在所有行业中，其垄断程度最高。以中美两国的互联网行业为例，占据80%流量的企业数量不足5家。相较之下，传统银行业有超过100家企业占据着80%的市场份额。此外，互联网和科技的发展也推动了传统行业的市场份额的集中，一些快速消费品和传统制造业的规模因此扩大到前所未有的程度。

而古典贸易理论主张，所有产业均不存在"租金"，各产业间的利润水平保持均衡。一旦某个产业出现超额利润，就会吸引更多的资本流入，直至超额利润被消除。在经济学领域，"租金"被定义为某种要素所获得的收益高于该要素用于其他用途所获得的收益的部分。例如，某个产业所获得的利润率高于其他风险水平相同的产业，便可将其视为该产业的"租金"。

战略性贸易理论在古典贸易理论的基础上，提出了新的观点和模式，其核心理念是：某些产业可能具有"租金"，即这些产业能够长期获得超过其他产业的利润；同时，它们还具有外部经济性，能够产生技术外溢，推动其他产业的发展。该理论认为，政府应该通过干预国际贸易政策来帮助国内企业获得这些"租金"，从而促进本国经济的发展。这种干预措施可以采取关税补贴等措施来支持本国企业出口和投资，以及限制外国企业进口和投资；也可以帮助本国企业获得更多的市场份额和技术进步，从而增强本国经济的竞争力。

比如，1980—1990 年的家电产业、1990—2000 年的集成电路产业、2000—2010 年的半导体芯片产业，都带动了产业集聚提升，是战略性产业。为了培育和发展这些战略性产业，一个国家可以提高关税、财政补贴、企业协同、政府扶持，可以将政策向产业内企业明显倾斜，以推动产业的跨越式发展。

我比较认同的理论是克鲁格曼的新贸易理论。它将市场的不完全性、战略性行为和新产业经济学、新增长理论以及新政治经济学等纳入新贸易理论分析框架，突破了传统贸易理论分析框架，在扩大自由贸易的理论基础的同时，对传统自由贸易理论的基本结论和政策提出了挑战。

新贸易理论所支持的贸易政策被称为战略性贸易政策。全球化发展是资本逐利推动的必然结果，不断扩张产能最终导致需要更大的市场和更低的成本。欠发达地区提供更低成本的劳动力，发展初期的国家普遍会采用包括贸易保护和补贴、信贷优惠、国内税收优惠等政策保护和扶持那些承担巨大风险、需大规模生产以获得规模经济、能够产生外部经济利益的高新技术产业和对本国未来发展至关重要的行业等战略性产业。这些国家的政策制定者认为，这样做能够创造本国在这些产业上的比较优势，并且产生技术外溢，以便在未来主导全球产业分工秩序，获取大量的外部经济利益，增加本国的增长潜力，这就导致了国际市场竞争是不完全的。

克鲁格曼的新贸易理论曾引发较大的争议和讨论，并未被主流经济学界广泛接受。然而，随着2008年金融危机后全球经济形势的逐步演变，克鲁格曼的不完全竞争下的新贸易理论和战略性贸易关系逐渐得到了证实。从自由贸易走向战略博弈的必然结果，就是打破了传统自由贸易分配的模型。国家竞争优势理论、战略性贸易政策理论、贸易自由化和新贸易保护主义无疑会破坏基本的贸易环境，加剧竞争，使全球在分工和分配中失衡。

当前全球主要经济体纷纷背离自由贸易体系，导致各国国内政治和经济诉求日益增强。这些诉求的日益增强，正在促使大国重新调整它们的优先事项，并对全球贸易体系产生深远影响。多年的竞争关系引发的贸易冲突、供应安全、地缘政治和竞争性贸易政策等问题不断侵蚀着自由贸易的基础，越来越多的国家和地区被卷入战略贸易竞争的版图中，被迫"站队"。

从全球分工带来的利益，到利益的分配，形成了两个主流的观点。分配是不同价值观的碰撞，说到底是利益的争夺。因此，从利益分配的视角来看，存在两种分配方式：零和博弈下的利益偏向式分配和增量下的共赢分配。

在全球分工的背景下，利益分配问题逐渐显现。不同的国家和地区在国际贸易中扮演着不同的角色，承担着不同的责任和风险。一些国家和地区通过控制关键资源和市场，获得了大部分利益，而另一些国家和地区则因为缺乏这些资源和市场，无法获得相应的利益。这种利益分配的不均衡导致了各国之间的矛盾和冲突。

在增量下的共赢分配中，各方可以共同分享利益，实现互利共赢。这种分配方式可以促进各国之间的合作和交流，推动全球贸易体系的稳定和可持续发展；通过加强国际合作、优化资源配置、降低贸易壁垒等措施，可以实现更加公平、合理的利益分配，促进全球经济的繁荣和发展。

而零和博弈下的利益偏向式分配，意味着某些国家或地区获得更多利益的同时，其他国家或地区则会失去利益。这种分配方式可能导致一些国家或地区获得短期利益，但长期来看会导致其他国家或地区的贫困和不满，进而引发贸易保护主义和贸易冲突的风险。

2.6 分配——生产要素的所有制度

亚当·斯密认为，利润的分配建立在不同程度的劳动分工上。在《国富论》中，他明确指出，对生产要素的所有权和支配权决定了劳动分工的形式，并进一步塑造了相应的组织架构。然而，他并未详细阐述生产要素所有制度的起源和演变，而这个制度正是决定劳动分工和利润分配制度的核心。

分配的核心原则是建立在人类的所有制关系基础上的。生产要素的分配方式决定了收入的分配结果，因此可以说分配权是由生产要素的所有制度决定的。需要注意的是，核心生产要素的配置并非自然形成，而是受到权力因素的影响。人类文明的发展进程中充满了对核心生产要素的占有和掠夺的历史。

在柏拉图的理想国中，存在绝对平等的权力，然而在现实世界中，这种理想状态很难达到。首先，绝对的权力均分无法促进生产效率的提高。其次，实现绝对的权力均分几乎是不可能的。

从另一个角度来说，社会制度的变化和发展确实可以带来权力的分散，并且有利于实施对权力的有效监督与制约。这种民主制度的诞生，不仅彻底改变了权力体制，还进一步改变了原本依附于该权力体制的生产要素的所有制度。即使在民主制度下，传统的生产要素（如土地、劳动力等）已经实现了市场化的分配机制，并且其所有权也由市场来决定，也不意味着其他生产要素能实现市场化的平衡机制。

在过去的一段时间里，人们只注重土地、劳动力等传统生产要素在价值创造和财富生产中的重要作用，而对其他生产要素在国民收入中的作用则有所忽视。然而，随着当今社会不断发展和进步，生产要素的内涵日益丰富，不断有新的生产要素涌现出来——现代科学、技术、管理、信息、资源等越来越多地参与到生产过程中来，这些生产要素的结合方式以及在现代化大生产中发挥作用的模式也将发生变化。

在民主制度下，权力的分散和监督机制的实施，使得各种生产要素的所有权和使用权得以更加公平、合理地分配，从而推动了经济的发展和社会的进步。同时，新的生产要素的出现也使得国民收入的结构更加多元化，不仅提高了生产效率，还促进了社会的繁荣与稳定。

从这个意义来说，权力制度在容忍传统生产要素通过市场化实现平衡与分配的同时，会悄然诞生新的权力。它并不一定像伊丽莎白女王手握的权杖和头顶的皇冠那样显而易见，具有有形的权力形态；反而可以像金融监管一样，是一种无形的权力。这种无形的权力，尽管看不见摸不着，但是具有深远的影响力，对经济环境有着决定性的影响。

在后面的内容中，我还会讲到，资本、债务、杠杆的所有制，在生产、市场以及贸易环节中，决定了现代经济环境下的分配权力。这种分配权力，既包括对物质资源的分配，也包括对非物质资源的分配，如知识、信息、技术等。这种权力的所有制，直接关系到生产要素的分配，从而影响社会经济的运行和发展的平衡。

举例来说，国家在金融监管上的权力制度变化，会直接影响生产要素的所有制。如果国家放松对金融市场的监管，允许更多的私有资本进入市场，那么无疑会改变生产要素的分配，当然也会带来分工和分配的变化。这种变化有可能是积极的，也有可能是消极的，取决于具体政策的实施和市场的反应。但是无论如何，国家在金融监管上的权力制度发生变化，无疑会对社会经济产生深远的影响。

2.7　有没有公平的分工和分配？

国际经济分工和分配背后是否存在真正意义上的公平机制呢？

在现代经济学的框架中，我们已不再采用古典主义自由市场模型的分工与分配方式，这意味着我们已无法找到真正意义上的公平机制。

从古至今，各种不同"主义"的相继出现，实质上只是对分配的合理性和公平性进行了不同的量化处理。可以设想，如果有一日，世界真的实现了乌托邦式的绝对平均分配，那么整个社会的发展动力将随之丧失。绝对平均分配无疑会削弱人的积极性，这一做法既违背了人性，也与资本的基本原则相悖。

关于这一点，任何对社会运行机制有基本理解的人都会明白，无论是人性、资本还是分配，其运行都是自上而下的。无论何时，都会有人对分配机制存在异议和争论。这些异议和争论，实际上是不同阶层从自身利益出发看待问题的结果。

其实，如果我们加上一个时间概念并从人类历史的长河中寻找答案，则分工和分配看起来确实是平等的。在漫长的岁月里，没有一个民族或国家能够占有一切生产要素。这就像小到一个家族的财富传承一样，经常会出现"富不过三代"的情况。同样地，大到一个王朝的兴衰，每个时代也都有其独特的辉煌和衰落。在足够长的时间下，分配一定是均衡的。

然而，当我们考虑到具体的期限时，由生产要素的所有权主导的分配又必然是不平等的。这一点在"时势造英雄"的现象中得到了体现。这也反映了一个事实：即使在同一个社会中，不同的人也会因为拥有不同的生产要素而获得不同的收益和地位。因此，我们不能仅仅从时间的角度来看待分工和分配的平等性，还应该考虑到具体的生产要素所有权和时间期限的影响。

古典经济学提倡的自由市场理论是经济学发展历程中具有历史意义的一步。这一理论主张让市场自由运行，通过供求关系和竞争机制来调节市场的自我平衡。自由市场理论的提出，为经济学的发展开辟了新的道路，也为后来的经济学研究提供了重要的理论基础。

在社会的发展进程中，人们对私人财产所有权的确认和保护是一个伟大的进步。这一进步可以追溯到古罗马时期，当时的人们已经开始意识到保护私人财产的重要性。这一观念的兴起，为人类社会的发展注入了新的动力，并大幅推动了社会生产力的进步。

私有制对于生产要素所有权的保护起到了至关重要的作用。在私有制下，生产要素的所有者可以自由地使用和处置自己的财产，这大大提高了生产效率。同时，私有制也为生产要素所有权的保护提供了法律保障，使人们可以安心地投入生产，不用担心自己的财产被他人侵占或掠夺。

从这时起，有形的生产要素实现了真正意义上的商品化，这也为后世开启了市场经济的大门。在市场经济中，生产要素以商品的形式在市场上通过交易实现流转和配置，从而形成了各种生产要素市场。这些市场通过供求关系和竞争机制来调节市场价格，进而实现资源的优化配置。

市场通过交易发挥资源配置功能，自然就会形成各类要素价格，例如资本要素价格（资金利率）、土地要素价格（不动产价格）和劳动力要素价格（工资）。这些价格是市场供求关系的反映，也是资源配置的重要指标。在市场经济中，这些要素价格的波动是常态，但它们也为企业和个人提供了重要的经济信号，引导着资源的合理配置。

自由市场模型下的分配体系是一种被理想化了的、以市场为主导的分工和分配机制。在这个体系下，各类要素的价格形成和变动是自发和高效的，自由市场通过引导各类要素的市场化分配来实现收入分配的自我再平衡。自由市场的参与者都遵循同样的规则，展开公平的竞争，并享有均等的机会。然而，实际情况是，无论是一国内部的分工和分配，还是下文将要讨论的国家之间的分工和分配，即使其在以自由市场为基础设计的相对公平的市场规则下，也很难真正实现完全竞争的目标。

不论是作为独立的个体，还是作为社会属性的集合体，人的本质都是趋利避害的。人类在个体和社会的层面上，总是追求自身利益的最大化，避免自身受到伤害或损失。这种趋利避害的行为可以体现在人们日常生活中的各种决策和行动中，例如工作、学习、社交等。人们的行为都被需求驱动着，包括生理需求、安全需求、社交需求、尊重需求等。这些需求在人类行为中发挥着重要作用，推动着人们不断追求更好的生活和更高的社会地位。

人类的贪婪注定了他们迷恋对生产要素的支配和掌控。这里的"贪婪"指的是人类对于物质和权力的追求欲望。人类对于生产要素的支配和掌控，可以带来更多的物质利益和权力，从而满足自己的欲望。这种贪婪和迷恋在人类社会中是普遍存在的，它推动着人们不断追求更高的生产力和更大的权力。

他们对于分配权力的迷恋，是无法改变的天性。人们对权力的追求欲望是根深蒂固的，它推动着人们不断争夺更多的权力和更高的地位。而分配权力的制度则直接关系到人们的利益，因此分配权力深入人性的最深处。

没有权力制度的社会关系是不存在的，因为权力制度是人类社会不可或缺的一部分。它保障了人们的利益和地位，同时也约束了人们的行为和决策。

虽然随着文明程度的不断提升，制度、责任、道德以及原则等社会标尺可以被用来衡量和约束人们内心对权力的贪恋，但它们依然无法从根本上改变人的本性。人的本性是复杂的，它受到遗传、环境、文化等多种因素的影响，难以被改变。

这或许就是没有真正意义上公平的生产要素所有制度的原因。人类本性的复杂性，难以建立起真正意义上的公平生产要素所有制度。尽管人们可以通过各种方式来追求公平和平等，但是在实际操作中，仍然会存在各种问题和不公平现象。

2.8 分配失衡的争吵

全球经济一体化推动了长时间的繁荣，带来了投资便利、人员流动和技术发展。然而，在发展中，失衡关系、治理困境、数字鸿沟和公平赤字等问题也随之存在。在这样的现实情况下，国际贸易对各国国内收入分配失衡产生了严重影响。

劳动分工之所以带来诸多好处，是因为参与分工的国家之间存在诸多差异，而共赢分配的价值观正是基于分工分配的互惠、互补和互利原则。将世界经济视为一个整体，各国根据比较优势所决定的国际分工，源于各自的优势并获得各自的利益。必须强调的是，共赢分配的基础必须具备差异性，即国家之间存在比较优势，这样才能使国际分工的益处惠及各方。

如果国家之间不存在差异，分工带来的收益将会大大降低。实际上，我们当前面临逆全球化的问题，因此需要考虑全球分工中出现"巨无霸"生产者模式。这种模式导致全球分工的差异性消失，生产高度发展，技术高度融合，分工的优势因此消失，相应的收益也随之减少。即使存在差异性，也可能会导致全球经济一体化分工模式无法持续发展。不同的分工可能会导致国家对内分配的失衡，而这种对内分配的失衡可能会逐步演变为民粹主义。

国家内部的失衡体现在各个部门和各大主体的收入不平等和财富不平等上。这种失衡可能是由历史机遇下顶层制度对于要素的分配造成的，而不是由个人造成的。财富的分配是一个复杂的问题，需要考虑多种因素，包括历史、政治、经济和社会因素等。因此，我们应该以客观和理性的态度来看待这个问题，并寻求有效的解决方案。

在初始的社会分配状态下，由于机遇的影响远大于创造性，权力释放所带来的红利逐渐显现，从而极大地推动了经济的发展。然而，这种发展伴随着不平等和差异的加剧，如同初始资金不同一样，发展越迅速，先富裕起来的人就会越来越富有，从而获取更多的资源。

随着时间的推移，这种发展差异会逐渐转化为贫富差距的扩大。当发展分化到一定阶段，无论个人如何努力，都难以跨越这种由阶级分配不平等所形成的鸿沟。

收入分配问题无疑是至关重要的。我们无法达到完全的均等，但是通过努力，我们可以创造一个庞大的中产阶级，这对于"金字塔"的稳定具有决定性的作用。在现实中，由于初次分配的顶层制度，社会已经产生了一部分富人。那么，如何在后续分配中确保他们能够进一步地带动其他人共同富裕呢？资本、劳动和税收之间的分配将如何进行呢？

西方世界为了解决贫富差距问题，采取了多种手段。他们通过快速发展经济，跨越中等收入陷阱，实现了中产阶级的崛起，形成了橄榄型的社会形态。此外，他们还建立了完善的社会福利体系和保障制度，以保障弱势群体的基本生活权利。至关重要的是，西方世界在全球范围内调整分配框架，通过其他国家的帮助获得了足够的资源，以弥补国内贫富差距带来的影响。

一个大国如果失去了在全球分配框架中的地位，那么将面临巨大的甚至是毁灭性的冲击。而在国家所有制下，绝对的权力带来绝对的腐败，这些权力所有者掌握着对于生产要素分配的权力，导致财富分配不均，巨大的阶层贫富差距也因此产生。一旦生产要素消耗或过于集中,必然会引发不富裕阶层的反抗。

如果从另外一个角度叠加上后面我们要谈论的债务问题,我们可以将经济增长等同于财富增长,而分配的不均衡会使财富越来越集中,导致底层的债务无法进行冲销,富者越富,贫者越贫,最终会拖垮整个阶层。

就国家内部而言,一方面需要释放更多的生产要素来进行分配,满足人们日益增长的财富需求,但是如果不解决贫富差距和分配的问题,那么新的生产要素依然会被富者所掌握,受益的边际效应反而会越来越差;另一方面就是创新升级,从原有的框架中挣脱出来,获得更为广阔的国际分配的权力。

2.9 天生的利己主义带来了逆全球化

前文提到,从利益分配的视角来看,存在两种分配方式:零和博弈下的利益偏向式分配和增量下的共赢分配。

一个是共赢观,一个是利益偏向观,两种分配观的碰撞,其实也是两种价值观的碰撞,当然其直接带来的是完全不同的世界观。

中国的学者倾向于共赢观,但是这种观点存在一些问题。具体来说,他们认为在全球化发展过程中,由于各国经济发展水平和比较优势存在差异,分工双方都能获得各自所需,不存在一方得利而另一方受损的情况。随着时间的推移,他们认为市场将通过自身机制进行自主调节,实现利益的平衡分配。当利益分配失衡时,他们主张双方共同承担风险。实际上,共赢观更多地强调了各方获得不同的利益,并更多地表现出互补关系,而不是一方占另一方的便宜。

共赢的理念源于一个看似不均等的分配关系,但实际上它是由于不同发展阶段和比较优势的分工所产生的。这种关系是由双方经济结构的差异和发展阶段的不同所导致的,双方各自追求自身的利益,并不存在所谓的你多我少的问题。随着时间的推移,这种关系会自动调节。

利益偏向的分配价值观则从不同国家的利益出发,认为失衡双方的利益与风险具有不对称性,给一方带来更多利益的时候,必然会给另外一方带来更多的损失和风险。

不过，对于这两个观点，我认为都失之偏颇。第一，没有考虑到国家内部的收入分配的问题。采用金融方式获取收益的方法，看似公平，实际上导致了内部分配的失衡，这种失衡会催生民粹主义。第二，通过生产加工和贸易的方式获取全球的分工虽然更容易提高居民的收入，但是也会造成一定的贫富差距。实际上，内部分配失衡问题更多来自内部矛盾，而非来自外部矛盾。

二战结束以后，全球范围内的主要国家形成了一个紧密的共同体。在这个背景下，各主权国家及其政府负有维护国民权益的责任。这意味着，当全球化的进程与国民的利益发生冲突时，国家必须优先考虑国民的利益。例如，在20世纪80年代，美国就采取了战略性贸易政策，对日本和欧洲共同体进行了积极的防御和反击，这表明传统的自由贸易原则已经逐渐转向公平贸易和管理贸易的模式。

英国在工业革命之后，以贸易为立国之本，推行自由贸易政策以抢占全球市场，甚至在某些情况下以武力推进国际贸易。然而，到了20世纪30年代，为了应对国内农业危机以及保护国内市场，英国最终放弃了长达百余年的自由贸易政策。在黄金兑付危机和英镑贬值等事件发生后，英国的国力受到了极大的削弱，再也无法与美国相抗衡。与此同时，美国在这一时期却一直实行贸易保护主义政策。在后续的历史发展过程中，贸易保护主义理论在德国和美国的经济发展初期都扮演了非常重要的角色。这两个国家都曾经积极推崇和重视贸易保护主义理论，将其作为促进本国经济发展和保护国内产业的重要手段。特别是在第二次工业革命之后，德国政府采取了一系列施加关税的政策来保护国内工业体系，这些举措促进了德国工业的迅速发展，使其崛起成为一个工业大国。这些贸易保护主义政策的实施，为德国在当时的欧洲工业革命中取得了重要的竞争优势，也为后来德国的经济发展打下了坚实的基础。

阿根廷前经济部长多明戈·卡瓦略尽管拥有哈佛大学的教育背景，但其所在的政府在初始阶段是支持全球化的。然而，当政治危机来临时，他毫不犹豫地抛弃了全球化，这无疑揭示了全球化与国家民主制度之间的固有矛盾。这一做法也得到了哈佛大学肯尼迪政府学院国际政治经济学教授丹尼·罗德里克的肯定。罗德里克教授在其著作《全球化的悖论》中明确指出:"国家民主制度和深度全球化不能兼容。"

另外,罗德里克教授在其著作中提出了一个引人注目的"全球化三难选择"理论。他认为,一个国家在追求超级全球化、国家主权和民主政治这三大目标时,只能选择其二,而不能兼得。这个理论为我们深入理解全球化的本质提供了重要的依据。这也意味着,在实践中,各国必须在全球化与国家利益之间作出权衡,寻找最佳的平衡点。尽管全球化带来了巨大的经济利益,但同时也可能对国家的主权和民主制度带来挑战和威胁。因此,如何在全球化的大背景下维护国家利益,保持民主制度和全球化的良性互动,已成为摆在世界各国面前的重要课题。

超级全球化是指经济上的全球化达到很高的水平,比如商品和资本可以自由流动,劳动力的流动程度也很高。显然,超级全球化在现实中很难实现。为使分析更接近现实,我们不妨将其理解为更深层次的全球化,这意味着一个国家会越来越强地支持和融入经济全球化。国家主权主要是指一国政府在制定对外经济政策方面的自主权,即一国政府能根据自身的需要制定相应的政策,这和通常意义上的国家主权有所差别。民主政治则是指一国不同群体的利益诉求都能充分表达出来,并得到政府的重视和考虑。可以看出,民主政治不一定是和西方式民主挂钩的,而主要是利益诉求的表达。

民主本身是一种极其重要和独特的机制,用于协调国家和个体之间的利益关系。民主制度已经成为绝大多数国家的首选,这反映了其价值和重要性。然而,政治民主和国家自主之间往往难以直接有效地区分开来。实际上,这两个概念是相互关联的,它们共同保证了国家的自主权,并保护居民不受外部力量的干涉。然而,参与全球化则需要在经济、政治和文化等方面实现全面的开放。尽管通过凯恩斯主义能够实现一部分政府管制和资本流动限制下的全球化,但罗德里克教授提到的民主制度和深度全球化的不能兼容,仍然是一个难以解决的问题。

对一个普通的美国人来说,全球化带来的不仅是机会,还是一种压力和挑战。他们必须与全世界的劳动力竞争,这让他们感到自己的利益受到了威胁。为了确保自己的利益得到保护,他们会把选票投给那些能够采取措施抵制外国竞争者的人。因此，美国在积极推动全球化的同时，也在世界范围内采取反倾销措施，就不足为奇了。这些措施可以帮助美国保护其国内产业和就业机会，从而维护自身利益。这是全球化带来的竞争压力所导致的必然结果。

研究这些贸易观点的更迭非常有趣，因为它揭示了国家在不同发展阶段对于贸易政策的渴求和转变。当一个国家的实力相对较弱时，它通常会倾向于采取贸易保护主义政策，以保护本国的经济发展和产业竞争力。此时，李斯特的理论往往比较受欢迎，因为他的观点强调国家需要对本国产业进行保护，以促进经济发展和提高国际竞争力。然而，随着国家经济逐渐强大，它对于自由贸易的需求开始增加，以便获得更广阔的市场和更多的商业机会。

然而，当其他国家崛起而自身国家开始衰落时，人们往往会诉诸贸易保护主义，以保护本国产业和市场。这种自由贸易与贸易保护主义交替的轨迹，反映了在国际贸易体系中，各国为了维护自身利益而采取的不同策略。这背后的深刻理解是，在分配过程中天生存在着利己主义的倾向。

事实上，教科书式的动态再平衡和各种再平衡机制在现实世界里并没有。当全球分配失衡（往往会伴随着各级架构自身内部分配失衡）趋近于无法调剂的时候，中间生产环节会试图通过转型升级来寻找更为广阔的空间。这必然会侵占其他阶层的利益，同时会伴随着民粹主义的大幅升温。这是因为人们往往关注自己和他人的利益分配问题，而民粹主义强调大众的利益和诉求，因此往往会伴随着政治诉求的出现。民粹主义的升温，最终会导致分工和分配关系的重构。

只有通过一次全面的利益重新分配，全球经济才有望找到新的增长动力。在历史上，每当发展到这一阶段，社会往往会出现一种混乱无序的状况：轻则产能过剩，经济增速缓慢；重则触发贸易保护主义、国际关系紧张、地缘政治动荡等一系列问题，这是历史的周期性重复。

2.10 霸权：决定分工，决定分配

在人类历史的长河中，分工和分配作为永恒不变的主题，始终贯穿其中。按

照亚当·斯密的定义,分工和分配是经济增长最原始的动能,是推动社会进步的重要力量。事实上,所谓世界经济格局的每次变迁,在很大程度上可以理解为人类历史上大多数时间里霸权的争夺。这种争夺不仅决定着社会各阶层不同的分工,还影响着各个城邦、国家之间的相互关系。同时,这种争夺也伴随着分配权力的争夺,因为分工和分配的权力是所有政治、经济和全球霸权框架转变的基础。

说到底,文明的核心框架和目的都是获得和掌握分工和分配的权力。这种权力既包括国家之间的分配,也包括国家内部的分配,甚至是个体之间的分配。对这种权力的掌握,实际上就是对其他国家的命运、对社会其他阶层的命运的掌握。不论是内部的权力斗争,还是外部的国际竞争,其本质都是对分工和分配权力的争夺。

从历史的角度来看,这种争夺从未停止过。从挑战者变成擂主,从主角沦为配角,这种转变在人类文明进程中屡见不鲜。

随着人类文明的不断进步,世界变得越来越小。在这个舞台上,每一次全球再分工必然伴随着再分配,也必然意味着原有秩序的重建。这种再分配的过程,既是权力的重新分配,也是命运的重新洗牌。在这个过程中,既有胜利者的喜悦,也有失败者的悲伤。但是,无论结果如何,人类社会都在不断地发展和进步,这个舞台也在不断地变换着角色和场景。

2.11　失衡、重构和全球化、逆潮

最理想的分工和分配方案未必是最大化利益,因为优化方案还需顾及未来可能发生的变化和不确定因素。然而,在现实经济问题中,决策者通常面临的是一道无标准答案的选择题,需要依靠个人判断力和经验来进行决策。如果存在标准答案,那么历史进程中的偶然性和戏剧性的事件也将失去意义。虽然标准答案可以让我们直接解决问题,无须经历曲折和试错过程;但是,由于经济问题的复杂性和不确定性,我们往往无法确定最优解,只能依靠不断尝试和修正来逐步完善我们的决策。

在全球范围内，政策的制定在大多数情况下，是执政者作出的选择。至于在特定时刻，什么选择才是最优的，则并无绝对正确的理论和模式，因为它们都可能产生一定的副作用。例如，在大萧条时期，古典经济学理论由于其局限性，无法满足当政者的需求，因此凯恩斯的理论逐渐受到重视，并迅速解决了当时的问题。然而，这些问题可能会在另一个层面上再度出现。

在全球分工和分配体系中，理想的情况是各国分别从事 A 和 B 两种工作，相互之间进行贸易交换，实现互惠互利。然而，这种理想状态在现实世界中并不存在。克鲁格曼曾指出，各国之间更像是一种战略竞争关系。这一观点是正确的。它直接涉及我们对国际分工和分配的核心哲学观点：是否存在一个所谓的人类命运共同体？我们可以探讨这个问题。人类命运共同体是经济学中的柏拉图式假设，它摒弃了国家、边界和民族利益的概念，即各国分别生产不同的产品，通过交换实现互惠互利，呈现出一种和谐的局面。然而，我认为在现实的贸易环境中，这种理想状态并不存在。

在全球经济一体化的大背景下，我们仅关注二战以后的分工和分配体系。首先，就生产效率而言，从第一次工业革命、第二次工业革命到第三次工业革命，我们进入了信息时代（见图 2-3）。从我个人的观点来看，至今我们尚未迎来第四次工业革命。因此，当生产效率不再提升时，分配就成为亟待解决的问题。

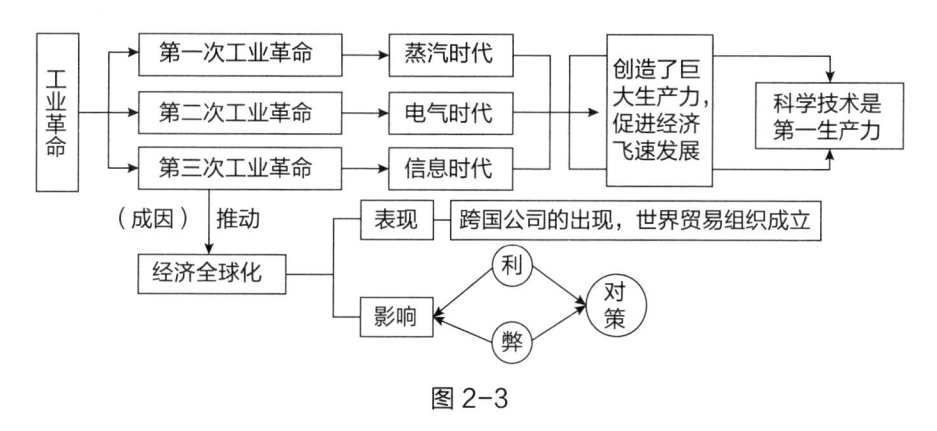

图 2-3

每次工业革命都推动了整个分工体系的更新换代，使人们能够获得更多的收入。当国际分工和分配呈正向反馈时，我们的经济便呈现出正向繁荣。然而，如果国际分工和分配遭遇两个瓶颈,即分配严重失衡以及因技术瓶颈导致生产效率无法提升、总收入无法增长,那么各国都将面临如何解决分配问题的挑战。

自1980年以来,生产效率的提升一直是我们经济发展的重要推动力。1982—1983年,我们开始对生产效率进行优化调整。到了1990年,这种调整逐渐形成规模。2000年的互联网泡沫实际上标志着一个重要的阶段性转变。自2002年起,我们进入了一个强劲的经济周期。然而,我目前担忧的是以苹果公司为代表的技术与效率巅峰已经出现。本轮技术周期始于1980年,一直持续到2000年的风险投资/私募股权阶段泡沫,并进一步转化为成熟的企业、商业模式、利润模式和产品。我们现在已经走过了40多年。

全球经济增长的另一个重要推动因素是全球化的再分工和再分配,其所形成的分工和分配框架主要包括以下两个方面:

(1)货币体系。该体系确保了全球化再分工过程中的货币流动性和资金清算的稳定性,从而为全球经济的正常运行提供了基础保障。

(2)贸易体系。这一体系规范了全球化再分配过程中商品和服务的交换与流通,确保了全球化再分工的顺利进行。

区域经济和全球化布局的基础在于货币体系的稳定性和贸易体系的稳定性。这两个体系的形成,为全球化的实施提供了有力的支持和保障,也是全球经济一体化的基本前提。

在此基础上,大规模的国际分工和分配逐渐形成,这一宏观经济的核心来源也由此产生。这是二战后最终形成的全球化分工和分配模型。随着进一步细化,我们可以推导出中微观甚至更细的微观、产业链的结构,这些都可以在这个模型中进行延伸和拓展。

2.12 历史的痕迹

2.12.1 经济强国的制度更迭

在20世纪80年代,美国采取了战略性贸易政策,对日本和欧洲共同体进行了有针对性的反击，以维护自身利益。在此背景下，里根和布什政府的贸易政策从传统的自由贸易转向了公平贸易和管理贸易。

值得注意的是，德国在第二次工业革命后的政策也倾向于施加关税以保护国内工业体系，这与美国的做法相似。

然而，1930年美国的关税法案并未解决国内经济复苏问题，反而对全球贸易造成了严重打击。这一经验使得美国开始反思并调整其贸易政策。1933年罗斯福上台后，推行了"复兴、救济和改革"的新政，并在1934年通过了《互惠贸易法案》。该法案授权总统在3年内负责对外谈判，并且可以将关税最大限度地降低50%而无须国会批准。通过谈判，美国与许多国家签订了互惠贸易协定，在一定程度上促进了美国经济的率先复苏，并使得美国接替英国成为自由贸易的积极倡导者。

2.12.2 战略性贸易政策：日本的经验和教训

1960—2000年，日本通过实施贸易保护主义政策和政府大力支持，成功地实现了产业的跨越式发展。日本某经济学家指出，日本在二战战败后强烈渴望恢复和重建经济，这是他们重新获得民族骄傲的唯一途径。

为了推动新兴产业的发展，日本政府允许国内市场垄断，使得国内产品价格长期高于国际水平，从而促使企业获得更大的国际市场份额并提升竞争力。例如，在日本1970—1980年的电视机产业中，松下、索尼、三洋、日立、三菱、东芝和夏普这7家公司垄断了日本市场。日本政府支持这7家公司组成价格联盟，甚至协助他们提高进口家电关税，使得日本国内的电视机价格比国际市场高出30%~40%。这些公司利用政府补贴和国内市场收入，向美国出口低价电视机，以取得较大的市场份额。

此外，日本政府还通过强烈的贸易保护主义措施和扶持特定产业政策，推动了其经济在1960—1980年的跨越式发展，使日本在全球产业分工中站在了顶端。然而，这些贸易保护主义措施和产业政策在2000年后逐渐失效。例如，半导体产业中的日本企业被韩国企业和中国台湾地区的企业超越，而在更前沿的智能手机和大数据等领域，也逐渐被美国领先。

日本在互联网时代的创新能力不足，政府保护扶持的产业发展在科技创新中显得力不从心。这主要有以下四个原因：

（1）互联网时代的知识创新需要充分地交流信息和知识。尽管日本政府支持企业进行创新，但各企业之间的信息沟通相对封闭，知识被严密地保护在企业内。

（2）日本执政主体长期动荡不安，导致政策的制定者任期短暂，无法长期支持某一产业的发展。

（3）日本在技术创新方面受到美国的限制。日本在美国设立的研发中心所开发的新技术、新产品往往不能直接输入本国市场。

（4）日本的商业银行金融体系过于笨重，无法为创新提供融资支持。传统信贷体系占主导地位，无法为处于初创期的技术企业提供资金支持。同时，由于股票市场长期低迷，科技创新企业无法获得优良的融资条件。

2.12.3　中国产业分工体系

自克鲁格曼等现代经济学家的战略性贸易理论问世以来，其观点已为中国的产业政策所采纳。具体来说，中国的产业政策体现了这些经济学家的理论精髓，即通过干预和引导市场力量，实现国家利益的最大化。

从 2000 年到 2010 年，中国的产业分工体系迅速融入全球体系。首先，中国利用其在劳动力方面的优势，发展了劳动密集型产业；接着，逐步过渡到资本密集型产业，以市场换技术，发展自主创新。

自 2010 年以来，中国开始尝试以独特的方式发展产业，即通过"弯道超车"来跨越式发展某些产业。具体而言，中国一直在鼓励和推动新兴的、具有技术外溢效应的、领先的产业发展。半导体芯片、光伏新能源、大飞机、电动车、通信等行业的发展便是其中的典型。这些产业具有显著的技术外溢效应，且需要大量初始投资，短期内可能无法获得收益，但它们具有巨大的发展潜力。

第 3 章 债务和杠杆——宿命的加速器

从二战结束到现在，近 80 年的时间里，社会财富总量增加的速度比过去几百年要快得多。然而，在财富分配的过程中，少数"精英阶层"所占有的部分却越来越多。对于"先富带后富"的说法，并不适用于全球所有的经济体。有些国家的社会结构在数次危机过后变得更加撕裂，富有的人群占据的财富和资源越来越多，阶层固化也更加严重。既得利益者会竭尽全力阻止竞争者进入，以避免自己的利益被分走。这使得那些国家的普通人群想要实现阶层的跨越几乎是不可能的。

但无论是财富的积累还是财富的分配，债务和杠杆都是绕不过去的重要话题。

3.1 探究财富的本源

初始阶段，人类通过自身的生产活动，将自然资源转化为有用的物质以及服务，这种行为被视为社会财富的积累。在这样的社会环境下，拥有生产要素就等于掌握了创造社会财富的源头，这也是社会经济得以发展的根本基础。值得注意的是，不同历史时期以及不同的经济体系下，人们对于创造财富的生产要素的总结以及概括会存在一定的差异。例如，重农主义者将生产要素视为土地，而重商主义者则将生产要素视为金银。经济学家威廉·配第在其经济学著作中明确指出，"土地是财富之母，而劳动则是财富之父和能动因素"。他的观点强调，除自然生产要素外，劳动要素也是创造财富的核心要素。很明显，自然生产要素和劳动要素是紧密相连的。劳动力作为生产要素之一，具有核心地位，而其他生产要素，如资本、土地、技术等，都需要人的操作和利用。劳动力能够创造出更多的财富以及资源，并且提高了生产力水平。

生产要素和劳动要素的起源问题一直未得到足够的关注。埃里克·拜因霍克作为牛津大学新经济思想研究所的负责人，在其著作《财富的起源》中，对创造财富的要素的起源问题提出了独特的见解。

拜因霍克认为，经济系统属于复杂适应系统中的一个子集，而这个子集同时也是一个进化系统。通过"变异、选择、放大"的过程，经济系统得以不断进化并且变得更加复杂。与传统经济学观点不同，如果将经济学视为均衡系统的静态解，那么经济的增长必须依靠外部变量；然而，拜因霍克认为经济系统同样属于进化系统，这意味着它会动态自主地发生变化，因此经济增长能够自然发生。

从复杂经济学的角度来看，财富并非被"创造"出来的，而是"进化"出来的。

生产要素和劳动要素的产生和演变本质上是人类社会进化系统的一部分，这套进化系统促进了人的进化、社会的进化以及经济的进化。财富的起源、产生和演变在本质上与生物系统一样，它们共享了一套进化算法且相辅相成。

在微观层面上，随着技术的不断进步（如蒸汽机、计算机的发明等），社会的不断发展（如货币、股份制公司和破产制度的出现等），以及商业的不断进化（如商业战略、管理方法的逐步完善等），这些因素综合演进，共同推动了财富的大爆发。

此外，随着社会的不断进步，生产要素这个概念也在不断变化。在优胜劣汰的自然法则下，这套进化系统不断推动着商业、技术、社会的进步，使得生产要素的形态不断变化。例如，生产要素的形态从早期的土地、货币、农具，逐步演变为机械、设备、能源，乃至半导体、芯片等。

同样地，劳动要素的概念也随着社会的进化而不断进化。生产力的提高使得劳动要素从传统的体力劳动扩展到技术创新，我们称之为"脑力劳动"，未来还可能衍生出更多新的"其他劳动"的概念。

推动社会进步和科技进步的基本进化原则，实际上是一种内在的、自然的、自下而上的驱动力。这种力量不断催生出新技术、新思想和新方法，推动着生产要素的变革、劳动要素的变革，以及劳动的进化。

技术的进步，就像一双推动社会进步的隐形的手，操控着生产要素的变革。这种变革并非一蹴而就，需要经过多次尝试、反复验证和不断调整。每一次技术的进步，都会带来新的生产要素，这些新的生产要素又进一步促进技术的发展，从而形成一种良性的循环。

劳动要素的变革，则是在技术进步的推动下，发生了从体力劳动向脑力劳动、从简单劳动向复杂劳动、从低技能劳动向高技能劳动的转变。这种转变使得劳动力得到了全面的提升，也使生产活动得以更快、更高效地进行。

劳动的进化不仅推动了生产力的进步，还使生产效率和生产质量得到了显著的提高。这种提高使得人类可以更快地创造出更多的社会财富，从而推动了社会的进步和发展。这是一个周而复始的过程，不断推动着社会财富总量的增加。

总的来说，人类进化和技术进步的相互作用，是一个连续不断的过程。这个过程不断推动着人类社会的进步和发展，使人类可以不断地创造出更多的社会财富。

3.2　历史上财富积累缘何困难？

20世纪以前的人类文明发展曲线呈现出基本平缓的态势。只有在新的生产要素出现时，社会财富才会得到显著增加。然而，在人类社会演变的最初两个阶段，社会财富积累的速度相当缓慢，与第三阶段完全不可同日而语。

自文字诞生以来，人类社会经历了两个主要的历史阶段。一是原始社会阶段。在此阶段，狩猎、采集和渔业是社会生产的主要形式，人力、自然资源和简单的生产工具构成主要的生产要素。二是农业社会阶段。在此阶段，社会生产方式发生了转变，从原始的狩猎采集模式转变为耕种模式，主要生产要素也转变为土地和劳动力。

在长达几千年的时间里，东方一直在诸多领域领先于西方。而在这个时期，东方的发展基本上以中国为主导。无论是在科学技术、文化艺术，还是在政治制度等方面，中国都扮演着重要的角色。这种局面的形成，与当时东西方社会的历史背景和环境有着密切的关系。

在 19 世纪之前，东方的整体发展水平明显高于西方。这一现象，实际上是由东西方社会发展的差异所致。东方社会在农业、手工业、商业等方面都表现出强大的实力和领先地位，而西方社会则相对落后。

在这个时期，东西方社会的政治制度也存在着显著的差异。东方社会普遍实行封建制度，而西方社会则大多实行领主制度。这种不同的制度安排，对东西方社会的发展产生了深远的影响。

同时，东西方社会的文化传统也存在很大的差异。东方文化强调集体主义和家族观念，注重传承和发扬传统文化，而西方文化则更注重个人主义和自由思想，强调个人的权利和自由。这种不同的文化传统，也深刻地影响了东西方社会的发展进程。

总之，在长达几千年的时间里，东方一直领先于西方，其中中国更是扮演着重要的角色。这种局面的形成，是多种因素综合作用的结果。而在这个时期，王朝的兴衰更迭、个人的生死荣辱，都与这个大环境息息相关。

我们通常用"小农经济"来描述那个阶段东方的社会生产模式。它指的是劳动者依靠自身的劳动力和简单的生产工具进行农业生产。这种经济模式以家庭为最小生产单位，旨在满足人们的基本生存需求。自原始社会的刀耕火种阶段逐步过渡到农耕社会后，个体农民依靠自己的"一亩三分地"维持着自给自足的经济状态。在这种生产和生活方式下，土地作为主要的生产资料由个体家庭所拥有和耕种，其主要目的是满足家庭成员的基本需求和生存延续。只有在农业生产出现剩余的情况下，人们才会进行商品交换。

让我们以中国为例，探究一下为何在这两个阶段，社会和财富的积累会极其缓慢。

中国的小农经济可以追溯到早期历史时期。在春秋战国时期，随着铁犁和牛耕技术的使用，自耕农的数量迅速增加。然而，春秋战国以后，自耕农与为封建社会地主劳作的佃农并存。尽管自耕农数量不少，但是佃农占据了整个社会的主要部分，他们也是每次朝代变更时革命力量的主要来源。

小农经济具有其独特之处。第一，小农经济的生产方式分散，劳动者以家庭为单位，在狭小土地上使用落后的手工工具进行分散经营，其生产力水平相对较低，抵抗自然灾害的能力也较弱；第二，小农经济具有一定的独立性和封闭性，通过农业和家庭手工业的结合，采用精耕细作、男女分工等方式实现自给自足；第三，小农经济的生产规模较小，劳动方式相对简单，主要以家庭为生产和生活的单位，因此扩大再生产的成本相对较低，通过勤劳、节俭也能实现生产和消费的平衡。这种经济模式的稳固性使其能够穿越多个朝代而长久存在。然而，小农经济也存在明显的弊端。战国时期的法家重要思想家李悝对"五口百亩之家"进行了收支分解，发现其一年的粮食积累仅有百石，在灾荒年份则更低。这种状况极大地限制了古代社会财富的积累速度，其原因是多方面的。

（1）原始财富的创造具有较大难度。在以小农经济为主导的社会中，财富的主要来源依赖于农业生产的积累。尽管基于男耕女织模式衍生的手工业等产业可以通过商贸活动获取一定的财富，但这些产业的收益从根本上仍源于土地农业的劳动。受崇本抑末观念的影响，农业始终占据主导地位，农民与土地紧密相连。这种社会结构有助于降低人员流动性，从而提高社会稳定性。然而，如果仅依靠农业来积累财富，而将商业作为补充，则财富增长速度是非常缓慢的。在古代社会，主要生产力要素包括土地和人口，在生产力没有质的改变和革新的情况下，土地单位面积的农作物产量很难提高，这也限制了劳动力的边际产出。因此，仅依靠积累创造原始财富的难度极大，即使在太平盛世，也需要几代人经过上百年的努力。

（2）现有财富的分配方式难以持久。在新增财富难以创造的情况下，现有财富的分配方式也难以持久。自春秋时期以来，农业生产方式经历了数次革新，从铁犁牛耕到耦犁、楼车的设计，再到引进和推广高产的玉米和甘薯，农业生产能力得到了数次提升。大土地所有者利用土地私有制进行土地兼并，以租佃制的形式剥削失去土地的个体农民，从而积累了大量财富，形成了封建社会的地主阶级。然而，利用权力进行兼并和收购仅仅改变了现有财富的分配方式，并没有创造新的财富，一旦出现"富者田连阡陌，贫者无立锥之地"的情况，革命也将迅速到来。

（3）古代特殊的财产继承制，限制了财富的代际积累。古时信奉多子多福，人丁兴旺有利于家族传承和延续。在应对变乱时，血脉宗亲能相互扶持，提高宗族存活的可能性。但另一方面，"诸子均分家产"是古人常见的分家方法。财产通常由父母平分给每个儿子，嫡长子能保留一定的宗法特权和祖居、祖宅。而其他财富也多以土地、住宅等不动产为主。均分的结果导致了财富的总量很难增加，且代际间传递消散相对较快，即便没有坐吃山空和变乱发生，"富不过三代"也是常有的事。另外，古代统治阶级也不希望有过大的地方家族存在，以防其形成割据势力。

（4）依赖现时资源，配置效率低下。小农经济由于以家庭为主体，其经营规模小，缺乏积累和储备的能力，生产和生活只能依赖于现时的资源，经不起风吹雨打，若再遭受严重的自然灾害、沉重的租赋徭役，财富积累就更难了。农本位的思想让商业氛围大打折扣，抑制了商业的创新。人们仅仅利用现时的经济资源，既无法折现未来，也不能自发实现资源的有效配置，财富的增长速度自然缓慢。

尽管农业社会阶段在财富、技术和文明进化方面需要经历漫长的岁月，但它仍然为后续的进化过程解决了后顾之忧。在满足自身基本需求并实现稳定性后，农业社会不断积累着文明裂变的各种要素。这些要素在工业革命中发挥了积极作用，为其爆发打下了良好的基础。

当文明的进化如笋芽般在土壤中孕育，准备破土而出时，崭新而生机勃勃的生命力量等待着绽放。此时，传统的农业社会生产方式、复杂的社会结构、深层次的价值观念以及分配制度等都开始寻求改变。这种改变是必然的，因为每一次技术革命都以其无法阻挡的推动力，引领着社会向前发展。在这个过程中，过去文明形态下积累和形成的种种矛盾和关系也会发生质的变化，犹如凤凰涅槃般，迎接新生。

人类社会真正意义上的财富积累和社会本质的跃升，实际上是在19世纪之后。更准确地说，这种质的变化和急剧的增长源自工业革命的推动，大规模地呈现出直线上升的趋势，犹如乘坐了火箭一般。这艘火箭的助推器，毋庸置疑，就是工业革命，它将人类社会推进到了工业社会阶段。在这个阶段，人类不仅在财富积累方面实现了飞跃，还在科技、文化、经济、政治等多个领域引发了深刻的变革。

近百年来，机械化大规模生产使人力不断被机器替代，而资本和技术继土地和劳动力之后一跃成为新的重要生产元素，这也是工业时代与农业时代最大的区别，生产要素和劳动要素开始变得不同：工业生产要素、脑力劳动（技术）创造的财富远远大于农业生产要素和体力劳动创造的财富。

每一次文明的进化都必然带来生产方式、社会结构、分工分配关系的深刻变革。这些变革不仅涉及物质生产领域，还涉及意识形态、政治制度等非物质生产领域。在这个过程中，优胜劣汰的法则似乎贯穿始终，成为社会进化的规律。

社会的分工和生产要素的分配同样遵循着优胜劣汰的法则。在不断变化发展的社会中，只有一部分人能够敏锐地把握住时代的脉搏，享受到文明进化带来的红利。他们通过掌握先进的生产力、生产要素等资源，逐渐在社会中占据主导地位，从而成为社会的"精英阶层"。

然而，对一部分人来说，社会进化的过程似乎与他们无关。他们在社会分工和生产要素分配中处于不利地位，无法获得足够的资源和机会。这种情况在一定程度上导致了社会财富积累的困难。

人工智能时代的到来，可能会使问题变得更加严峻。在人工智能时代，人们即使出卖劳动价值也可能无法实现转化。这意味着劳动力贬值，甚至变得多余。这种局面一旦出现，将对整个社会产生深远的影响。

在这种情况下，社会的进化可能会带来一些可怕的结果。首先，社会财富的积累可能会更加集中在少数人手中，导致贫富差距进一步扩大；其次，由于劳动力变得多余，许多人可能会失去工作，面临失业的困境；最后，社会的整体消费能力也可能会下降，导致经济发展停滞不前。

因此，我们必须认真思考如何在人工智能时代实现劳动力的转型和升级，以确保社会的和谐、稳定发展。这需要我们采取一系列措施，如加强教育和培训、提高劳动力素质、促进创新和创业等，以适应新的生产方式和经济结构。只有这样，我们才能确保社会的进化能够真正惠及每一个人，实现人类社会的可持续发展。

3.3 劳动、财富、货币、金融

资本的有效运用是另一个重要的财富加速器。在近两个世纪以来，金融、债务和杠杆等要素取得了前所未有的进步。这些要素在金融化的推动下，为社会财富的创造与积累注入了强大的动力。随着金融市场的不断扩大和资本运作效率的提高，财富积累的速度也不断加快。同时，这些要素的发展也加速了财富分配失衡的速度。金融市场的发展和资本的有效运用，使得一部分人能够获得更多的投资机会和财富，而另一部分人则可能因为缺乏投资能力和机会而错失财富积累的机会，从而加剧了财富分配的不平衡。因此，资本的有效运用是社会财富加速创造和积累的重要因素，但同时也需要关注其可能带来的社会问题。

在传统观念中，劳动是创造价值的重要方式，然而，这种创造价值的方式存在较大的局限性。首先，劳动具有明显的即时性，即它的价值存在于特定时间点，无法储存。一旦劳动停止，其产生的价值也将消失。其次，劳动还受到地域限制，即它只能在特定的地点进行，无法进行远距离运输。

自从人类形成社会并开始进行劳动交换以来，这个问题得到了部分解决。在此基础上，人们逐渐接受了一些其共同认可的一般等价物作为交换媒介，如贝壳、盐巴、丝绸、绢帛、铜铁、金银等。这些一般等价物被用作货币，使得人们可以在不同时间、不同地点进行劳动价值的交换。

人们在年轻时通过劳动赚取货币，并将其储存起来以备使用。当他们年老或劳动力丧失时，便使用这些积累的货币来购买他人的劳动价值，以维持生活。如果家乡的工作机会有限，人们可以选择外出务工，并将获得的货币寄回家乡，用以购买他人的劳动价值和服务，支持家人的学习和生活。

然而，随着交易规模的不断扩大和货币频繁地交换，实物货币的弊端日益显现。例如，实物货币体积大、易损坏、安全系数低且不便携带。因此，现代社会逐渐转向使用纸币作为货币形式。纸币的出现使得货币的交易更为便捷、安全和高效。

但是，纸币的便利性和安全性存在一定的局限性。鉴于此，金融领域的人们提出了一种高明的解决方式：建立银行。通过这种方式，劳动力的储存和运输、交易的支付和汇款，以及财富的积累和转移等过程，无须再使用纸币。它们都已转变为电子数字符号，大大提高了效率和安全性。

在小农经济体系中，财富的积累速度由于各种因素而极为缓慢，财产的增值速度与现今社会根本无法相比，甚至相较于工商业社会初期的发展水平也相去甚远。这一现象产生的重要原因在于缺乏商业环境的熏陶以及金融工具的运用，进而导致分散的资源无法得到有效的整合和配置，未能为生产活动提供充足的能量和动力。

自古代以来，中国就有诸多与金融相关的理念，但其所产生的影响相对较小，并未形成显著的气候。周朝末期，周赧王为了筹集军费以发动对秦国的战争，向百姓借贷。尽管这并非真正意义上的国债，但已初具国债的基本特征。由唐朝房玄龄等人所著的《晋书·食货志》，对此事有相关记载。书中提到，周赧王末期，迁都西周，九鼎失落，西南尽失，向百姓借贷，无法偿还，于是建造高台以躲避责任（债务），因此周人将王所居之处称为逃债台。这也是成语"债台高筑"的典故。

另外，古代也有对期货交易的记载。宋朝《荔枝谱·志贾鬻》中记载，当荔枝初开花时，商人会根据果实产量和销售前景与农民签订合同，之后按照约定好的价格进行交易，不得改变。借贷关系在古时已得到较为广泛的发展。在经济贸易活动较为发达的唐朝，借贷关系更为活跃。然而，政府仅对借贷利率进行一定程度的管控。《唐六典》明确规定："凡质举之利，收子不得瑜（逾）五分。出息、债过其倍，若回利充本，官不理。"

即便如此，商贾在中国古代的社会地位仍相对较低，真正利用债务和杠杆来扩大再生产的情况并不多。

自 19 世纪以后，西方世界经历了工业革命，推动了社会经济的飞速发展，而东方的经济发展则相对滞后。此外，金融体系的不完善加剧了东西方之间的差距。

在古代社会，财富的积累需要几代人经过上百年的持续努力和奋斗才能实现。金融业的运作突破了空间限制，将个人劳动转化为社会劳动，从而使人们的财富转移更为便捷。然而，当勤劳的人们试图借助现代金融业来储存自己的劳动成果并积累财富以突破时间限制时，他们却遇到了困难。他们惊讶地发现，他们在年轻时需要劳动一年才能获得的财富，到他们退休时只能购买别人一天的服务。

最终，马克思主义继承和发扬了亚当·斯密的理论。它可以被总结为一句简洁而深刻的话，"劳动是财富的源泉，资本在不断剥削劳动成果"。这个理论强调了生产要素的所有权和控制权的重要性，以及劳动者通过生产劳动进行转化的必要性。在现代经济中，这些生产要素的所有权和控制权更多地通过资本进行控制，但即使有了这些生产要素和资本，如果没有劳动者通过生产劳动去进行转化，依旧无法在真正意义上形成社会财富。因此，财富的产生终究无法脱离生产劳动这个重要的过程。

3.4 经济发展和债务、杠杆的反馈

在此之前，我们要探讨一个框架体系，这个体系也是从基础经济学框架中引申出来的：生产和消费之间的关系。经历过多次资本主义生产过剩的危机，人们逐渐开始关注一个核心问题：生产和消费，究竟哪一个才是关键的决策因素？

供给学派认为供应的自发调整是可以催生需求的，消费的本质是生产者给予的。我并不完全认同。分工产生收入，收入产生消费的能力，但如果供应的产品

与需求不匹配，则消费可以转化为储蓄。在技术推动供应调整后，产品的创新可以激发消费的欲望并将其再从储蓄转化为消费，但并不改变消费的能力。因此，供应并不是经济增长的源头，需求才是经济增长至关重要的一环。产能过剩是现代经济环境下更常见的问题，需求的日益改善使得生产必须与时俱进。对一个企业而言，生产什么更多地应该交给市场来决定，而所谓的"交给市场来决定"也就是交给需求来决定。

除了研究总供应和总需求的数量问题，还应考虑供应和需求的结构性问题。从产业经济学的角度来看，需求通常被视为固定因素，而问题的关键在于需求和供应之间的结构错配。因此，从这一角度出发，企业应致力于不断提升技术水平，并以市场需求为导向，适时调整产品以满足消费者在不同阶段的各种需求偏好。

从经济增长的角度来看，经济体系始终处于不断发展的过程中，人民的生活水平也在持续地提高。然而，经济问题的产生主要源于结构性和匹配方面的问题。这一观点虽有其正确性，但忽略了一个重要因素，即经济增长的幅度与需求的变化幅度之间存在高度的关联性。

那么，什么决定了消费曲线上升的幅度呢？一部分是收入和分配。在债务体系出现之前，财富创造的基础主要源自自然生产环节所带来的收入和分配。这可以视作一切消费的起点。

那么这一阶段中经济的核心权力也就是生产要素的所有权，这决定了消费的绝对权力。回到农耕社会，最基本的消费就是源于人本身的刚性需求（如食物），而食物生产的核心要素就是土地，那么土地的所有权就决定着财富的创造和财富的分配。国家和国家之间、部落和部落之间，其物品的交换来自生产的差异性以及消费的需求，争夺的就是生产要素所有权和生产权。

随着经济和社会的发展，节约成本已经成为一种规律，货币的使用也不例外。从金属货币到纸币，再到电子货币甚至虚拟货币，货币本身就是一种负债的凭证，也是信用的凭证。实际上，债务就是信用的体现，而信用社会的产生则伴随着负债方式的不断发展而演变。值得一提的是，杠杆是信用的放大器。随着社会的进步和经济的高速发展，信用规模和范围不断扩大，债务和杠杆也随之产生并不断放大，同时又反过来影响经济发展的速度。

债务体系开启后，我们的生产和消费模式发生了翻天覆地的变化。这个变化不仅体现在需求曲线的快速上升上，还反映在债务杠杆对我们生产和消费的深远影响上。这种影响已经远远超越了传统的以收入分配、储蓄、消费和投资为框架的范畴。

在这个负债模式下，人们通过借贷来购买商品和服务，从而刺激生产和消费的迅速增长。这种模式导致了需求曲线的上升，因为消费者可以借助债务杠杆获得更多的购买力。然而，需求曲线的上升并非仅仅源自收入分配的变化，而是因为债务杠杆对生产和消费的影响已经深入社会经济生活的方方面面。

传统的收入—储蓄—消费—投资框架已经无法完全解释这种影响。在这个框架中，人们通常会根据自己的收入水平和储蓄能力来进行消费和投资。然而，债务体系的出现使得消费和投资决策更加复杂化。人们可以通过借贷来增加即时的购买力，从而影响生产和消费的决策。

此外，债务杠杆还会对个人的金融状况产生深远的影响。通过借贷，消费者可以获得更多的购买力，但同时也背负了更多的债务。这些债务可能会对个人的消费决策和整体经济产生影响，从而进一步影响生产和消费的模式。

综上所述，债务体系的开启对我们的生产和消费模式产生了深刻的影响，这种影响已经远远超越了传统的收入—储蓄—消费—投资框架。我们需要更深入地理解债务杠杆的作用，以便更好地应对其对我们经济生活的影响。

在以债务和杠杆为核心的框架中，"债务从何而来"这个问题的答案就是全球经济发展的重要起点，而负债对于需求的影响至关重要。这就顺理成章地推导出负债的权力：谁能够大量拥有对外负债的能力，谁就拥有了消费的权力，同时可以通过负债—资本的方式控制生产要素的所有权，从而掌握分配的权力。

金融和资本的核心本质可以说是负债的力量，这种力量在很大程度上决定了生产要素和生产结果的分配。债务的形式、负债的能力以及债务的信用，是作为"金字塔尖"的消费者最为重要的生命线。有些经济学家称我们的世界为"债务"的世界，这句话描述得非常贴切。在这个世界中，债务和杠杆的问题最终会影响整个经济运行的引擎,这也是为什么我们的经济运行在出现问题时,总是涉及各种债务的风险,无论是企业债务、居民债务还是银行债务,甚至是国家债务。

当我们深入研究这个"债务"的世界,会发现负债的力量被更加精细地掌握在那些能够理解和运用金融和资本的人手中。这些人通过负债来获取更多的生产要素和生产结果,从而实现对社会资源的控制和分配。在这个过程中,信用成为关键因素,它决定了负债者能否持续获得资金和资源,进一步影响整个社会的经济运行。

然而,负债的力量并非只带来积极的影响,它也带来了很多风险和挑战。当债务杠杆过大时,过度的负债可能导致企业破产、居民生活水平下降、银行陷入困境,甚至国家经济崩溃。因此,如何合理运用负债的力量,掌握好债务的度,成为现代社会中一个重要的议题。

总的来说,金融和资本的本质在于负债的力量,这种力量在社会经济运行中扮演着举足轻重的角色。然而,如何合理运用负债的力量,避免债务风险,是我们需要不断探索和解决的问题。在这个"债务"的世界中,我们只有充分理解并掌握负债的力量,才能更好地应对各种挑战,推动经济的持续发展。

3.5 经济各个部门的债务和杠杆

我们先来看一下经济体的四大部门(居民部门、企业部门、金融部门和政府部门)的债务和杠杆。无论在任何经济体制框架中,这四大部门都有着天然扩大债务和杠杆的欲望和冲动,当然也自然需要有相对应和制约的关系。

1. 居民部门

居民部门具有扩大消费和积累财富的天性。消费是收入的正向函数,即收入增加,个人消费一般会随之增加,但最好将这个正向函数再加上一个时间函数。

$$消费 =(收入)t$$

个人收入的增加会导致消费的相应增加,在现代社会,随着消费信用的发展与普及,债务在很大程度上成为实现个人提前消费和扩大消费的重要手段。居民部门的债务和杠杆主要表现在住房按揭贷款、消费信贷以及信用卡透支等方面。这些债务和杠杆的形成,既与居民的消费习惯有关,也与银行的贷款政策有关。另外,消费具有一种"棘轮效应",也就是消费水平的提高相对容易,而消费的减少或降级则较为困难。与此类似,个人的债务和杠杆也表现出一种"棘轮效应"。

除了通过初始劳动力创造价值来增加财富,个体还可以依靠自身资金扩大总资产。此外,增加债务也可以实现总资产的增加。然而,由于"货币幻觉",人们往往更倾向于扩大总资产以获得自我满足感和成就感,因此个人债务和杠杆的数量逐渐减少。同时,受到社会文化多样性的影响,债务不再被视为传统意义上的压力和不舒适,反而成为个人信用的标志。

不同的社会群体具有不同的债务和杠杆属性,这一现象在消费文化盛行的西方国家尤为显著,居民债务常常会同步爆发。而在偏好储蓄文化的国家,居民债务往往成为最后的压力。

2. 企业部门

企业部门同样具有使用债务和杠杆增加资产、扩大规模和解决资金短缺问题的需要。在现代企业经营理念下,企业不再单纯地依靠原始权益资金和积累资金完成项目投资与扩大经营。从资产负债表来看,债务扩大伴生资产扩大,因此,职业经理人在扩大企业规模方面乐此不疲。同时,企业规模扩大能给予市场投资者更多信心。另外,企业盈利能力和资金积累能力随着市场的变化而变化,在企业盈利能力不佳的时期,企业需要通过债务来维持经营。当然,有时债务的使用不过是为了新债偿旧债。

企业部门的债务和杠杆中既包括银行贷款、债券发行等传统融资方式,也包括互联网融资等新兴融资方式。这些债务和杠杆的扩大,既反映了企业对于经济增长的追求,也反映了企业对于融资成本的考量。

各种企业类型的债务问题具有差异性。其中,企业部门债务所面临的最大挑战在于其规模大到难以倒闭。大部分企业已制定出相对成熟的策略来管理自身的债务和杠杆,这些企业的管理制度和财务制度都能有效地防范风险。此外,市场机制本身也可以发挥其修正作用。市场机制的偏好和约束都影响着企业的债务管理。一个成熟、健全的信用和债务市场具备完善的市场资源配置和纠偏体系。

3. 金融部门

金融部门的债务和杠杆则主要来自银行的表外业务和各类金融机构的资管业务。这些债务和杠杆的形成，既与金融市场的监管政策有关，也与金融机构的利润最大化目标有关。

金融机构的轻资产属性是其固有的特征，而债务杠杆则是其区别于其他机构的重要特征之一。在金融体系中，银行具有举足轻重的地位，其通过吸收存款并对外贷款，从而形成利差收益。存款是银行的负债，而贷款则是银行的资产。在这种规模效应的驱动下，银行可以通过负债扩大资产负债表，以获取更多收益。

相较于银行等金融机构，非银金融机构，如券商、保险、信托等，则在不同国家和地区的金融制度下具备各自独特的存款功能。一般来说，大部分非银金融机构不具备吸收存款的功能，因此它们无法仅依靠有限的自有资金实现大规模的理财和投资。

4. 政府部门

政府部门的债务和杠杆则主要来自地方政府的市政建设、社会保障等领域的投入。这些债务和杠杆的扩大，既反映了政府对于社会福利的追求，也反映了政府对于财政收支的平衡需求。

政府和国家在社会中承担着公共管理、公共服务以及基础建设等职责，其财政收入可能无法满足财政支出的需求。因此，政府需要通过发行债券的方式增加资金来源，以满足其财政支出需求。

西方民选政府和国家集权政府在处理债务方面有所不同：

（1）西方民选政府在处理政府债务时，往往受到财政政策约束的限制，因此通常偏向于采取保守（稳健）的财政政策，避免过度负债。

（2）国家集权政府在处理债务方面则相对灵活，具有较强的处理能力和转嫁能力。

不同政治体制下的政府在处理债务时也会有所不同。例如，大政府主义主张通过增加资产和权力来依靠政府债务最大限度地实现其政治目标,而小政府主义则认为债务的过度扩张会引发权力更迭、激化贫富矛盾,导致社会动荡。

总之,不同政治体制下的政府在处理债务方面存在差异,需要根据具体情况采取相应的措施来有效管理债务问题。

3.6 国家之间的债务问题

无论是国家和国家之间,还是国家和居民之间,负债的权力其实就是分配的权力,货币和主权债务就是其具体表现形式。负债在各个领域中的表现形式不同,国家对内债务是货币、国债,国家的储蓄可以理解为外汇储备资产。国家负债的权力、各个部门之间负债的权力、国家之间负债的权力、国家之间的债务,国家之间的收入分配,其表现形式就是国际收支。

发展中国家的债务状况需要区别看待,不能简单地按照常规债务来衡量。许多政府投资的负债在长期内都可能带来良好的投资回报。这些投资通常会产生连锁反应,只要不过于追求规模而忽略了实际情况,其对国内生产总值(GDP)就会产生积极影响。例如,在基础设施建设方面,如公路、地铁、桥梁和机场等项目,政府具有较强的统筹能力。

国家资本并不主要考虑眼前的收益,而更加注重衍生的收益。在投资基础设施和其他公共项目时,其所带来的经济增长和收入增加不只体现在当期的收益上。以一条公路为例,它不仅增加了区域的交通运输能力,还能带动周边地区的经济发展,从而促进 GDP 和收入的增长。因此,我们需要综合考虑基础设施投资所带来的长期经济效益。

经济的不平衡以及经济政策的重心,主要围绕增加政府的财政收入(税收)。当然,财政收入与支出是相互关联的。西方国家政府面临的挑战往往在于其养老社保制度以及人权保障的支出。政府债务在时间维度上,通常依赖于后续劳动人口的税收来弥补先前的社会支出。然而,若出现人口老龄化,这种以时间换取债务的方式将难以持续。

对于这一问题，人们可能会考虑采取紧缩政策以削减支出。然而，东西方文化的差异使得双方在处理类似问题时可能产生截然不同的效果。在西方社会的观念中，当期的需求往往更为关键，这可能使得减少支出的方案难以得到广泛的社会支持。中国有句谚语，"由俭入奢易，由奢入俭难"，这也许就能揭示东西方文化在思考方式上的差异。

另一方面，民主选举看似是将权力置于大众之手，实际上却可能导致严重的偏狭。大众往往更倾向于关注自身的利益，而非国家的利益。这意味着，只有满足大众个人利益的政治纲领和政策目标才有可能赢得选举。而这种个人利益的追求，往往会导致民粹主义的兴起。至于地方政府债务的现实，我们身边已有典型的例证。近年来，欧洲的情况就是其最好的写照。

如果一个国家背负了大量债务，其通常会通过削减财政支出以偿还债务。此时，是应该归咎于"地主"的苛刻条件，还是应该归咎于国家自身管理不善？

当一个人因无法偿还银行债务而被起诉到法院时，这个人可能会在法庭上声称这一切都是银行的过错。然而，如果一个国家经历了类似的困境并从中吸取了教训，那么即使面对再大的诱惑，它也不会再次陷入类似的困境。

3.7 债务和杠杆、收入和贫富的模型

当我们讨论贫富的时候，总是以财富的多少来进行衡量，其实这并不准确。一个80岁拥有几十亿元的老人和一个20岁拥有几百万元的年轻人，究竟谁贫谁富呢？我们唯一与生俱来的生产要素就是生命本身，也就是时间。这一点是相对公平的。所以，如果我们脱离时间这个概念去讨论贫富，其实是毫无意义的。如果在足够长的时间维度下去看分配、收入和贫富，那一定是公平的。也就是说，如果我们加入一个无限的时间函数，收入和贫富最终会通过继承、转移、分割等形式不断地趋近于均等。

但是，如果我们在有限的生命时间中去看分配、收入和贫富，那么一定是有差异的——有人分配得多，有人分配得少；有人付出，有人获得；有人贫穷，有

人富有。因此，我想重新给贫富下一个定义：单位时间内的收入——富有者意味着其单位时间内收入高，贫穷者意味着其单位时间内收入低。换句话说，富有者与贫穷者的差异体现在他们的时间价值不同。

同样地，国家之间的贫富也不能脱离时间的概念，而国家的时间概念其实就是其历史的进程。从足够长的时间去看，朝代的更替、国家的变迁，国家之间的收入和贫富也一样是公平分配的。"各领风骚500年"这句话其实形容得很贴切。

3.7.1 债务和杠杆的"框架"

我们讲资产负债表衰退的时候，很多时候讲的是资产端。当然，资产和负债是相互影响的。收入的不增长带来负债的激增，负债的激增会随着收入的不增长暴露出它的信用风险。资产一般对应三个维度：Q、P、T，也就是量、价格和时间。

如果我们将债务放在时间框架中去思考，我们的核心函数不是价格和量——价格和量可以相互影响，而是时间。这对我们理解这张资产负债表很关键。

在我的框架中，债务和杠杆的逻辑图（见图3-1）的上方是债务端，称为净负债。因为债务端负债的情况到底怎么样，还要看它的资产负债表的资产端，所以表示净负债的就是常见的资产负债表。下方是净收入。其实，债务的可持续性跟收入的可持续性是有关系的。收支平衡表实际上就是我们的净收入，即负债和收入的关系。

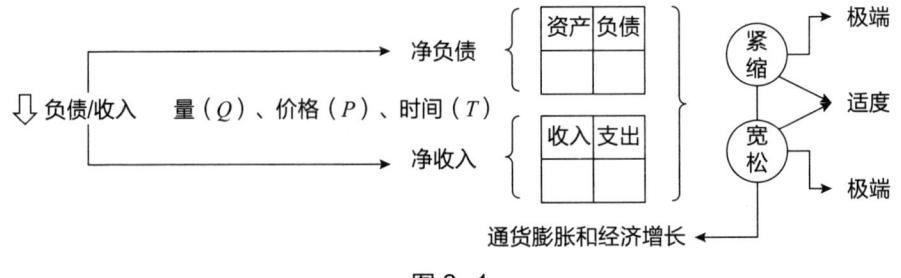

图 3-1

在某种情况下，我们可以使两个资产负债表进行交换，让两个资产负债表不断进行买卖和交换。最终，负债部分的交换可以被视为债务和杠杆的交换。举例来说，股票的折现，实质上是对企业未来盈利能力的估算；房产的折现，同样是将年轻人未来的负担能力考虑在内的估算。这些折现都基于一个假设，即债务的时间函数可以一直延续下去。但实际上，很多资产的债务时间函数最终会回归到人本身。

$$（债务）t = 人口$$

债的可持续性包含三个关键因素：第一，短周期内应确保债务和杠杆的比例合理，避免发生错配；第二，中周期内应确保收入来源的稳定和可持续性；第三，长周期视角下，人口的可持续性是支撑债务可持续性的重要因素。

在面对前两个因素无法满足的情况下，尽早发现和解决人口问题无疑更具挑战性。例如，股票最终的涨幅取决于投资者的数量，而映射到房地产市场，债务的稳定状况则与年轻人口的数量呈正相关。若一个地区的人口数量锐减，其资产价格将失去最后一个有力的支撑。

因此，我们需要认识到一个核心要点：资产价值的高低往往取决于其对立面的负债，而非资产本身的价值。这可能令人困惑，但当我们考虑股票的估值时，我们不仅要关注资产本身，还要关注负债的变化情况。债务和杠杆直接影响我们在短期内是获利还是面临巨大风险。对所有资产而言，债务和杠杆是我们首要考虑的核心因素，因为这两个变量直接决定了我们如何在短期内实现收益或面临风险，而长期趋势则更为明确且斜率均呈上升态势。

世界的经济趋势是长期增长的，换言之，全球经济持续发展，生产效率也呈现长期提升的态势。这种趋势对于我们当前的存在并无实质性影响。从短期来看，我们可能并不热衷于劳动创造价值的工作，至少对金融领域人士而言，我们更倾向于享受生活，而非辛勤劳作。我们依赖长期投资回报来稳定财富，但这并不能促使我们一夜暴富。对年轻人而言，他们更倾向于冒险投资以迅速积累财富，这同样反映在资产价格不断攀升的现象中。然而，以日本为例，其社会追求的是稳定而非高回报，这主要由于其整体投资回报率较低，使人们更倾向于稳健的投资策略。

大量的案例表明，债务和杠杆对生产效率具有严重的破坏作用，同时会引发一种时间函数法则。这是因为无论是在东方还是在西方，各种社会形态下的经验和教训都表明，债务和杠杆的极端化最终会导致人口下降。人口下降并不是一种自然状态，而是与债务和杠杆的激增以及城市化进程密切相关。

许多人强调城市的优点，但城市也存在一些不可忽视的弊端。这些弊端在短期内难以察觉，但从中长期来看，其影响将变得非常显著。我们可以回顾一下日本房地产泡沫破裂之前和之后的情况。宫崎骏创作的漫画以独特的方式指出了环境问题、人际关系问题以及城市矛盾。他形象地将城市描述为一个吃人的"怪兽"。在我们身上，债务的持续增长会导致债务函数的递减，最终导致人口数量的递减。当人口无法进一步支撑债务时，将出现长期的债务收缩，这是日本经历过的实际情况。

要维持城市的运转，就像喂食"怪兽"一般，我们需要持续向城市输送人力资源。然而，问题在于，城市中的这些人群主要是已经富裕起来的首批和第二批进入者。当他们变为需要消耗资产的人时，负债将由谁来承担？此时，就需要引入大量的年轻人和农村人口。类似于股票市场，如果不以现金和收入来折现，公司的股价又如何能维持在高水平？

在考量资产时，我们往往只注重价格，而忽视了一个关键因素，即数量。从债务和杠杆的角度出发，如果未能全面考虑这三个资产变量，就无法真正理解房地产市场的政策。因为在市场经济环境下，自由市场经济的运作并无行政性限制，因此并无"Q"和"T"的概念，市场是决定价格的主要因素。这一原则同样适用于商品和资产。然而，我们往往忽视了在非完全市场经济条件下，政府的行政性市场干预会对数量产生影响，而这种影响，无论是直接的还是间接的，都可能进一步影响价格。因此，我一直主张在考量资产时需要从三个维度进行深入分析。类似情况非常多，只要带有行政性管理供给曲线的事物，都有这个特点。

3.7.2 债务和收入之间的关系

经济增长是由债务杠杆和收入分配相互关联的数学关系式所描述的（见图3-2）。经济的发展引起债务和杠杆的需求增加，而债务和杠杆的增加又推动经济的发展。经济的增长促进收入的增加，收入的增加则推动消费进而导致债务和杠杆的进一步增加。这种债务和杠杆的增加又反过来促进经济增长，推动生产并带动债务和杠杆的增加。在债务和杠杆的增加过程中，收入需要与之相匹配地增加。解决任何债务问题，最终都是以是否有持续的收入作为基础的。只要收入的增加能够持续，债务问题就不会演变得很严重。一旦收入的增加无法持续，债务和杠杆潜在的问题就会显现，并且产生连锁反应。

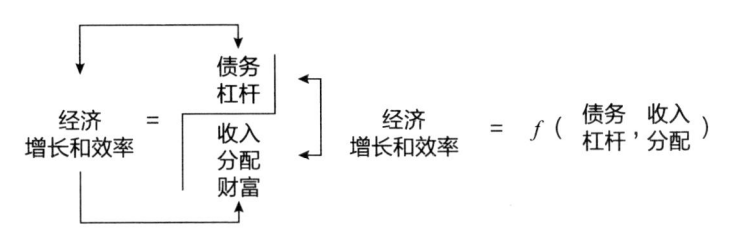

$$\text{经济增长和效率} = \begin{array}{c}\text{债务杠杆}\\\text{收入分配财富}\end{array} \quad\quad \text{经济增长和效率} = f\left(\begin{array}{c}\text{债务}\\\text{杠杆}\end{array},\begin{array}{c}\text{收入}\\\text{分配}\end{array}\right)$$

注：f代表经济增长是债务杠杆和收入分配的函数。

图 3-2

贫富状况与负债之间存在一种相互矛盾的关系，负债的水平决定了贫穷或富裕的程度。因此，许多人开始增加负债，而部分负债的人通过资产价格上涨对那些未能及时增加负债的人进行财富剥削。然而，过度负债可能引发一系列问题，特别是当企业难以获得再融资以支持其持续经营时，市场的恐慌和悲观情绪将会被放大，最终导致金融和经济危机的出现。经济危机意味着经济活动的衰退，部分行业将被迫出清，政府财政开支被削减，家庭消费减少，居民储蓄增加，银行甚至可能"惜贷"，不再提供贷款，经济由此进入恶性循环。

根据古典经济学原理，市场应当自然出清，从危机走向复苏。然而，这个修复过程可能会非常缓慢。政府、企业和家庭都倾向于仅享受经济增长或货币超发带来的收入增长，从而提高消费水平，而不愿意忍受经济自我修复的漫长过程。

虽然举债最终需要偿还，但如果债务人的收入增长可以覆盖应付利息，并且可以用收入或资产抵付到期债务本息，则形成了经济的良性循环。然而，债务人可能会面临新的市场变化或道德风险，这些因素可能增加债务偿还压力，导致无法按期支付本息，甚至无力偿还债务，进而形成债务违约。

政策制定者虽然致力于作出妥善的决策，但是在短期投资收益或各方利益

（如金融机构为自身利益考量）的驱使下，有时会犯下过度宽松的错误，因为放松信用政策比紧缩信用政策容易得多。

3.7.3 收入的差异性（贫富）和经济增长

在特定的社会体系中，从有限的时间角度来看，个体在单位时间内产生的收益不可避免地存在差异。社会在收入和分配上的多样性，即贫富差距，与经济增长的效益问题，是经济学领域长期关注和探讨的重要议题。

早在1977年，美国经济学家奥肯在其著作《平等与效率》中就明确指出，实现平等和效率的双重目标是不可能的。若追求收入和分配的平等，或者说在一开始就没有形成贫富差距，那么必然会导致效率的损失。这一观点在实践过程中得到了反复的验证。

只有在不平等的分配方式下（分配存在差异性），才能产生激励效果，进而刺激经济增长。"能者多劳，多劳多得"符合市场化的运行机制，因为收入差异性能够提升经济效率，或者可以说，经济效率的提升需要进一步扩大收入的差异性（见图3-3）。那么，绝对的公平收入和分配是否可行？如果不可行，收入和贫富差距的适宜程度又是什么样的？

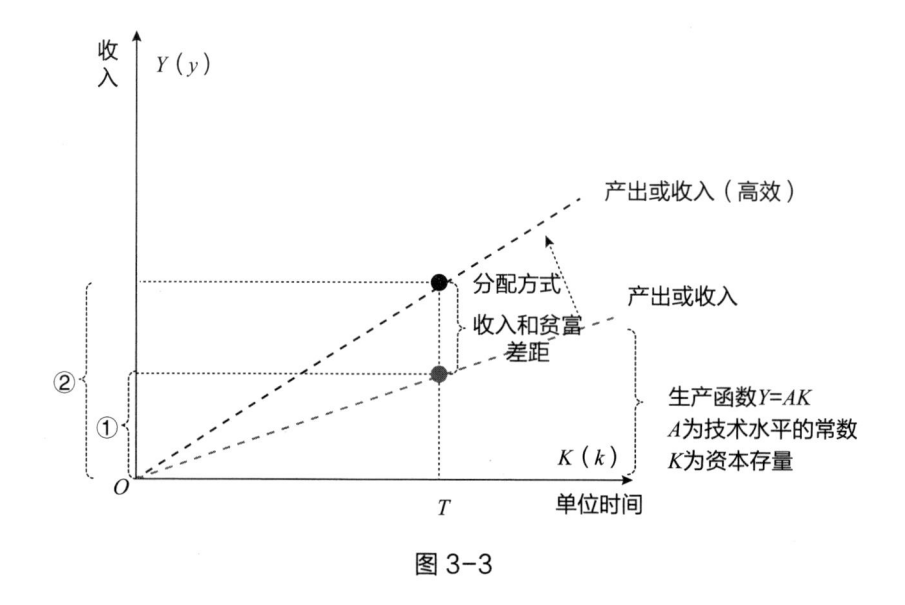

图 3-3

在图 3-3 中，下方的虚线为传统的生产函数 AK 模型，其斜率既可以表示技术水平，也可以表示生产效率。比较两条虚线的斜率可知，上方的虚线具有更高的技术水平或生产效率。我们可以观察到，收入和贫富差距在不断扩大（从①扩大到②）。由于分工的不同，单位时间内获得的收入也产生了分配的差异。同时，收入的提高也提升了相应的斜率，也就是生产效率得以提升（两条虚线中间的箭头所示）。另外，当生产效率提高时（产出或收入从下方虚线推移到上方虚线时），也会带动单位时间内的产出从①扩大到②。

该模型具有很高的实用价值，如果我们对它进行一些调整，可以将其应用领域进一步扩展。具体而言，它不仅可以应用于整体经济，还可以应用于单一资产、股票、房地产以及大宗商品等多个领域。当然，对于不同的领域，我们需要对模型中的函数进行适当的修改和调整。

从经济角度来看，两个函数（A 和 K）之间的关系是基本的原则，但它们之间的相互关系确实存在临界值。一旦超过这个临界值，原本的有利会逐渐转变为不利。相同的道理也适用于其他领域。

AK 模型是技术效率函数的一种表现形式，其斜率反映的是生产效率的高低。生产效率的提升能够带来收入的增加，进而导致斜率的增加，形成收入的差异性。然而，这并不一定是导致贫富差距的关键因素。尽管生产技术效率的提升会对贫富差距产生一定影响，但这种影响会随着时间的推移而逐渐减弱。

举一个简单的例子，假设你是一位 20 岁的研究员，而他是一位 40 岁的基金经理。虽然你们的收入水平目前存在差异，但这并不能说明谁更富有。因为你年轻，随着时间的推移，你的资本存量和技术水平会逐渐积累和提高。只要努力工作，你的生产函数有望得到提升，进而在时间上与他人收入差距逐渐缩小。换言之，只要我们付出努力，我们都有可能变得富有。因此，技术函数并非导致我们收入绝对差异的唯一因素，时间也是其中之一。

在保持贫富差距的情况下，是否会不断推动效率的提高？未必。

首先，过大的收入和贫富差距可能会导致经济增长受到阻碍。收入分配失衡或过大的贫富差距会减少市场投资机会，降低借贷人的积极性。多个经济体已经证明，过大的贫富差距可能会导致经济增长停滞。对比菲律宾和韩国，贫富差距相对合理的韩国，其经济增长速度超过了贫富差距过大的菲律宾。

其次，由于各国的政治制度需求，政府不可能对收入分配的失衡置之不理，这可能会引发社会问题。同时，选民的选票也会推动政府进行再分配。一般而言，政府会采取税收手段来平衡再分配和贫富差距。然而，这种以对贫困者进行补贴来减小收入不平等的方式在促进经济增长的同时会降低人们积累财富的积极性，进而降低经济增长效率。

因此，我们可以看到，生产效率与公平分配之间存在一种权衡关系，这使收入差距和经济增长之间存在矛盾——虽然收入再分配机制可以减小收入和贫富差距，但同时也会降低经济增长效率。

3.7.4　现代社会制度下影响收入和贫富的变量——债务和杠杆

在探讨收入与贫富问题时，我们常说劳动创造价值。然而，许多人可能会感到困惑——即使工作非常努力，也往往难以看到明显的变化，即成功的例子仍然相对较少。那么，问题出在哪里呢？

生产效率的提高可能会导致分配的不平等，这是否是贫富差距的主要原因呢？或许并非完全如此。这里我们要讨论的不是一般的收入差异，而是偏离正常情况的过大的收入差异，也就是贫富差距过大的问题。

在探讨收入差异的问题之前，我们需要先了解哪些因素对收入增长起着决定性作用，并从中探寻产生差异的原因。一般而言，收入增长主要与三个关键因素密切相关：一是分工，二是创新，三是债务。

在过去的几十年中，随着全球经济的发展，基础生产要素资源的分配已经发生了深刻的变化。这种变化与以下三个重要现象紧密相关。

（1）贸易自由化。几乎所有国家都已融入全球化的大潮，国际分工不断细化，推动了经济增长。新的全球组织结构的出现，如国际货币基金组织（IMF）、世界贸易组织（WTO）等，进一步促进了国际市场的完善。国家分工的细化、自由的市场和贸易，都为全球经济发展提供了强大动力。

（2）技术变革，即创新对经济增长的推动作用。

（3）债务。收入和贫富的变化随着金融化程度的加深而不断演变。在现代信用体系建立之前，社会财富的积累需要经过漫长的岁月，需要几代人经过上百年的努力才能实现。然而，在现今社会，只需要短短数年，人们便能实现财富的快速积累和分配。随着金融化程度的不断加深，人们能够通过借贷等方式获得更多的收入。这使得人们能够在更短的时间内实现财富的积累和分配，从而改变了收入和贫富的走势。因此，债务成为影响收入增长的一个重要因素。

金融化程度的加深意味着在给定时间内获得的收入越多，收入和贫富差距会经历以下三个价值阶段：

第一阶段，即劳动价值阶段。体力劳动者之间的收入差异并不显著。尽管他们在相同的单位时间内可能获得不同的收入，但由于供需关系和职业分工的影响，这种收入差异并不至于形成巨大的贫富差距。例如，一位修车工和一位厨师，他们可能在技能和工作的难易程度方面存在差异，从而导致收入有所不同，但这种差异并不至于形成显著的贫富差距。与债务和杠杆所带来的收入不平等相比，单纯的生产效率提高所带来的收入差异并不会引发整个社会的贫富差距过大的矛盾。每个人都会随着时间的推移和不断学习提高自己的生产效率，这不仅有助于提高整个社会的经济效率，还有助于推动社会向更为公平的橄榄形社会发展。

第二阶段，即债务价值阶段。企业为了获得超额收入，开始关注如何提高负债能力。它们会将资产负债表中资产的超额投资回报的重点转向如何利用负债获取。

第三阶段，即杠杆价值阶段。杠杆的运用将迅速提高整个产出或收入的斜率，也就是说，在固定时间内获得的收入将大幅度增加。在这个阶段，贫富差距会被迅速拉大。

随着债务和杠杆的增加，也就是金融化程度的加深，掌握如何增加负债和杠杆的人就掌握了财富分配的权力。在这种情况下，收入和贫富的分化将会越来越严重。由于一部分人会率先意识到债务和杠杆的作用，而另一部分人则相对滞后，因此债务最终将越来越集中在社会阶层的中底部，而财富将越来越集中在掌握着财富分配权力的顶层。可以说，债务和杠杆应用的先后顺序自然而然地区分了社会的贫富阶层。

接下来，我们将通过调整金融化程度曲线，将前述三个价值阶段转化为一个函数图（见图3-4）。

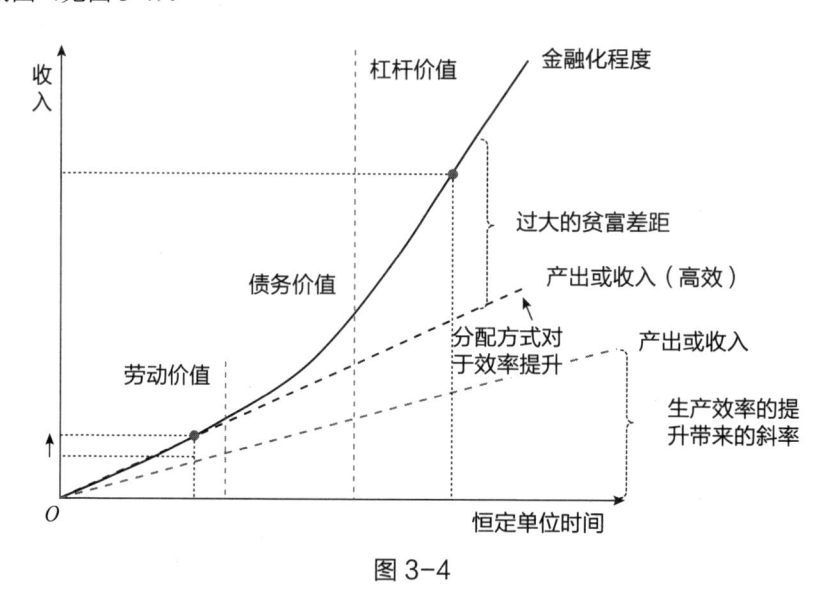

图 3-4

我们最终形成的收入差异，源于图3-4中的这条金融化程度曲线。这条曲线真实地反映了我们的收入差异性。将劳动价值、债务价值、杠杆价值这三个价值阶段放在图3-4中，我们可以发现，在生产效率提升的情况下，掌握更多债务和杠杆的一方将获得更高的收入。

我们也可以将这个模型应用于整体经济和单一资产。经济增长主要源于两方面：一是收入分配的增长，二是债务杠杆的增加。在每个阶段，经济增长和资产增长的对应关系、资产价格变动的方式都完全不同。如果我们简单地将它与股票相对应，就会得到一个公式，即股票价格原则上也等于债务和杠杆的增加，以及投资者真实价值投资的回报。因此，如果股票价格的上涨已经完全脱离其收入基础，那么我们就要注意债务和杠杆的影响。如果股票价格的上涨是源于债务和杠杆的增加，我们就应该立即反应到，当债务和杠杆收缩时，股价上涨的势头也将结束。

此外，不同市场的权重也有所不同。有些市场更注重收入的权重，有些市场则更注重杠杆的权重，因此它们形成了完全不同的市场风格。在后面的内容中，我们会发现不同市场的基准定位从一开始就有所不同。不同的市场在两个重要函数的权重上完全不同，因此对不同市场的分析策略也有所不同。

3.7.5 从债务杠杆和收入贫富来看繁荣和衰退

债务杠杆、收入贫富以及经济增长和效率之间的关系是相互影响和相互反馈的（见图3-5）。

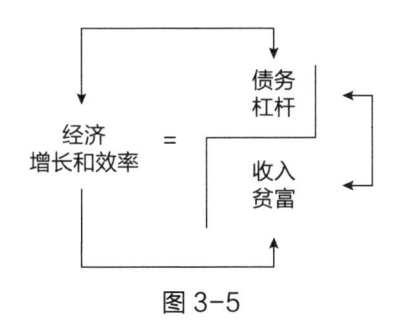

图 3-5

因此，图3-6中呈现的函数图像是由若干条线构成的。在所有线条中，上方的曲线代表着金融化程度，实际上就是债务和杠杆的比率。

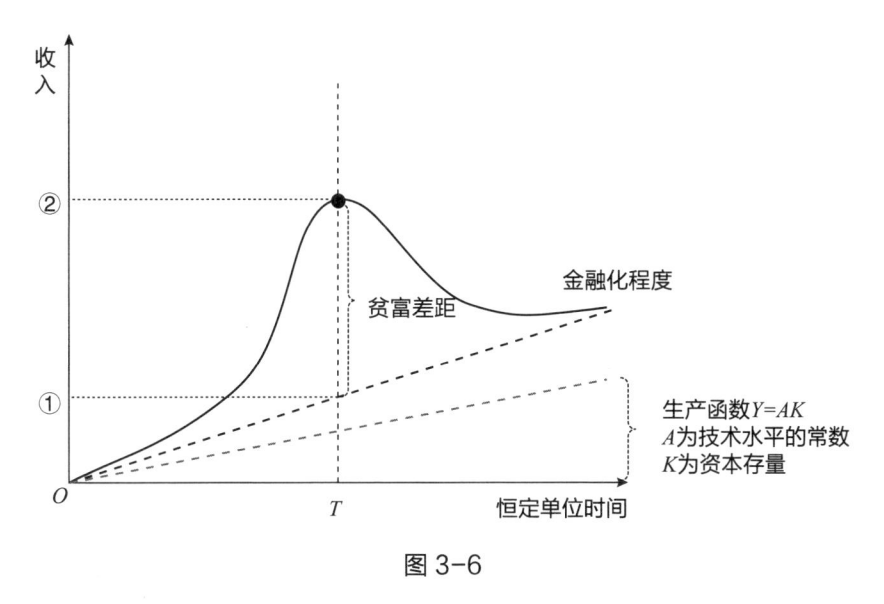

图 3-6

生产函数 $Y=AK$
A 为技术水平的常数
K 为资本存量

从资产负债表的角度来看，一个人获得超出其生产效率以外的收入就是另外一个人的债务，在图3-6中就是从①到②的部分。一个人的超额收入就是另一个人的债务，而另一个人的收入则是与其生产效率相匹配的收入水平。

债务和杠杆的增加导致了收入和分配造成的贫富差距迅速扩大，少数人拥有了多数人的负债，这本身就是贫富差距用负债形式的描述，而这些债务和收入之间的关系即将出现失衡。贫富的差异性很快就达到了最大值，也就是（②-①）/①的比值趋近于动态反馈的临界值。超过这个临界值后，金融化程度曲线（收入曲线）就会转头向下，随着分配差异性的缩小（也就是再分配、再平衡的过程），经济的增长开始放缓。

此时，政治上对于财富的再平衡和再分配的政策也会随之出现。这会促使两种情况近乎同时发生：一是增加收入，也就是提升生产函数的斜率，提高生产效率，创新创业；二是主动降低负债，或行政性被动降低负债。

虽然这两种做法通常会被政策制定者同时采用，但他们容易忽略一个现实的情况，即过大的贫富差距会制约创新和创业的积极性。

在图3-7中，我描绘了一条浅色的虚线，以展示在债务逐步提升的过程中，若能创新提高生产效率并促进主要收入增长，则收入与债务的比例将趋于平衡，进而实现杠杆的稳定。当然，这是最为理想的情况。然而，在现实经济环境中，

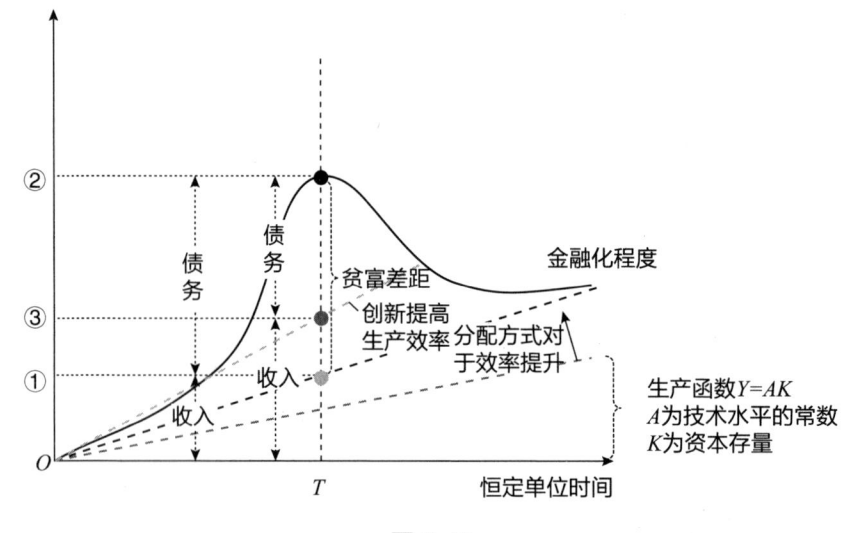

图 3-7

债务与杠杆的增加最终会以某种形式对收入产生负面影响。换句话说，金融对实体经济的影响是复杂的。从理论角度来说，金融服务实体经济；但从实践层面来看，适当的金融杠杆对实体经济有益，过度的金融杠杆则对实体经济有抑制作用。

经过深入分析，我们可以得出以下结论：随着债务规模的扩大，收入增长受到抑制，导致收入分配进一步失衡。因此，人们不得不经历经济、衰退、萧条、债务收缩和信用收缩的周期。

经济的最终表现受到效率斜率的影响。如果效率较高，单位收入对总收入产生的影响较小；反之，如果效率较低，绝对收入值的波动就会较大。

如果将这种关系转换为资产，我们会发现各类资产的价格各不相同。这是因为资产价格与资产价值的偏离程度取决于买家的资产负债表情况。例如，股票的价格不仅取决于卖家的定价，还取决于买家的资产负债表情况，即他们愿意投入多少资金。也可以说，这种情况反映了债务和杠杆的影响。如果股票长期投资回报率较高，企业给予的股息、分红等价值回报丰厚，这种效率斜率就会非常高，由此产生的波动对总收入（也就是绝对价格调整）的影响就会相对较小；反之，如果斜率极低，每一轮波动对总收入的影响就会非常大。换句话说，这种市场的长期投资风险非常高。

因此，经济增长的关键在于分工、分配、技术和效率，这些是核心要素。

随着收入的提高，债务规模也在不断扩大。债务增长在一定程度上促进了经济增长，而经济增长反过来又为债务增长提供了支撑。然而，当债务增长超过收入增长时，就有可能出现过度金融化的现象。此时，资本规模的扩大已超过实体经济所需要的程度，导致收入增长与债务增长失衡。

此外，债务增长还可能导致社会财富分配不均衡。当贫富差距扩大到一定程度时，富人会更富有，而穷人则会更加贫困。这种贫富分化现象会进一步加剧收入增长和债务增长的失衡。

一旦总收入停止增长，生产函数的斜率将逐渐趋近于零，则债务增长也将停滞。为了恢复平衡，必须降低债务负担。这意味着有人需要承担偿还债务的责任，实现收入和债务的再分配与再平衡。

经济的周期性表现正是这些要素综合作用的结果。

3.7.6 国家之间的债务收入和分工分配模型

国家之间的收入和贫富差距和我们在前面分析单一经济体内部的收入和贫富差距是一致的，都是在古典经济学理论框架的分工和分配下形成的。

全球经济一体化是近现代国家之间分工和分配的结果，所以基于全球经济一体化生成了不同国际分工下各个国家收入的源头。不同国际分工下的各个国家依托着不同的优势，以获取不同的收入分配。对于这种不同的优势，我们可以理解为不同的经济效率（也就是生产函数的斜率），这导致收入的分配并不是均衡的。图 3-8 显示，各个国家在不同的生产函数斜率下，单位时间获得的收入是不同的，这就造成了国家之间收入和贫富差距。

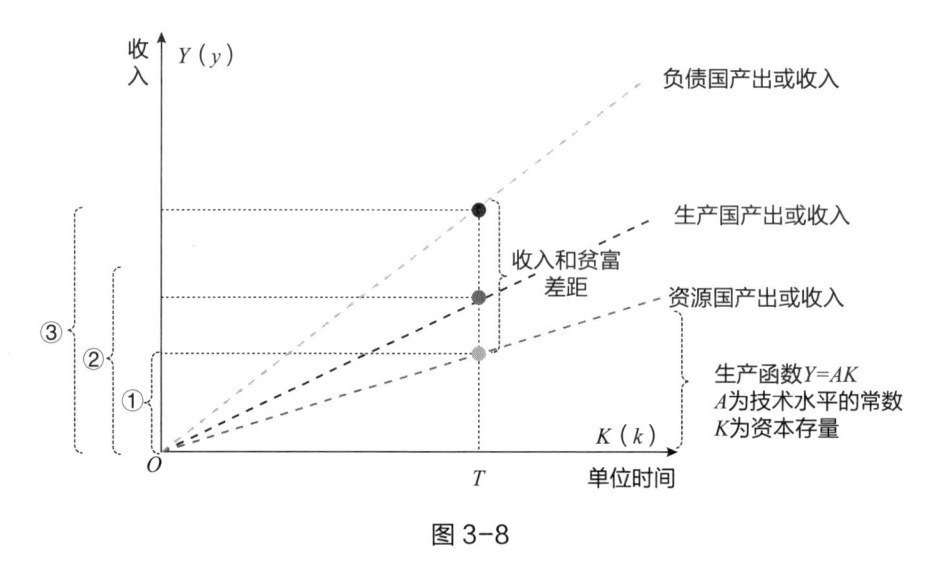

图 3-8

根据国家分工的不同，我们把世界上的国家分为三类：

（1）负债国。负债国掌握着负债的权力，是全球分工的分配者，拥有完善的教育体系和大量的研发储备人才，拥有较高技术水平的经济增长效率，对于金融体系拥有绝对的领导能力，拥有较大的消费比重。

（2）生产国。生产国拥有较大的劳动力优势，其收入依靠全球分工赋予的生产加工制造能力，拥有较高生产优势的经济增长效率。

（3）资源国。资源国拥有资源禀赋优势，但经济结构单一，劳动力和资本优势不明显。

据此，我们大概可以得出：负债国的收入更多源于资本项目的流动；生产国的收入更多源于经常项目的顺差；资源国的收入则集中在一两种经常项目的出口上。

在全球总收入增长的过程中，只要能够进入这个全球分工和分配的体系，国家之间并不会体现出明显的贫富差距，甚至一些新进入的国家因为基数小，其增速的表现会更明显。这一阶段的普遍表现是贫富差距的缩小。正如索罗斯评价全球一体化带来的好处时表示，全球经济一体化带来了国家收入的增长，缩小了国家之间的贫富差距。

如果我们把全球作为一个整体来看，全球生产函数中技术水平的常数的变化，意味着我们必须有跨时代意义的技术革命。从教育、研发、应用到产业化，再到全球产业化分工，新的技术要能够对各行各业都产生重大的影响。无论从其规模、影响范围还是复杂性来看，这种改变全球生产函数的技术革命必须能够彻底改变我们生活、工作和社交的方式，但这样的改变并不容易发生。

第一次工业革命采用水蒸气为动力，实现了生产的机械化；第二次工业革命通过电力实现了大规模生产；第三次工业革命则使用电子和信息技术，实现了生产的自动化。我们并不知道下一次改变全球生产函数的革命会在何时何地、以何种形式发生，我们唯一知道的是，这需要足够长的时间。这个时间成为我们最大的瓶颈。当全球总收入增长遇到瓶颈的时候，各国内部收入和贫富差距会处在临界值，并且国家之间的收入和分配的问题还直接关系到各国内部的收入和分配。

在全球总收入增长遇到瓶颈，且生产函数无法获得实质性的变化的真空期内，各个国家为了保证各自的债务能够延续，并降低风险，对于自身收入的保护会大大增强。在这一阶段，全球经济一体化必然会陷入停滞状态。例如，国家A如果选择通过自身的优势侵占国家B原有的优势来获取收入的增长（准确地说，是"切蛋糕"而不是共同"创造蛋糕"），则国家A的收入增长会延缓其负债带来的问题；而国家 B 的蛋糕受到冲击后，其收入的下降则会直接暴露出其债务问题。

图 3-9 有助于我们理解全球分配的失衡究竟出现在什么地方。全球的经济等于每个国家经济体的集合，每个国家的经济等于债务和收入之间的关系，全球的经济准确地说，应该等于国家 A、B、C、D 所有的债务和收入的集合。全球总的经济应该等于全球的总收入加全球的总债务（见图 3-10）。

$$经济_{国家A}+经济_{国家B}+经济_{国家C}=经济_{全球}$$

代入

$$经济_{国家}=\frac{债务_{国家}}{收入_{国家}}$$

图 3-9

$$\frac{债务_{国家A}}{收入_{国家A}}+\frac{债务_{国家B}}{收入_{国家B}}+\frac{债务_{国家C}}{收入_{国家C}}=\frac{债务_{全球}}{收入_{全球}}$$

图 3-10

在探讨国际分配问题时，我们通常局限于宏观层面，只关注国家之间的整体债务和收入，而忽视了一个关键问题：各国经济体内部不同阶层之间的再分配状况（见图 3-11）。这一问题具有至关重要的意义，因为当我们转向关注各个国家内部时，我们才能真正发现其内部在债务分配和收入阶层分布上可能存在的差异。而这种内部差异，恰恰会通过内部矛盾转化为外部矛盾。

图 3-11

需要注意的是，由于各国在全球产业链上的分工不同，导致其收入结构也存在差异。这种差异在进行国内分配时，会因各国在全球体系中的地位和作用不同而呈现出不同的模式。因此，在研究全球财富分配时，我们必须充分考虑各国在全球生产链上的差异及其所导致的不同收入结构和分配模式（见图3-12）。

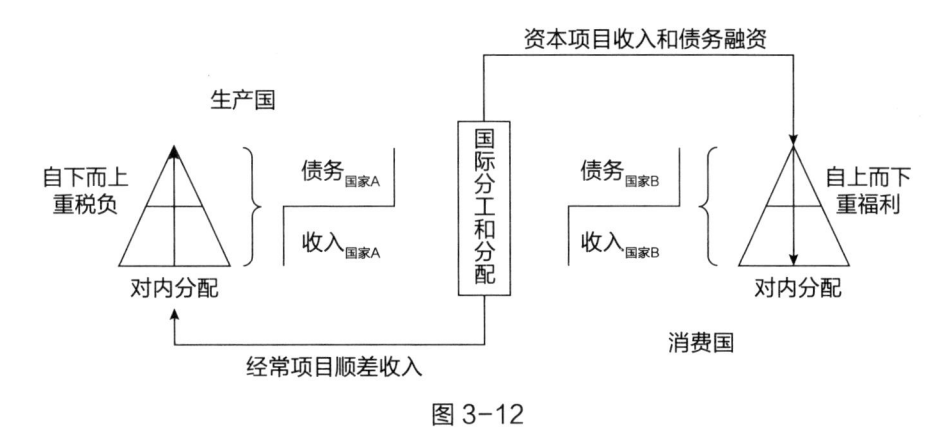

图 3-12

经常项目顺差通常会流入生产国经济体或国内经营阶层，其分配方式往往是自下而上的。大量经常项目顺差促使生产者收入增加，政府通过税收和资源分配手段进行收入再分配，这种分配方式往往侧重于税负。例如，在新兴市场中的生产加工企业，通常通过出售生产要素来获取利润，政府则运用各种税收手段进行"资金聚集"。这种收入来源使新兴市场中的大多数国家采取自下而上的内部分配方式，并成为重税负的国家。

在国家财政环节，这些税收会转化为新的投资，从而推动生产国的经济增长。这种投资通常由政府驱动，政府的财政运转机制与这种税收机制高度契合。

相比之下，消费国对内分配机制更多采用自上而下的分配方式，大量资本流动推动金融机构寡头垄断获取大量收入，政府则通过消费和社会福利保障等方式进行收入再分配，这种收入分配方式更偏向于重福利。

在国家财政运作过程中，重福利往往会导致财政支出增加。由此引发了一个问题，即在理论上，自上而下的税收机制应加大资本税负并减轻底层消费者税负，以避免财政收支失衡。然而，现实情况并非如此。

由于国际分工和经常项目逆差的影响，重福利国家在生产环节的税收无法增加，同时资本税收也大量留存在海外，居民部门的薪资增速缓慢导致居民税收无法增加。这一系列原因使得政府不得不采取重福利政策对居民部门进行补偿。长此以往，负债消费和重福利国家的财政赤字不断扩大，这种内部分配机制对其财政运转机制产生了重要影响。

在全球产业链的演变过程中,美国收入来源已不再过度依赖传统的加工制造或经常项目的收益,而逐步扩大到金融机构和科技企业等。过去,华尔街、白宫以及大型托拉斯(垄断组织的形式)是其重要的收入来源,而当前则还要包括以硅谷为代表的科技领域的收益。在这个体系中,除了少数人能够获得巨额利润,其他人很难从中获益。在这些收入中的大部分进入社会的顶层和精英阶层之后,由于税收处在一个比较低的水平,大量的海外利润通过股票的股息分红等方式进行分配,而且大量跨国企业的海外利润在外截流,所以美国财政税收的改善仍面临着诸多挑战。

为了维护社会的稳定,对于那些收入增长停滞甚至下降的底层民众,社会福利、教育和医疗等方面的保障与支持亟须得到重视和加强。此外,美国的两党制度使得每一届总统在执政时都必须重视并推行高福利政策,以调整和平衡国内的经济分配机制。尽管这些福利政策仅能满足底层民众的基本生活需求,但它们仍然可能导致美国财政收支失衡。

无论是哪种收入获得的方式,还是何种分配的方式,都必然会带来贫富的差距。无论是前面我们说的国家之间的贫富差距还是国家内部的贫富差距,这两者往往是同时发生的。

在总体经济增长的情况下,虽然收入和分配问题仍然存在,但总量增长可以掩盖一些问题。一旦总体经济不增长,则国家 A 拿走的就是国家 B 的,国家 B 拿走的就是国家 C 的。然而,对于这个有限的存量经济,各国都在努力确保自己在发展过程中积累的债务风险不被"引爆",以维持稳定和平衡,这种矛盾必然会导致各国之间为了自身的利益而进行斗争。

因此,一旦全球出现一个效率超高的国家,将会带来一系列重要且复杂的影响。在资源分配方面,由于这个国家具备极高的资源利用效率,可能会导致全球范围内的资源分配出现严重失调。从分工的角度来看,这个效率超高的国家可能会逐渐成为全球舞台上的一个独立且强大的竞争者,这将对其在国际分工体系中的地位产生重大影响。

这种情况可能会引发其他国家的担忧，当这些担忧转变为对国内收入和贫富差距的矛盾时，就可能会迅速转化为索罗斯所说的"民粹主义"。在这种情况下，为满足选民的诉求，修正这种贫富差距，最终可能导致民粹主义政府上台。民粹主义政府可能会采取贸易保护主义和设置市场准入壁垒等措施，推翻原有的国际分工体系，寻求收入再分配以实现新的均衡。

因此，我们可以得出这样的结论：全球分工分配的最终失衡必然会导致民粹主义的崛起。十几年前，索罗斯就已经深刻认识到这个问题，因为他不仅关注国际分工和分配的问题，还关注这些分工方式和分配方式所导致的国内分配失衡问题。一旦国内底层群体开始施加压力，自由贸易政策将迅速让位于国内政治利益，因为对政治家来说，实现自由贸易并不是其真正的目的。

人们通常认为里根是自由贸易的积极倡导者，然而实际情况并非如此。在现实中，根本不存在绝对自由贸易或绝对贸易保护主义。美国政府所追求的是符合其国家利益的自由贸易，更准确地说，是在遵循美国制定规则的条件下进行的自由贸易。如果其他国家不遵守这些规则，美国可能会采取相应的行动将其排除在外。这种现象并不只出现在美国，未来我们可能会看到许多其他国家也会出现类似的现象。这些国家的政治家们的最终目标都是确保底层民众的收入分配得以保障。

然而，若对全球分工和分配进行再调配，则"海洋文明"一般不会选择对内分配，而是倾向于采取对外掠夺的方式，比如历史上的英女王的做法。对于底层民众，英女王采取了给予财富但不允许瓜分权贵利益的方式。在实现国家内部财富均衡分配的过程中，既要不得罪富人，又要让穷人获得财富。要做到这一点，如果只是国家内部财富再分配，必然会导致某些人的利益损失或增加。因此，英女王采取了投资船只、鼓励民众到海外掠夺西班牙人并分享战利品的方式。这种方式实际上是典型的"海洋文明"在终端收入分配时采取的对外掠夺策略，在一定程度上可以化解或缓解国内矛盾。

相对而言，"大陆文明"则更偏向于通过对内分配来解决内部矛盾。这两种分配机制，一种是通过掠夺外部资源来满足底层民众需求，另一种是通过重新分配本国内部资源来平衡社会各阶层的关系。

举个例子，如果中国的经常项目顺差受到压缩，那么中国可能会面临总收入减少或增长放缓的情况。一旦总收益呈下降趋势，债务问题就会变得突出，同时分配问题也可能随之显现。在这种情况下，我们会通过重新分配内部资源来平衡各阶层的矛盾，而不会对外扩张或掠夺他国资源。

需要明确的是，必须有人来承担持续增加的债务。内债不同于一般债务，只要人民存在，它基本上就是一种对内的税收。如果税收基础无法增加，则需要更长的时间来积累。债务将转化为 T 形函数，需要一代人来承担，然后我们需要进行对内的重新分配。我们原有的税负方式将发生变化，即从重劳动税负转变为重资本税负。

3.8 债务和杠杆——天使还是恶魔？

在所有的关键要素中，债务、杠杆和金融无疑是重要的加速器。技术的进步、人类的演进以及社会的进化的过程都是十分漫长和艰难的。对财富的积累来说，这三个要素都是较为缓慢的变化因素，包括技术进步在内，它们都无法在短时间内带来巨大的财富积累。然而，金融的出现打破了这种局限性，使我们能够将对未来的预期"折现"到当前来支付。

金融的发展和创新的本质就是通过质押信用来提前获取未来的财富。这不仅是财富积累得以加速的重要原因，还是导致财富分配加速失衡的重要因素。金融的这种特性，使我们可以利用未来的收益支持现在的消费，从而使财富的积累和分配都得以加速。然而，这也可能导致"富者越富，贫者越贫"的情况，进一步加剧财富分配的不平衡。

从社会学的角度来看，债务、杠杆和金融的起源可以追溯到对利益的追求。虽然有人认为生产活动需求是金融的催生因素，但是金融的繁荣发展在本质上源于人类追逐利益的天性，这也是金融能够发挥效用的根本原因。随着社会需求的不断增长，金融部门得以扩展和发展。它扮演着债务和杠杆服务者的角色。信用是金融发展的基石，在此基础上，我们可以利用未来资源，为当前需求提供支持，进而加速财富的积累。

通过金融机制，我们可以用今天的剩余资源满足今天的需要，也可以将这些资源转移到明天以满足未来的需求。此外，我们还能为今天的缺口打开现有资源的通道，并提前从未来获取预期收入。

金融机制通过时间和空间的转移，以及预期收入的实现，对资源配置进行了优化，使其更加合理和高效。与水流向低处不同，资金倾向于流向高回报的地方。金融业打通了资本流动的渠道，为有财的人提供理财服务，为缺资的人提供融资支持，实现了信息的引导和资源的合理配置。对实体经济而言，借助金融工具，它们可以更好地掌握信用和负债情况，进而实现资产规模扩大和利润的增加。

金融是历史的加速器，它让人们能够在一代人的时间内完成几代人难以实现的财富积累。这种财富在时间上的转移，无疑缩短了历史的进程。我们不能否认，金融在K型社会中扮演了至关重要的角色。它既是社会经济发展的重要推动力，也是造成社会不平等的重要因素。因此，我们需要更加理性地看待金融的双面性，既要充分利用其带来的机遇，也要积极应对其带来的挑战。

金融服务的目标是促进实体经济的发展、提高投资效率以及扩大生产规模，这可以带来全社会收入的提升。然而，归根结底，金融的本质是债务和杠杆。由于资本天生具有贪婪性，因此债务和杠杆的水平不可能自动达到一个平衡点。实际上，我们基本上就是在债务和杠杆的周期性波动中循环往复。

过度金融化带来了一些不可避免的弊端。首先，过度金融化可能会对实体经济产生负面影响。尽管金融业的发展能够拓宽企业的融资渠道，推动企业发展，优化产业结构；但是过度金融化可能导致金融产品过于复杂，其高风险和高收益的特性使大量社会资本无法投入实体经济的发展和创新，而被困在金融市场中循环，从而形成对实体经济的挤出效应。这种情况不仅会导致实体经济发展速度降低，还会对整体经济增长产生负面影响，同时增加金融体系泡沫化的风险。

其次，金融体制和机制的不完善也可能对市场稳定性产生负面影响。金融业能够通过债务获取时间和空间，但基于信用的债务本身就伴随着风险。如果金融开放速度过快，而相应的监管政策和配套机制未能及时建立和完善，那么债务的积累会对金融市场的稳定性造成极大的冲击。在国际层面上，如果一国对外债务过高而没有相应的约束机制，则会给该国带来巨大的风险。

最后，债务和杠杆会迅速放大社会的不平等现象。资本的天性是追求利益最大化的，而金融则为资本的逐利行为提供了便利。如果放任金融自由发展，它可能会成为资本无休止攫取剩余价值的工具。在行业中，具有垄断地位的资本会利用信息不对称的优势来获取超额利润，而债务和杠杆的运用更是起到了乘数作用，即成倍地放大了资本的控制力，对社会的 K 型分化产生了巨大的影响。

此外，还有一个严重的问题集中在负债环节，这最终是对分配权力的挑战和划分。分配和负债存在着紧密的联系，分配的不公平会导致各阶层分配的不均衡，而负债的不公平则需要足够的收入来调节。如果这两者的关系失衡，分配较少的一方如果负债不断增加，就会引发再分配的冲突。如果一个国家内部无法用制度去协调分配和负债之间的关系，就会引发深层次的阶层矛盾。这种矛盾可能会迫使国家对外扩张以获取更多的资源以满足日益加大的内部分配矛盾，或者默许矛盾爆发并对其进行重新分配。

3.9 债务和杠杆的处置方式

债务并非全然负面，其存在积极与消极之分。关键在于对债务和杠杆工具的使用是否得当，能否创造充足的收益以支持其存在与发展。

无论是信贷业务、债券发行还是股权融资，其长期稳健发展都高度依赖于能否为经济体系带来实际收益。从整个社会经济角度来看，如何确保经济增长的同时实现收入的有效增长，显得尤为重要。如果对债务和杠杆工具的使用并未切实提升经济效率，而只是实现了收入的重新分配，那么部分经济个体的债务杠杆与收入之间的平衡关系可能会被打破。

债务本质上是一种信用扩展，是一切流动性供给的源头。信用危机的爆发往往会导致流动性危机，对经济产生更为严重的影响。与流动性危机不同，一个国家在国际层面上的信用危机可以通过其他国家的信用背书来缓解（如欧债危机）。

经济发展的核心瓶颈最终会归结到债务和杠杆上。也就是说，债务和杠杆最终会引发经济出现无风险状态，导致无论是经济增长的空间还是动力都会受到严重制约。因此，债务和杠杆的去除及其风险产生和传导机制，是众多投资者关注的焦点。整体来看，这个框架结构在内容上与达利欧或索罗斯的体系并没有明显的区别。

债务和杠杆归根结底是一个分配问题。在不同的文明框架和不同国家中，我们可以观察到，其解决这一问题的方式有着明显的差异。例如，随着分工和分配会带来经济增长，债务和杠杆也会相应增加。反过来，这种增加又会进一步刺激经济增长。然而，债务和杠杆的增加也会加剧贫富之间的矛盾，当经济增长停滞、收入不再增长时，债务和杠杆就会发生风险。

当债务和杠杆发生风险时，如果所有的政策制定者都属于精英阶层，则他们往往不愿意损害自身的利益，因而倾向于将一些矛盾转移到基层。然而，这样的做法不但会损害基层民众的权益，而且会进一步拉大收入和贫富的差距，最终演化为严重的社会问题。在面对这些社会问题时，不同的国家所采取的解决方法各有不同。

通常来说，解决债务问题的方法主要有以下四种：

（1）减免债务，即通过协商或法定程序减少债务人的偿还金额，以达到债务清偿的目的。

（2）紧缩支出，即通过控制政府开支和减少非必要消费，以降低债务规模。

（3）转移财富，即通过向富人征税或募集资金等方式，将财富从富人手中转移到穷人手中，以改善社会财富分配不均的情况，从而减轻政府债务负担。

（4）使债务货币化，即通过增加货币供应量来偿还债务，但这种方法容易导致通货膨胀。

如果以上所有方法都无效，战争往往成为解决债务问题的最后手段。

具体来看，缩减支出是债权人解决债务问题不得已的办法。如果没有新的收入，包括没有新的债务收入（这里债务也可以理解为资金的流入，故称为债务收入）偿还旧的债务利息和本金，那么债权人就需要减少资金的流出，从而增加净收入，以偿还债务的本息。对于经常依靠财政赤字支付公务员工资、进行基础建设、提供公共服务的政府尤其如此。当经济增长乏力，旧的债务即将到期，通货膨胀压力明显，并且政府债务规模已经很大，受制于各项债务指标的考核，增发新债已经无望或者规模不足以覆盖旧债利息和本金时，政府就只能通过缩减支出来缓慢地偿还债务。以 2010 年希腊债务危机为例，希腊与欧盟和国际货币基金组织达成协议，以至少 3 年内额外削减预算 300 亿欧元（当时约合 430 亿美元）来换取紧急救援。

债务减免是债权人综合评定债务人完全偿还债务已无可能所作出的无奈之举。以 20 世纪 80 年代拉美债务危机为例，在低利率资金的诱惑下，阿根廷、巴西、墨西哥和秘鲁等拉美国家借入了大量以硬通货计价的债务。然而，随着利率上升、资本流向逆转、货币面临贬值压力，这些国家的负债率上升到不可持续的水平。

第一种处理拉美债务问题的方法是拒绝债务重组。这种方法解决债务问题的关键就在于为财政调整提供所需的时间，而美国支持下的国际货币基金组织（IMF）将提供所需资金。1985 年，"贝克计划"阐述了这一做法，推行私营部门参与自愿性银行贷款重组，延长财政调整时期。其结果是大量债务负担影响了投资，导致了日益增多的资本外逃和增长疲软，债务比例不断上升。这就是众所周知的拉丁美洲"停滞的 10 年"。

第二种处理方法是布雷迪计划。在 20 世纪 90 年代，拉美债务重组的参与方才认识到，失去偿债能力的国家需要实实在在地减免债务，将不可转换且无力偿还的银行贷款通过一定折扣变为可转换布雷迪债券。直到 2003 年，拉美才走出债务危机的阴影。

在国际债务处理方式中，尤其是当债务国家陷入债务危机时，会申请债务减免。国家在处理内部债务问题时，也会用到债务减免。

债务货币即通过增发货币的方式给予债务人新的贷款支持以助其偿还即将到

期的债务。在解决政府债务问题时，阿尔及利亚政府并未向 IMF 寻求贷款。IMF 提供了借款建议，因为阿尔及利亚的国内债务占其国内生产总值的 20% 左右，但当时的阿尔及利亚总理指出，如果阿尔及利亚政府采用 IMF 的建议，通过借款来弥补赤字，则每年需要筹借 200 亿美元，4 年内无法偿还这些债务。因此，阿尔及利亚政府采取了非传统的融资模式，将货币债务化。这种做法可能会直接影响国内物价，而最大的风险是引发市场恶性通胀（过多的货币无法被市场消化），以及该国货币的进一步贬值。此外，阿尔及利亚政府实行的商品进口限制也使得国内物价上涨，这对民众造成了较大的影响。

债务货币化是一种极其复杂和具有风险的经济手段，一旦实施，可能会引发一系列严重的问题。这种做法最终会使矛盾在贫富差距这个问题上集中爆发。我们不能简单地认为财政政策或货币政策是万能的，任何经济政策的实施都需谨慎评估其利与弊。

虽然在初期，债务货币化可能对经济产生一定的刺激作用，但从长期来看，其负面影响会逐渐显现。这种情况会导致货币政策失去部分有效性，边际效应逐渐降低，同时造成利率下降，但这个过程并不会显著提升整个社会的生产效率。

此外，债务货币化可能会进一步加大社会贫富差距，导致富者越富，穷者越穷，严重制约社会生产效率的提升。一旦进入这种负反馈循环，将对整体经济环境产生严重影响。因此，对于具有巨大潜在风险的债务货币化经济手段，我们必须保持审慎和理性，全面评估其可能产生的后果，并采取合适的策略来应对可能出现的风险。

随着收入支出的提升，消费在收入中所占的比例会有所降低，即边际消费倾向和平均消费倾向均会下降。消费是推动经济增长和总收入增加的主要动力和初始因素，若无消费，投资将失去动力，社会财富和收入只可能减少而无法增加。若经济增长无法持续，增量无法被瓜分，则只能对存量进行重新分配。一旦出现全社会的债务问题且所有解决方法均失效，人们便只能选择将财富从富人手中转移到穷人手中，以提高社会平均消费倾向，释放经济活力，进而增加全社会的总收入。

劳动力创造价值，促使社会财富不断积累，然而债务和杠杆持续上升到一定高度，当资本或收益高于劳动创造的价值时，社会财富便开始出现再度集中的趋势。随后，新的债务问题无法得到解决，将再次引发财富重新分配的过程。经济的发展和财富的分配似乎始终受到这一周期性规律的制约。关于财富再分配的具体机制和影响，此处不做深入探讨。总之，只要收入持续增长，任何债务问题都可以得到有效缓解。然而，一旦收入增长停滞，债务问题便无法避免，必须采取主动的债务去杠杆化措施或债务违约行为，从而引发债务危机。

达利欧在阐述解决债务问题的方法的时候，其实只有两种。一种是忍痛出清。忍痛出清无非就是要"勒紧裤腰带"想办法削减支出，想尽一切办法提高收入水平。采用这种方法肯定是要变卖一些资产负债的，以便降成本、减计、重组、展期，控制债务的增加，同时增加收入。而极端的紧缩一定会引发流动性、系统性的风险，而且会陷入一个反馈机制。这并不是说紧缩了以后节衣缩食，债务就会减轻，而准确地说，即使节衣缩食，收入也无法增长。

另一种比较极端的解决债务问题的方法则是债务货币化，但此举会通过通货膨胀和货币贬值把过往的收入大幅度稀释。它在稀释债务的同时，也稀释了财富和储蓄。

所以，实际上所有理论的结论都是在告诉我们，最好的方法是适度性的组合，即无论是紧缩也好，还是宽松也好，都处在一个适度性的环境下进行积极的结构调整。这里的结构调整实际上指的是使资产、负债、收入、支出之间达到平衡。

第 4 章　二战后新殖民主义和全球化之路

在人类文明的发展历程中，战争或许具有两面性。除了带来破坏和损失，它也刺激了巨大的需求创造，进而推动了历史进程的更新和发展。自一战到二战，欧洲作为全球权力结构的中心，在全球资源和生产要素的分配上走向了衰落。这一次，历史的车轮选择了美国。无论从地理位置还是历史背景来看，美国都成为这个历史性机遇的最大受益者。二战结束后，全球格局重塑，美国因此步入历史舞台的中心，并主导构建了全球新的分工和分配秩序。

无论是从经济规模、国际贸易、国际金融、人口流动、跨国投资、技术应用等经济维度，还是从国际关系、制度维护、全球治理、国际领导力等非经济维度去衡量，20 世纪后半期的美国都毫无疑问地具备重要的话语权。

美国向欧洲提供了大量的援助，推动了欧洲的复兴和重建，这一行动被历史学家称为"马歇尔计划"。这一计划不但促进了欧洲的战后恢复，而且通过促进相互关联的经济程序和自由贸易政策，构建了后来全球经济一体化的发展模式。

4.1　竞争和优胜劣汰

如果要用一句话概括进化理论，多数人会说"物竞天择，适者生存"，甚至使用优胜劣汰、弱肉强食等表述。这类表述深入人心，将生存竞争与自然选择用于解读社会发展规律及人类间的关系。虽然适者生存和优胜劣汰的现象在人类社会的各个阶段都确实存在，但这并没有被定性为"好或坏"。

从我的角度来看，任何事物一旦极端化就可能引发问题。理想中的大同世界认为社会决定了人性，环境造就了人性；但实际上，人性和环境的变化是相互作用的。在恶的社会中，人们可能会受到环境的影响，导致人变得邪恶。同样地，在善的社会中，人们可能会受到环境的激励，导致人变得善良。

优胜劣汰的法则应用于社会中，强化了人们的功利心态：一方面，极端的"恶"，表现为恶性的竞争，会对人类社会造成严重的破坏；另一方面，极端的"善"，表现为过度理想化，否定了竞争和进化的现实存在。

若完全摒弃人的逐利性，社会的进步将停滞不前。我们实际上在探讨一个根本问题，即人类本性究竟是善还是恶。如果人类本性是善，那么社会环境将塑造个人的世界观；如果人类本性是恶，那么我们一方面要释放追求利益的欲望，另一方面则要努力遏制和约束恶的极端表现。

在早期人类社会的发展中，利他主义作为个体行为的驱动力，不仅增强了种群的安全性，也使得这些个体在自然选择的过程中脱颖而出。从这一角度来看，人类本性向善，也是自然选择人类的重要原因。然而，与此同时，人类也具备了最原始的冲动，这种冲动往往展现出一种"恶"的倾向，使得人类行为复杂且矛盾。

人类是一个双面体，既不完全是圣人，也不完全是动物。人类与动物的最大区别在于，人类能够不断地超越自我，通过经验和教训不断进化和改变，这种能力使人类文明得以持续发展和进步。然而，人类与"神"的最大区别在于，人类虽然有能力改变自己，但并未完全改变自己。在这一点上，"神"的完美无瑕和人类的矛盾与冲突形成了鲜明的对比。

理想中的大同世界是美好的，犹如乌托邦一样，但这是人类文明进化的终极目标。社会的持续发展要求每个个体必须不断适应，不断进步。达到这个要求唯一的途径，就是所有人都承担自己行为的后果，否则社会很有可能会退化，而竞争、优胜劣汰是推动社会发展和文明进步的必然过程。

我们应当正视"兼具人性基本原则与竞争精神的世界"，既不能不顾一切地进行恶性竞争，又不能追求一种乌托邦式的理想世界，所以在适当范围内的竞争是发展和进化所必需的，从人性善恶双重性的角度强调最终进化成为一个"具备人性底线同时又竞争"的世界。

赫伯特·斯宾塞曾说过这样一句话："有能力存活的个体，就活着，他们的存活是好事；没能力存活的个体就死去，他们死亡最好不过了。"然而，斯宾塞的这句话还有后半句："自然选择很痛苦，但人类的善心减轻了这种痛苦。"我们要区别于动物的野蛮，也就意味着我们要更多地去思考如何帮助弱者，而不是任其死去。这就是"具备人性底线的竞争和优胜劣汰"，人类文明的发展和进步也在这个过程中不断演变。在极端化的情况发生后，人类会从中吸取经验和教训，并不断地进步和优化。

4.2 殖民地和战争带来的进化

帝国的崛起和海外殖民地的扩张，体现了竞争和优胜劣汰的逻辑，而这种逻辑导致了平等理念的缺失。那时，拥有强大的军事力量和资源，成为争夺世界霸权的关键。

工业革命的兴起使得英国迅速崛起。英国殖民主义在海外的成功，赤裸裸地体现了拥有先进的工业技术和强大的军事力量，即"船坚炮利"，成为统治世界的必要条件这一逻辑。贸易的稳定和发展也必须以强大的军事力量作为后盾进行维持和保护。而工业革命后期，英国在扩张殖民地的同时，却在内部逐步推广平等理念，显示了人性的矛盾和复杂。

英国对本国和殖民地国家进行"种族性"和阶层的划分，表现出竞争和优胜劣汰的态度和逻辑。它认为不同个体和群体应该按种族、阶层和地位区分和排序，而所谓的"平等权"仅在一定的社会或阶层中得到认可。英国面对弱小殖民地时，往往不考虑其命令是否平等或公允，反映了殖民主义者的优越感和强权逻辑。殖民地国家的民众普遍认同这种逻辑，认为自己落后就要被奴役，从而把希望寄托于有一天能建立自己的帝国以实现强大和富裕，并表现出"以牙还牙"的报复心态。这种竞争和优胜劣汰的态度和逻辑在英国和当时的欧洲社会都有体现，如德国强化了弱肉强食的政治逻辑，认为拥有强大军事力量的国家能在世界上占领更多殖民地，因此，德国和英国成了"斗兽场"中的竞争者。

英国、法国和俄国在殖民地国家的喜悦、中立国家的观望以及各种心态的外交表现中采取了退让或使用战争解决的策略，这导致第一次世界大战爆发——30多个国家参战，15亿人口卷入，3000多万人丧生。但战后矛盾不断加剧，英国过于自信，法国天真地认为只要压制德国即可。德国虽然经济萧条，但民族情绪高涨，期待"英雄"出现以洗刷战败的耻辱。最终，法西斯主义成为弱肉强食的逻辑的极端表现。

然而，二战的爆发是必然的。首鼠两端的庸俗哲学必须被抛弃，"小算盘"必须被砸烂。人们必须在死亡还是生存、竞争和优胜劣汰还是人道主义、法西斯主义还是人类和平之间作出抉择。对于德国、意大利和日本法西斯国家的挑衅和暴行，人们必须以一种明确的态度作出反抗。

最后，历经 8 年的第二次世界大战终于爆发。这场全球性的战争牵涉 20 多亿人口，涉及 60 多个国家，战火遍布三大洲、四大洋。在这场残酷的战争中，累计死亡约 7000 万人。

反法西斯战争胜利后，殖民地国家纷纷独立，使得欧洲从 15 世纪就开始建立的世界殖民体系（英国海外殖民地面积约为英国本土面积的 100 多倍）土崩瓦解。这个过程虽然漫长且痛苦，但不可否认的是，这是人类社会进步的重要一步，也是历史发展的必然趋势。

然而，战争的胜利虽然解决了一些旧的矛盾，但新的矛盾又出现了。雅尔塔体系形成了以苏、美为核心的两极格局，使人们不得不逐渐适应在冷战时期战战兢兢地生活。这种局势的形成，既表明了当时世界格局的深刻变化，也预示了后来国际关系的走向。

换言之，竞争和优胜劣汰的"炮舰"政策虽然在世界历史舞台上谢幕了，但并没有完全消亡。尽管这种政策遭到了批判和否定，但它的影响仍然存在，并在一定程度上影响着当今世界的发展。

绝大多数人都不喜欢战争，也可以说人人憎恶战争。在人类漫长的文明史中，战争是一个极为残酷的存在，它带来了无数的痛苦和破坏。然而，我们不能因此就完全以超越的态度否定战争。从某种角度来说，战争也是人类文明进步的一部分，是一种历史发展的必然现象。每个人都讨厌战争，但战争却不断发生。

历史上，战争始终伴随着人类的发展。从古至今，无论是大规模的战争还是小规模的冲突，都不断在人类历史中上演。这些战争有正义的，也有邪恶的，它们都在不同的程度上影响着人类的历史。历史由胜利者书写，胜者为王的道理千古不变。

在战争中，得道者多助，失道者寡助。胜利者总是被认为是正义的一方，而失败者则被视为邪恶的一方。这种判断是根深蒂固的，也是不可避免的。

虽然我们无法否认战争带来的无尽痛苦和破坏，但我们也必须认识到一些战争在推动人类历史发展中的重要作用。思考战争在人类文明历史中的意义是至关重要的，国家之间因政治、经济、文化、宗教利益以及边界线划分的争议总是引发冲突和战争。战争在过去冷兵器时代是文明发展的主要推手，也是人类历史前进的巨大动力。

长久来看，未来还有可能发生战争。战争或许在人类历史中是不可能完全消失的。过去的战争似乎是独立的存在并对人类文明产生影响，但自从步入 21 世纪，人类的整体意识逐渐加强，当然不应该对战争的发生无所作为。精确制导武器以及高新信息技术对战争的监督，使现代战争具有一定的理性。战争在一定意义上具有有限性和可控性，不再把平民作为军事打击的目标，从而区别于古代战争和两次世界大战的大屠杀。

总之，我们不应该是天真的理想主义者，如果战争不可能完全不存在，那么我们应该正视它，并尽全力避免它。

4.3 二战后"具备底线同时又竞争"的世界

二战后，尽管少数人仍自称竞争和优胜劣汰观念的支持者，但理性的声音在战争的创伤中逐渐消逝。两次世界大战后，人类社会达成了日内瓦公约，更深刻地认识到了平等、和平与发展的理念。如今，民族、国家不论大小一律平等的观念已成为全球共识。

然而，竞争和优胜劣汰的观念仍然存在。尤其在经济高速发展阶段过后，贫富差距逐步拉大，各国间的合作冲突频繁发生，社会阶层间的关系日益紧张，国家间的对立情绪日益加深。这些现象再次将竞争和优胜劣汰的观念推向了前台。

尽管我们并未面临二战时期那种极端的"生存或灭亡"的抉择，但竞争失败的结果仍然隐含着"淘汰"这一关键词，其本质核心并未发生改变。虽然从国家、社会和人类种群层面来看，灭亡的现象不会再出现，但如果我们观察一些社会现象，例如日本一些年轻人在失落中失去希望并选择自杀，这可否被视为一种"生存或灭亡"的现象呢？此外，韩国一些年轻人在财阀的压迫下承受着巨大的生存压力，选择放弃结婚生子并安于现状，这可否被视为一种在阶层固化影响下的"生存或灭亡"的现象呢？

这种现象实际上揭示了人性，既包括广义的人性，也包括狭义的人性。可见竞争和优胜劣汰的观念只是改变了其表现形式，并没有真正消失。矛盾与善恶的消失，要求所有社会都实现平等、互惠互利，而且所有社会都应将大同的世界观作为必要的前提条件。

在我看来，要实现真正的平等，各个国家、各个阶层必须拥有对等的筹码。若筹码不对等，这种"理想国、理想国与国、理想世界"的憧憬终将是虚幻的，而竞争和优胜劣汰的观念将会从最脆弱的地方下手，让人们体验现实的残酷。从人性的双重性角度来说，这个世界最终将进化成一个"具备人性底线同时又竞争"的世界，竞争和优胜劣汰的观念将以一种更为隐蔽的形式存在，永远不会消失。

4.4 二战后的世界"重构"

4.4.1 对内重构：霸主地位的更迭

由于二战规模之大、战期之久、武器破坏力空前，战争结束后，欧洲的英、德、法、意等老牌资本主义国家受到了严重的创伤。各国工业基础受到了沉重打击，房屋、道路、工厂等基础设施受到了严重破坏，经济极速下滑，粮食匮乏，失业问题严重，战争积累的巨大债务亟待偿还，通货膨胀，货币滥发，海外殖民地不断缩减，一系列战争后遗症使得昔日欧洲的强盛景象不复存在。这为日后美国主导欧洲乃至世界提供了莫大的历史机遇。

二战的战火没有蔓延到美国本土，独善其身的美国因战争而发达。战争结束后，美国的黄金储备约占世界的 2/3，各种产品的生产量占世界总量的 1/3，船舶吨位占世界的 1/2，国防预算仅次于苏联。美国在海外拥有近 500 个军事基地，超越英国而一跃成为与苏联抗衡的超级大国。

美国在二战后的全球布局是门罗主义从美洲推向全球的一种自然延伸。在门罗主义和二战后美国全球霸权扩展之间，有一个隐秘而关键的共同点，那就是美国对自己强大的国力有坚不可摧的信心。在战争尾声，罗斯福总统目睹欧亚两洲法西斯与纳粹势力俱已垂临败亡，而英国势力虽然已执世界牛耳一个多世纪，但在二战中已消损殆尽，所以认定战后国际秩序的领导者非美国莫属，美国认为自己退可以闭关自守，进可以执行门罗主义。

与此同时，如何开始战后重建，成为欧洲各国领导和民众亟待思考和解决的问题。但是，完全依靠本国科技、资金、人力等生产要素在短期内恢复欧洲的繁荣，显然是不可能的。相比之下，大西洋彼岸的美国因为战争武器输出、全球人才涌入，其生产力空前发展，经济、政治、军事、外交等综合国力大幅提升，顺理成章地夺过了英国的霸主地位，这份自信心成为美国领导全世界的精神支柱。

4.4.2 对外重构：新殖民主义

有鉴于第二次世界大战是专制独裁的敌人（法西斯与纳粹政权）发起的侵略

战争，所以作为霸主的美国必须领导一个揭橥民主、自由的世界秩序，方能确保长期和平与稳定。

美国认识到，成本高、效益差、违背道义的殖民主义被历史抛弃了，用武力维持的殖民主义早已是过时的意识形态，推动经济贸易全球化才是大势所趋，更有利于美国的利益。但是，美国真的能给世界带来和平吗？它是否能吸取英帝国衰落的教训呢？它的民主政治能否成为世界各国效法的楷模呢？在苏联解体后，这些问题的答案对美国来说是肯定的，而发展中国家对此却疑虑重重。二战后，亚、非、拉美地区民族解放运动情绪进一步高涨，殖民地、附属国纷纷走上了独立的道路。1945—1980年，全世界一共出现了90个新独立的国家。随着旧殖民体系的瓦解，一大批新兴的发展中国家作为独立的政治力量登上国际舞台。中国、朝鲜民主主义人民共和国等亚洲以及东欧许多国家脱离了资本主义体系走向社会主义。这一切都迫使帝国主义无法继续旧殖民政策，转而承认发展中国家政治独立，主要通过加强经济渗透和剥削的方式，实施不带政治"兼并"但通过经济"兼并"的新殖民主义政策。

要不动声色地进行软实力侵蚀的新殖民主义政策并不简单。根据加纳前总统克瓦米·恩克鲁玛的说法，它可以有多种形式。例如，在极端情况下，帝国主义国家的军队可能会在新殖民地国家的领土上驻扎，并控制其政府。然而，更常见的是，新殖民主义的控制行为是通过经济或货币手段进行的。新殖民地国家可能不得不接受帝国主义国家的产品，并排除其他国家的竞争产品。

军事援助也成为新殖民主义的一个要素。帝国主义国家会利用新殖民主义国家的军队，使其在帝国主义国家的资助、武装和训练下，代表它进行代理战争和反叛乱行动。美国有近800个军事基地，分布在全世界80多个国家。通过这些地区代理人，以及通过对北约军事联盟的支配，美国可以进一步扩大其地缘政治霸权。

除此之外，帝国主义国家往往会通过一些国际机构提供贷款。这些贷款有很重的附加条件，其形式是将结构调整方案（SAP）强加给受援国。这些结构调整方案一般会对受援国的工业和自然资源实行私有化，并向外国资本开放。它们还强行实施紧缩计划，削减工资，并对新殖民地国家的民众增加税收。新殖民主义的结果是，外国资本被用来剥削而不是发展世界上的欠发达地区。新殖民主义下的投资扩大而不是缩小了国家之间的贫富差距。而要做到这一切，与新的分工分配是分不开的。

4.5 二战后的分工和分配

当时的美国总统罗斯福在筹划战后秩序及布局时，深信未来对世界的威胁必定是来自丘吉尔称之为"铁幕"的共产苏联极权集团。因而采用由权威地缘政治学家斯必克曼（Nicholas Spykman）教授首创的"边陲战略"理论。该地缘政治理论将西欧与东亚核心的中国定位为美国必须尽全力争取与笼络的东西两个战略边陲，用以帮助美国围堵地跨欧亚两洲的心脏强权——苏联，与其附庸。

此后，在欧洲成立的北大西洋公约组织，就是这个理论的产物。它的责任与功能乃在巩固西欧的边陲，以对付来自苏联共产集团的威胁。而战后东亚的中国，也是美国必须扶持的另一战略边陲。中国的重要性是双重的：既可以帮助美国从东边抵制心脏强权苏联，又可看住战败后的日本，防其蠢动。也因为如此，中国必须以战胜国身份成为联合国安理会五个常任理事国之一。这样的安排，可说刻画出了美国准备负起战后霸主责任的一个在地缘政治上布局的轮廓。

20世纪50年代是二战结束后的一段经济发展黄金时期。二战后，世界各地百废待兴，各种需求纷纷涌现。尽管部分重工业面临生产转型的需要，但在需求的支撑下，经济增长得以实现。这一时期的经济增长主要由需求拉动，民众对住宅、汽车、耐用品的需求形成了战后十几年全球最为繁荣的需求市场。但这些需求表现出一定的时效性，因为住宅、汽车、耐用品的使用周期比较长，所以大规模的消费很难在短期内重现。

尤其在美国，这种耐用品的国内消费需求结构迅速发生调整。到20世纪70年代，被上述消费需求带动的经济增长活力逐渐消失。与此同时，受到越南战争等国际事件的影响，美国国内经济环境逐渐变差，工业生产能力也逐渐下降。这一时期的经济增长动力逐渐减弱，给世界各国的经济发展带来了新的挑战。

随着欧洲和日本等地区和国家的经济迅速崛起，以德国和日本为代表的国家逐渐实现了工业化。美国的部分产业开始向这些国家转移，导致了美国在国际需求市场上的地位发生了巨大的变化。这种变化在 20 世纪 60 年代开始显现，并且一直持续到现在。

在 20 世纪 60 年代至 80 年代中期，以美国为首的高收入国家在工业产品的进口比重上相对较低，这种情况反映了这些国家的工业生产能力相对较强，对进口工业产品的需求较小。然而，由于国际需求结构的调整，从 20 世纪 80 年代后期，高收入国家逐渐开始进口更多的工业产品。

对美国而言，这种变化既可以说是国际产业转移的结果，也可以说是世界经济增长和发展的必然趋势。随着其他国家的工业化进程加快，美国的制造业开始向这些国家转移，导致美国对工业产品的进口需求量增加。这种变化对于美国的经济和产业转型具有重要意义，同时也反映了全球经济一体化的趋势。

二战结束后，整个世界制造业生产格局也发生了重大变化。受美国经济开放的影响，世界各国纷纷选择对外开放市场，而广阔的国际市场成为开放国家最为关注和"角力"的场所。经济发展无法永远保持一家独大的状态，美国之外的其他国家的经济也纷纷复苏，并逐渐成为世界产品的供给者。从制造业的国际贸易可以看出，二战结束后，以美国为代表的北美洲，在制造业产品出口方面的比重开始逐渐下降。

20 世纪 50 年代至 70 年代，欧洲成为世界制造业产品出口最多的地区，与同期美国的出口下降形成鲜明的对比。尽管在 20 世纪 80 年代之后，这种情况逐渐得到改善，但欧洲仍然是世界上主要的制造业产品出口地区。与北美洲制成品出口的衰落和欧洲的繁荣相比，亚洲则成为制成品出口的主要地区。从 20 世纪 50 年代至今，亚洲制成品出口份额逐年提升。20 世纪 70 年代末，其份额已经超过北美洲；到 2017 年，其与欧洲制成品出口规模旗鼓相当。实际上，从制成品出口份额的变化，我们可以大致判断出战后国际制造业产品生产格局的变化，即以美国为代表的北美洲份额减少，而欧洲和亚洲的份额逐渐增加，形成了亚洲和欧洲作为主要制造业产品生产者的局面。

就制造业的增加值来说，尽管美国一直保持全球第一的位置，但制造业国家的排名发生了许多变化。从最初美国、德国、英国、法国统领的局面，到20世纪80年代变成由美国和日本主导的局面。但到了2010年，中国跃居世界第二位，其制造业增加值占全球比重远远超过第三名的日本。中国和美国对世界经济增长的贡献率更能反映出国际经济地位或者国际经济影响力的变化。2000年之前，美国对世界经济增长的贡献率最高时接近50%。但2008年金融危机之后，美国对全球经济增长的贡献率显著下降。与美国相比，中国则成为推动世界经济增长的主要动力。实际上，2006年之后，中国就替代美国成为推动世界经济增长最重要的国家。

4.6 走向全球一体化

全球一体化分工并非自然发展的结果，其受到多种因素的影响。二战后，东西方之间不同价值观的问题，这在一定程度上阻碍了全球一体化分工的发展。此外，资本主义的本质是追求利润，分工和分配也是为了实现利润最大化。全球化的分工也可以被看作历史上殖民主义的延续，资本主义的本质是不断扩大市场并获得更大的利润。因此，最初的全球经济一体化其实是资本逐利的选择。对资本主义国家而言，这种一体化的主要目的是获得廉价的劳动力和生产要素（包括环境），以及开拓更大的市场。

4.6.1 国际分工合作的成本优势

世界经济的发展遵循着节约成本的基本规律。三次工业革命的推动，尤其是第三次工业革命，显著提升了全球的生产能力。科技进步和生产力的飞跃为各国之间的贸易交流和经济文化交往提供了可能性及坚实基础。亚当·斯密的《国富论》提出，分工是推动社会经济进步的唯一原因，并将这一理论延伸至国际贸易分工领域。他提出了绝对成本优势理论，主张各国只要专门生产本国成本绝对低于他国的产品，用以交换本国生产成本绝对高于他国的产品，就能实现资源最有效的利用——提高总产量、消费水平，并节省劳动时间。绝对成本优势理论的前提在于，任何一国必然在某种产品的生产上具有绝对成本优势，从而参与到国际分工和国际贸易中。

大卫·李嘉图在其著作《政治经济学和赋税原理》中，发展了亚当·斯密的贸易分工理论，并对绝对成本优势理论进行了补充。该理论的核心思想可以概括为一句中国古训，"两害相权取其轻，两利相权取其重"，即尽管一国在两种产品的生产上都处于劣势，但是选择生产两种产品中劣势相对较小的那种产品并进行专业化生产，仍然可以获得贸易分工的利益。这样，比较成本优势理论下的贸易分工的可能性和范围都得以大大增加和扩展。然而，李嘉图的比较成本优势理论假设再生产中只投入劳动这一种生产要素，因此，决定一国比较成本优势的也仅限于劳动生产率，这与现实情况并不相符，毕竟决定一国比较成本优势的现实因素是多元化、多层面的。

战后全球产业分工日益精密且复杂化，各国和地区之间的产业分工依赖程度不断加强，没有任何一个国家能够完全独立生产本国所需的所有产品。然而，不同国家在产业加工的精细程度和产品附加值方面存在差异。

至此，全球产业基本形成以美、欧、日为主要的技术研发和资本密集型，以其他国家为主要能源、原材料和加工组装生产的劳动密集型的分工格局。

4.6.2　全球化是技术进步和经济变革的综合反映

随着全球范围内各国相继解除或放宽对商品、劳务、资本和技术等方面的国际流动限制，各国之间的经济联系和相互依赖程度不断加深。这种趋势导致全球范围内的各种生产要素价格逐渐趋同。

20世纪80年代，随着全球经济自由化和市场化改革的推进，各国之间的贸易和投资联系得到了空前的加强。从1980年至1996年，全球贸易规模几乎翻了两番。全球贸易额在世界国内生产总值中的比重从1985年的29.8%上升到35%，国际资本流量的年均增长率高达20%，远超国际贸易约5.5%的年均增长率。因此，可以认为，当时的经济全球化是世界范围内的技术进步和各国社会经济变革的综合反映。

首先，科技革命的成果为全球经济活动提供了强大的推动力和物质基础。随着高新技术产业化的加速发展，许多新兴市场迅速崛起，同时为企业带来了巨大的商业机遇。特别是20世纪80年代以来，现代通信业的重大变革（互联网的迅速商用）极大地降低了国际的通信费用和贸易成本，对经济全球化的进程产生了重要的推动作用。

其次，全球性的非管制化和市场化改革在很大程度上消除了经济全球化的制度障碍。20世纪80年代初，世界进入了一个更加以市场为导向的非管制化时代，各国在取消贸易和资本流动管制方面取得了显著的成果。1970年至1997年，取消经常项目汇总管制的国家数量从35个增加到137个，其中大部分是在1980年以后完成的。此外，据统计，1991年至1997年，全球各国对外国直接投资的管制条例进行了570次自由化的修改。这些改革无疑意味着各国内部市场化改革的推进以及贸易和投资领域管制的解除或放松，为经济全球化创造了一个更加有利的制度环境。

再次，国际金融市场的深化与创新为经济全球化提供了极其有利的技术条件。20世纪80年代以来，国际金融市场的交易制度日益宽松，各种新型的金融工具与交易技术不断涌现。这些创新加上电子计算机远程终端的广泛应用，使得交易速度加快，从而为资金在国家之间的转移提供了极大的便利。发达国家投资基金的大规模海外扩张，加速了国际资本流动，并成为推动经济全球化的重要力量。7个主要发达国家的机构投资者用于国际投资的资产比重已从20世纪80年代末的7%增至90年代中期的10%以上。

在国际经济协调和组织方面，世界贸易组织和国际货币基金组织等在经济全球化的过程中扮演了重要的角色。乌拉圭回合谈判始于20世纪80年代中期，与以往的谈判主要围绕商品关税减让和非关税壁垒拆除等议题不同，这次谈判将议题拓展到了服务贸易、知识产权、市场准入、反倾销规则以及多边贸易机构的建立等众多新的领域。经过近8年的艰苦谈判，各国在这些方面基本达成了一致，为更广泛的贸易自由化确立了基本框架。

作为金融自由化的主要倡导者和推动者，国际货币基金组织从 20 世纪 80 年代以来，也发挥了更加积极的作用。到 20 世纪 90 年代中期，世界上有超过 2/3 的国家已经实现了经常项目可兑换，同时所有发达国家已经完全取消了资本交易的汇兑限制，许多发展中国家对资本账户的开放也开始表现出积极的态度。这些变化充分显示了国际经济协调和组织的重要作用，以及乌拉圭回合谈判所取得的成果。

4.6.3 全球经济一体化下的产业转移

在共计 60 年的时间里，全球经济完成了三次产业转移，即平均 20 年就完成一次大型的产业转移，目前正在进行第四次产业转移。其中，前两次产业转移是国际产业中心之间的转移，我国东南沿海地区则参与了第三次产业转移和正在进行的第四次产业转移。

第一次产业转移发生于 20 世纪 50 年代至 60 年代，美国在确立全球经济和技术领先地位后，其在国内集中发展 IT 等新兴技术密集型产业，将钢铁、纺织等传统的劳动密集型产业通过直接投资向正处于经济恢复期的日本、西德等转移。

第二次产业转移发生在 20 世纪 60 年代至 80 年代。科技革命推动美国、德国、日本等国加快产业升级，并集中于发展化工、汽车等资本密集型产业，以及电子、航空航天、生物医疗等技术密集型产业，将劳动密集型产业向东亚、拉美等地区转移。

第三次产业转移始于 20 世纪 80 年代后期和 90 年代初期。伴随着知识经济的出现和经济全球化的深入推进，世界范围内的产业重组性转移步伐加快，美国、日本、欧洲等发达国家和地区，连同先期发展起来的亚洲四小龙，开始将劳动密集型及部分低技术密集型产业向东盟及我国东南沿海地区转移。

随着全球化的发展，国际分工逐渐形成，并成为收入的主要来源。全球产业转移逐步形成了原料提供国、生产国和消费国等不同的角色。对于谁是何种角色，历史的发展和战后的格局是最值得我们研究的内容。此外，除了各国自身的禀赋和资源优势，国际分工的基本原则是追求国际贸易平衡以获得最大收益。

第 5 章　探索中的前行：全球货币体系变化与里根大循环

金本位的瓦解意味着黄金退出流通领域，其货币属性大为减弱。虽然各国中央银行大多仍保有黄金储备，但随着全球逐步认识到基于"虚拟"信用体系下的现代货币体系是打破经济发展总量瓶颈的另一把钥匙，全球主要中央银行为了彻底突破二战后各国经济发展的信用瓶颈，开始出售黄金并且打压黄金在国际金融领域的地位。黄金总库在这一过程中见证了现代货币体系中黄金和纸币的斗争，也见证了纸币之间的明争暗斗。

5.1　全球货币体系的演变：实物货币和信用货币

现代经济活动的本质是什么？我一直在思考这个问题。我们想要真正理解金融危机，就必须认真地思考现代经济活动的本质。经济行为是物质的交换和生产资料的交换，而贯穿整个物质交换过程的核心自然是交换的介质。货币是人类经济活动的基础，而现代经济活动就是伴随着现代货币体系产生的。

货币体系的演变与人类文明的演化之间具有某种内在的必然联系。从物物交换时代的实物货币到黄金货币，再到纸币、电子货币，其中蕴含着人类文明观念、交往方式、生活方式的巨大改变。在黄金作为货币的阶段，货币的一般性得到充分的发展。而随着经济不断的发展，政治力量的介入，并伴随着资本力量的壮大、介入和转换，最终使货币价值战胜了实物价值，从而确立了货币的终极地位。

货币本质上的基本职能有两个：实物交换和信用交换。实体经济的发展导致市场不断扩大，而市场的扩大又延伸了"物物交换"的时间和空间，这对于充当一般等价物的特殊商品提出了更高的要求。黄金由于其优良的金属性，刚好能够满足这种充当一般等价物的要求，因此马克思说："货币天然是金银。"另外，金银成为货币也反映出货币的信用工具职能，即在从"物—物"交换的经济模式发展到"物—货币—物"的经济模式时，"物—货币"和"货币—物"这两个单独的过程就反映了信用关系。

全球货币体系的演变也基本上以这样两个职能为核心来展开。实体经济的发展、市场规模的扩大使得交换在时间和空间上不断延伸，经济对货币提出了更高的要求。它要求货币既要在空间上保证量的规模，又要在时间上保证质的品质。

传统的黄金白银作为货币的使用并不能完全视为现代货币体系。这是因为虽然一般商品在充当货币时由于无法满足时间洗刷和特殊的品质要求而被金银所替代，但是金银由于物理属性的限制无法在空间上满足经济总量的规模又被纸币所替代。

纸币与黄金等实物货币不同，它从本质上来讲是一种信用货币。纸币的物理性本身是没有价值的，它是以国家信用为担保的一种价值符号。纸币不仅适应了交换规模的扩大，还反过来促进了交换的发展和演变。然而，纸币也体现出一个悖论：纸币的物理性本身是没有价值的，它却要衡量其他商品的价值。而正是这个悖论主导了现代货币体系的演变。

5.1.1 现代货币体系的两条主线之争

二战是人类在经济上突破自身发展瓶颈的关键节点。现代金融体系发展伴随着现代货币体系的重建，同时释放了实体经济发展的空间。而全球货币体系经历了数次演变，物质交换的凭证和介质发生了重大改变，其中包含着两个演变线索：一个是实物货币与信用货币的此消彼长，另一个是信用货币之间的明争暗斗。

（1）实物货币与信用货币的此消彼长。一方面，实物货币价值稳定，从信用职能上来讲，实物货币要优于信用货币；另一方面，信用货币能够满足量上的需求，即能够满足实体经济发展的需要。

（2）在构建现近代货币体系的过程中，人们虽然确立了货币的地位，但是信用货币本身必须通过现实的、具体的货币形式体现出来。这决定了信用货币的实现无不与一定范围和不同程度的货币权力、货币影响力有关，其中充满着"货币是为了实现信用产生的，而其本身又是通过信用实现的"的深刻矛盾。这导致了货币体系的构建本身就是一个货币竞争、货币斗争、货币战争的过程。另外，在现代货币体系中，浮动汇率制度有一个难题，就是汇率问题，实际上就是两种信用货币之间的信用波动，而这种信用波动必然是一个零和游戏：一方信用强，则另一方信用弱。因此，在现代货币体系中，不可避免地会伴随着不同信用之间的斗争，即不同主权货币之间的斗争。

5.1.2 现代货币体系的形成

由于黄金不可取代的货币地位，其一直是实物货币价值的衡量物，但是相对于便携的纸币以及虚拟的货币符号来说，黄金的自然属性就显得不是那么方便了。随着金本位时代的到来，虽然纸币打破了黄金自然属性的束缚，持有美元就相当于持有等价的黄金，但在这种固定汇率制度下，改变的仅仅是现代货币的意识形态，并没有形成现代货币体系的信用形态。我们的社会依旧延续着实物信用体系，这种金本位制度并不能称为现代货币体系，充其量只是现代货币体系演变史中的一个重要的过渡阶段。

二战造就了美国强大的经济实力，并打破了全球货币体系。美国作为战争最大的受益者，自然扛起了战后金融体系、货币体系重建的大旗。在构建货币体系的过程中，金本位发生了一定的变异——美元介入。美国为了保持美元强势的地位使其与黄金挂钩，这为美元提供了"硬通货"的背景。布雷顿森林会议进一步明确了美元与黄金挂钩的机制。借助于黄金，美元体现了其实物货币的价值，成就了美元全球储备货币的地位。

而随着战后各国经济逐渐恢复，美元通过各国的战后经济重建贷款流入全球的实体经济体系。这种美元与黄金挂钩的机制遇到了问题：战后全球分工和分配制度重塑，在随后的全球经济复苏的过程中，全球经济总量不断扩大，全球经济发展彻底打破了前期发展的瓶颈，如何保证货币在空间上满足经济增长的规模？

这种"固定汇率制+金本位"的体系，仍然没有摆脱黄金实物货币的货币体系，一个不断扩大的经济规模自然而然需要一个发展壮大的货币体系支撑——一个不受"量"约束的货币体系，也就是更大的信用额度。

黄金能够提供的价值总量受制于黄金实物的商品属性而不能满足这种需求，导致纸币与黄金之间的斗争达到极限，如何突破这种纸币背后挂钩黄金实物带来的瓶颈，成为各国实体经济发展迫切需要解决的问题。

在这种情况下，布雷顿森林体系解体，美国实行了与黄金脱钩的非金本位的浮动汇率制度。这种汇率制度和虚拟信用体系彻底打破了实物信用体系的支撑，使货币体系彻底进入了国家支撑的虚拟货币时代。

在变相的金本位下，由于美元不能满足实体经济的发展，人们意识到美元背后的信用额度是有限的。黄金总库其实是一种联盟，联盟的外部是锚定黄金的一种过渡性的货币体系，内部是原本纸币之间的霸权斗争，相互的交织、历史的发展使得彼此之间的信任最终无法维系。随着联盟内部的分崩，各国开始恐慌，担心各国货币以及以美元搭建起来的信用体系崩塌。为了规避风险，保持本国货币的信用，各国放弃联盟，最终挤兑的并不只是美国，"黄金—美元—其他货币"这种变相的金本位体系也随之坍塌。

金本位的瓦解意味着黄金退出流通市场，其货币属性大为减弱。虽然各国中央银行大多仍保有黄金储备，但是各国逐步认识到基于虚拟信用体系下的现代货币体系是打破经济发展总量瓶颈的一把钥匙。

初期，金本位体系的坍塌使货币体系处于真空状态，各国的货币均出现了一定程度的贬值，并呈现出加速的态势。与之相对的，却是黄金价格脱钩后的上涨。面对这种情况，全球主要中央银行为了树立纸币的形象，彻底突破二战后各国经济发展的信用瓶颈：一方面，打压黄金作为货币的地位就成为各国政府的主要目标，它们开始出售黄金并且打压黄金在国际金融领域的地位；另一方面，营造一个黄金的虚拟交易市场。扩大黄金的虚拟交易总量也成为美国为保证美元地位的战略之一。

第5章 探索中的前行：全球货币体系变化与里根大循环

国际储金银行是导致黄金失势的主要力量，而英美两国中央银行借出的黄金是打击黄金货币属性的主要弹药。从 1950 年到 2008 年，英格兰中央银行的黄金储备从 2543 吨减少到 310 吨，同期美联储从 2.02 万吨减少到 8100 吨（由全球占比 75% 下降到 4.9%）。各国中央银行不断地抛出黄金，使得黄金的货币价值彻底被打压下去了。

当我们抛开对美元道德的评判去回顾历史的时候，我们也许就可以看到金本位背后的实物信用带来的弊端和制约，与黄金脱离的世界货币本位思想和实践一直都是主流的国际贸易交往方式。布雷顿森林体系的瓦解引发美元与黄金的脱钩，从某种意义上才是现代货币体系形成的标志。

从战后金本位到美元的一枝独秀，到美国、日本、欧洲的三足鼎立，再到 2008 年金融危机之后的欧元危机以及人民币的兴起，不同主权货币之间的斗争直接反映了不同主权国家经济实力的强弱，而竞争的根据不在于货币的物质属性，而在于其制度、物质文明的优越性和号召力。

掌握了货币信用的发行权也就在现代货币体系中拥有了统治超级金融王国的权力，而在全球经济贸易一体化下，信用的发行权远比固守信用能够获得眼前利益。在现代货币体系建立之时，代表英国利益的凯恩斯在布雷顿森林体系建立时就曾提出"超主权货币"的概念，企图遏制美国在现代货币体系中对于信用货币的霸权。当然，结果是失败的，美国的领导地位再难撼动。

2001 年之后，欧元的崛起直接挑战了美国缔造的信用帝国。当欧元强大起来，要挑战美元的国际储备货币地位，并成为经济活动的必需品（石油）的结算货币时，欧元就已然威胁到了美国货币权力，那么如何压制欧元的货币影响力就成了顺理成章的事情。其实所有人都非常清楚，超主权的货币——欧元，从根本上并不具备价值。货币背后的价值是信用，而虚拟货币背后的价值就是主权创造的虚拟信用，而欧元自从诞生之际就是一种超越了主权的货币，所以它的信用缺少了主权的担保。欧洲危机赤裸裸地证明了货币信用与主权脱钩的超主权货币体系是不稳定的，货币和主权脱钩的结果就是在危急时刻，人们对于无信用担保下的货币价值的担忧。

5.1.3 现代货币体系的矛盾

现代货币体系可以不受"量"的束缚，它开始支撑起我们经济的蓬勃发展。1980年以后，全球进入了现代信用货币时代，这造就了足够支撑实体经济发展的等量价值的信用货币。于是，在这种信用货币供应和实体经济需求达到相对平衡的情况下，全球经济在稳定的货币体系支持下进入了平稳、高速的发展阶段。

现代货币体系给经济活动带来了更多的灵活性，可自由兑换的浮动汇率制能够更好地反映一种货币的真实价值。它通过市场价格调节供求，提高了全球金融市场的效率和活力。

政府不仅可以根据财富的增长和流通需要印刷足够多的货币，还可以针对经济过冷或过热调节货币供应量，在经济低迷时期多印发货币以刺激增长，在经济过热时期控制印发货币以抑制通胀。

理论上，如果政府在发行货币方面保持足够审慎的态度，真正根据财富增长、经济基本面合理发行货币，则以政府信用为基础的现代货币体系本来是一种比金本位更优越的制度体系，更能促进社会经济的健康发展。

随着虚拟经济的不断发展，整体经济对于信用货币的需求也不断增加。进入20世纪以后，这种货币的壮大更多的是为了满足虚拟经济的需求，货币发行的总量慢慢开始超出实体总量的需求。正如我们在前面提到的，纸币这种虚拟货币本身就包含着一个悖论，即它只是一个信用符号，其本身没有价值。因此，当这种全球虚拟货币规模不断扩大、不断超越实体经济总量的时候，市场对于其本身价值的质疑声逐渐加大。最终，货币危机引发了2008年的金融危机。

货币危机的爆发在于信用总量超越了实际价值，从而动摇了货币信用的价值根基，引发了市场重归实物价值的偏好，推动了黄金价格的上涨。但是我们也要看到，实物货币虽然价值稳定，但是在空间上无法满足量的需求，因此其本身对于实体经济的发展会起到制约作用。

5.1.4 现代货币体系——信用和债务

问题不是出在信用货币上，而是出在信用上，也就是债务的激增背后的信用泛滥。

人们总是将一场场货币危机归咎于现代货币体系，或是美国缺少道德约束等。2001年之后，人们更愿意谈论的是，当缺少必要的监督与制约机制时，在虚拟信用的支撑下，政府会不会变得无德；现代货币体系会不会变成某些霸权政府掠夺财富的工具。当一些政府发现印钞可以创造财富、刺激增长、偿还债务，并且没有任何人能够约束他们时，它们就开始疯狂借债、拼命印钞，结果不仅没有促进经济增长，还引发了一场场货币危机。事实果真如此吗？

我们把金融危机的爆发归咎于货币超发带来的信用供给超额，其根本原因却是虚拟经济过度膨胀，即虚拟经济过度膨胀引发了信用供给超出了实体经济能够承载的范畴。"9·11"事件使美国实体经济陷入增长引擎缺失的困境，当欧美经济面对新一轮实体经济发展瓶颈时，欧美政府过度重视并大力发展第三产业。在其经济比重中，虚拟经济占比越来越大，以致金融杠杆不断膨胀以满足虚拟经济发展的需求。虚拟经济的过快发展必然会伴随着虚拟货币超发。我们更多的是站在实体经济以及实物商品交换需求的角度来看待虚拟货币的供给量的，其实对于虚拟货币的巨大需求源于虚拟经济的恶性膨胀。

而金融危机彻底动摇了虚拟货币价值的根基，使得持续了几十年的现代货币体系彻底走入了坟墓。不过，我个人认为，20世纪70年代以来，美国在大多数时间还是保持了对信用投放的审慎态度，在维护本国利益的同时，对全球化进程和世界经济增长作出了贡献。

5.1.5 未来是什么？

在过去的40多年里，全球投资者见证了一场又一场货币危机。当全球货币体系面对由某一种国家纸币充当世界货币的逻辑和实践带来的巨大风险的时候，频繁的货币危机引发了人们对于纸币信用本位的担忧，这也打击了以政府信用为基础的纸币发行体系。

在2008年金融危机过后，大家都看到了虚拟货币体系暴露出来的弊端，实物货币重新受到人们的青睐，有关货币价值的讨论又开始兴起。

"金本位"和"非金本位"的探讨一直没有中断，因为在现实生活中，人们潜意识中货币的表现形式为"实物货币"，也就是金本位；而"信用货币"即非金本位，则是将货币属性进行了理论抽象化。纸币、电子货币，依然属于实物货币的范畴，只不过其"信用"的属性越发鲜明。而金本位下的实物货币则以具体实物为载体，以某种实物形态所体现出来的特征作为交换的中介，具有明显的实物依赖性。同时，由于信用货币本身必须通过现实的、具体的货币形式体现出来，这决定了信用货币的实现无不与一定范围和不同程度的货币权力、货币影响力有关，其中依然充满着"货币是为了实现信用产生的，而其本身又是通过信用实现的"的矛盾。

随着黄金再次站在国际金融舞台的中央，许多学者对于现代货币体系"返回金本位"的呼声也越来越高。如何避免市场重归实物价值的偏好，从而推动具有实物货币属性的商品——黄金的价格提升，全球货币体系急需重建良方。

当今的世界，完全回归实物货币，即在金本位下构建我们单一的货币体系已经不能满足现代经济体系的需要，而完全实现信用货币体系，则无法避免货币权力的斗争，也无法解决货币与信用的深刻矛盾。

货币危机解决的方式不是将现代货币体系倒退回金本位时代，而是要更好地防止现代经济发展中虚拟经济的恶性膨胀。现代货币体系本身就是一种人类文明进步的符号。不过，我们可以清楚地看出，货币危机虽然不是由于现代货币体系本身的错误引起的，但此次危机后，它暴露出来的非体制性的弊端——错位的信用配置比例和无法衡量的信用的价值，的确值得我们在完善现代货币体系时仔细考量。

当然，无论在什么样的货币体系下，任何国家作为现代文明的主流存在模式，都必须坚持货币体系的基本法则不能变，即公正、平等。而黄金从某种意义上可能是一种衡量人类社会的道德标尺：当社会保持基本诚信时，它的价值就降低；当社会丧失基本诚信时，它的价格就会升高；当社会完全失去诚信时，任何货币体系都将不复存在——无论是实物信用还是虚拟信用。

5.2 布雷顿森林体系

5.1.1 布雷顿森林体系的建立

随着二战的烽火蔓延，越来越多的投资者或企业发现自己的财富面临被战火洗劫的风险，于是将自己的资产转移到了没有受到战火波及的国家——美国。大量资本跨过大西洋进入美国的金库。此外，主要参战国家，几乎都要向最大的、未受战火侵袭的工业化国家采购军火和各种战争物资/生产生活物资，而最主要的支付方式就是黄金。因此，美国成了最大的黄金储备国。

随着二战的结束，原有的霸主和挑战者之间的实力发生了转变。英国虽然取得了胜利，但是实力耗尽；欧洲各个国家也已经精疲力竭。没有经济实力就没有资格拥有货币的主导权。此时，战后金融体系格局需要重新洗牌，百废待兴的经济需要重建，贸易的正常进行、投资的正常开展都需要有完善的货币体系作为支撑。而英镑随着英国的衰落已经没有了足够的实力，或者更直白地说，其黄金储备已经不足以支撑英镑的信用。各国都需要一个简单有效的货币体制来避免各种汇率交叉造成的贸易损失和风险。这时，拥有世界官方储备黄金60%以上的美国要夺取货币主导权的要求开始提到桌面上来（见图5-1）。

就此，美国凭借强大的军事力量和黄金储备确立了国际货币的新规则——布雷顿森林体系。布雷顿森林体系规定：

（1）美元与黄金挂钩，每盎司黄金对应35美元，即1美元的含金量为0.88克。各国政府可以按此价格自由地向美国兑换黄金。

（2）其他各个国家的货币按各自的含金量固定汇率换算，这样就避免了各自换算汇率的复杂性和风险性。

（3）确定美元和黄金具有同样地位的储备资产。

图 5-1

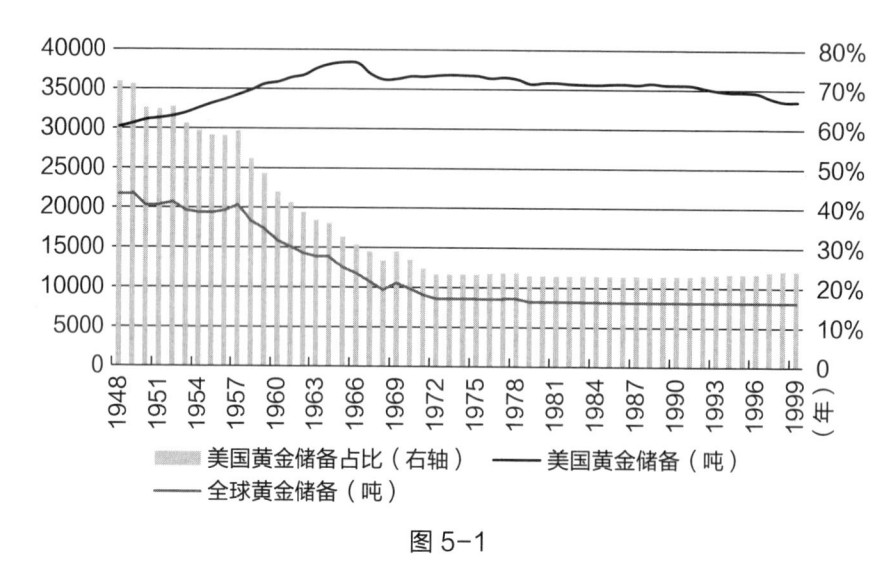

（4）国际货币基金组织的会员国在缴纳份额时，需要以 25% 的黄金或可直接兑换成黄金的货币缴纳，其他用本币支付。下面是 1920 年 1 月 1 日至 1949 年 3 月 1 日的黄金历史收盘价（见图 5-2）。

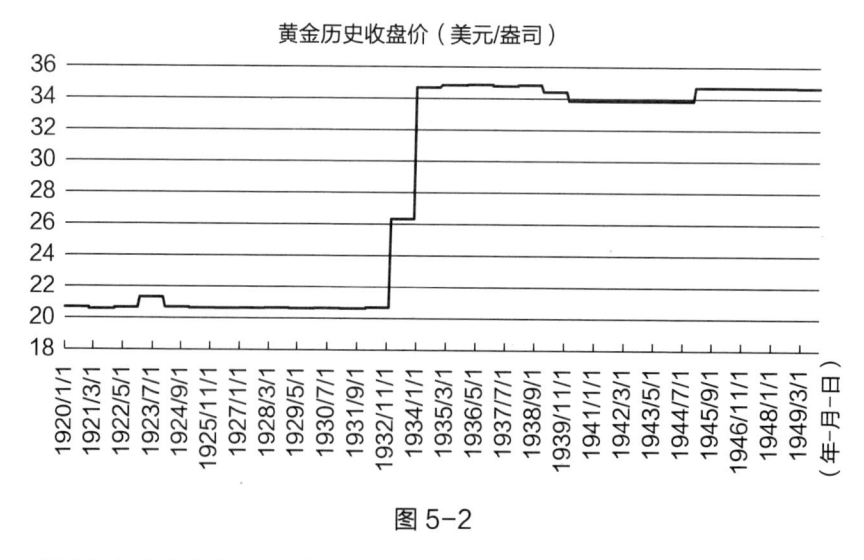

图 5-2

从以上条款中我们可以看出，布雷顿森林体系其实是以黄金为信用基础的美元货币体系。然而，布雷顿森林体系本身就存在着难以解决的内在矛盾：如果美元要成为国际性货币，美国就要不断向外输出美元，但输出美元的方式是贸易逆差，这会打击美国经济；如果美元要成为主权国家货币，则美国需要保证美元顺差，以促进美国经济，但会造成美元紧缺，导致世界性通缩，使美元失去国际性货币的地位。这就是国际金融历史上著名的"特里芬难题"。这个难题在二战刚结束、经济恢复的阶段尚不明显，但到了国际政治、军事、经济威胁不断加剧的阶段，就凸显出来了。下面是1950年1月1日至1959年8月1日的黄金历史收盘价（见图5-3）。

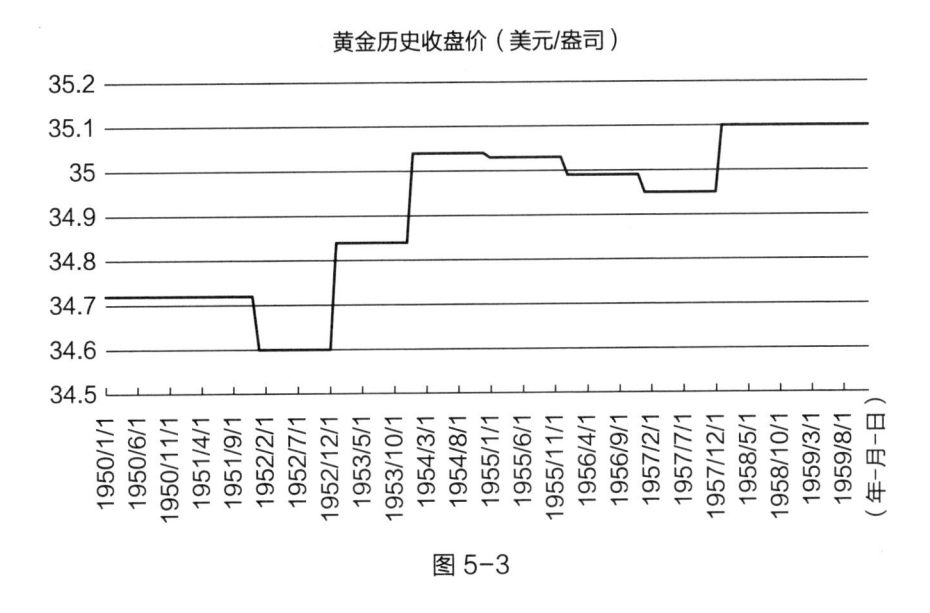

图 5-3

5.1.2 布雷顿森林体系的缺陷

由于资本主义发展的不平衡性，主要资本主义国家经济实力一再发生变化，以美元为中心的国际货币制度本身固有的矛盾和缺陷日益暴露。

（1）金汇兑制本身的缺陷。美元与黄金挂钩，享有特殊地位，加强了美国对世界经济的影响。其一，美国通过发行纸币而不动用黄金进行对外支付和资本输出，有利于美国对外扩张。其二，美国承担了维持金汇兑平价的责任。当人们对美元充分信任，而美元相对短缺时，这种金汇兑平价可以维持；当人们对美元产生信任危机，要求将其兑换为黄金时，这种金汇兑平价就难以维持了。

（2）储备制度不稳定。这种制度无法提供一种数量充足、币值坚挺，可以为各国所接受的储备货币，以使国际储备的增长适应国际贸易与世界经济发展的需要。1960年，美国耶鲁大学教授特里芬在其著作《黄金与美元危机》中指出，布雷顿森林体系以一国货币作为主要国际储备货币，在黄金生产停滞的情况下，国际储备的供应完全取决于美国的国际收支状况：美国的国际收支保持顺差，国际储备资产不敷国际贸易发展的需要；美国的国际收支保持逆差，国际储备资产过剩，美元发生危机，从而危及国际货币制度。这种难以解决的内在矛盾，被国际经济学界称为"特里芬难题"。它决定了布雷顿森林体系的不稳定性。

（3）国际收支调节机制的缺陷。这种制度规定汇率浮动幅度需保持在1%以内，由于汇率缺乏弹性，限制了汇率对国际收支的调节作用。这种制度着重于国内政策的单方面调节。

（4）内外平衡难统一。在固定汇率制度下，各国不能利用汇率杠杆来调节国际收支，只能采取有损于国内经济目标实现的经济政策或管制措施，以牺牲内部平衡来换取外部平衡。当美国国际收支逆差、美元汇率下跌时，根据固定汇率原则，其他国家应干预外汇市场，而这一行为会导致或加剧这些国家的通货膨胀；若这些国家不加干预，就会遭受美元储备资产贬值的损失。

5.1.3 布雷顿森林体系的苟延残喘

二战结束后的美国风光无限，20世纪五六十年代是美国经济发展的黄金时期。此时，美国政府出台了就业法案，正式对失业宣战，承诺不计代价地实现零失业率，这大概是其为了实现"美国梦"的政治需要。于是，政府支出开始大量增加，美国财政部通过增加债务来满足需要，因入不敷出造成了财政赤字。更加严重的是，1947年美国集合北约国家开始进行对抗苏联的冷战。军备竞赛和扩张正式开始，其军费开始无限膨胀。1950年，美国涉足朝鲜战争。中国参战给美国带来了漫长且痛苦的结果，其军费开支继续增大。据公开数据可知，其军费开支高达800亿美元。随后几年，美国军费上涨幅度依次为71.7%、95.6%和14.6%。在整个20世纪50年代，美国军费开支占其GDP的比重在10%以上。巨大的军事开销给美国带来了沉重的负担。朝鲜战争期间，债务占其GDP的比重约为

第5章 探索中的前行：全球货币体系变化与里根大循环

60%，这是国际公认的警戒线，而实际债务数量仍在不断增加。与此同时，饱受二战之苦的以色列人开始在约旦河西岸和加沙地带建立自己的国家，由此引发了1948年和1956年的第一次和第二次中东战争。美国为了在中东设立自己的"代理人"，花费巨资帮助以色列，其军事费用的增加使得债务规模进一步扩大。

紧接着是1961年到1975年耗时14年的越南战争。粗略计算，美国在越南战争中的各项直接支出约4000亿美元，而后续的战后军人补偿等支出更是多得无法计算。1973年的第一次石油危机和1979年的第二次石油危机，使得正处在工业高速发展期的美国遭受了沉重打击，能源支出随着石油价格迅速增加。所有这一切都直指一个结果：美国的债务规模不断扩大。

到1960年底，美联储黄金储备从高峰时期的250亿美元下降到不足180亿美元（见图5-4）。除了20世纪50年代末美国出现国际收支赤字是造成美国黄金流失的主要原因，还有一个重要原因是存在一个非公开的黄金市场。由于布雷顿森林体系禁止民众购买黄金，当民众感觉到美国无限制兑换黄金日益困难时，这个非公开市场的黄金需求量开始大增。

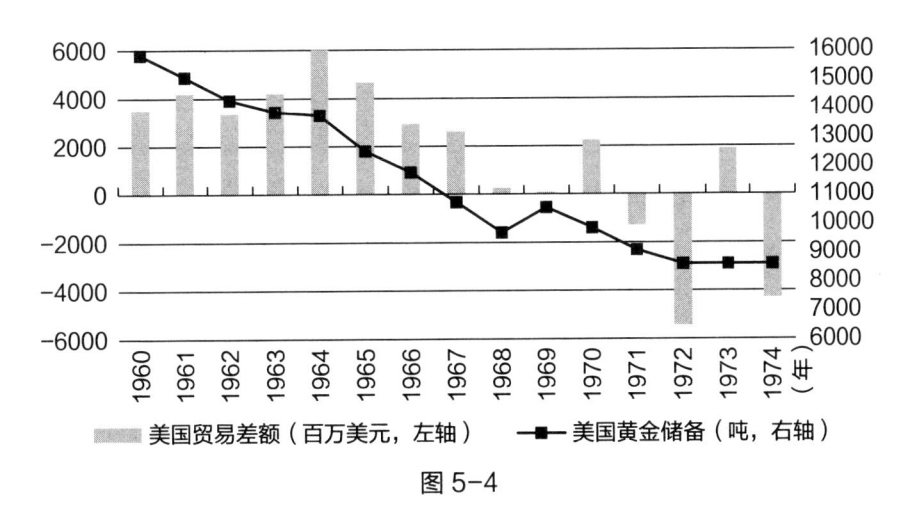

图 5-4

美国政府一直在竭尽全力控制黄金的流失。一方面，美国承诺接受国外中央银行兑换黄金，但不向美国民众开放兑换黄金的窗口，以减少黄金供应量；另一方面，美国使用外交手段，向他国施压，避免黄金流出。纽约联邦储备银行前副主席，曾代表美国财政部和美联储在黄金和外汇市场上运作了33年的查尔斯·库姆斯提到，美国政府以哪家外国中央银行不向美国兑换黄金来判断谁是"真正的朋友"。为了恢复美元的强势地位，1961年，美国前总统艾森豪威尔在离任前颁布规定，禁止美国民众在世界任何地方持有黄金。

1960年10月20日，伦敦市场上的黄金价格一度上升到40美元/盎司，这导致外汇市场上出现大量抛售美元的投机交易。随后，美国财政部公开发表声明，正式批准英格兰银行—英国中央银行销售黄金，以稳定伦敦市场上的黄金价格，即英国的损失将由美国的黄金储备来弥补。此举在当时稳定了美元的信心。此后，伦敦成为国际黄金交易中心，罗斯柴尔德银行每天上午和下午的定盘价成为国际黄金现货的唯一标准。

为了避免黄金价格反扑，1961年，美国和欧洲7个主要国家建立了"黄金总库"（Gold Pool），目的在于稳定伦敦市场的黄金价格，其具体规定如下：

（1）所有中央银行需要通过官方手段干预伦敦市场上的黄金投机行为。

（2）各个国家的中央银行要分担2.7亿美元的黄金总库。

（3）英格兰银行销售本国库存黄金以抑制黄金价格，每个月底，其他中央银行按比例补偿英格兰银行的损失。

（4）控制伦敦黄金的目标价在35.2美元/盎司之下。

（5）受援国中央银行可以将销售后的美元收入兑换成黄金，但不鼓励兑换。

（6）参与国中央银行保证不从伦敦市场和其他地方（如苏联或南非）购买黄金。

在之后的一段时间里，黄金价格保持了一个相对稳定的状态。直到1965年，这种状态被法国总统戴高乐打破。1965年2月4日，在法国总统的官邸爱丽舍宫，戴高乐宣布了自己重返金本位的立场，并声称："没有其他的尺度和标准能胜于黄金。黄金并无种族之分，可以被普遍而永恒地接受。它绝不改变的信用价值最为卓越。美元所具有的超然于世的品质正在失去。美元先前具备这一品质，是由于美国拥有世界上绝大多数黄金。"随后，法国财政大臣宣布法国将率先把所有新积累的美元兑换成黄金，并将黄金从美联储的金库横跨大西洋运回法国的

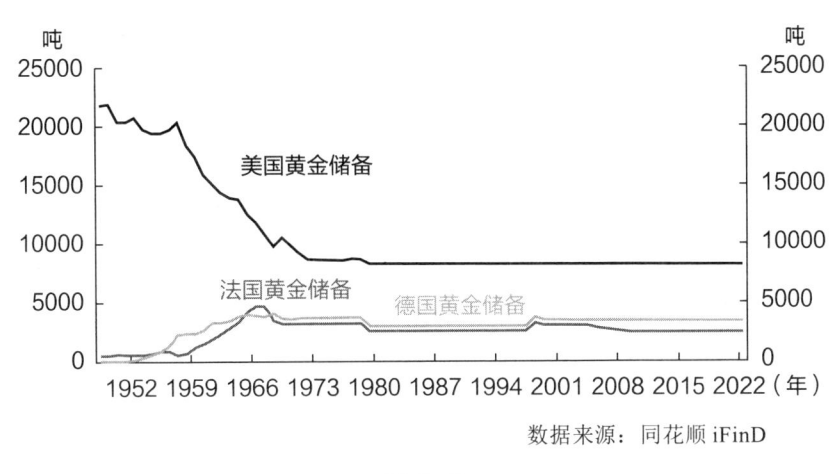

拉帕特里海岸。下面是1952—2022年美国、法国和德国的黄金储备（见图5-5）。

数据来源：同花顺 iFinD

图 5-5

5.1.4 布雷顿森林体系的崩溃与覆灭

1962年到1966年，法国政府从美国财政部购买了近30亿美元的黄金。而在1967年6月，法国明智地撤出了"黄金总库"，其他各国中央银行都开始在伦敦市场购买黄金。1968年3月，为了将黄金价格控制在35美元/盎司，"黄金总库"使美国的黄金储备下降到约105亿美元（仅剩约3亿盎司）。

1968年3月17日，"黄金总库"正式解散。美国政府在华盛顿召开会议，作出了黄金价格双轨机制的决定，即黄金同时存在官方价格和自由市场价格。一方面，各大中央银行仍要求按照35美元/盎司的价格交易黄金；另一方面，在自由市场上，黄金可以浮动到其应有的价格，但中央银行不能与自由市场进行交易。在美国的要求下，伦敦的黄金市场暂停交易两周，但紧接着，黄金价格就飙升到44美元/盎司。1969年3月，美国取消了美联储发行美元必须拥有25%的黄金储备的强制要求，美元的发行从法律上彻底失去了束缚。

在这样的背景下，瑞士银行开始建议自己的大量客户去投资黄金，并且其自有资金也开始买入黄金。而黄金销售大户南非、苏联非常看好瑞士银行的安全性，因此，其主要的黄金业务纷纷从伦敦转移到了苏黎世。由于瑞士特殊的银行体系和辅助性的黄金交易服务体系，为黄金买卖提供了一个既自由又私密的环境，加上瑞士在汇聚苏联的黄金的同时还能获得80%的南非金，所以瑞士成了世界上新增黄金的最大中转站，也成了世界上最大的私人黄金存储中心。

1971年8月，局势发展到非常危险的境地。美国的短期外债头寸为600亿美元，其中2/3为外国官方持有。如果强行按照35美元/盎司的黄金价格计算，美国的黄金储备将缩减到97亿美元。而无论是债务违约还是黄金巨量流失都是美国所不能承受的。最终，1971年8月15日，尼克松总统宣布关闭"黄金窗口"，禁止美国财政部再为任何国外机构按布雷顿森林体系规定的35美元/盎司的价格兑换黄金。

1971年12月，十国集团在华盛顿的史密森学会召开会议，同意设立新的黄金价格，即史密森协定（Smithsonian Agreement）。官方黄金价格第一次突破了35美元/盎司，达到38美元/盎司，而当时市场上的黄金价格已经达到45美元/盎司。1972年2月，官方黄金价格被调整为42.22美元/盎司，然而市场上的黄金价格已经达到75美元/盎司。事实上，史密森协定并未解决任何问题，只是一次不着边际的、试图挽救布雷顿森林体系的努力而已。1973年3月，布雷顿森林体系彻底瓦解，伦敦市场上的黄金价格飙升到90美元/盎司。

最终，布雷顿森林体系瓦解，美元与黄金脱钩。从布雷顿森林体系瓦解的过程中我们可以发现，其遵照的是债务膨胀—货币贬值—黄金升值—货币和黄金脱钩的轨迹。从本质上来说，美国关闭"黄金窗口"的行为是一种债务违约的行为，而黄金就是对冲债务和货币风险的资产。

5.3 过渡阶段：牙买加协议

美元停止兑换黄金和固定汇率制的垮台，标志着二战后以美元为中心的货币体系瓦解。布雷顿森林体系崩溃以后，国际货币基金组织和世界银行作为重要的国际组织仍得以存在并发挥作用。

第一，美元停止兑换黄金。1971年7月，第七次美元危机爆发。尼克松政府于 8 月 15 日宣布实行 "新经济政策"，停止履行外国政府或中央银行可以用美元向美国兑换黄金的义务。1971 年 12 月，以史密森协定为标志，美元对黄金贬值，美联储拒绝向国外中央银行出售黄金。至此，美元与黄金挂钩的体制名存实亡。

第二，固定汇率制度垮台。1973 年 3 月，西欧出现抛售美元、抢购黄金和马克的风潮。3 月 16 日，欧洲共同市场 9 国在巴黎举行会议并达成协议，联邦德国、法国等国家对美元实行 "联合浮动"，彼此之间则实行固定汇率。英国、意大利、爱尔兰实行 "单独浮动"，暂不参加 "联合浮动"。其他主要西方货币则对美元实行浮动汇率。至此，固定汇率制度垮台。

1971 年 12 月，十国集团在华盛顿史密森学会召开会议，同意美元贬值，其成员国也在汇率上做了相应变动。相对而言，所有货币的汇率都有不同程度的提高，如西德马克提高了 13.58%，日元提高了 16.8%，荷兰盾提高了 11.57%，意大利里拉提高了 7.54%，比利时法郎提高了 11.57% 等，法国法郎和英镑保持与黄金平价。除了与会的十国，其他国家随后也采取了对本国有利的汇率策略。1976 年 1 月，国际货币基金组织成立了一个 "临时委员会"，在牙买加首都金斯敦举行会议。经过反复磋商，"临时委员会" 最终就增加份额、弱化黄金作用、确定汇率体系和扩大对发展中国家的资金援助等问题达成协议，于 1978 年 4 月 1 日正式生效。

牙买加协议的主要内容是：

（1）增资，即扩大国际货币基金组织的资金来源。成员国的份额根据各国的经济实力作出相应调整。

（2）浮动汇率合法化。各成员国可自行选择汇率制度，但仍受国际货币基金组织的管理和监督。

（3）割断黄金与各国货币的联系，使黄金按市场供求状况波动，弱化黄金的作用。

（4）以特别提款权作为国际货币体系的主要储备资产，取代原来黄金和美元的地位。所谓特别提款权，是由国际货币基金组织建立的一种国际记账单位，作为某些实体之间的支付手段以及一种国际金融资产。

（5）扩大对发展中国家的资金援助，包括建立新的贷款形式、放宽贷款条件、延长偿还期限等。

由此可见，牙买加协议取代了布雷顿森林体系，为现行的国际货币体系奠定了基础。

5.4 石油美元与美元霸权

在布雷顿森林体系瓦解后，全球的货币体系开始重构，黄金与美元的脱钩使得黄金不再与任何国家的货币有价格上的绑定。至此，黄金成为一种能够对冲债务和货币风险的资产，黄金的背后代表着各国的债务水平与信用状况。虽然当时美国还是世界上的霸主，但是其信用正在不断降低，因此，在布雷顿森林体系瓦解后，美国急需找到另一种方式让美元继续成为世界货币。

进入20世纪70年代后，美国的经济不断遭受重大打击。除越南战争外，最主要的就是第一次和第二次石油危机。一系列变化导致美国总统尼克松和国务卿基辛格为了挽救美元而建立了石油美元的循环机制，新的"美元之锚"成形了，这就是"石油美元体系"。随着石油美元体系的建立，黄金也相应地产生了变化。

5.4.1 第一次石油危机

1950—1973年，石油价格被"七大公司"人为地压得很低，平均每桶约1.80美元，仅为煤炭价格的一半左右。1960年成立的石油输出国组织，简称欧佩克（OPEC），旨在协调和统一成员国石油政策，维持国际石油市场价格稳定，确保石油生产国获得稳定收入。经过OPEC的努力，石油价格到1973年1月才上升至2.95美元一桶。

产油国对资本主义旧的石油体系，特别是价格过低很不满。西方国家对石油的需求量急剧增长，西方石油公司却不肯对中东主要产油国的提价要求作出让步，双方的矛盾日益尖锐。1973年10月，第四次中东战争爆发。阿拉伯国家纷纷要求支持以色列的西方国家改变对以色列的庇护态度，决定拿起"石油武器"来教训西方大国。1973年10月16日，OPEC决定提高石油价格。1973年10月

17日，阿拉伯产油国决定减少石油生产量，并对西方资本主义国家实行石油禁运政策。当时，西欧和日本用的石油大部分来自中东，美国用的石油也有很大一部分来自中东，因此，石油提价和禁运立即使西方国家的经济出现混乱。提价以前，石油价格每桶仅为3.01美元；到1973年底，石油价格达到每桶11.651美元，提价3~4倍。石油提价迅速地扩大了西方国家国际收支赤字，最终引发了1973—1975年的西方资本主义国家最大的一次经济危机。

5.4.2 第二次石油危机

1978年，伊朗发生推翻巴列维王朝的革命，其社会和经济出现剧烈动荡。从1978年底至1979年3月初，伊朗停止输出石油约60天，导致石油市场每天短缺石油约500万桶，约占世界石油总消费量的1/10，致使油价上涨和供应紧张。1980年9月20日，伊拉克空军轰炸伊朗，两伊战争爆发。两国石油生产完全停止，世界石油产量受到严重影响。石油产量剧减，导致全球市场上每天约有560万桶的缺口，打破了当时全球石油市场供求关系的平衡。平衡关系被打破，再度引起油价上涨。在此期间，OPEC内部发生分裂，多数成员国主张随行就市，提高油价，沙特阿拉伯则主张冻结油价，甚至单独大幅度增加产量来压价。结果，OPEC失去市场调控能力。各主要出口国轮番提高官方油价，可谓火上浇油。这一席卷资本主义国家的第二次石油危机，引发并加重了又一次世界性的经济危机。油价从1979年开始暴涨，从每桶13美元猛增至1980年底的每桶41美元。

5.4.3 石油美元体系建立的三个阶段

1. 第一个阶段（1974—1985年）

1973年10月16日，OPEC在维也纳召开会议，决定将油价从每桶3.01美元提高到5.11美元，涨幅高达70%。次日，OPEC中的阿拉伯成员国在历数"美国在中东战争中支持以色列的种种罪状"后，宣布停止向美国和荷兰出口石油，而荷兰的鹿特丹一直是欧洲主要的石油输入港口。至此，第一次石油危机全面爆发。

然而，与表面上剑拔弩张十分不协调的是，当时的美国财政部和沙特阿拉伯货币局达成了一项秘密协定。该协定规定，沙特阿拉伯的大部分石油税收收益将用于弥补美国政府的财政赤字。年轻的华尔街银行家、专门经营债券的负责人大卫·马尔福德被悄悄派往中东，担任沙特阿拉伯货币局的首席"投资顾问"。他的唯一任务是指导沙特阿拉伯把石油美元投资到"正确的地方"，即伦敦和纽约的大银行。[1]

与此同时，美国在 1974 年主导石油消费国家成立了国际能源机构（IEA），以抗衡 OPEC。美国以各种方式向沙特阿拉伯施压，凭借沙特阿拉伯王室的资产大部分投资于美国的现实，迫使沙特阿拉伯政府最终同意使用美元作为石油的唯一结算货币，并将石油美元投资到美国。进而，其他 OPEC 成员国也将美元作为唯一的结算货币。石油美元体系不仅可以利用美元来控制石油，当美元出现危机的时候，还可以利用石油来稳定美元，这是一个聪明的设计。

通过石油美元体系，美国利用各国对石油的需求作为美元币值的"锚"，同时实现和产油国的利益绑定。当美元由于发行过多而贬值的时候，美国可以要求产油国增加石油的产量，这样美元的购买力看起来是没有下降的；当美元升值速度过快的时候，美国可以要求产油国适当降低石油产量，从而保证美元不会过度升值，即以石油来"锚定"美元的币值。此外，石油美元体系通过再循环机制，使得沙特阿拉伯等产油国的资产投资到英国、美国的银行，从而实现了与它们的利益捆绑，即美国的货币利益就是沙特阿拉伯等国的石油利益。

从经济层面来说，美元完成了信用来源的转换，即由"金本位"转为"需求本位"。这意味着货币印刷的规则，由工业社会阶段的"有多少黄金就按一定比例印多少钱"转变为后工业社会阶段的"有多少交换的需求就印多少钱"。这是一个纯粹的经济逻辑。

从政治层面来说，从 20 世纪 70 年代起，美国先是取消了将美元兑换成黄金的承诺，然后又利用石油战略建立起一个新的全球交易秩序，即"现代化离不开工业化—工业化离不开石油—买石油离不开美元"。该秩序使得美元继续成为世界货币。这一过程是政治过程，其背后是美国大量部署在产油区的军事基地。

---

[1] 可参考德国地缘政治学者威廉·恩道尔所著的《石油战争》一书。

这样我们就看到，20世纪70年代以前的美元叫"美金"，其背后是美国黄金储备第一的世界经济地位，没有政治因素。20世纪70年代以后的美元叫"石油美元"，其背后有两大支撑：一是"需求本位"，二是"石油战略"。前者是经济因素，后者是政治因素。前者意味着美元的印刷在根本上依据世界对美元的需求，后者意味着美元是世界货币。

2. 第二个阶段（1986—1999年）

在这个阶段的前期，虽然石油美元体系继续被美国和沙特阿拉伯主宰，但是克林顿就任美国总统后，他的两项主要任务分别是控制通缩和抑制油价和美元汇率的过快上涨。当美国继续受益于石油美元体系的时候，沙特阿拉伯成了最大的输家。毫无疑问，石油美元体系对于沙特阿拉伯的功效已经被改变。

3. 第三个阶段（2000—2013年）

这个阶段也是石油美元体系的最后一个阶段。在这期间，石油价格不断上涨，欧元也渐渐融入逐渐扩大的石油美元循环过程。当时，25%的全球石油交易以欧元结算，每年平均约7000亿欧元，这也造成了欧元流动性大幅提高的局面。另外，美联储从2008年开始实行的各种形式的量化宽松政策，也降低了石油美元体系的地位。

综上所述，在石油美元体系发展的第一个阶段，美国认识到一个重要的政治概念，那就是石油美元体系可以使美国在实现贸易和预算赤字同时，保持国内低利率环境，并且能够阻止美元汇率的崩盘，使得全球石油进口国家继续囤积美元以购买石油。在第二个阶段，由于美国需要控制价格、通胀和通缩，所以这一政治概念被扩充至非石油类资产。在第三个阶段，由于油价和美国债务同时大幅飙升，导致了美元的国际价值下滑，同时在美联储推出多轮量化宽松政策后，石油美元体系的地位大幅降低。

5.5 现行的国际货币体系特征

现行的国际货币体系有以下三个特征：

（1）国际储备资产的多样化。所谓国际货币体系，实质就是用什么作为货币体系的中心。在金本位下，黄金作为国际储备资产，起到了中心货币的作用。在布雷顿森林体系下，美元作为中心货币。牙买加协议规定特别提款权作为主要国际储备资产，这是国际经济领域里的金融契约，是一种契约性的中心货币，只能在主管者（中央银行）和某些国际机构的交易中使用。它可以用来向国际货币基金组织购买外币、付款，或者用来直接进行金融交易。但是，同黄金相比，它本身不具有价值；同美元相比，它缺乏经济实力作后盾。一旦国际政治经济发生巨变，它极有可能成为一纸空文。

（2）普遍实行受控浮动汇率制。布雷顿森林体系瓦解后，西方主要国家都实行浮动汇率制。在牙买加协议中，浮动汇率制得到国际货币基金组织的正式认可。而所谓的受控浮动汇率制，是指汇率只允许在一定限度内，根据外汇市场供求状况自发地波动；一旦超过规定的限度，有关国家政府就会出面进行干预，防止汇率的大起大落和大规模的套汇套利。它避免了浮动汇率制下汇率受外汇市场盲目驱使，也避免了固定汇率制下完全被政府驾驭的机械性。受控浮动汇率制实际上是国家宏观调控和世界市场供求调节的结合物。它有利于各国根据外汇供求关系及时调整汇率，以避免国际收支失衡，能够较好地实现国家宏观经济目标，且简便易行。当然，它也有弊端，就是汇率变动频率高，不利于国际贸易和国际投资的长期规划，并且导致套汇套利活动经常出现，加剧了世界经济的不稳定性。但是，尽管有此不足，受控浮动汇率制还是比较可行的。

（3）区域性的货币集团有所发展。布雷顿森林体系瓦解后，欧洲为了抵制美元的冲击，并且保持西欧国家货币的稳定，形成了一个欧洲货币区，以保证所属各国的贸易和经济增长。随着时间的推移，欧洲货币不仅成为成员国之间的支付手段，还被用于向发展中国家提供援助，甚至被广泛用于欧洲商业银行业务和发行债券。东亚的日本也在着力把东亚变成日元的势力范围，以图建立日元区。进入20世纪90年代后，世界经济区域化迅速发展。这种经济区域化要求有共同市场，而共同市场又必然要求货币制度统一，从而规定各成员国的汇率及其所允许的调整幅度。可见，区域性货币集团还将进一步发展。

在实行浮动汇率制度的时代，货币供应增长率变化的国际影响，主要（非纯粹）表现为汇率的变化。在国际货币关系中，汇率主要由市场决定，汇率变动的方向和幅度受越来越多因素的影响，汇率与其他经济现象日益交织在一起。如何科学地确定汇率，准确地预测汇率短期易变性所产生的波动和汇率长期的稳定水平，已成为一国政府必须运筹帷幄的大事。所以，要想保持经济稳定（而不是猛烈）增长，政府就必须制定出货币资金管理制度、银行规则以及金融市场交易规则，以从容应对浮动汇率的变化。

5.6 重温里根大循环

"强有力的经济，强势的货币，庞大的预算赤字，巨额的贸易逆差相互加强，共同创造了无通货膨胀下的经济增长。"

——乔治·索罗斯

5.6.1 里根大循环的基础路径

索罗斯的《金融炼金术》将上述联系命名为"里根大循环"。之所以提及里根大循环，是希望我们能够将当下的政策路径和里根大循环的路径做一个比对，给未来提供一定的借鉴。

首先，政府预算赤字和经常项目赤字存在一个比较关系。

政府预算赤字是来自里根政府采取供给学派实施减税政策，在这一财政政策刺激下转化成的政府支出。它和经常项目赤字形成了双赤字，但是双赤字是能够刺激经济增长的。从经济学的角度来看，贸易的逆差意味着低汇率和下降的国内经济水平。由于国内的产出存在缺口，当需求大幅度提升的时候，就需要用国外的商品和服务去满足。从理论上来讲，这是一个比较关系，也就是财政赤字给需求端带来的不同效果。在这个过程中，美国的经常项目赤字虽然是增加的，但是却带来了经济增长。当政府预算赤字的刺激效果逐步被贸易赤字所替代，刺激性效应开始消退的时候，经济形势才会转为下行。如果政府预算赤字的刺激效果大于经常项目赤字的刺激效果，那么经济会呈现上行趋势。所以说，实际上这是一个比较关系。

其次，汇率和资本之间存在相互作用。无论是投机性资本的流入还是非投机性资本的流入，都能弥补经常项目赤字的缺口，因为它们带来的都是汇率的升值，而当资本的流入小于贸易赤字的缺口时，就会带来汇率的贬值。

政府的财政预算赤字本身就会推动利率的上升，而经济的上行会进一步推动利率的上升，利率的上升会吸引资本的流入，尤其是资本的净流入。无论是经常项目下的资本净流入还是资本项目下的资本净流入，都会推动汇率的升值。反过来，当汇率升值到一定程度的时候，又会交叉影响贸易赤字，同时还会影响资本的流动关系。于是，就会出现这样一种相互促进的关系：汇率越升值，越能吸引资本，尤其是投机性资本；而投机性资本的流入又会倒过来推动汇率的升值，而汇率的升值会再次推动资本的流入。

在整个负反馈过程中，利率的上升实际上是有害的，汇率的升值也是有害的，原因有两个：

第一，对资本来说，汇率升值会加大贸易项目的赤字压力，形成经常项目逆差。同时，汇率升值又会吸引资本的流入，但是汇率大幅升值会破坏资本流入和贸易项目之间的平衡关系。当资本项目已经不能满足经常项目赤字缺口的时候，整个汇率的逻辑就会反过来。美元的大幅度升值，对美国的出口实际上会产生巨大的伤害，尤其是制造业的出口。在这个过程中，汇率升值损害贸易收入，会对贸易结构形成负反馈，因为这个过程中会有大规模的进口。进口的增加，出口的减少，整体上就形成了贸易赤字。当然，汇率升值以后最先不利的是索罗斯所说的非投机性资本的流入。在这个过程中，非投机性资本开始流出美国，然后投机性资本会继续流入。但它的流入更多的是在追逐具有金融属性的资产收益，一旦这个平衡关系被打破了，就会逐步冲击汇率。

第二，利率持续上升的影响是非常大的。首先，利率的上升对政府的财政赤字来说意味着支出增加，相当于偿债的负担在逐步增加。但是，利率本身对于经济的增长是有负面效应的，当它开始逐步侵蚀实体企业的资产负债和居民消费负债的时候，就会造成经济放缓，而经济放缓又会进一步导致利率出现下行趋势。利率水平过高影响到经济增长以后，在双赤字的情况下，一旦经济活动减少，内部创造出来的财政需求开始弱于经常项目的边际变化，就可能对汇率造成巨大的冲击。而此时需要下调利率来为经济下行周期服务，在这个过程中利率本身就会加速资本的流出。

当资本的流出开始远远大于经常项目顺差时，一方面意味着需求下降，另一方面索罗斯也解释过，就是到达边际的时候表现出的经济下行，它就会转化成需求下降，而需求下降又会在经常项目下作用成贸易平衡，从赤字逐步转向盈余，实际上不一定完全会转向盈余，而是相当于流出减少了。但是当完全转向盈余后，资本的流动对汇率又会产生影响，而汇率和利率反过来又会驱动资本的流动，这时候对美元的冲击和压力就会非常大。

所以，索罗斯曾提到，偿债负担和投机性资本的流出，再加上贸易逆差，将会引发灾难性的美元崩溃。美联储官员们其实曾经非常清楚地看到过这样的危险，并公开发出了非理性繁荣的警告，最后延伸出来的是里根大循环的负反馈机制。

5.6.2　20世纪80年代美国的经济转型

研究1981—1995年这段历史对我们很有用，因为现在的全球分工和分配就是从1981年开始的。在全球分工重塑的过程中，美国在这个阶段完成了经济转型。但美国的强大不是源自某一任总统，而是里根、老布什、克林顿三任总统。这三任美国领导人构建了整个框架：对外政策的调整和再平衡，对内挤掉泡沫、减税，给企业创造有利的内、外部环境。正是这些政策，才推动了美国90年代的信息技术革命。

美国产业政策的重大调整在1980年左右构成了关键的历史节点。二战后，美国在全球工业领域崭露头角，自20世纪50年代起，一直持续到20世纪70年代末期，甚至80年代初。这段时期见证了美国第一轮由盛转衰的历程。这个"衰"是相对的，更准确地说，是美国工业在与日本竞争时失去了原有的优势。

这主要归因于二战后的 20 至 30 年间，日本和德国的生产率快速提升。尽管这些国家并未像许多人想象的那样完全遵循市场经济模式发展，但美国本身也未能在市场经济之路上完全独善其身。实际上，日本当时采取了极低的汇率政策，导致美元长期被高估。随着日本生产率的提升，美国内部竞争力较差的工业制造型企业，尤其是受汇率影响较大的制造业发展缓慢，促使大量劳动力向服务业转移。自 1960 年起，在美国经济的总产出份额中，工业产出部分开始稳步下降，而以金融、房地产和商业为代表的服务业开始崛起。这一转变是二战后美国在全球分工中的首次转变，而这与当时日本和德国的崛起密切相关。

1980 年里根上台前后，是美国一个重要的调整阶段。美国这一阶段的政策调整是非常值得我们学习的，因为美国经过这一阶段的政策调整缔造了后面更加繁荣的 20 年，甚至更久。关于里根的改革，一直持续到克林顿时期，核心思路是非常清晰的。

5.6.2.1 对内进行产业和金融重构

美国政府针对产业进行的重构是在美国工业经济首次出现衰落的背景下展开的。20 世纪 50 年代，美国成为世界工业强国之一，然而到了 20 世纪 70 年代末和 80 年代初，美国的工业产业相对于日本开始失去优势。在 1980 年至 1985 年期间，美国经济出现了严重的衰退，这给美国制造业带来了进一步的打击。尤其是时任美联储主席的保罗·沃尔克采取了强硬的提高利率的措施，引发了负面的评价。多数人认为，正是保罗·沃尔克的决策使得美元被高估，进而使日本的产品价格竞争力快速超过美国。这一情况不仅使美国经济的两大支柱产业——汽车工业和钢铁工业的国际竞争力下降，也使部分高新技术产业的优势遭到了削弱。这一系列因素最终导致美国出现了自大萧条以来最严重的经济衰退，并导致了财政赤字的爆发。

美国进行产业和金融重构的基础是日本生产率的提升，而非沃克尔的政策。从我的理解来看，沃克尔为之后 10 年美国顺利进行产业和金融重构打下了基础。为了轻装前行，产业结构调整的主要方法是增加高科技产业的研发投入，采用科技创新对传统工业进行技术改造，企业并购改组，贸易保护主义，放宽金融管制，刺激风险资本对新技术的开发。此外，美国的企业采取优胜劣汰机制减少了不必要的劳动力，实现了企业"瘦身"。

1. 去泡沫、去累赘

关于对内政策，首先要提及的是在推行减税政策以提高生产率之前，及时消除自身的经济泡沫。沃克尔的举措实际上帮助美国消除了巨大的经济泡沫，为接下来10年美国顺利地进行产业和金融重构铺平了道路。这就好比习武之人在修炼"神功"之前，必须先割舍自身的累赘和包袱，以便轻装上阵。

1979年，由沃克尔领导的美联储改变了货币政策的重点，从紧盯利率转变为以经济增长目标为主导。即使当时美国的通胀率已高达13%，沃克尔仍然通过调整利率成功地消除了经济泡沫，并抑制了通胀。到了1982年，通胀率成功地回落至5%。然而，这种货币政策的实施给全体民众带来了巨大的痛苦，因为为了去泡沫化，人们不得不承受高企的利率、经济下滑以及就业形势恶化等带来的压力。

美国经济政策制定者沃克尔提高了利率，这在一定程度上提高了美元的价值，使美国的汽车和钢铁两大支柱产业在汇率竞争中受损，日本的产品竞争力进一步凸显。有人因此对沃克尔提出了批评。然而，我认为这种批评存在理解上的偏差。美国产业国际竞争力下降的根本原因，应该是美国国际竞争综合实力下降，而不能归咎于沃克尔的政策。冷静分析后我们可以发现，国际竞争力的减弱和汇率优势只是表象，并非真正的原因。提升产业结构的优势，应依靠增加科技产出的研发投入，通过科技创新改造传统技术以提高生产率，而不能仅仅依赖外部因素，如汇率和劳动力。

美国采取了主动性的措施来"刺破"经济泡沫，虽然导致了这次看似严重的经济衰退，但这也是美国实现凤凰涅槃、浴火重生的必要过程。在这一阶段，政治家和民众看待问题的方式是不同的。从民众的角度出发，这段时期被认为是美国战后最大的萧条，是最失败的。然而，对整个美国而言，这个阶段实际上完成了一项非常重要的任务——去泡沫化。

在去泡沫化的过程中，必然会损害一部分人的利益。市场化的调整需要挤掉泡沫、消除冗余，再加上里根总统对内对外政策性的双修，实际上为未来赢得了一个巨大的发展空间。

2. 减税和放松管制促竞争

拉菲曲线理论之所以被冠以"供给学派"的称谓，主要是因为它主张通过大幅减税来刺激供给，进而刺激经济活动和增加创新性。在里根总统执政的第一年，随着1981年《经济复苏税法》的签署，联邦所得税税率大幅降低，最高所得税税率从70%下调至50%，最低税率从14%降至11%。然而，在法案通过一年后，由于税收的大幅削减导致政府支出增加，联邦政府财政赤字迅速上升，减税政策并未直接带来预期效果。这主要归因于在挤压泡沫和抑制通胀的过程中，美国经济再次下滑。

1982年通过了《税收公平和财政责任法》，撤销了前一年《经济复苏税法》的部分减税政策，同时废除了尚未生效的边际个人所得税税率的部分削减政策。为减少不断增长的财政赤字，联邦政府采取了削减开支、增加税收和改革等措施。

里根时期的两大经济政策——抑制通胀和一揽子改革——通常被称为"放松管制"，这些政策的实施其实根植于卡特时期的政策。这些政策主要包括继续取消尼克松时期的价格管制，恢复自由市场均衡，鼓励良性竞争。此外，还取消了对石油和天然气、汽车、电信行业的控制，对海运的管制也得到进一步放松。针对美国工业的联邦法规进行了全面审查，同时解除了对银行业的金融管制。通过了《加恩－圣日耳曼储蓄机构法》，取消对储蓄银行和贷款银行贷款价值比的限制。

随着金融部门取代工业制造业成为美国社会的主导经济力量，股市的增长推动了里根时期的全面繁荣。自1982年开始，股市开始上涨，富人阶层迅速增加。同时，中产阶级投资者也快速进入股市，推动了富裕家庭收入的快速增长。1983年，这些削减措施完全生效后，美国经济开始迅速走出衰退。

3. 促创新，助科技

从1992年到1993年，美国完成了对之前旧的产业的重组和投资，进入一个新的阶段，一个生产效率更高的产业环境开始出现。之后，克林顿政府作出了非常大的贡献。从 1993 年开始，克林顿推出国家信息基础设施计划到之后的电信法案，其实是放松了对电信行业的监管。许多私营企业的创新人才释放热情，开始大规模地建立包括硅谷在内的创意中心，逐渐成为互联网的先驱。而之后 1996 年的电信法案应该说是放开了准入门槛，让通信业务在市场上可以进行充分的竞争，解除了对有线电视行业的管制，放宽了对广播公司的管制，这无疑会出现一个拥有巨大红利的市场。

4. 资本市场：互联网泡沫

在创造新事物的过程中，也就是从 20 世纪 90 年代开始，全球新兴产业和信息技术成为 90 年代全球资本追逐的核心目标。我认为，将美国对日本的打压，说成是贸易上的修正并不准确，它更多的是从全球资本流动的层面进行了修正。日元套息交易的实施导致大量的资金涌向美国，其实也是指向一个核心目标。当然，这个核心目标跟新兴产业和信息技术的成熟是有关系的。虽然创新类的技术从 1996 年开始到现在，都是美国过去 20 多年主导的一个核心，但是这并不意味着其中不存在巨大的泡沫。在当时，疯狂的投机浪潮非常明显，投资者不考虑太多，只要是带互联网概念或者"互联网"字眼的，甚至只要是带".com"的公司都可以进行融资。

这个阶段像极了 2009 年前后中国一级市场上的股权投融资。我不是说我们跟美国当年一样搞了互联网信息技术，而是说疯狂的状态很像，初创型企业的估值到了一种非理性的状态。资本的过剩导致投资者疯狂地迷恋各种技术类故事。在什么是股息、什么是盈利、什么是盈利方式都不确定的情况下，资本就疯狂地涌了进去。这其实也为后面美国证券市场从一市场到二级市场的泡沫埋下了巨大的隐患。

我简单地收集和整理了一下当年美国互联网泡沫从一级市场到二级市场的一些微观上的形态，你会发现它和我们 2009 年到 2015 年、2016 年经历的事情非常相似。

第一条，相同的新旧经济的转换周期。旧的经济是指涉及自然资源和零售等传统行业，新的经济则是指那些带有互联网概念的公司。

第二条，数不清的公司带着革命性的新技术来到市场，都争相地想引起大家的注意。

第三条，大量的资金都投到了市场扩张和一些奢靡的生活方式上。

第四条，技术类故事远比你是否能够真正盈利要重要得多。

第五条，刚从大学毕业的人经营的科技公司，简单地凭几张PPT就可以筹集到数亿美元的资金。

第六条，短期的资本回报。泡沫时代引发了美国人对创业的热情，1999年的春天，被调查的1/12的美国人都在说自己处在创业的某个阶段。

第七条，投资者花了一大笔钱，只是为了成为一支正在烧钱的新经济企业的股东，即便这家企业可能是在推销一种几乎不可行的产品或服务。其中，许多公司缺乏明确的商业计划，甚至更多的公司都没有任何盈利可言。

第八条，风险投资公司可以把钱投向任何一家互联网公司，帮它建立市场风格，却不是特别关心它到底能不能赚钱。

第九条，一些人认为企业的盈利与否和其他的财务数据，尤其是对互联网和科技公司的投资和分析没有任何关系。

第十条，当有些人开始谨慎地质疑一家企业盈利能力的时候，身边的人都会不屑地说一句"你落伍了"。其实这些投资者中也没有几个人能够真正说清楚这家新经济企业究竟哪里最有价值。

第十一条，大多数的投资者并不在乎，只要能够顺利地实现IPO，首日交易价格就可以大幅度上涨，企业上市意味着可以实现无数人的财富梦想。

第十二条，许多互联网公司为了庆祝首次IPO，可以在无聊的庆祝会上花费数百万美元。

第十三条，投资者将投资任何与互联网有关的东西，不管其具体的估值怎么样。

第十四条，像华尔街的美林、高盛这样的投行也会设立专项基金，投资这些新上市的科技公司。

第十五条，投资者可以忽略这些企业当下巨大的亏损，愿意支付当年逾期收益的 100 倍的溢价，即给予这些企业一个 100 倍的估值。

第十六条，加杠杆的这些股票投资者根本无视估值，大举涌入二级市场，利用互联网泡沫疯狂地高买低卖，他们只关心价格的波动，是否有后续的投资者买单，他们并不关心那些企业究竟是干什么的，只要有互联网光环就行。

第十七条，问题不在于泡沫是否存在，而是在于泡沫有多大，以及何时会破裂。大多数人都已经意识到这是不可持续的，但是却没有人承认；泡沫破裂之后，人们才发现这些科技公司隐藏着巨大的会计丑闻，它们的财务报表几乎都人为夸大了收入。

第十八条，这些资产未来需要有更多的负债者去支撑，而当负债者开始意识到成本和收益率完全不匹配的时候，这些资产的价格就会处于非常危险的境地。

第十九条，聪明的投资者开始率先撤离，加杠杆的投机者也开始面临美联储利率抬升对杠杆和债务的挤压。

当时格林斯潘早就意识到了非理性的繁荣，只不过当时美联储在政策上没有那么坚决，稍微缓了两步，竟使得 2000 年互联网泡沫迅速膨胀起来。在 1998 年到 2000 年这两年多的时间里，股价上涨幅度最大，所以它的泡沫快速膨胀，直到最后被刺破。另外，2002 年美国还推出了一个法案，加强了金融监管，平息了财务造假风波，泡沫的温床也因此被消灭掉了，企业开始踏踏实实做事。所以，2000 年对美国来说非常重要。资本市场的本质就是这样的，资本市场可以支撑实体经济转型，但是一定不要有泡沫。即使有泡沫，泡沫过后也要有市场机制，该留下的留下，该出清的出清，所以繁荣和泡沫永远在推动着经济和技术前进，并没有阻挠它，这就是淘汰机制带来的好处。

5. 信息技术推动生产率的提升

在 1980 年至 1995 年期间，计算机设备的名义价格年均下降速度达到 14%，而在 1996 年至 1998 年期间，其下降速度更是达到了每年 25% 至 30%。这种现象的出现，主要是由于摩尔定律的制约被逐步突破，它反映了该行业整体技术水平及生产率的迅速提升。

衡量劳动生产率最基本的方式是计算每小时工作的产出数量。劳动生产率的提高主要源于以下因素：单位劳动力使用资本的增加，即资本深化；劳动力教育和经验结构的改变，即劳动组合；多要素生产率等。其中，多要素生产率，也称为全要素生产率，衡量的是除资本和劳动力外的其他所有影响产出的要素生产率。其增长来源涵盖了技术进步、组织创新、专业化和生产创新等多个方面。

受此影响，全要素生产率也呈现出显著的增长趋势，进一步推动了总供给和总需求的增加。在 1996 年至 1999 年期间，全要素生产率的年均增长率达到了 2.5%，这比 1991 年至 1995 年的年均增长率高出近 1%。特别值得注意的是，这一时期全要素生产率的增长趋势实际上呈现加速的态势，其年均增长率在 1999 年更是达到了惊人的 4.1%。

二战后的美国，劳动生产率出现了波动。在 1973 年至 1995 年期间，劳动生产率的增速降低至 1.6%，其中，全要素生产率的贡献仅为 0.5 个百分点。然而，在 1995 年至 2004 年期间，劳动生产率增速却回升至 3.2%，全要素生产率的贡献则显著增加至 1.7 个百分点。在这一阶段，科技创新引发的业务流程变革在更大范围内提高了生产率，并最终反映在总体生产率增长数据上。

美国劳动生产率增长出现波动的主要原因在于两个领域的发展：半导体和计算机制造等高科技产业，以及开始采用科技创新为代表的运营和生产方式的零售行业。这些领域的快速发展和变革，直接推动了生产率的提高，同时也解释了美国劳动生产率增长波动的现象。

5.6.2.2 对外进行失衡修复

1. 重塑市场环境

对内先出清，同时进行改革，释放新的红利并进行结构性调整。对外修复失衡也是里根政策的核心。

里根时期的整个政策思路非常明确，既提倡自由贸易主义，又采用了进口配额关税等贸易手段，其根本目的是重塑一个公平的市场环境。所谓的公平环境是让美国的制造业可以在国内、国外都得到公平的待遇，实际上是为了建立一种竞争性的关系。同时，敦促更多国家开放市场，提倡自由贸易。其实对美国来讲，就是确保增加向国外销售美国制造的商品和服务的机会，所以要寻求更大的贸易市场，为美国创造就业机会。

一方面鼓吹自由市场经济，另一方面又在每次的调整过程中采用保护主义。大家是不是感觉它们之间似乎十分矛盾，其实不然。与其说他是一位自由贸易的倡导者，不如说他是为了国家利益和战略规划而作出的调整。核心还是修复全球失衡，并且是在自己主导的框架下去发展自由贸易主义。我觉得克鲁格曼的形容是准确的，并不存在自由市场竞争关系，而是国家战略性竞争关系。这跟纯自由贸易主义还是有很大区别的。在制定政策方面，里根考虑的核心还是美国的长期利益，而不是为了短期的经济利益而放弃长期的改革。对于美国政策，我们可以更多地从西方海洋文明的角度去思考问题。当它面临这种对内、对外分配失衡的关系时，它采用的都是对外进行扩张和掠夺的方式，所以不要把美国看成一个鼓吹自由市场经济的国家。很多人认为，当年美国经济萧条的原因是贸易保护主义，但里根一直是反对贸易保护主义的，他1985年否决了贸易保护主义的立法，开启了产业链全球化的进程，成立了世界贸易组织，取消了关税及贸易总协定，还签署了北美自由贸易协议。从这个角度来看，大家如果认为里根是自由贸易的倡导者，我觉得这是一个错误的认知。提倡自由贸易，其实根本上是美国对于全球失衡重塑策略的一个调整。

2. 再次进行产业转移

在这种情况下，里根知道美国的产业需要进行更多的转移，只有这样才能获得相应的竞争力，所以他有意识地将低端制造业、基础产业向国外迁移，并向创新和高科技技术领域进行过渡。在确立国外的竞争关系之后，对那些掌握创新技术的公司来说，就可以拥有相对的竞争优势，向海外进行扩张。可以说，这是一套比较完美的路径。因此，美国的一些基础性产业得到了一个良性的竞争，包括当时的钢铁、汽车、纺织品、化学品等产业。同时，大规模的减税，尤其是为资本密集型的工业减税，为研发产业提供较低的关税，来促进高科技产业的发展。所以，你会发现里根确实为后面两任总统打下了非常好的基础。

3. 汇率政策

在汇率政策方面，广场协议（主要为了解决美国对日本、德国等国的大量贸易赤字，五个协议国联合干预外汇市场，促使日元和马克大幅升值）让日本付出了巨大的代价。尽管事实上，历史的"再平衡"是针对德国和日本的，但为什么日本受到的影响最严重呢？答案是日本自身的经济结构存在严重的问题。一位经济学家曾经指出，我们应该更多地从日本在经济结构方面所犯的错误来思考这个问题，而不能单纯地认为是美国迫使日本采取的行动。我非常赞同这种观点。也有人认为，日本后续的问题在于清理，日本的制度在劳动力清理和产业清理方面的速度仍有问题。

日本签署了广场协议，承受了泡沫破裂的代价，日元的利率和汇率彻底被全球资本所左右。在此之后，日本的资本开始流向美国，为克林顿政府提出的科技政策提供了支持。因此，1992年日本经济受挫后，美国的互联网产业链吸引了全球的资本，一部分来自日本回流的资本，另一部分则来自日元套息交易流入的资本。1998年至1999年是美国的风险投资阶段，全球和本土资本纷纷涌向信息技术产业，此阶段的风险投资泡沫为1995年后美国股市的繁荣做了重要铺垫。

5.6.3 重温过去，对比当下

特朗普时期的美国政策与里根时期有着相似之处，然而在处理方式上略有差异。里根时期的美国在技术上具有明显的领先优势，因此可以让其基础性产业参与公平竞争，并保持高科技领域的技术优势。在这种情况下，美国可以迅速巩固其第一梯队的地位，并依次传递至第二、第三梯队。然而，特朗普时期的中美关系不仅涉及公平竞争，还涉及技术方面。因此，美国也充分考虑到了政策对高科技领域的制约问题。

美国在每届总统选举后政策变化并不明显，这是由于美国政治制度的两党共识机制所导致的。尽管两党轮流执政，但在涉及国家核心利益时，两党会达成共识。特朗普接任奥巴马后所处的时代要好于以往其他总统所处的时代，因此他要考虑新的措施。

特朗普已经采取了减税和重塑全球贸易体系的措施，但他还需要制定一项对内创新政策。而彼时互联网企业形成了寡头垄断，并垄断了绝大部分行业。如果特朗普想有所作为，他至少应该考虑对现有的大型互联网公司进行拆解，打破其垄断地位，以促进更多产业的发展。否则，就会出现"大者恒大、强者恒强"的局面，其他产业将难以发展。这可能是当前与以往唯一的不同之处，因为当时还没有真正意义上的"大者"。

对这一段美国经济的转型进行详细剖析，对我们国家来讲，是有很大借鉴意义的。我们正面临着对外再平衡的被动性调整，我们也没有美国当时那么强硬的对外政策。我们可以减税，可以提倡创新，但是我们又面临着经济泡沫，确实十分困难，因为这些事物之间会形成制约关系，所以没有办法像80年代的美国一样顺利地把所有的累赘去除。如今，我们面临着同样的真正意义上的转型，而从美国80年代到90年代转型成功的经验来看，它不仅仅是一个单一的政策，更是一个综合性政策相互作用的结果。

确实，中国也在积极寻求类似于里根时期的优化策略。我们可以看到，各国所采取的路径有一定的相似性。1982年，美国开始进行经济结构调整，10年后，日本的经济崩溃。同样地，2008年美国开始进行清理和结构性调整。2016年，中国出现的问题与1990年左右的日本如出一辙。资产、房地产以及大量资本的涌入，使得日本经济得到进一步发展。因此，我总结，在那个阶段，投资者无须关注企业的商业模式或盈利能力，只要看到企业属于互联网领域，就会给予关注。投资者并不在意这些公司的盈利情况，只关注它们何时上市，上市后能获得多少倍的回报，以及市盈率有多高。而拿到资金的公司开始注重公司文化，举办豪华派对，每个人都沉醉其中。如果我不告诉你这是1992年至1998年美国的情况，你会明显感觉到这与2009年至2014年中国Pre-IPO阶段的情形如出一辙。历史总是在重复上演。

从资本的角度考量，我认同2000年互联网泡沫的存在，因为其狂热导致了资本的汇聚，而资本的注入催生了虚假的繁荣。然而，当资本退出时，也带来了诸多问题。我们再来看一下美国证券市场上的大牛股，2008年的金融危机并未对其产生实质性的影响。所有在2000年互联网泡沫中脱颖而出的公司都是值得投资的，其相对估值水平偏低，且经历了大浪淘沙的洗礼。经过2000年第一波大浪淘沙回归理性阶段后，真正的精英企业得以留存，而那些糟粕则被剔除。

第6章 全球经济一体化下的三级分工体系

在人类文明中，战争带来了巨大的毁灭，也带来了巨大的需求，这样的巨大需求使得历史的禀赋和机遇同时发生。从一战到二战，原有的全球经济结构的心脏——欧洲，在国家与国家之间关于全球资源和生产要素的分配问题上最终走向了极端，而此时的美国，无论是从地理位置还是历史背景都成了这次历史禀赋和机遇最大的获利者，全球再次的分配格局把此时的美国推上了历史舞台，使其成为二战后全球的主导者。

6.1 全球化下的三级分工体系

二战后，全球格局重塑，美国至此走到台前，成为全球和新秩序的主导者。从某种角度来说，是历史赋予了美国禀赋。美国无论是战后的经济规模，还是国际贸易、国际金融、人口流动、跨国投资、技术应用等领域的发展，甚至包括国际关系、制度维护、全球治理、国际领导力等都毫无疑问是全球这个大的人类命运共同体的"心脏"。

当历史赋予美国这样的契机时，其所构建的所有框架和体系也都是从这里开始的。在这个二战之后建立起来的秩序框架中，最重要的是债务全球化模式的建立，美国战后全球的领导地位也正源于此。谁掌握了负债的权力，谁就掌握了财富分配的权力。美国通过建立以美元为主的全球贸易体系、货币体系、金融体系、清算和结算体系，掌握了战后全球经济运行的核心权力，这几大体系如同一个人身体的重要器官，构成了全球经济一体化需要具备的各个"器官"，这些"器官"相互辅助，相互关联，缺一不可。

国际贸易和金融资本促使整个框架中各个"器官"之间"血液"的流动。国际贸易带来了商品流动，金融资本在汇率、货币市场、金融市场等层面进行联系，而这三部分内容组合在一起构建了我们眼中全球经济的框架。

如果我们在债务全球化的基础上继续完善整个框架体系，那么全球经济一体化下的分工体系可以说是这个秩序的核心骨架。当然，全球经济一体化下的分工有其自身选择的结果，但我并不认为它是一个自然发展的结果。负债—消费—生产的运转机制加上国家与国家之间的联系，就构成了全球的秩序和架构。这些年，我在很多场合都会用一张图来描述我理解的核心框架——全球经济三级分工架构（见图6-1）。

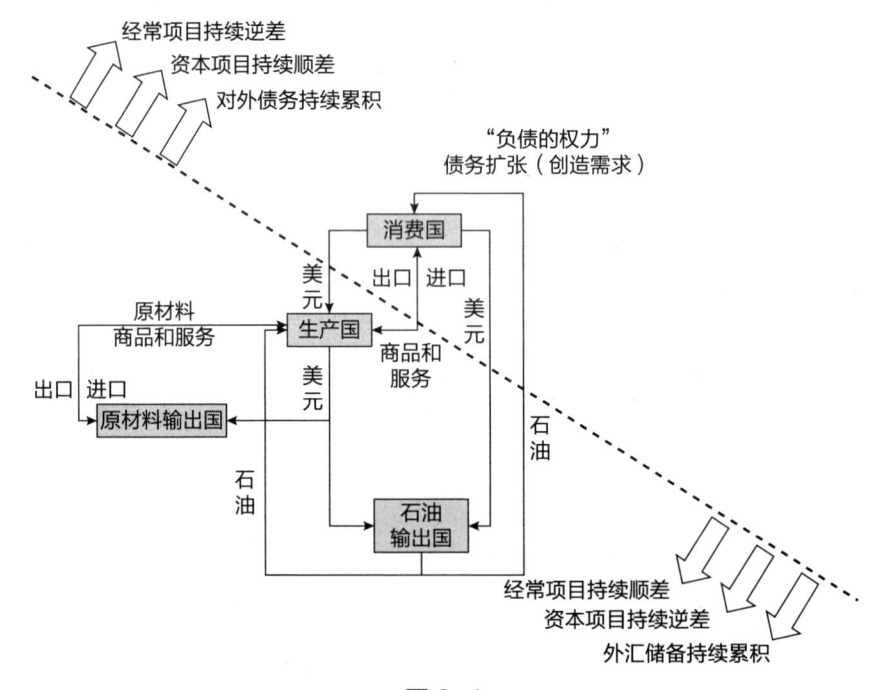

图 6-1

全球经济一体化运转的核心，就是那个掌握负债权力的国家负责扩张债务。它的债务扩张转化为需求的源头，而全球经济一体化下的分工将这种消费需求转化成了对全球供应链的需求，促进生产国生产转化为出口和贸易顺差，顺差的累积又转化为生产国的储蓄和投资，而由于生产环节的利润可观，来自金融的流动资本也会涌入高收益国家来分享红利，资本和贸易的双顺差形成反馈机制，生产国的投资、出口、消费都处在正反馈中。这些对于那些给生产环节提供原材料的国家也提供了外部的需求，这就是三级分工架构的反馈循环。

每个国家被赋予的资源禀赋不同，这些不同的资源禀赋使得各个国家在这样的三级分工架构中有了各自的定位。这中间变化不大的其实是原材料输出国，既包括中东、非洲、拉丁美洲等地区，也包括澳大利亚、加拿大、俄罗斯、蒙古、哈萨克斯坦等国家。虽然这里面既有第三世界国家，也有发达国家，但并不影响它们的分工。

生产国需要具备的最大的生产要素是人口和土地，这些国家的经济增长潜力非常大，一旦制度得以运行，往往可以释放巨大的经济增长潜力。

二战结束后，美国成为全球唯一的超级大国，同时欧洲和日本迅速崛起，成为全球经济的重要力量。在全球经济一体化的趋势下，中国已经发展成为全球最大的制造业国家之一。目前，全球产业分工模式已经基本形成，以欧洲、美国、日本为高科技引领、信息和资金密集型的发达国家或地区为代表的消费国，以中国、印度等国家为代表的生产国，以及以澳大利亚、非洲、中东等国家或地区为代表的原材料和石油输出国的分工模式。这种分工模式的特点是各国根据自身的优势，在全球产业链中扮演着不同的角色，形成了互利共赢的局面。

全球产业分工一体化主要受到欧美消费驱动的影响。这是因为任何一个经济体要想实现长久循环，最终都需要通过消费刺激生产投资，解决就业问题，从而提高劳动者的收入水平和社会保障福利。

欧美国家的民众爱消费和亚洲国家的民众爱储蓄的文化，再加上欧元和美元作为国际货币的特殊地位，赋予了欧美国家尤其是美国向世界发行债券的权力。它使用债务杠杆满足本国民众的消费欲望，执政党也更乐意通过这种方式来得到更多的支持和选票。

从国际收支平衡的角度来看，一来，欧美国家在全球产业链分工中拥有制造高科技含量为主的产品的优势，可以从中赚取高额利润；二来，以中国为代表的生产国向欧美国家（也包括日本）输出大量的中低端价格的产品，在欧美人爱消费、中国人很勤劳和欧美劳动力成本显著较高等综合因素的驱动下，以中国为代表的生产国（发展中国家）经常项目持续顺差，而欧美国家则在该项目下持续逆差。

以中国和美国为例，中国的企业出口产品获得外汇（以美元为主），通过银行渠道向中国人民银行兑换人民币，中国人民银行外汇占款不断增加，国内人民币的超发没有完全用于国内人民消费和国内企业投资，在一定程度上催生了国内的通货膨胀。从中国人民银行的资产负债表来看，由于外汇占款的规模较大，为实现外汇储备的保本增值，外汇储备多以购买美国国债的方式实现再投资，美元从而又回流到美国，形成美国的资本项目持续顺差。石油美元也同样采用了这种模式，当然石油美元除了购买美国国债，也在美国购置资产，美元同样又回流到了美国。至于中国的资本项目是顺差还是逆差，还要综合考虑外资流入的增长情况以及国际热钱流入流出的情况，看它们之间最终形成的差额如何。若正向流入大于流出，则该项目下为顺差；反之，为逆差。

生产国、原材料和石油输出国持续不断向欧美国家输出大量廉价的消费品，欧美国家则向其输出单价相对较高的"高端品"。一面是欧美过度消费，而另一面是生产国、原材料和石油输出国，或是因为消费能力不足，或是因为天生爱储蓄以实现财富的安全感、成就感和满足感。总之，最终的结果是欧美国家对外债务持续积累，而中国、印度、中东等国家和地区外汇储备持续积累。但是欧美国家这种对外债务的持续积累终归是不能无限进行下去的——债务是有期限的，债务规模巨大到一定程度，债务人的恐慌情绪便会随之不断升级。即使债务可以不断展期，也不能从根本上解决问题。但是，具有国际货币功能的国家可以通过特殊的方法，即不断通过量化宽松政策向世界输出货币，缓解和稀释债务负担。2008 年金融危机爆发后，美联储通过量化宽松政策解决债务问题，之后，中国、日本、欧洲都实施了不同程度的量化宽松政策，结果是全球经济危机被推迟，全球迎来新一轮的通货膨胀。

第6章　全球经济一体化下的三级分工体系

那么，在这个三级分工架构中，循环的"发动机"是哪一部分呢？在需求导向的经济模式下，原材料输出国和生产国并不是分工循环的推动者，消费国才是这个架构的心脏。消费国有了扩张需求，方能依次向上推动生产国和原材料输出国增加产出，转动三级分工架构下的原材料—生产—消费的"发动机"。

而三级分工架构下，仅仅完成循环是不够的。对生产国和原材料输出国来说，持续积累双顺差的同时也会积累大量外汇储备，而对消费国来说，双逆差下对外债务持续积累，要让循环的"发动机"不停转动且促进经济增长，其源头必然是主动或被动的债务扩张。在全球经济一体化框架下，除美国以外基本上都属于被动的债务扩张，来源则是国际化分工体系循环赋予的增长，如出口导向型的经济体，依托着外生性信用扩张和货币投放的机制，通过金融部门的直接融资、间接融资通道，传递到各个部门，如政府部门、企业部门、居民部门，各个部门也因此产生信用派生。复杂的信用派生产生后，各个部门的债务和杠杆开始扩张，使得整个需求在各个部门之间相互传导；随着资产价格的不断上涨，巨量的本币储蓄开始大幅度加入债务和杠杆的体系，于是主动性的本币债务和杠杆也开始大幅度增加。

无论是居民部门、企业部门还是政府部门，债务的扩张其实就是杠杆的扩张、信用的扩张。对美国和用美元构建的全球信用体系来说，对应的也是全球美元信用的收放。由于美元是全球所有债务和收入的基础，因此当美联储货币政策发生调整的时候，全球杠杆扩张速度也会相应发生变化。全球美元的宽松政策会带动债务的扩张，全球美元的收紧政策则会带来收入的减少。

作为最重要的终端需求国和消费国，美国债务的扩张是全球需求和生产变化重要的考量因素。美国债务的增加来自两个层面：一是国家层面，即巨大的财政赤字的扩张。无论是从给居民部门提供福利保障、支撑消费，还是从政府投资角度拉动经济增长，美国政府财政赤字的扩张都会转化为巨大的需求，而美国经常项目的常年赤字更是需求转化为全球经济增长动力的直接印证。二是金融层面，即强有力且有效的金融市场，中央银行有效的利率机制，美元国际储备和清算结算的能力，美国在国际金融环境中举足轻重的力量。只要美国政府适度放宽金融条件，华尔街就可以迅速在金融层面制造巨大的杠杆，从而将债务扩张扩展到企业部门和居民部门。

6.2 三级分工体系的正反馈

国际化分工将产业进行转移，充分利用资本优势承接产业，转移新兴经济体的廉价劳动力和资源，形成全球化分工合作。发达经济体的债务扩张和杠杆扩张转化为全球经济一体化循环中的总需求扩张，在商品和贸易项目下形成大量的进口，而由于产业专业化和分工，债务扩张和经常项目逆差同时存在，消费国经常项目逆差就是生产国经常项目顺差，生产国经常项目顺差意味着其美元收入的增加，居民部门储蓄的增加，内生性经济引擎（储蓄—投资—消费）开始启动，资本项目也会加速流入，双顺差模型成型（见图6-2）。

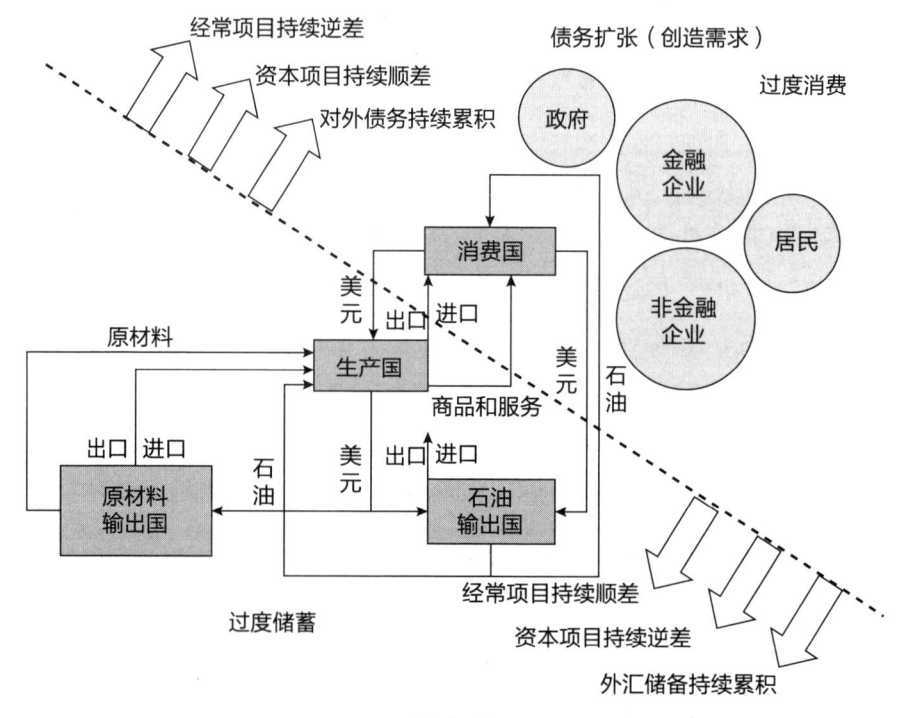

图 6-2

这一阶段，生产国的需求扩大，一方面来自顺差背后的外部需求，也就是消费国的债务扩张和逆差；另一方面生产国内部储蓄—投资—消费的路径也驱动着内部需求的增加。整体需求的扩大引起了原材料的需求激增，原材料输出国开始在单一经常项目下获得顺差收入。由于原材料的生产和输出需要重资本支出，单一出口的顺差背后对资本流入支持投资扩大的需求就会非常旺盛，而由于原材料输出国经济结构普遍比较单一，因此经常项目仍是逆差，只能靠资本项目下的流入来进行填补。

美国依靠资本项目下的流动来维持着整个债务体系的闭环，其本身的财政赤字是一个常态，财政政策不经常被使用到，只是起到一个对内平衡分配工具的作用，而对外则更多地采用财政赤字的方式来起到军事震慑作用，这也是维持债务体系的关键闭环。美国的双赤字（经常项目赤字和财政赤字）就是整个正反馈的"内燃机"，由此通过全球经济一体化来和其他分工的国家进行衔接。

简而言之，正反馈路径下，生产国获得外部收入，进而推动自身债务的扩张，除美国（最大债务输出国）以外，由于对全球美元生产性债务的重新分配，使得国家和国家之间的贫富差距缩小。在正反馈循环中，外部需求使得生产国内部和外部投资全部增加，企业债务扩张，政府收入增加、债务扩张；而居民部门收入提高、储蓄增加，消费得以刺激，资产价格上涨，构成一致预期后也有利于居民部门的债务扩张。通过经常项目、资本项目对美形成顺差的国家，其储蓄（外汇储备）过剩后将转化为持有的美债，最终形成对美国的债务融资的闭环。而经常项目对美逆差国则需要资本项目的流入来进行补偿，在其发展过程中自身的债务就少了来自储蓄的支撑。

6.3 三级分工体系的负反馈

负反馈路径是指通过收紧债务来进行重新分配。美国采取的收紧债务、主动去杠杆、加强金融监管、加息、收紧财政赤字，抑或是贸易战等方式和手段，会导致其他国家获得的外部总需求不足，再加上全球分配失衡，这些被分配少的国家则最先受到冲击，收入下降导致无法支撑本国的债务，最终内债外债压力或将一同爆发。

第一种形成周期性负反馈路径的原因是，利率的抬升刺破了消费国的债务和杠杆。这其实也是西方经济运转的自我修复机制——利率对系统的牵制。债务和杠杆导致经济过热和资产泡沫，而资产泡沫最终导致利率抬升，利率的抬升又会刺破债务和杠杆，周而复始地循环着。

这套系统的强大之处就在于顶层获得了债务分配的权力，这就意味着它变成了整个反馈路径的锚。我在之前分析债务和杠杆的时候，就说过全球化分工架构的顶层具备的就是在全球范围内转移债务的特权。

资本流出，美元收紧，这部分债务和杠杆的收缩造成了全球总需求的下降，而此刻外部总需求受制于三级分工架构顶层的消费国，而内部总需求又受制于债务，生产国在正反馈过程中积攒的债务压力开始凸显，国家储备是否充裕将起到至关重要的作用。而原材料输出国和部分经济结构不均衡的国家，因储备较少，过度依赖外部债务，因而这些国家将面临债务和总需求下降的"双杀"。

美国的去杠杆意味着生产国的出口压力较大，经常项目的收紧，收入的不足；发展中国家的外部债务难以继续，只能通过货币紧缩和经济衰退来解决国际收支问题，牺牲经济来解决发展中国家社会的主要矛盾。

第二种原因则是在美国经常项目赤字不可持续的情况下，美国国际金融的中介地位与国际投资状况恶化之间的冲突。其根本的逻辑是美国通过相对安全的债务来吸引第二梯队的资本，弥补美国的国际收支逆差。第二梯队是美国意义上的准银行，但这种准银行的货币（美元）供给却严重依赖于美国对东亚地区的直接投资和美国的经常账户逆差，而当美国的经常项目赤字不可持续的时候，准银行和货币供应就会收缩，而且会反过来影响美国的金融市场。即便是在美国的信用问题不需要考虑的前提下，美国自身的债务也会有很大的制约性（债务不是可以无限扩张的），这最终也会导致债务被动地在全球范围内发生调整。

再来说一下调整的方式，对内毫无疑问会通过提高储蓄来削减债务，经历漫长的债务修复期；对外一般会通过关税、汇率等一系列的政策施压给过度顺差国，寻求国内矛盾的海外转移。对美国而言，虽然短期内的紧缩政策同样会对自身造成紧缩效应，但是却可以通过强行调整汇率的方式或非汇率施压的方式去抵消扩张效应，总体上无损于其经济发展（见图6-3）。

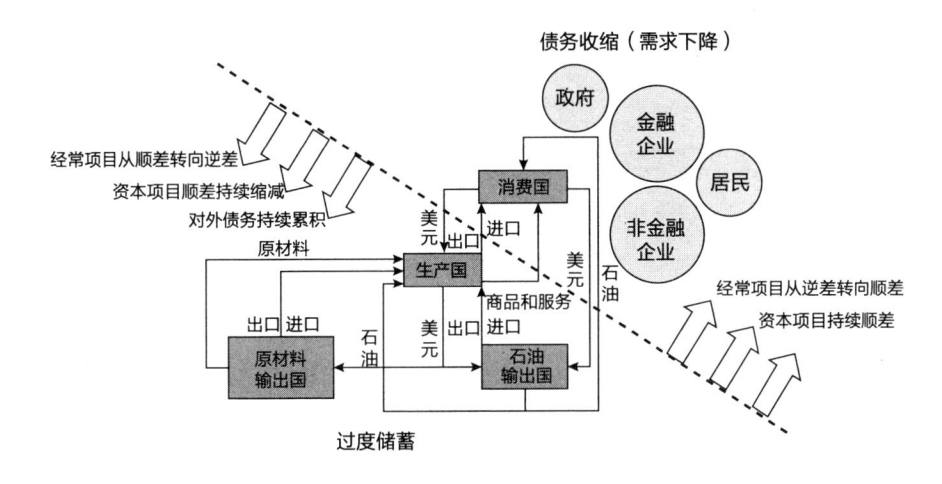

图6-3

我认为，卢浮宫协议和广场协议在现在这种环境下再现的可能性会小很多，毕竟G2（中美两国集团）目前的实力都足够强大，中国还没有接受资本的清算，现在基本上会通过非汇率的调整方式（如政治施压、贸易壁垒、关税施压等）来修复逆差。这种模式是建立在美国强大的全球掌控能力基础上的，全球经济一体化和多极化的发展在这一阶段将会发生退步的情况，逐步转变为区域性贸易政策和单极化的发展状态，强大的军事实力是保障美国能够维持从多极化到单极化过渡的重要砝码。

如果美国通过提高储蓄、削减债务和收缩杠杆的紧缩方式来修复失衡，势必会造成原本的贸易顺差国要承担本币升值带来的负面效应，以及由美国紧缩政策导致的双重紧缩效应，同时还要面临国内经济结构调整和汇率动荡的风险，尤其是在本身的债务负担也很大的情况下，其需求增加则会进一步强化美元霸权，最终使全球经济失衡进一步恶化。

原本的贸易顺差国的顺差减少，甚至转为逆差，意味着它可以提供给国内债务支撑的来源减少，而总需求急速下降，企业产能出现严重过剩，企业债务开始激增，国内货币政策在资本市场开放的背景下，货币政策的有效性会大幅度打折，降息对于增加需求没有多大效果（需求外向型），降息唯一的作用是延缓债务的压力，但是却会导致大量累积的居民部门储蓄开始转移。如果国际资本流动没有任何限制，那么就会造成三级分工架构中另一侧的生产国出现美元紧缩的情况，资本外流加快了国内储备资产的消耗，降低了对国内本币资产的支持，引发负反馈机制；而如果国际资本流动有限制，那么储蓄会结构性地转移到居民部门，资产价格进一步上涨，会暂时缓解企业部门的债务压力，但是这种需求的背后却是国内居民部门的债务比例快速上升，最终也会面临债务和收入之间的不可持续。

6.4 全球化下三大部门债务和杠杆的循环

海外的需求和企业部门的分工转移推动了第一轮本国企业部门的投资，这是第一轮供应曲线变动的外部主导力量。之后，企业部门的债务增加往往用于进一步投资，使得供给曲线进一步外移，此时主要是依赖外部需求曲线和内部供应曲线相匹配。如果外部需求曲线无法跟进，内部供应曲线就很容易形成产能过剩，产能过剩最终会导致企业部门债务的风险增加（见图6-4）。

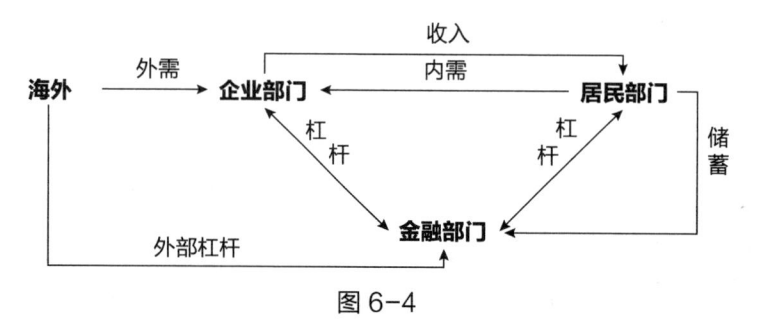

图 6-4

海外需求的进一步扩大使得生产环节拥有极高的利润率，随着收入的增加，本国的储蓄得到了积累，金融部门开始逐步发挥间接融资通道的职能。此时，进一步增加本国企业部门的投资力度，同时积累财富的本国居民部门开始产生改善需求，这是对内需求曲线外扩的基础。所以，从供应的角度来看，分工转移带来的海外投资是供应曲线的第一轮变动，内部储蓄和金融部门提供的债务和杠杆是供应曲线的第二轮变动；而从需求的角度来看，来自他国居民部门的需求（外需）是第一轮，而本国居民部门储蓄对应的则是第二轮需求（内需）（见图6-5）。

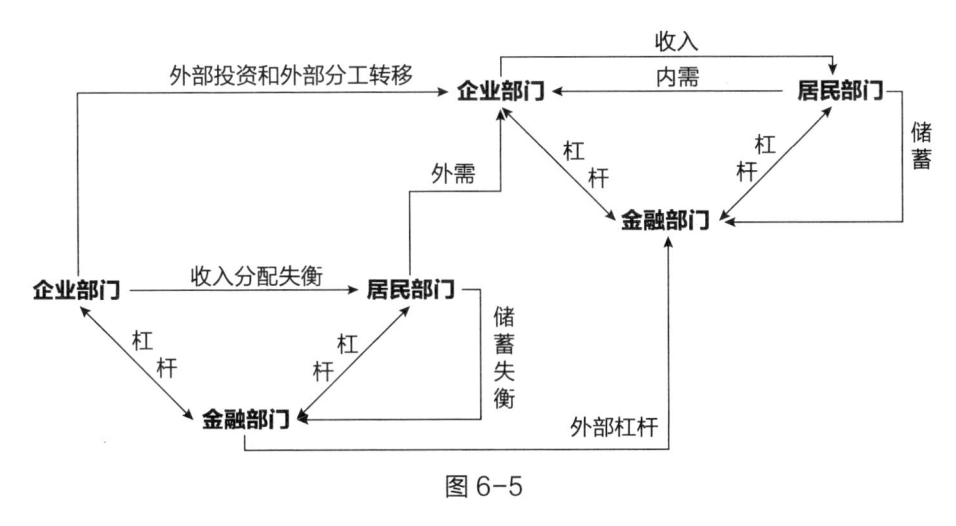

图 6-5

全球化分工转移带来的海外产业空心化，直接导致了其内部分工分配的失衡。大部分居民部门尤其是社会阶层的中下层，随着收入的增速放缓，居民部门收入分配失衡的结果就是收入增速放缓和债务杠杆增加，贫富矛盾、储蓄失衡、过度消费、过度负债等问题伴生。可见，这种外部需求是非常脆弱的。

越是分配失衡，越容易导致居民债务激增，此时货币政策和财政政策就需要做自己觉得对的事情了，但是对整个系统而言，它却忽略了问题究竟出在何处。一味地通过更低的利率、更多的财政支出来维持现状，所制定的货币和财政政策也并没有真正去解决（当然也无法解决）核心矛盾，反倒使整个反馈进一步朝着脆弱的一面发展。

居民部门收入增速放缓和储蓄下降导致债务被动激增，而金融部门通过金融衍生产品进一步提高杠杆，使居民部门的债务进一步激增，实际利率的下降使更多的居民部门主动增加债务和杠杆。

对生产国而言，海外居民部门债务的激增开始抑制其总需求的外扩，外需增速开始放缓，同时实际利率下降又会导致海外资金疯狂涌向生产国，追求投资回报,而这进一步加剧了生产国的产能过剩,反过来又会导致企业部门投资的增速开始大大超过需求的增速,最终导致产能进一步过剩,企业利润大幅度下降,且生产部门开始呈现产业链自上而下的逐层过剩状态。

可以说,海外居民部门的债务危机,就是生产国的企业部门的危机。债务制约需求的危机,就是需求不足导致供应过剩的危机。

当然,无论是企业部门的债务还是居民部门的债务,对它们而言,金融部门只是一个服务者的角色,其核心仍然是分工下的两个企业部门债务和两个居民部门债务的问题。金融部门的作用是服务于企业部门和居民部门,提供各种金融衍生产品和工具,金融部门可以增加杠杆来第二次推动投资和消费。对消费而言,收入不增长而债务不断激增、储蓄不断下降的结果就是由居民部门引发金融部门债务和坏账;而对投资而言,随着企业部门利润的下降,企业部门需要更大的投资才能维持产出,为此金融部门就会加大杠杆,供给过剩的速度会因为金融部门的杠杆而变快,产能过剩的周期也会变短,最终企业部门的坏账率上升,金融部门的债务风险暴露。

可以说,无论是需求还是供给,任何一部分出问题,金融部门都无法抽身,同样金融部门也不能够实现对结构的调整职能,它只能提供杠杆服务,并且它会加速和放大利的方面,同时也会加速和放大弊的方面。

6.5 三级分工体系的债务权力——特里芬难题

三级分工体系的运转核心就是顶层掌握"负债的权力"国家的债务扩张,在整个负债—消费—生产的运转机制中,债务的扩张将会转化为整个架构中总需求的源头,那么一个重要的问题就是:顶层负债的权力是靠什么建立并且支撑起来的呢?

研究经济和金融的人都知道特里芬悖论,也叫特里芬难题。《黄金与美元的危机:自由兑换的未来》一书中提到了布雷顿森林体系存在着无法克服的内在矛盾:

当美元成为国际货币的时候,就自然地具备了清算和储备的功能,这样必然会导致美元在海外不断沉淀。对美国而言,就会发生长期的经常项目逆差,而美元作为国际货币的前提是必须保持美元币值的稳定和坚挺,这就要求美国必须是长期的贸易顺差国,而这两个要求看似是矛盾的。

1944年7月,布雷顿森林体系的确立,标志着国际货币体系的重构。此后,国际货币体系结束了两次世界大战期间的混乱无序状态,进入一种相对有序的状态,即美元与黄金挂钩,而其他国家的货币与美元挂钩,各国实行可调整的固定汇率制度,确立美元的国际储备资产地位等。1971年,由于美国单方面终止向各国政府按官方价格以美元兑换黄金的承诺,并加征10%的进口关税,这一行为宣告了布雷顿森林体系的瓦解。此后,国际货币体系进入重构期,各国为构建新的国际货币体系进行了漫长的讨论和协商。1972年7月,国际货币基金组织设立专门的委员会研究国际货币体系重构问题。1974年6月,委员会制定《国际货币体系改革纲要》,为新的国际货币体系的确立奠定了基础。直至1976年1月,国际货币基金组织理事会在牙买加举行,最终签订牙买加协议,标志着国际货币体系完成了由布雷顿森林体系向牙买加体系的过渡。与国际货币体系类似,贸易争端解决机制上诉机构停摆,或许是国际货币体系由布雷顿森林体系向牙买加体系过渡的重演,即国际贸易体系由一种相对规则化、有序化的状态进入一种权力导向的、松散无序的状态。

无论是布雷顿森林体系还是牙买加体系,其本质都是分工和分配权力的争夺,谁掌握了分工的权力,谁掌握了负债的权力,谁来制定债务的标准和债务运转的体系,谁就掌握了顶层分配的权力。战后,布雷顿森林体系用美元作为全球信用扩张的基础,虽然存在特里芬难题,但即便之后的牙买加体系的一揽子储备,仍然不能改变矛盾所在,新的特里芬难题依旧会出现。

全球货币体系的稳定取决于美元的稳定,美元的稳定又取决于美国的国际收支平衡,但全球清算偿还能力严重依赖美国的国际收支逆差,美国的铸币税特权又促使了美国经常项目逆差不断扩大。

如果我们要求美国国际收支保持平衡(顺差),那么美国政策的调整抑或结构的调整（收缩债务）会导致其他顺差国国际储备来源不足，引发国际清偿能力的不足；如果我们默认美国国际收支继续失衡（赤字/逆差），会导致国际储备超额，美国的优势一旦开始消退，则会引发人们对于美元债务的担忧，破坏人们对美元的信心。

简单来说，美国国际收支既是全球债务信心的来源，又是全球除美国以外总储蓄和收入的来源。美国的债务和货币是全球债务和信用扩张的源泉，美国的债务和信用之间保持着一种特里芬难题式的关系。全球战后经济的周期和演变就是特里芬难题天平两端的动态平衡，也是为了保持美元信用体系的稳定。周而复始，就演变成了基于美国债务和信用基础的全球反馈的周期。

全球美元之所以拥有负债的权力，除历史机遇以外，更为现实的是整个世界秩序的建立，美国从国防安全、军事实力、国际金融体系、科技、技术、人才乃至教育等诸多方面的优势，这些都是全球对美国负债权力的信心来源，而大部分时间我们就是在基于美元债务信用的背景下形成了全球经济一体化下的三级分工体系的正反馈。如果美国对于自身的国际收支进行主动干预和修复，全球经济一体化下的三级分工将会进入负反馈状态。

思考得再长远点，随着时间的推移，一旦这些维护世界秩序的源头优势受到了严重的挑战，那么必然会给现行的框架和体系带来巨大的冲击和挑战。如果发生极端的情况，就是对美元信用体系的质疑甚至是颠覆。如果真的发生了这种情况，那么全球核心的框架体系就需要作出史无前例的重新调整，在新的框架体系和信用之锚确定下来之前，全球必然会大乱，甚至不排除会采用战争的方式。

6.6　三级分工体系的债务闭环——双缺口模型

在全球经济一体化三级分工体系下，我们建立了一个全球债务闭环的模型，它结合美国经济学家钱纳里设计的著名的双缺口模式（Dual Gap Model）通过叠加特里芬难题而作出了一个框架（见图6-6）。

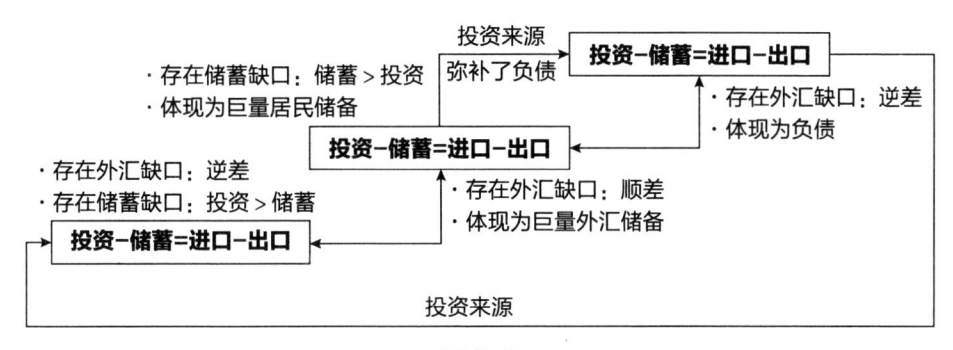

```
                              投资来源
·存在储蓄缺口：储蓄>投资      弥补了负债    ┌─────────────────┐
·体现为巨量居民储备                         │ 投资-储蓄=进口-出口 │──┐
                         ┌─────────────────┐ └─────────────────┘  │
                         │ 投资-储蓄=进口-出口 │◄──                   │·存在外汇缺口：逆差
                         └─────────────────┘   ·存在外汇缺口：顺差   │·体现为负债
·存在外汇缺口：逆差           ·体现为巨量外汇储备                    │
·存在储蓄缺口：投资>储蓄                                             │
┌─────────────────┐                                                │
│ 投资-储蓄=进口-出口 │◄───────────────────────────────────────────────┘
└─────────────────┘            投资来源
```

图 6-6

从总需求层面来看，$Y=C+I+X$，从总供给层面来看，$Y=C+S+M$，在总需求和收入恒等的情况下，若税收等于政府支出，即 $T=G$，则 $I-S=M-X$（Y 表示国民收入；C 表示国内消费；I 表示国内投资；G 表示政府支出；X 表示出口；M 表示进口；S 表示国内储蓄；T 表示税收）。其中，若一国内部的投资和储蓄之差为正数，则称之为储蓄缺口，进口和出口之差为正数，则称之为外汇缺口。

当一国自身的储蓄不能够满足国内的投资需求也就是产生了储蓄缺口的时候，就可以通过增加外债的方式引入海外资本（如股权或者债权抑或是直接投资）。未来随着投资水平的提高，通过外汇顺差来弥补储蓄缺口，进而达到支持海外投资可持续性的目的。

以上的双缺口模型表明，早期存在储蓄缺口的国家，可以在不增加国内储蓄的同时，借助外国储蓄以投资的方式来增加储蓄，借此摆脱投资水平受制于国内储蓄不足的被动局面。

在全球三级分工体系下，由于美元的特殊地位，使其承担了债务扩张带动总需求的角色，因此其本身的总需求和总供给就不能保持平衡。美元本身的需求就是全球的需求来源，因此其本身要保持经常项目逆差（进口大于出口），而这种逆差带来的外汇缺口在顶层架构上就不能叫缺口了，更准确地说就是美元债务，这也恰恰是全球分工之后生产国和资源国的需求总来源。

根据凯恩斯的国民收入理论，理论上这种缺口是需要投资和储蓄的顺差来平衡的，否则就会引发对债务的担忧。按照传统情况来看，似乎需要美国居民储蓄削减进口来平衡顺差，或者美国引入更大规模的投资涌入来维持债务模式。前者的逻辑并不适用于美国，而后者则是这个模型的主要模式，美国通过投资来弥补缺口，形成了双缺口模式，也就是投资大于储蓄缺口，但这种缺口却是资本项目顺差，大量购买的美债形成了生产国的储蓄，背后的外汇储备对应成了对美债的支撑，贸易渠道投放，金融渠道回流，形成了一个维持美国债务体系循环的闭环。

无论是什么情况，美国的投资和储蓄的缺口都一直存在，除非增加储蓄，但同时问题就来了，美国增加储蓄意味着其债务的收缩，经常项目逆差的改变会影响美元通过经常项目逆差输出的路径，必然造成经常项目下全球范围内需求收缩，同样也在资本流动层面造成美元流动性收紧。

6.7 全球化的代价

全球化的代价是复杂而深远的，它们不仅涉及经济和政治领域，还涉及社会和文化领域。经济全球化在为我们带来巨大的经济利益的同时，也需要我们付出相当大的代价。这些代价包括但不限于以下几个方面：

（1）全球经济的不稳定将成为一种常态。在经济全球化过程中，各国经济的相互依赖性空前加强。不少国家的对外贸易依存度已超过30％，个别国家达到了50％~60％。在这种环境下，经济波动和危机的国际传染性便是经常性的，而且是不可避免的事情。任何一个国家的内部失衡都会反映为外部失衡，进而很快影响与其具有紧密贸易和投资关系的国家，最后极有可能将所有国家都不同程度地引入失衡与危机的境地。1997年泰国的汇率危机，很快波及整个东南亚地区以及韩国和日本，从而形成严重的地区性金融危机。随后，又波及俄罗斯和拉美地区，形成了事实上的全球性金融动荡，这便是金融危机传染效应的最新例证。

国际游资的存在是全球经济不稳定的重要根源之一。作为一种超越国界的巨大的金融力量，国际游资一次又一次地扮演了全球性金融动荡的制造者或推动者，扮演了金融危机传染的主要媒介物。在经济全球化持续发展的今天，尽管仍然可以继续探索各种有效监管措施，但对国际游资的完全控制则是不可能的。

（2）各国经济主权的独立性正面临日益严峻的考验。欧盟经济体发展的历程表明，随着一体化程度的逐步加强，各成员国经济主权独立性则不断下降。从早期的关税同盟、统一农产品价格、汇率联合浮动，到单一货币欧元出现以后的统一金融政策（1999年1月欧元利率区启动），无不说明各成员国的财税和货币主权已逐渐让渡给超越国界的欧盟协调机制。而这种经济主权的让渡曾经使许多成员国付出了不小的代价，甚至多次危及欧盟经济体的存亡。

对欧盟以外的世界其他国家来说，在经济全球化的过程中，其经济主权（特别是财税和货币政策方面）的独立性，同样面临越来越严峻的考验。这种考验大致有两种不同的形式：一种是经济主权的主动让渡，另一种是跨国私人经济力量对经济主权的侵蚀。从世界贸易组织的历次减税和贸易自由化谈判，到发生金融危机的国家为了得到国际货币基金组织的援助，被迫进行经济调整，都是在一定程度上主动让渡主权经济。跨国私人经济力量对经济主权的侵蚀，最典型的例子就是跨国公司。由于跨国公司的战略目标很少会和东道国的经济发展目标完全一致，因而，它们对东道国为了实现既定的发展目标采取的许多政策措施，经常表现出一种本能的抵抗和规避。跨国公司在国家之间进行了大规模资金转移，对东道国货币金融政策的负面影响同样是不可低估的。显然，在经济全球化过程中，大量利用外国直接投资的国家，在这方面付出的代价应当引起人们高度重视。

（3）全球范围内的贫富差距进一步扩大。如前所述，经济全球化本质上是一个全球范围内的市场化过程。在这个过程中，竞争创造了效率，同时，也使财富越来越向少数国家或少数利益集团集中，导致贫富差距的扩大。据世界银行统计，1983年，低收入发展中国家，人均国内生产总值为高收入发达国家的2.4%，即后者等于前者的43倍；到了1994年，这一比例降低到1.6%，即后者为前者的62倍。造成这种贫富差距扩大的具体原因是多方面的，但有两个原因不容忽视。其一，经济全球化的利益分配不均衡。虽然几乎所有参与全球化过程的国家都不同程度地从中受益，但这并不意味着利益均沾。事实上，作为资本和先进技术的主要拥有者，发达国家总是处于全球化的中心地位。这种相对优势，使它们在价格制定方面具有主动权，因而在与发展中国家进行交换时能获得更多的利益。其二，名义汇率下降，导致国内生产总值的名义值减少。由名义贬值引起的实际贬值，又将导致贸易条件的恶化，进而在国际交换中付出更大的代价。

德国著名社会学家乌尔里希·贝克把全球化划分为全球性、全球主义以及作为发展进程的全球化三个层面，这个观点值得重视。在中国的全球化讨论中，有人仅仅抓住全球性的一面，声称全球化是一种客观发展规律，只能积极欢迎、大力促进。也有人只看到了全球主义的层面，把全球化看作西方资本统治世界的战略方针，坚决抵制。这两种观点各执一端，无论是右还是左，都是极端和片面的。事实上，经济全球化是由世界三大地区欧洲、北美洲和亚洲内部的区域化发展而来的。目前全球贸易和外国直接投资的大部分仍然在发达国家之间以及三个区域集团内部进行。区域经济一体化与经济全球化是当前世界经济发展并存的两大趋势。我们不能只看到经济全球化而忽视区域经济一体化。区域经济一体化的板块特征依然明显，经济全球化并不会使世界各国经济成为一元、同质、均衡的统一体。相反，它会使国际竞争在不同层面上和不同范围内更加激烈地展开。只要民族国家存在，世界经济一体化就不可能完全实现。就以国际分工来说，虽然国际分工在不断发展、深化，但是国际分工不可能是彻底的。发达国家的传统工业可以吸收大量的劳动力，加上这些工业集团对自身利益的考量，它不可能把传统产业全部转移到发展中国家去。发展中国家为摆脱旧的国际分工的不利地位或出于国家安全的考量，也不愿意进行彻底的国际分工。

6.8 分配失衡

在三级分工架构下的世界秩序中，其核心矛盾主要表现为分配的失衡，即生产国往往陷入无收入、无储蓄、大量外债的困境，并可能引发债务危机。在分析这一现象的深层次原因时，我们需要思考的是什么原因导致了这种结果。事实上，这一结果的根源在于全球分配失衡。那么，究竟是谁造成了全球分配的失衡呢？为什么在分工和全球经济一体化的背景下容易出现失衡呢？

他国的收入体现为美元债务的增长，这种增长可能来源于经常项目的交易，

第6章 全球经济一体化下的三级分工体系

也可能来源于资本项目下的交易。外债的增长与美元收入的增长相对应，表明一个国家的外部经济活动增加。而国内居民的消费和收入分配属于内部经济活动的范畴，其运行机制主要依赖于市场机制下的分配和分工。在全球经济一体化的背景下，当全球范围内的分配受到美元债务增长的影响时，各经济主体能够在一定程度上从增量中获益，这也体现了全球经济一体化下顺周期的三级反馈机制的作用。在此阶段，由于外部经济活动增加所导致的收入增长可以有效地支持对外负债，进而促进内部债务杠杆下的分配均衡，使各国的经济运行相对平稳并能够持续发展。

当全球化进程达到饱和状态，无法进一步提供新的增长空间时，传统意义上的贸易结构可能不再适用。贸易需要经过协商和谈判来实现，无法真正实现公平。全球生产要素的分配不均衡，各国无法自然达到均衡状态。同时，全球分配失衡往往伴随着各级架构内部的不均衡。当内部和外部因素无法调节时，这个阶段对外中间生产环节可能会试图通过升级转型和增加分工来获取收入的增加。然而，全球总收入不一定同步增加，这意味着其他国家的利益可能会被侵占。在这种情况下，全球经济需要寻求新的增长动力，这可能涉及重新分配全球利益。

全球经济一体化本质上存在着无法有效解决分配和分工失衡的问题。在全球生产分工网络中，一些国家由于其在特定领域的优势，获得了更多的利益，拥有了贸易顺差和储蓄，因此能够为其债务提供支持。然而，另一些国家则面临贸易逆差、储蓄不足以及无法支撑其债务的问题，这是由于其在全球生产分工网络中的不利地位所导致的。

国际收支失衡的扩大意味着许多国家减少了收入、储蓄不足并积累了大量的债务。这需要各国采取有效的措施来应对债务风险，否则可能会引发全球性的金融动荡。若采用提高利率以保持资本流动的方法，则可能会进一步加剧各国内经济状况的恶化，从而增加了全球经济再平衡的难度。

国际收支或分配的失衡是一个复杂的问题，涉及许多因素。从不同的角度来看，我们指责的对象和原因也不同。对找寻自身问题的经济体来说，它们认为失衡的原因是本国经济结构、消费结构、资源禀赋和文化等因素。这些因素可能导致它们在国际一体化分工中缺乏优势，从而影响其分配能力。另外，如果将责任归咎于其他国家或地区，例如欧洲内部南欧国家对德国的指责。这种指责和争议表明了国际经济和政治关系中的复杂性和多样性。

各国积极寻求新的全球分工体系，主要是出于对自身利益的考虑。当国内债务在正反馈过程中不断积累时，如果外部收入无法持续增长，意味着国内财富要重新分配。然而，在巨大的贫富差距和债务杠杆的背景下，这种再分配将难以维系。为确保自身利益，从战后的历史发展阶段来看，各国在产能过剩、经济增速放缓的情况下，必然会出现秩序混乱的情况。

1945 年，在商谈建立布雷顿森林体系时，很多国家都派出了代表团，其中，英国代表团团长是著名的经济学家凯恩斯。他当时提出了一条解决国际收支失衡问题的基本原则，即面对严重的国际收支失衡，逆差国和顺差国应该承担同等和对称的调整责任。假设一个国家存在很大逆差，另一个国家存在很大顺差，那么，不仅逆差国需要进行调整，也应强制要求顺差国承担调整责任。但这一原则遭到了美国代表团的坚决反对，美国要求应该主要由逆差国来承担调整责任。关键在于，在当时和随后比较长的时间里，美国维持了相当规模的经常账目下的顺差。

事实上，二战后我们经历了多次全球经济一体化下的分工和产业转移。

第一轮以二战后的德国和日本为代表。20 世纪 70 年代，全球的失衡关系最终影响到了债务权力的核心，需求的扩张戛然而止，而日本和德国在寻求挑战的阶段也触碰到了利益分配的敏感点，全球第一次战后再平衡开始发生。从日本的广场协议一直到当年的贸易摩擦，最终引发了 1987 年全球金融市场巨大的动荡，使日本陷入了"失去的 10 年"，也使亚洲四小龙在这一轮再分配过程中受益。

第二轮以亚洲四小龙为代表。1997 年，亚洲四小龙带来的全球再平衡，最终使得中国在这一轮再分配过程中受益。

第三轮以中国为代表。进入 21 世纪以后，随着国际经济形势的巨大变化，美国又开始要求顺差国承担主要的调整责任，中国也成为不断被指责的对象。或许现在我们正在经历第三轮再分配和再平衡的过程，而这一轮却远比预期的要复杂和困难得多。

在全球经济一体化的背景下，若出现了一个超级生产大国，其效率优势将会凸显，并且该国将占据全球贸易的主导地位，获取大量美元债务所产生的收益。这将导致其他国家从美国获取的顺差收入不足（美元储蓄无法积累和增长）。在每次美元流动性收紧时，这些国家将会遭受巨大的损失，同时陷入无奈的境地。

随着我国的迅速发展，我们将面临这样一个问题：我们掌握了大多数产品的生产环节，从而能够实现自给自足。此外，我们对外来事物的吸收和转化能力非常强，产业链结构完整，成本优势明显。这些因素共同导致了一个结果，即中国在国际贸易中通常处于顺差地位，向全球大多数国家输出产品。

在微观层面上，存在一种典型的模型，即一个企业不断扩大其产业链并进行升级。从企业经营的角度来看，实现效率最大化和资源最优化，可以充分发挥企业经营的最大效益。然而，当企业最终成为行业巨头且整个产业链上的所有份额都被该企业占据时，相应的劣势也随之显现。行业集中度的急剧增加，导致该企业排挤了其他企业的生存空间。如果新的生存空间无法出现，这种矛盾将开始引起整个行业的反抗，并导致出现反垄断的呼声。例如，20多年来蓬勃发展的互联网企业，它们不仅积累了巨额财富，而且几乎占据了所有阶层的生存空间，这必然会引发巨大的冲突。

全球分工和一体化旨在充分利用各国的优势资源，实现资源的优化配置和互利共赢。然而，在这一过程中存在着分配不公平和不公正的现象。尽管存在汇率等再平衡机制，但在全球三级分工架构中，这些机制的效果可能会受到市场条件和其他因素的影响。

在现实世界中，教科书式的动态再平衡和各种再平衡机制并不可行或不起作用。实际上，三级分工架构带来的分配失衡是一个难以调和的问题，也可能是一个永远无法解决的问题。更为严重的是，邻国之间可能相互对立，贸易保护主义情绪上升，民粹主义现象加剧，国际关系紧张，地缘政治动荡等一系列问题随之而来。这种秩序混乱的局面可能会再度出现。

第 7 章 "利率病"与 K 型社会

从金融的自身属性来看，金融的基础职能主要有存、贷、投、汇、融这几大类，注定了它是为资金服务的。金融将钱用在效率最高的地方，从而实现了资源的有效配置，发挥了资金的分配作用。金融市场通过将资源从低效率使用的部门转移到高效率使用的部门，使一个社会的经济资源能够有效地配置在效率最高或效用最大的用途上，实现稀缺资源的合理配置和有效利用。在这个过程中，财富也进行了多次分配。通过股票、股权和估值的扩张，金融使得财富创造者得到嘉奖，从而使其与初次分配时有所区分。然而，金融市场上的金融资产价格的波动，让其持有者的财富也发生了变化，这样财富就通过金融市场价格的波动实现了再分配，但往往这种分配都是富人受益。因为穷人较少参与金融市场，也较难从金融市场中真正获益，所以在财富再分配过程中，金融导致产生了严重的分配不均问题。

7.1 金融与低利率

证券化率是指一国各类证券总市值与该国国内生产总值的比率，它可以反映在一国金融深化进程中，直接融资和间接融资在一国经济中所占的地位如何，也可以在一定程度上反映金融深化的程度。该值越大，表明金融深化的程度越高，金融的渗透和作用力越大。

20 世纪 80 年代后期，全球金融市场蓬勃发展，但利率水平也相应一降再降。美国上市公司总市值、债券市场存量之和与国内生产总值的比价，从最初的 1 倍增加至 3 倍左右，而利率水平则持续降低，仿佛金融化发展和利率降低被深刻绑定了。实际上，这种情况早已埋下了伏笔。

金融虽然可以助推经济的增长，但也积攒了不少未来应偿的债务。既无外债也无内债的做法固然稳当，但也限制了资产的增长速度。伴随着金融和杠杆的使用，债务同另一端的资产也一并增加，经济主体以一定的稳定性为代价换来了资产的快速增值。当金融危机来临时，率先坍塌的便是稳定性低、债务严重的那部分。1929 年美国经济衰退，大萧条带来了严重的通缩，而西方社会在大崩盘后采用的解决方法是实行凯恩斯政策。一方面，通过降低利率实行扩张性的货币政策，利用低息促进借贷、消费和投资；另一方面，为了实现充分就业，同时实行扩张性的财政政策，通过看得见的手主动解决有效需求不足的问题，也起到了扩大政府投资、带动私人投资的作用。

凯恩斯政策的实行成功地将美国拉出了大萧条的泥沼，通过降低利率释放更大的金融杠杆，主动增加负债，以这样的方式拉动需求，促进经济增长，让扩张性的货币政策一时间成为"灵丹妙药"。然而是药三分毒，货币政策可以解决当下的问题，却给未来留下了隐患。降低利率、货币扩张、放松金融管制、加大杠杆在短期内能刺激经济恢复和增长，但同时增加了经济的不稳定性，使其更容易陷入困境或衰退；而为了应对衰退又不得不采取更低的利率及更扩张的货币政策，由此陷入负反馈的恶性循环。当生产力旺盛、居民收入增长时，经济状况尚可维持，一旦增长放缓或陷入停滞，低利率的负面效应便如同西西弗斯的巨石般重现。

数次金融危机已经告诉了我们经验。当金融危机冲击到人们对世界经济的信心时，凯恩斯经济理论主张的宽松货币政策和更高政府支出来解决短期经济压力的措施确实有效，但随后数年，问题逐渐开始显现。货币政策之所以不是最终的解决办法，是因为实行宽松的货币政策降低利率后，反而把未来的消费都挪到了现在，那么未来人们势必需要再次降低利率来继续拉动往后的消费，结果就是中央银行没有办法，只能继续降低利率。再往深层次思考，则是因为世界经济停滞，背后存在着经济、社会等复杂的原因，即经济体内部生产、支出、分配结构的失衡。它既是 K 型社会形成的原因，也是 K 型社会造成的后果。

7.2 利率的指导者：中央银行

1936 年，凯恩斯的《就业、利息和货币通论》一书的出版，奠定了现代宏观经济学的基石，为货币理论向宏观经济理论发展奠定了基础，并确定了主流宏观经济学此后几十年的分析框架和研究步骤。而几十年后货币学派的兴起，让货币主义和凯恩斯主义之间产生了旷日持久的不休争论，这些最后都构成了各国中央银行实行货币政策的指导方针，对实践具有非常重要的意义。

7.2.1 传统经济学货币理论的变迁

7.2.1.1 凯恩斯的货币理论

在主流宏观经济学中，凯恩斯的货币理论是这样说的：给定货币供给，由于预期和不确定性，货币的投机需求将影响利率，即由于货币流通速度的变动，在货币市场需要通过利率去平衡货币的供给和需求，而利率的变动将通过乘数作用影响投资和就业。当存在灵活偏好陷阱，即流动性陷阱时，失业均衡将被保持，货币供给内生变动的可能性被完全排除，此时就需要市场以外的力量来进行调整。

关于总需求，凯恩斯则认为对商品总需求的减少是经济衰退的主要原因。凯恩斯认为有效需求不足是由消费需求不足和投资需求不足造成的，而消费需求和投资需求的不足又主要是由三个心理规律——边际消费倾向递减规律、资本边际效率递减规律和流动偏好规律决定的。一方面，随着收入的增加，消费也会增加，但消费的增加往往不如收入增加得那么快，这就导致了消费需求不足。另外，由于人们对未来预期的不确定，导致流动偏好加强，抑制了利率的下降，而利率的黏性和预期资本收益的下降交织在一起，就导致了投资需求不足（见图 7-1）。

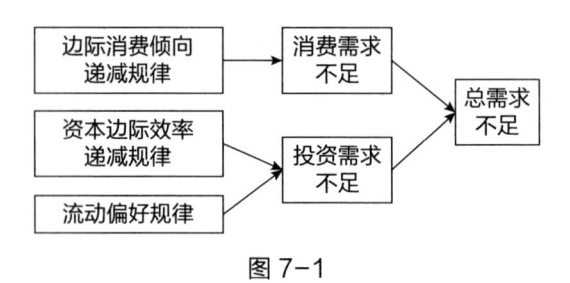

图 7-1

希克斯和汉森在凯恩斯的货币和利息理论的基础上建立了 *IS-LM* 模型，托宾将资产选择融入货币的价值理论框架，这些都完善了凯恩斯学派的理论框架。从整体来说，凯恩斯货币理论的含义是，在社会有效需求不足的情况下，可以通过扩大货币供应量来降低利率，通过降低利率诱使投资扩大，进而增加就业和产出。但是，扩大货币供给、降低利率能在多大程度上发挥拉动总需求的作用，要受货币需求状况的影响。当货币需求对利率变化非常敏感时，增加的货币供给大多会被增加的货币需求所吸收，而很难刺激投资，使总需求扩大。当出现流动性陷阱时，增加的货币供给则完全被增加的货币需求所吸收，以致货币政策失效。此时，就需要市场和货币供给以外的力量来增加需求。

7.2.1.2 凯恩斯主义的宏观经济政策

从资本主义国家宏观经济管理方式来看，凯恩斯主义的出现是一个转折点。从亚当·斯密开始，利用自由市场这只"看不见的手"来自发调整经济是天经地义的，自由主义被奉为圭臬。但 1929 年开始的大萧条打破了市场可以解决一切问题的金科玉律，而凯恩斯主张由自由主义转变为国家干预经济，由把收支平衡作为理财的基本原则转变为以促成经济平衡发展为基本原则，由把税收仅作为收入的因素转变为将其作为经济平衡发展的因素，顺利地走出了经济衰退。

凯恩斯认为当时经济萧条的根本原因在于有效需求不足，单靠市场力量无法形成足够的需求，因此需要政府采取以减税、增加公共支出为主的扩张性的财政政策来创造有效需求以刺激经济增长，摆脱经济危机。另外，凯恩斯不主张扩张性的货币政策，因为凯恩斯认为当时经济处于流动性陷阱，所以增加货币供给的政策无法刺激消费和投资，从而无法形成有效需求，经济萧条也无法解决。

而除货币政策外，调节总需求的财政政策尤为重要。凯恩斯主义强调政府干预经济的必要性，认为市场机制的作用是有缺陷的，如果自由放任就可能产生经济危机和非自愿失业。从 *IS-LM* 模型上分析当时的情况，*LM* 曲线是水平的，此时货币政策无效，而财政政策的效果最明显，所以应该采取扩张性的财政政策，以工代赈也成了罗斯福穿透黑暗的一线曙光。

二战结束后，凯恩斯主义被西方各国政府广为采用。20 世纪五六十年代，美国和其他西方国家的经济虽有起伏，但由于采用了凯恩斯主义政策，在经济繁荣的时候减少政府开支、收缩银根，在经济萧条的时候，用财政支出和货币扩张来缓解衰退，经济的起伏要比战前平稳得多：工业生产总值年均增长 4.6%，生产率年均增长 3.2%；50 年代的平均失业率为 4.5%，60 年代为 4.7%；消费物价指数的年均上涨率仅为 2.5%（见图 7-2）。这一时期，被称为西方发达资本主义国家经济的"黄金时代"。

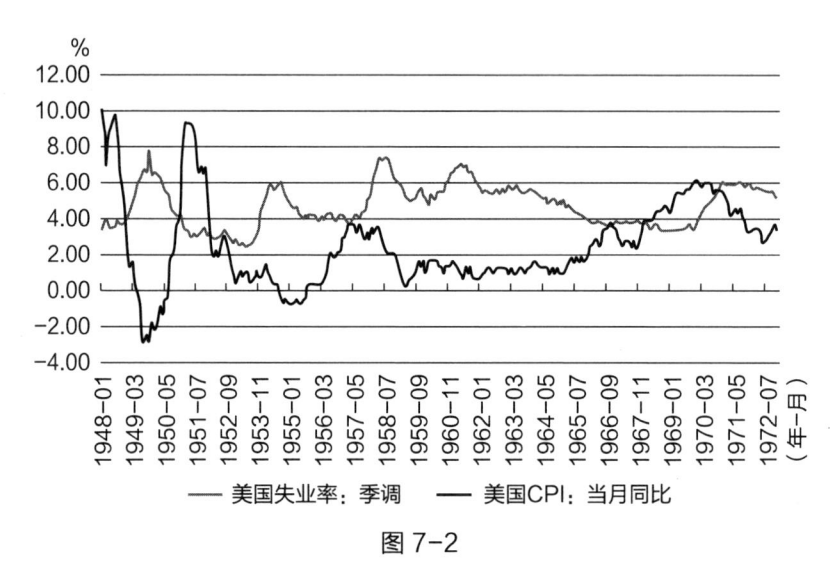

图 7-2

7.2.1.3 哈耶克的"自由货币论"

作为凯恩斯理论坚定的反对者，哈耶克曾与凯恩斯有过长期的辩论。哈耶克反对各种形式的政府参与，他认为政府直接干预经济都是不好的，而且市场经济的基石是让消费者而不是生产者说了算。

在这样的思想下，哈耶克认为失业和通胀并存是国家干预的结果，是过去长期实行凯恩斯主义充分就业政策的必然结果。市场经济本质上是一种私人经济，要使市场机制充分发挥作用，就一定要有健全的货币制度，滞胀产生的原因就是政府垄断了货币发行权并滥用这种权力，破坏了市场机制的正常作用。关于如何消除失业和通胀，哈耶克既反对凯恩斯主义的需求管理政策，也不同意货币主义的控制货币发行量的对策。因此，哈耶克提出了"自由货币"，即货币的非国家化理论，主张取消政府发行货币的垄断权，废除国家货币制度，将私人银行发行的竞争性货币——"自由货币"作为国家货币的替代物。他认为，政府对货币发行权的垄断是经济不稳定的根源，是失业和通胀产生及二者并存的根本原因。

7.2.1.4 弗里德曼与货币学派

源于费雪方程式 $MV = PT$（M 为一定时期内流通货币的平均数量，V 为货币的流通速度，P 为平均价格水平，T 为商品和服务的交易总量）与剑桥方程式 $M = kPY$（M 为货币供应量，P 为货币购买力，Y 为总收入，k 为以货币形式持有的财富占名义总收入的比例），弗里德曼的货币需求函数与二者极为相似。在其他条件不变的情况下，财富水平越高、其他资产收益率越低、预期通胀率越低，对货币的需求就越大。在均衡状态下，财富在各种资产之间按照边际收益率相等的原则分配。当边际收益率不相等时，追求最大效用的个人便会在不同资产之间重新分配财富。

货币学派认为，资本主义市场经济在动态上是稳定的、均衡的，市场体系本身并不会产生扰乱的趋势。这种体系所经历的破坏性的震动大都是由政府的妄加干预如税收、支出和货币政策引起的。经济波动之所以发生，也是由于政府采用了干涉市场经济的错误政策所导致的。他们主张回到古典经济学去，实行自由放任的经济政策。而供给学派则进一步提出了回到"萨伊定律"，强调供给决定需求，认为发展经济应在刺激供给上下功夫。

除此之外，弗里德曼也为现代中央银行指路，在其 1962 年发表的《是否应该有一个独立的货币当局？》一文中最早提出中央银行独立性的概念，即要有一种货币宪法，它可以定义中央银行的目标并建立利用政策工具来实现目标而不受政治干预的组织结构。中央银行建立一个组织结构后，可以使用独立于政治干预的政策工具来实现这些目标。这就是现代中央银行独立性的开端。

7.2.2 中央银行的政策角色

一些中央银行成立较早，已经存在了很长一段时间，如 1668 年瑞典成立了里克斯银行；英格兰银行也于 1694 年成立，最初共有 19 名员工，而最初的皇家宪章（由威廉国王和玛丽皇后授予）要求英格兰银行"促进公共利益和人民福祉"。作为一家私营企业，英格兰银行相对于政府的独立性当时并未被考虑在内，直到1997年5月，英国政府才赋予英格兰银行货币政策独立性。相比之下，更多的中央银行都是近些年才成立的，而且多以私人机构的形式存在。此外，在战后时期，许多新独立的国家也建立了中央银行，并界定了它们与政府的关系和运行机制。

其实，中央银行的政策角色在20世纪才开始受到关注。为了保障其作为货币当局的政策角色的有效性，中央银行的独立性必须得到保证。20世纪80年代开始，在经历了长达10年的通胀之后，支持建立一个独立中央银行的论据开始具体化，这一经历将焦点放在了中央银行的决策及其失效上。中央银行独立性之所以引人注目，是因为四个完全不同但同时存在的影响因素。第一，20世纪70年代的通胀事件导致了人们对中央银行的极大不满，人们指责它的失职。政府需要重新考虑中央银行的组织、治理和决策。第二，许多发达国家、新独立的国家以及后来的转型国家正在建立或重组中央银行。在任何情况下，中央银行在政府结构中的角色和地位都需要加以界定。第三，宏观经济学的理性预期革命引发了人们对货币政策作用的思考。第四，初步的实证调查表明，中央银行独立性更强的国家似乎更少经历通胀。到1990年左右，这四种影响结合在一起，形成了一个普遍的结论，即中央银行应该独立于政治影响之外。

吸取了多次金融危机的经验，各国对中央银行治理原则的讨论已经从独立性转移到了强调目标设定、透明度和问责制。由于各国的中央银行是政府的一部分，并一直参与政治的互让，中央银行即使独立执行货币政策也常常受到政府干预，在考虑中央银行的职能范围时，中央银行通常与政府互动、协调、寻求批准或以其他方式参与。因此，设定一个有效的中央银行货币政策目标是最大化中央银行独立性的重要举措。

7.2.3 通胀水平：现代中央银行主要货币政策目标

1. 中央银行独立性的体现：货币政策锚

中央银行独立性可以分为目标独立和工具独立。中央银行的货币政策目标制定是政治机构的特权，中央银行独立性意味着中央银行能够决定如何使用政策工具来实现这些目标。简单来说，就是美国国会可以制定稳定物价和最大化就业的目标，而美联储则制定政策来实现这些目标。

在货币政策框架中，无论哪个国家的中央银行，其货币政策的主要目标都是谋求没有通胀的经济增长。由于没有办法直接控制和实现最终的货币政策目标，中央银行便通过选定与终极目标紧密相关的中间指标进行调节和控制，这就是中央银行货币政策的名义驻锚，即中央银行货币政策选定的中介目标。

2. 通胀：最主要的货币政策之锚

历史上曾有过许多锚定指标，比如汇率和货币流通量，但目前使用最为广泛的是将通胀作为名义驻锚。1990年，新西兰中央银行最早采取了通胀目标制，1991年加拿大中央银行紧随其后，随后英国、瑞典、芬兰、澳大利亚、西班牙等众多国家也纷纷加入。采取通胀目标制通常包括以下三个要素：一是将价格稳定作为货币政策的基本长期目标，并最终达成相应的通胀目标；二是向公众宣布中期的通胀目标；三是向公众和市场公开货币政策制定者的计划和操作，以增强货币政策的透明度。

使用通胀作为货币政策的目标有很多优点。首先，通胀目标使货币政策能对国内经济的变化做出反应，允许货币当局运用可靠的信息而不是一个变量来决定货币政策，因此通胀目标更加具有综合性，而给予中央银行的操作余地也更大。其次，通胀目标具有较高的透明度，更容易被公众理解，数字化的通胀目标也增加了中央银行的责任度，降低了货币政策执行提前或滞后的可能性。最后，中央银行能够辅以其他传统的稳定性目标，比如总产出或就业的波动，并在制定目标时将其他目标的稳定性也考虑进去。

尽管通胀目标对货币政策来说意义重大且非常有效，但随着时代变化和消费升级，原有的通胀目标因其分项因子鲜有变化，在衡量社会结构性问题中已经失之偏颇，所以这也是后续货币政策有效性越来越低、社会结构性问题越来越突出的一个重要原因。

3. 美联储历史货币政策和货币工具

美联储作为美国的中央银行，其制定的货币政策最终是为三个主要目标服的：实现充分就业、保持物价稳定，同时稳定美国长期的利率水平。而美国货币政策的历史，也经历了从单一目标到多重目标的转变。

1）美联储成立之初：以贴现率为政策目标

1913年12月23日，美联储根据联邦储备法成立，而美联储的核心管理机构是美国联邦储备委员会。联邦储备法规定，美联储要"提供富有弹性的通货，提供商业票据再贴现，建立有效的银行监管以及其他目标"。从这一点可以看出，最早美联储货币政策主要通过调节贴现率来实现。在贴现过程中，美联储对抵押品有着严格的限定，要求商业银行必须提供真实有效的商业票据，以此避免因货币超发而引发通胀。

可以说，美联储成立之初货币政策的操作和目标是很单一的，联邦储备法没有赋予美联储调整银行存款准备金的权力，此时公开市场操作虽然存在，但是作用并不大。在一战期间，美国政府大量融资，战后美国货币供应大幅上升，通胀压力不断上升，从战前的2%飙升至20.7%，但是当时单一的货币政策工具没能有效控制货币增长和通货膨胀。

2）大萧条时期：调整存款准备金以及重视公开市场操作

一战结束后，美联储的独立性得到增强，公开市场操作对市场的影响开始受到美联储的重视，同时促进国内稳定发展、保持国际收支平衡等目标不断出现，这些也成为美联储货币政策调控的主要目标。但是，这一阶段美联储依旧较为保守，优柔寡断的货币政策和错误的决定没能有效抵御1929—1933年的大萧条。

原因有两方面：一方面，美联储没有降低利率刺激经济，为了防止资本外逃，反而在1931年将利率从1.5%提高至3.5%；另一方面，美联储未能及时发挥最后贷款人的角色，而是任由银行倒闭，最终使得美国银行倒闭潮席卷全美。

大萧条结束后，罗斯福上台，对美联储系统进行了大量改革，不仅赋予了美联储改变法定存款准备金的权力，对会员银行的存款利率实行上限管理，还建立了联邦存款保险公司。此外，罗斯福还废除了金本位制度。金本位制度的废除，使得美联储打破了货币投放的束缚，货币供给开始大量增加，经济下滑的势头得到遏制。

3）20世纪70年代：以联邦基金利率为中介目标

这一时期，美联储十分重视存款准备金的变动，并以货币市场上的短期利率作为货币政策的中介目标，而在操作上，美联储也开始了国库券的买卖（公开市场操作）。值得注意的是，到了20世纪60年代，美国人口红利的作用开始发挥，美国人口从1945年的1.4亿人上升到1960年的1.8亿人，年均增长率达到了1.95%，相比战争时期有明显的提高。

伴随着人口的增长和经济的发展，美联储的注意力逐渐转移到保障就业上来，凯恩斯主义的兴起使得美联储开始用货币政策去解决失业问题。但是随着美国经济的增长，通胀风险也在日益加剧，美联储开始主动调整货币政策，上调联邦基金利率，通过调节法定存款准备金率来控制货币的供应量。

欧洲、日本潜在生产率的不断提升，以及美国高端制造业优势的消失，使得美国潜在生产力开始下降，美国GDP不断回落，20世纪五六十年代平均增速达到4.2%，但是到了1971年降低为3.3%。总供给的收缩使得通胀与失业率不再呈现反向关系，而是表现为螺旋式上升态势。作为应对措施，美联储尝试引入货币供应量作为中介目标，但是在实际操作中仍然以调节货币市场利率为主要手段，但最终效果甚微，通胀有增无减。

4）保罗·沃克尔时期：以货币供应量为中介目标

凯恩斯主义在滞胀时期的失效使得货币主义开始抬头。沃克尔当选美联储主席之后，便宣布不再以联邦基金利率为操作目标，美联储开始以货币供应量为中介目标调整货币政策。当时，美国的货币供应量以M1为主，通过缩减货币供应，使通货膨胀逐渐回落。此后，随着美国金融创新和货币形式的变化，调控M1越发难以满足美联储的调控目标，于是多层次的货币供应量开始建立，调控目标也从M1逐渐转向M2。

5）格林斯潘时期：平衡通胀和经济增长

格林斯潘上台后认为，随着美国金融创新和投资多样化的发展，M2与经济增长和通胀的相关性正在不断下降，于是在20世纪90年代初，美联储放弃将货币供应量作为货币政策的中介目标，再次将调节联邦基金利率作为货币政策的中介目标。但是与 20 世纪 70 年代的中介目标不同的是，格林斯潘提出了"中性"货币政策，保持"中性"利率，避免过度刺激或抑制经济发展，同时保证低通胀能够伴随经济的发展。

在此期间，美国的 CPI 在 1%~5% 之间波动，平均值为 3.1%，可见，美联储具有很强的前瞻性。在 CPI 上涨之前，美联储就通过加息的方式来平抑上升的通胀，这一阶段共进行了三轮加息，分别是在 1987—1990 年、1995—2000 年以及 2005—2007 年。而在此期间，美国实际 GDP 平均增长率为 3.2%，美联储第一次在真正意义上实现了稳定物价和促进经济增长的双重目标。

此外，格林斯潘认为预期管理对于货币政策的实现目标来说至关重要，因此美联储开始重视公开性以及与市场的积极沟通。对市场而言，货币政策的预测性有所提高。

6）伯南克时期：采用非常规货币政策，利率走廊形成

2008 年金融危机爆发后，美联储将减少失业、维护金融系统稳定作为货币政策的首要目标，并且通过非常规货币政策成功阻止了危机进一步恶化。非常规货币政策主要有两个组成部分：一是前瞻性指引，二是大规模资产购买计划。前瞻性指引的目的是引导公众相信美联储将长期保持联邦基金利率的低水平。大规模资产购买计划是美联储面对经济下行压力过大而提供的额外支持，主要通过大规模购买国债、联邦机构债券和抵押支持债券向市场注入流动性。

为了应对金融危机，美联储又创设了隔夜逆回购利率。美联储逆回购的操作与中国是相反的，是美联储卖出高评级债券、向市场借入资金的行为。隔夜逆回购利率的适用范围不仅限于银行，还包括主要交易商、货币基金和企业。在此背景下，如果联邦基金利率低于逆回购利率，那么非银机构就会选择将钱借给美联储，最终使得市场资金紧张，联邦基金利率上升。因此，在此后的很长一段时间内，超额准备金利率成为美国利率的上限，而隔夜逆回购利率则成为利率的下限，美联储利率走廊由此形成。在非常规货币政策的支持下，美国经济开始回暖，失业率开始降低。

7）耶伦时期：货币政策常规化

与前面两任美联储主席类似，耶伦也十分注重美联储货币政策的公开透明，同时她更加担忧失业增长可能带来的经济结果，但也相信美联储刺激就业和经济增长的能力，因此当时货币政策的目标是实现就业最大化、稳定物价和金融体系。

为了防止量化宽松政策引发通货膨胀，美联储时隔7年重启加息。2014年，美国经济恢复至金融危机前的水平，随后美联储逐渐退出量化宽松政策。

8）鲍威尔时期：新冠疫情下的收益率曲线管理

在新冠疫情的影响之下，美联储意识到需要调整目前的货币政策框架，因此美联储引入了平均通胀目标机制，允许通胀在一段时间内超过2%的目标通胀水平。与此同时，美联储对于劳动力市场的目标也发生了变化，将目前实现就业最大化存在的缺口作为政策制定的工具，而此前是偏离就业最大化水平的。

美联储引入平均通胀目标机制，就是在进一步放松边际政策。由于平均通胀目标机制实际上是一种通胀的补偿行为，因为新冠疫情对于实体经济造成了巨大的通缩压力，因此2%的平均通胀目标意味着需要容忍短期内更高的通胀来实现长期的通胀目标。因此，美联储维持低利率的时间要比之前更长。从更深层次的角度来看，平均通胀目标的提出，表明美联储对于通缩的担忧要高于通胀，因此短期通缩压力的持续存在不能仅仅通过平均通胀目标机制这个工具来扭转。美联储为了达到通胀目标，必然会在整体政策上做出更多的调整和改变。

7.3　2%的通胀目标

过去40多年，全球经济经历了"大通胀—大缓和"的周期。40多年前，美国经济最大的特征是高通胀，"大通胀"时期美联储最主要的任务是修复美联储对稳定物价承诺的可信度。时任美联储主席保罗·沃尔克为抑制高通胀而紧缩货币政策。加息政策配合基辛格访问中东，建立石油美元体系，最终成功稳定了通胀水平。后来在格林斯潘任内，成功将通胀和通胀预期锚定在2%左右的水平。沃尔克时期的政策，为后面很长一段时间的经济稳定奠定了基础。但在"大缓和"时期，经济形势又给货币政策提出了新的挑战。在"大通胀"时期，经济扩张通常以经济过热和通胀上行为结尾，而在"大缓和"时期，经济扩张周期的尾声往往伴随着金融的不稳定性，这使得保持金融稳定的重要性进一步上升。

金融危机后的近10年，全球经济再次面临新挑战。经济进入"新常态"，美国经济长期潜在增速不断下降，从2012年1月的2.5%下降至1.8%。与此同时，美国和全世界各国的利率水平持续下行，主要发达经济体的政策利率都下降至接近零甚至负利率的水平。常规货币政策的施展空间大幅降低，在下次金融危机来之前能否留出足够的降息空间越来越成为一个问题。而与此同时，更糟糕的是，货币政策放水也会出现负面影响，而这些影响往往会由最不具备抗风险能力的人群承担。

在这段时期，现代货币经济学和中央银行的政策实践，从理论上经历了现代货币数量论、新古典宏观经济学和新凯恩斯主义，再到上一轮危机后凯恩斯主义的回归。在新凯恩斯主义理论下，全球大多数中央银行都将稳定物价作为目标。而不同国家所采用的通胀目标制也不尽相同。美联储采取较为灵活的通胀目标制，依据泰勒规则，以充分就业和稳定物价为货币政策的目标。此外，其他一些国家的中央银行如新西兰中央银行，则将通胀作为货币政策的首要目标，事实上它认为通胀和失业率存在反向关系，实现其一就能实现其二。

美联储货币政策最终服务于三个主要目标：实现充分就业、保持物价稳定、稳定美国长期利率水平。美联储在2020年对其货币政策框架进行了调整，对充分就业赋予了更高等级的重要度，将其对就业目标的表述调整为关注当前就业与最大就业水平的缺口，即美联储将追求更高水平的就业。而实行的平均通胀目标制提高了对通胀水平的容忍度，美联储将在一段时间内允许通胀超过2%，但对于通胀在多长时间内和多大程度上超过2%并没有清晰的界定。美联储对于其双重目标制的不对称调整，体现了菲利普斯曲线更加平坦化。

7.3.1 美联储的通胀目标

对通胀而言,过去 10 年失业率和通胀之间的相关性开始降低。在新冠疫情出现之前,美国的就业市场经历了半个世纪以来最好的时候,失业率下降至 50 年来最低,但这并没有提升通胀率。这使得在过去 10 年中通胀对货币政策决策的影响程度逐步下降,而就业被赋予了更高的权重。

美联储在 2020 年对其货币政策框架进行了调整,将通胀目标改为更加灵活的平均通胀目标制。美联储的平均通胀目标制类似于价格水平目标制,主要关注一定时期内或长期的通胀水平稳定在目标水平,这有利于长期通胀预期的稳定。2020 年 8 月,美联储调整其货币政策框架时明确表示不倾向于制定一个严格的通胀目标公式,即采用灵活的平均通胀目标制。灵活的机制使得美联储对通胀的容忍度进一步提升,在经济下行和通缩时期使得宽松的货币政策预期能够持续更长时间。但在通胀率上升时,美联储需要通过与市场进一步沟通,来提高其调控价格行为的透明度和可信度。

由于过去 10 年低通胀的环境,我们认为美联储在应对通胀率过高和通胀不达预期的两种情况时,风险认知和可使用的政策空间是不对称的。从日本中央银行和欧洲中央银行掌握的情况来看,过去 10 年所面对的环境都是通胀难以达到预期目标。2013 年以来,除了 2014 年,日本均未达到 2% 的通胀目标,而是在零附近徘徊。2010 年至 2019 年,日本年均经济实际增长 1.0%,低于 2000 年至 2007 年年均增长 1.5% 的水平,也低于同期世界经济年均增长 3.6% 的水平。唯一可称道的就是就业,2013 年至 2019 年日本的年均失业率为 3.0%,较 2008 年至 2012 年的均值低了 1.7 个百分点。在低利率、低通胀、低增长的环境下,仅靠量化宽松或进一步把利率降低到负值无法实现真正的经济增长。美联储认为,一旦陷入低利率、低通胀、低增长的循环中,想要从泥沼中挣脱出来是很困难的,而且可用的政策空间也有限,而相较于通胀高于目标区间的情况,美联储则有相对较多的政策工具抑制通胀预期的进一步升温,这一点从美联储 2023 年加息预期升温后市场长期的通胀预期迅速回落中也可以看出。

因此,美联储目前的通胀目标可能是个区间范围,只要不是过高或过低,而是维持在区间内运行,都不会触发美联储的行动。与之相较,美联储对就业的关注度有所提高。金融危机后为了避免经济萧条而推出的刺激政策导致通胀预期先行,而货币政策(名义利率)锚定就业,滞后于通胀上升,这样在就业恢复之前,必然会导致实际利率过低。从过去的经验来看,风险性事件必然最终导致实际利率下降。而如同美联储在通胀上升的过程中淡化通胀风险一样,随着鲍威尔提到的"秋季将创造强劲的就业机会"逐渐实现,我们认为美联储在实现货币政策正常化的过程中也会淡化通胀回落的风险,而更多地关注就业和劳动参与率等指标,以评估其货币政策在收紧的过程中与经济的动态反馈关系。

7.3.2 暂时性通胀和可持续通胀

市场对于美联储稳定物价承诺的不信任之处在于,市场认为美联储将长期可持续的通胀超预期上行的风险误认为是暂时的,并一再忽视大通胀的证据,或迫于政治压力或经济压力,美联储没有勇气或动力及时地收紧货币政策以稳定通胀预期,而美联储迟滞的行动会导致稳定物价需要付出更多的政策努力。

美联储关注的是更广泛的物价稳定,因此区分暂时性通胀和可持续通胀是有意义的。如果是由于经济重启或供应链暂时性扰动等一次性因素推动的价格上涨,其上涨不具有可持续性且可能在未来一段时间内转为下跌。而更广泛的可持续的价格上涨,会进一步导致物价—薪资上涨的反馈,如果不采取收紧的货币政策,很难依靠自身切断反馈,从而抑制通胀预期的进一步上行。

据此,美联储通过剔除一小部分价格波动率较高的食品、能源等商品,获得更加广泛的物价走势,从而保持货币政策稳定性以及避免进行不必要的干预。类似的情况在2010—2011年也出现过,当时油价和大宗商品价格的上涨推动了通胀上行,随后不久通胀重新回落至目标水平。

7.3.3 20世纪70年代的大通胀会重现吗?

市场对于可能会重现20世纪70年代大通胀的担忧主要来源于对美联储采取行动的意愿和能力的不信任。尤其是在美联储采取更为灵活的平均通胀目标制后,市场未必相信美联储会履行承诺,因此需要美联储进一步强化与市场的沟通以提高政策的透明度，否则将降低政策的有效性。

但从目前来看，这两种担忧似乎都有所缓解，剔除了受到供应链和经济重启影响的品类通胀上涨温和，而往后看二手车的价格有望趋于稳定，部分大宗商品的价格也从前期高点有所回落，木材价格在很短的时间内已经腰斩。2023年加息的预期升温使得市场的通胀预期已经先一步回落。随着就业形势好转，美联储实质性收紧的步伐加快，市场的通胀预期可能会进一步回落。

此外，与20世纪70年代相比，目前通胀所面临的情况与当时有两点不同。

一方面，自美联储20世纪70至80年代通过加息等紧缩的货币政策成功抑制通胀以来，美联储稳定物价的机制逐渐被市场所理解，并且美联储通过不断加强与市场的沟通，提高了这套机制的有效性，使得通胀与通胀预期之间相互强化的反馈易被切断。当居民部门和企业部门的长期通胀预期能够稳定在一定区间时，其在做远期规划的时候受短期价格的影响将更小。

另一方面，自20世纪80年代以来，尤其是金融危机后的这10年，美国的通胀中枢和利率中枢一直处于下行区间。低通胀和低增长背后的原因有很多，大量的文献探讨了美国未来陷入长期停滞和日本化的可能性。其中很重要的一点是，金融自由化和全球化带来的产业空心化导致美国经济出现结构性问题，政策放水和全球化的好处大多被华尔街和跨国企业所享有，而政策放水和全球化带来的产业空心化的坏处则由底层民众承担，贫富差距不断被拉大，而自由主义"小政府"所设想的"涓滴效应"并没有那么理想。货币政策放出的"水"大多流向了金融市场而非实体经济，证券市场和房地产市场形成巨大的蓄水池，美国的股市和中国的楼市，对低增长和低利率的日本和欧洲来说，推动了日元和欧元在全球范围内的套息交易。分配的失衡带来美国潜在增长率和长期通胀水平的不断下降，而这一问题并没有在新冠疫情后得到解决，反而在一次次危机中被进一步加剧。

此外，我们认为类似于20世纪70年代物价上涨和薪资上涨之间的正反馈难以复制的原因是，美国的去工业化和产业空心化，导致美国的贫富差距进一步拉大。随着服务业就业人员占比增加，服务类要素供给无法推动收入持续增长，从而无法形成社会性广泛收入增长。大量群体的收入增速较低，对总需求增长形成抑制，使得有效需求相对不足。去工业化的后果之一，便是劳动性收入增速无法超过资本性收入增速，从而加剧了贫富分化。在以服务业为主导的经济体中，多数人被固定在服务业就业框架中，工资增长幅度和速率均受限于行业要素所获得的分配情况。服务业要素价格不具备足够的刚性，议价能力相对较弱。工业品由于可贸易性较强，能够在全球范围内流动并定价，因此多数时候其价格是对价值的合理反映。服务业，尤其是低端服务业，几乎不具备可贸易性，再加上属地性较强，导致其议价能力受限，要素价格增长无法成为统一而普遍的现象。要素价格增长受限，又进一步限制了从业人员长期收入增长的能力。经济学家丹尼·罗德里克曾指出，几乎所有顺利完成工业化的发达经济体，在工业化阶段制造业吸纳的就业人口在巅峰期都高达劳动力市场总额的三成到四成，而大多数过早去工业化的发展中国家，人均收入水平都处于低位，即陷入"中等收入陷阱"。

7.4 货币政策还"包治百病"吗？

7.4.1 货币政策有效性框架

1. 美联储决定基础货币的供求

美联储为实施货币政策而采取的所有行动，包括量化宽松、调整银行准备金利率和前瞻性指引，都会通过影响基础货币的供求来影响价格水平。2008 年金融危机前，货币政策主要由美联储增加或减少货币供应的行动组成。当美联储希望向经济注入更多资金、增加供给时，它通常会用新发行的货币购买国债。这些新注入的资金即为扩张性货币政策，而量化宽松则是在接近零利率的环境下进行的异乎寻常的大规模公开市场购买行为。

如果美联储希望增加基础货币投放，那么它将购买价值相同的国债，向美联储出售债券的个人或机构将获得新的基础货币。这种新的基础货币最初进入银行储备，但最终大部分会作为公众持有的货币流入市场。当美联储希望在有限的时间内增加基础货币时，它通常会签订回购协议，即美联储从公众手中购买美国国债，并承诺稍后以略高的价格转售。

2008 年金融危机后，货币政策变得更加复杂。美联储增加了主要影响基础货币需求的政策工具，而不仅仅是供应。一个特别重要的新工具是银行准备金利率，美联储向商业银行在美联储持有的准备金支付利息，并调整这一利率，以影响货币环境。当美联储寻求更具扩张性的货币政策时，它会降低现行利率，从而降低银行持有准备金的吸引力。而由此导致的银行准备金需求下降是扩张性的，因为对任何资产的需求减少都会降低其价值，公众持有的钱比他们能支配的要多，为了摆脱这些过剩的现金，他们增加了在消费品和投资品上的支出，这往往会推高物价水平。

2. 屡试不爽的宽松货币政策

为了应对经济增速放缓，宽松的货币政策屡试不爽；而当经济过热时，紧缩的货币政策能给经济吃下一颗"降温丸"。传统的经济周期一般会有繁荣、衰退、萧条、复苏四个阶段。在经济繁荣时期，金融体系的风险加速聚集，而经济衰退和萧条时期这些风险会加速释放，进一步加剧了金融体系和宏观经济的波动。逆周期的货币政策则是进行反方向调控，通过逆周期的资本缓冲，平滑信贷投放、引导货币信贷适度增长，起到抚平经济波动、提高经济弹性的作用。这就是货币政策的逆周期调控，能适度抚平经济周期的波动，也是货币政策存在的基础。我国在货币政策逆周期调控的基础上，进一步实现跨周期调控，即货币政策要兼顾当前和长远，保持宏观政策的连续性、稳定性、可持续性，稳健的货币政策要灵活精准、合理适度，保持货币供应量和社会融资规模增速同名义经济增速基本匹配。

但是在历史上，为了应对放缓的经济增长水平，扩张性的货币政策一直是"灵丹妙药"。一方面，当货币供应量较多地超过经济正常运行所需的货币需求量时，其主要功能在于刺激社会总需求的增加。与任何其他资产一样，货币供应量的增加往往会降低其价值。货币的价值只能随着商品和服务总体价格的上涨而下降。因此，在其他条件相同的情况下，扩张性的货币政策往往会加剧通胀。另一方面，扩张性的货币政策可能会提高资产价格，增加银行贷款，使美元在外汇市场贬值，提高通胀预期，产生刺激消费的过剩现金，或造成上述几种效应的某种组合。

人为降低政策利率主要通过两个渠道来刺激需求：

（1）刺激消费。利率是当前消费和未来消费的相对价格。举个极端的例子，如果利率是 100%，那么当前消费的机会成本会非常高，把当前的消费延迟到未来将翻倍地增加未来的消费水平。如果利率是 0，那么把当前的消费延迟到未来并不会增加未来的消费水平。更低的利率降低了当前消费的相对价格，有利于刺激消费。

（2）刺激投资。更低的利率还降低了投资成本，有利于刺激投资。在刺激消费和投资的货币政策传导机制中，特别值得关注的是资产负债表效应。在更低的利率环境中，企业部门和居民部门的负债成本下降。更低的利率提高了资产估值，企业部门和居民部门持有的各种资产的价值上升（财富效应）。低利率同时改善了企业部门和居民部门的资产负债表，进而刺激这些部门增加投资和消费支出，拉动总需求。

自 20 世纪 80 年代至 2008 年金融危机之前，货币政策的主要功能被中央银行理解为逆周期调控，通过控制短期利率，将总需求调整到潜在增长率附近，维持物价稳定。因此每逢经济衰退，利率下降、货币宽松往往会与积极的财政政策双管齐下，提升社会的总消费，增加社会的总产出。人们通过花掉手中增加的货币，使得市场交易中对实际商品数量的需求增加，从而让经济得到恢复。

7.4.2 货币政策面临的挑战

在金融危机将众多问题暴露后，货币政策制定者们逐渐遇到了挑战，信用货币体系发生了深刻变化，对货币理论与政策的实施产生了诸多影响，宽松的货币政策并不能解决全部的问题。

1. 货币投放的决定性因素由供给转为需求

信用货币体系的建立，让货币的投放不再受制于货币实物的供应，但货币的投放更多地取决于社会的货币需求，而不是货币当局的货币供给。

社会主体对货币的需求，即是否愿意将储备物出售以换取货币非常重要，更重要的是在信用投放的情况下，货币投放在更大程度上取决于社会主体扩大负债获取货币的意愿。在经济上行阶段，投资回报预期向好时，社会主体更愿意扩大投资和消费，货币需求随之扩大，货币当局要控制货币供给、抑制经济过热和通货膨胀，是比较主动和有效的。但在经济下行阶段，投资回报预期转差时，社会主体扩大负债和投资消费的意愿减弱，货币需求萎缩，此时，货币当局想要扩大货币投放就很被动了，甚至可能出现利率为零也没有人愿意借钱的情况。这样，货币当局要抑制经济衰退和通货紧缩就会非常被动和低效。

2. 中央银行扩大资产规模不代表全社会货币总量会同比扩大

无论是美国还是中国，都存在货币投放上"中央银行—商业银行/一级交易商—社会交易主体"的传导体系。中央银行扩大或收缩货币投放的政策意图，需要先传导到商业银行层面，然后由商业银行层面再传导到社会层面，这就出现了中央银行货币政策传导效率的问题。以中国为例，在经济加快发展阶段，社会投融资需求旺盛，资产价格上升，银行贷款或购买债券的质量更有保障，出于利润最大化的商业考虑，商业银行更愿意扩大货币的信用投放。但此时为防范通胀的风险，央行可能需要实施逆周期调控，控制货币投放，这就可能遇到来自银行层面的阻力，有时仅靠提高利率等经济手段难以达到预期目标，因此不得不配合行政手段加以调控。而在经济下行阶段，社会投融资需求萎缩，商业银行出于风险考虑，也不愿扩大信用投放，就可能加剧通货紧缩的态势，此时央行则需要扩大货币投放，但由于商业银行的积极性不高，央行扩大货币投放可能会更多地淤积在商业银行层面或流入金融市场"空转"，而进入不了实体领域。

3. 货币总量增长不代表社会物价总指数或通胀率同比增长

物价水平或货币币值会受到货币总量变化与可交易社会财富规模变化两方面因素的影响，不能只看货币总量的变化。而且，由于金融交易市场的存在和对货币的分流，以及货币总量中仍存在流动性的问题，真正对物价水平产生影响的，不是货币总量，而是货币总量中真正用于财富交易的流动货币数量变化，是货币流动性的变化。即使在货币总量与财富规模一定的情况下，真正用于财富交易的流动货币数量扩大或减少，或者真正用于交易的财富规模减小或增大，同样会导致社会财富平均价格提高或降低。因此，货币政策只盯着社会物价指数是不够的，还需要关注金融资产价格的变化。

4. 负利率时代的到来

经历过蜜糖一般的宽松货币政策，想收手之时，中央银行却受到了越来越多的掣肘。这一步是金融资产对中央银行的逆向约束。

除前述的几点之外，中央银行货币政策也面临着南辕北辙的困境，在经济衰退、萧条时期实行的逆周期宽松货币政策，给实体经济带来的复苏作用较为缓慢，但资产特别是金融资产却大行其道，较大的流动性往往会成为资产价格泡沫的始作俑者。当金融资产价格被推高之后，金融市场就形成了"大而不倒"的境地，此时经济或许没有完全从低谷中恢复，但资产的表现却十分异常，中央银行也因此被资产所绑架。

试想，如果中央银行不顾经济恢复情况，执意要收紧宽松的货币政策以应对高企的资产价格，那么资产价格的骤降再加上尚未恢复元气的宏观经济，将会对市场造成双重打击，带来更大的系统性风险，这种后果中央银行无法承担。由于资产价格在流动性的加持下已处于高位，中央银行收紧货币的行为将挤掉资产价格中的水分，而这会给市场带来巨大的波动，因此中央银行只能略微捏紧拳头，让市场在其可接受的范围内发生调整，用于应对下次危机。就这样，中央银行用来实行货币政策工具的空间越来越小，中央银行与高资产价格如同绑在一根绳上的蚂蚱，中央银行不想经济和市场出现巨大的波动，而资产则乘机借助流动性变得更贵，中央银行无意间开启了"养蛊模式"，而高资产价格这只"蛊虫"势必会反噬中央银行和经济，只不过中央银行在极力维持着其中的平衡，让其不要在当下发生。货币政策无法退出，利率调控的空间越来越小，这是零利率甚至负利率时代到来的必经之路，而美联储在这条路上已经越走越远了。

可以看到，美国标普500波动率指数（VIX）自2018年开始，每年都至少有一次大幅抬升，就是因为在2017年后，美国经济增长的动力再次下降，一旦有事件让市场产生了货币收紧的预期或如同新冠疫情一般的突然冲击，美股波动率水平便迅速上扬，中央银行也不得不重新定夺其货币政策的方向，从而走向负利率这个"死结"。

虽然社会总负债与货币总量的增长速度与社会财富增长速度之间的差距越来越大，但并不一定必然引发恶性通货膨胀，这是因为金融资产在其中充当了蓄水池的作用。在社会总需求不足的情况下，反而可能出现负利率与货币总量泛滥下的通货紧缩。这就是金融资产与实体经济的K型分化，金融蓄水池的水位线会越来越高，但实体经济的通胀却远不及金融资产的通胀。这是全球大多数中央银行都会面临的问题，负利率时代的到来不可避免。

7.4.3 货币政策失效的背后

贫富差距是理解货币宽松政策失效的关键点。宽松的货币并不像主流学派认为的可以迅速均等地分配给经济中的每个人，而是像非主流学派预言的那样，首先流向极少数富人、高利润率的企业和流动性强的资本市场，然后再流向穷人、不那么赚钱的企业和实体经济。前者获得了大部分，后者获得了小部分。

但是前者的消费和投资倾向很低，投资之外获得的货币收入被储蓄起来；而后者的消费倾向很高，但是缺乏足够的财富，于是他们成了债务和杠杆的主体。为了弥补经济中的消费和投资不足，政府扩大财政赤字和债务规模，主动加杠杆。于是，伴随贫富差距扩大的是宏观层面的企业、家庭和政府债务占GDP的比重不断上升。

同时，经济中的总储蓄大于总投资，于是利率随着贫富差距的扩大而越来越低，当过度储蓄越强烈，负利率就变得越有可能。由于缺乏足够的消费和投资，经济增长也很难实现，通货膨胀也在低位徘徊。由于资本价格的上涨不计入通货膨胀，因此宽松政策只能继续维持，这样一个恶性循环始终无法被打破。

贫富差距在全球各个主要经济体之间都存在，这样的结构性问题作为经济中最基本的矛盾，影响了货币政策的传导，导致了货币政策的失效。而这个问题在美国最为典型，全球化的浪潮下美国的产业逐渐空心化，贫富问题更加凸显，使"三低"的问题暴露得更加充分，下面我就以美国为例分析货币政策有效性逐渐丧失的原因。

1. 宽松的货币政策无法再产生通胀

在货币极度宽松的情况下，美国并未出现通胀现象，非常重要的原因是美国货币流通速度和货币乘数双双下降，货币乘数由 2019 年末的 1.43 下降至 2020 年 6 月的 1.10，流通速度由 2019 年末的 4.50 下降至 2020 年 7 月的 3.89。

根据费雪方程式的变体 $VmB=PY$，货币流通速度 V 与货币乘数 m 是影响通胀的重要因素，即使基础货币 B 大量增加，若 V 和 m 同时减少，也会大大削弱其对价格 P 和通胀的影响。从历史经验来看，美国在 1985 年前后经历了"高货币乘数 + 稳定的货币流通速度"的阶段，在 1995—2000 年期间度过了"货币乘数下降 + 走高的货币流通速度"的阶段。从 2000 年互联网泡沫破裂之后到 2008 金融危机之前，美国经历了货币流通速度下降和货币乘数稳定的阶段。2008 年金融危机后，美联储实行量化宽松政策并未引起通胀，货币乘数和货币流通速度第一次出现双降，反映出美国货币政策传导过程中存在问题。

2. 宏观角度：产业空心化与收入下降

一方面，自 1980—1985 年美国经济从工业时代转入信息技术时代开始，美国的传统产业就在不断向海外转移。全球化的分工使得美国受益于全球低成本生产带来的低价商品，也压低了美国的通胀幅度。同时，随着产业结构的变更，中低端制造业逐渐空心化，美国制造业等领域的中等收入职业吸纳的就业人口数量减少，虽然早期阶段创新产业驱动了一部分就业人员的转移，但是信息技术的特征就是高附加值，剩余的大量劳动力流向服务业等领域的低收入岗位，全社会平均劳动报酬增速则相对停滞。

另一方面，随着中国等其他国家的科技进步，美国过去几十年积累的技术领先红利逐渐减少，在蛋糕总量缩减的情况下，财富竞争将更加激烈。而美国通过掌握核心技术，几十年来持续从全球吸引高技术人才，导致社会资源源源不断地向头部倾斜，收入分配向资本要素倾斜，造成的后果便是美国贫富分化加剧，阶层固化且不可逾越。

美国高收入群体的财富占全社会财富的份额持续提升，财富分配不平等状况持续加剧。特别是在互联网企业寡头崛起的过程中，收入分配向资本要素集中，造成的结果是富人资产快速膨胀。而与之相对应的是普通民众依赖工作收入积累财富的困难越来越大，中产阶级收入水平下降，导致基尼系数不断上升，贫富分化不断加剧。薪资增速的缓慢，弱化了居民部门的消费能力，减缓了货币的流通速度。

金融危机发生前，资金加速地涌入金融性资产和房地产，导致居民部门的债务杠杆进一步激增。在危机发生前，金融性资产和房地产似乎是有利于投资、需求甚至是消费的，但当危机发生时，杠杆将对最终承担者的资产和负债产生极大的损害，而这些撤退不及时的最终承担者主要是居民部门，他们难以向其他部门继续传递债务。而控制了大量财富的少数人则能通过杠杆获取收益，高额的债务则在其他大部分人身上不断累积。

金融危机发生后，美国股市持续上涨，给予富人越来越快的财富积累，而劳动力成本却上涨缓慢。高低收入群体之间的断层越来越大，平均收入的意义也将越来越小，居民部门的消费能力越来越弱，造成了通胀低迷的环境。虽然税收机制可以在一定程度上改变这种分配不均的状况，但特朗普政府并不希望对富人加税。财富无法合理再分配，进一步导致居民部门中的债务杠杆无法消除。

这一部分人消除债务的途径就是增加收入，提高储蓄，但在贫富差距拉大的情况下，收入增速过低致使杠杆在短期内无法被消除，对通胀和货币流通速度都造成了压制。要解决这个问题，必须形成一个新的反馈路径来修复居民部门的收入，同时还需要修复分配关系。若非如此，杠杆和债务问题将长期存在，既压制了扩大信贷消费或投资的需求，也削弱了货币乘数的派生能力。

3. 微观角度：传导受阻制约了货币派生

1）宽信用渠道受阻

金融本身是服务业，我们常挂在嘴边的一句话：银行只会锦上添花，绝不会雪中送炭。金融可以让好的变得更好，但做不到让坏的变好，金融无法改变实体经济，经济结构的转变更不能指望金融来完成。

市场化的经济转型换挡，其本质就是不行就淘汰，淘汰之后出清，没饭吃自然就会创新。金融的本质就是服务于实体经济中的本体，本体如果处在落后需要出清但新的还没成长起来的过渡阶段,那么货币通过金融配置是无法产生宽信用的主体的。通道永远都在那里,对金融(服务业)来说,真正核心的问题是这一阶段没有信用敢于扩张的载体。简单来说,就是市场上没有足够多资质良好的企业,银行不敢把钱放心地贷给它们。

从金融危机开始,在全球经济结构问题暴露后出清和创新转换的过程中,整体投资主体的缺失限制了信贷或投资的扩张。在这种背景下,各国中央银行供应的基础货币难以传导至实体经济,无法转化为投资和对消费的支撑。

2)逐利的资本脱实向虚

生产投资活动信心不足,导致流动性没有前往实体经济领域,投放的货币停留在金融系统中,推高了金融资产的价格。而货币仅仅在金融市场中打转,金融系统吸收了大量的流动性,未在实体经济中用于消费、支付和借贷,这最终都会导致货币流通速度大打折扣。

3)金融机构风险偏好下降

金融危机之后,美国商业银行的流动性覆盖率等指标受到了更严格的监管和考核要求。面对更加严格的监管环境,银行风险偏好下降,对持有现金资产的偏好上升,提高了低风险高流动性资产的持有比例。另外,正的超额存款准备金率对银行来说因其能够无风险获得利息而更有吸引力,释放信贷意愿降低,妨碍了货币的创造和流通。

4)居民部门去杠杆,消费倾向发生改变

金融危机前,美国居民部门债务高企,之后获得的流动性主要用于偿还债务、降低杠杆率。截至 2019 年底,居民部门杠杆率已从高点的 96% 降至 75%。这种居民部门的去杠杆行为本质上是用收入增长来填补债务缺口,更多的是通过约束消费和新增债务的方式来实现。这意味着金融危机发生后美国居民部门的消费比起危机发生前明显放缓,同时储蓄意愿增强,这样的居民部门去杠杆的过程并不利于货币周转,因此导致货币流通速度受到了极大的抑制。

5)海外生产国的债务储备

美国对创造债务支撑消费的抑制,导致了生产国的生产过剩,进而催生了生产国企业部门的债务风险。为了应对债务的兑付，生产国储备了大量美元，这也间接降低了全球范围内美元的流通速度。

7.5 "三低时代"和"利率病"

7.5.1 货币政策的"三低时代"

1. 宽松货币政策的负面影响

（1）宽松货币政策带来了资产价格泡沫。低利率本身就对应着更高的资产价格估值，同时低利率还可能刺激更多高风险的贷款和投资。低利率给金融中介带来了更大的利润压力，金融中介为了保持利润而进行更高风险的投资；低利率降低了债务人的成本，使得债务人举债的标准下降。这些都增加了资产价格的水分，对实体经济产生了资本挤出效应。

（2）宽松货币政策恶化了收入和财富分配。宽松货币政策有利于密切参与金融市场的群体，不利于没有密切参与金融市场的群体。典型的例子就是在实施宽松货币政策和资产价格上涨期间，金融从业人员的收入增长会更快，这就加剧了收入分配不均的状况。富人持有更多的金融资产，宽松货币政策使得资产价格上涨，就会给富人带来更多的财富，加剧了贫富分化。

（3）宽松货币政策抢占了市场资源，使大量僵尸企业存在。欧洲中央银行2012年推出直接货币交易（OMT）计划以后，欧元区边缘国家的银行被变相地补充了资本，银行体系的稳健性有所提升，然而这并没有带来经济增长。银行增加了针对过去有信贷关系的低效率企业的贷款，但这并没有带来投资和就业的增加。因为信贷资源配置被扭曲，大量僵尸企业的存在不利于那些值得信赖的企业，不利于经济复苏。

2. 低增长、低利率、低通胀的宿命

同样是宽松货币、降低利率，但药剂似乎需要下得更猛，这是目前全球中央银行面临的通病。在当前环境下，货币政策对经济的推动作用正逐渐减弱。国际清算银行（BIS）此前指出，仅靠零利率和量化宽松政策无法实现真正的增长。

经济下行往往是由总需求不足导致的，总需求不足不是因为需求消失了，而是因为有效需求发生了错配。贫富差距会导致西方经济学家最为头痛的通缩，因为富人消费率低，而穷人无钱消费，必然导致消费的萎缩。如果这种萎缩速度超过了中央银行的印钞速度，则会出现名义上的通缩，整个社会的有效需求就会严重不足。

这样的低增长无法通过降低利率、放松银根来扭转，贫富分化导致的需求下降也不能通过货币政策刺激产生，货币主义通过货币信用扩张的方式来救助需求，看似解决了问题，但是实质上只是表面功夫。从某种意义上说，货币政策再宽松，也难以使全球经济摆脱放缓的脚步。特别是逆全球化不断蔓延，使得贸易和投资保护主义不断抬头，改变了2008年经济全球化的环境，割裂了投资、贸易和全球市场空间。这种情况下的货币宽松政策，已经不能使金融资源在全球经济中实现有效配置。

由于大资本家手上的筹码和信息源巨大，所以结局就是底层民众被"割韭菜"，贫富差距不断扩大，不受管制的卖方独占市场。在这种市场中，财富"创造行为"被"剥削行为"取代，而剥削行为又反过来助长了"民粹主义"和"本土主义"的声势壮大。这就是我们目前能够观察到的美国经济的特点。贫富差距导致低增长和低通胀水平，中央银行采用低利率无法有效解决这个问题，贫富反而因为杠杆进一步分化，低增长和低通胀的问题不但没解决，中央银行反倒陷入了低利率的泥潭。如此一来，低增长、低通胀、低利率不可避免地形成了恶性循环。

3. "三低"之间的联系

"三低"现象是经济内部出现问题后，在增长、物价和利率方面的具体体现，三者之间存在一定的因果和互相强化的关系。

1）近年来全球化进展及近期逆全球化蔓延

一方面，在过去 30 多年中，全球化推动货物、服务、资本、劳动力的跨境流动，改善了产品和要素的供给，使需求上升对价格的拉动作用下降，在一定程度上抑制了价格的上涨。例如，伯南克等认为金融全球化使亚洲新兴经济体储蓄流入全球金融体系，是压低全球利率的一个重要原因。

另一方面，全球化的利益并未被普通民众广泛分享，这导致近年来世界各地质疑全球化的声音越发强烈。贸易保护主义、民粹主义、内顾性政策持续升温，一系列政治和社会事件相继出现。这些事件相互交织，造成众多经济体的企业和消费者信心下降，投资萎靡不振，制造业产量下滑，全球价值链遭受冲击，拖累了全球经济复苏。

2）技术进步与新业态的出现

技术的进步和传播使单位生产成本不断降低，进一步推动产品和服务价格下降，从而抑制了通胀。这一点在技术密集型产业中表现得十分明显。

3）老龄化带来的不利影响

老龄化是 21 世纪最重要的社会趋势之一，人口老龄化不仅降低了消费和投资，也造成了总需求不足，给通胀带来了下行压力。人口老龄化在一定程度上导致菲利普斯曲线平坦化，且老龄人口对通胀的容忍度更低，中央银行面临更严格履行通胀目标的挑战。另外，劳动者年龄结构与其对全要素生产率的贡献存在"倒 U 形曲线"关系。

4）金融危机的影响及中央银行的应对措施

金融危机后许多经济体长期不振，企业投资不足，家庭消费减弱，通胀下行压力仍然存在。金融危机一度造成了大量失业，导致劳动者对失业的恐惧增加，就业安全的重要性上升，议价动力和能力下降，成为工资增长缓慢的重要原因。

在利率方面，为了应对金融危机的负面影响，中央银行普遍大幅度降息，通过扩表压低长期利率，并使用前瞻性指引来引导预期。另外，在先前的金融周期中，中央银行往往采取非对称做法，即在金融周期下行时降息刺激，但在金融周期上行时又不肯加息，久而久之，利率越来越低。人为降低利率造成了资源错配和债务高企，经济增长面临的下行压力增加，中央银行更难加息。

5）发达经济体劳动生产率增长乏力

近年来，全球主要经济体劳动生产率增速放缓，其中发达经济体尤甚，是金融危机后全球复苏乏力的一个重要原因。桥水基金估计，未来 10 年，美国、日本、德国、英国等国的单位劳动生产率仅增长 1.5% 左右，法国、西班牙、澳大利亚、加拿大等国仅增长 1%,意大利仅增长 0.2%。上述情况主要与全球投资不足和全要素生产率增长缓慢有关。2008 年金融危机后,各国的投资增速放缓,单位劳动力使用的资本增长速度大幅减缓,制约了劳动生产率的提升。

7.5.2 货币政策放水导致贫富分化的负反馈循环

现在的货币政策关注的更多的是就业或经济增长(需求),这从美联储货币政策框架的调整中可见一斑。经济增长受制度、技术、人口等因素影响是有一定周期的,债务周期会作用于经济周期,但从长期来看,经济增长总是会向其潜在增长率回归的。因此说,货币政策可以调节经济周期,但是无法解决经济增长的结构性问题。

举债终究是要还的,负债是以未来的收入为基础的。杠杆和信贷刺激了市场的虚假繁荣,金融体系自身也有顺周期性的特点,而资本家受利益驱使盲目扩大生产,但从长期来看没有有效需求支撑的生产最终会过剩。人们对债务和杠杆周期进行了大量的研究。达利欧将信贷周期分为短债务周期(5~10 年)和长债务周期(75~100 年)。

在短债务周期中,债务的增长快于产出的增长,导致价格上升,也就是通胀。通胀促使货币政策收紧,这时候衰退就开始出现了。在长债务周期中,债务的增长快于收入及货币的增长,直到不能再增长为止。经历了很多的短债务周期,当又一个衰退期到来的时候,可能会出现资不抵债的情况,此时修复资产负债表的过程一般会持续 8~10 年,人们称之为"失去的 10 年"(The Lost Decade)。萧条之所以发生,就是由于中央银行不能通过降低货币的成本来对抗私人部门的需求萎缩或支出的缩减。

主要发达经济体货币政策长期宽松,边际效用递减,反而加剧资产价格泡沫以及贫富分化和债务负担等问题。政策制定者虽然希望努力作出更有利于长期经济的决策,但是为了短期的投资回报或各自的利益(例如,政府为了短期利益,金融机构为了自己的奖金和利益)而犯了过度宽松的错误,信用的放松要远比信用的收紧更容易做。

因此，当经济出现结构性问题时，凯恩斯主义便无法解决债务扩张和分配失衡等核心矛盾，只能延缓问题的爆发。对整个系统而言，一味地通过更低的利率、更大的刺激政策来维持经济的增长，反倒可能会埋下更深的隐患——债务的快速扩张和金融性资产价格的飞涨，金融监管的放松加速了这一过程。

虽然低利率会降低资产的回报率，但低利率也会推高股票、房地产等资产的价格，而这些资产往往集中在富人手上，这些资产增值的幅度会超过低利率带来的资产回报。债务扩张和金融资产价格的上涨进一步加剧了分配不均，即加速了贫富分化。金融性资产的回报率往往高于实业的投资回报率，随着债务的扩张，即金融化程度不断提高，资本在分配中的比例会越来越高，而劳动在分配中的比例会越来越低。

贫富差距将会越来越大，最终债务转移后将越来越集中在社会阶层的中底部，而财富将越来越集中在掌握着负债权力的顶层阶层。

贫富差距扩大导致储蓄率进一步上升，而需求萎缩导致投资下降，利率水平因而持续走低。而同时，宽松的货币政策可能会导致产能进一步扩大，但对需求的拉动有限，难以带来通胀，甚至可能会导致通缩。流动性陷阱，是指即使降低利率也不能使储蓄和投资相匹配。这意味着低利率也无法提振经济，甚至可能导致通胀继续下行。这就是通胀、利率和经济增长之间的反馈关系。

除了经济结构本身的问题，其实还存在另一层反馈路径。经济结构问题得不到解决，货币政策放水只会导致金融性资产价格上涨，但由于金融性资产大多由富人持有，在经济低迷的背景下其实大部分底层民众的收入是下降的，穷人在全社会财富分配中的占比进一步降低，因此衡量物价水平的通胀率也在下降。简单来说，就是富人通胀，穷人通缩。低通胀、低利率预期进一步刺激了金融性资产价格上涨，直到泡沫破裂。

收入分配的失衡达到临界值以后，会引发去杠杆，而这必然也会拖累经济，并加剧产出和收入的放缓和下降（经济增长效率下降）。产出和收入的放缓和下降，同时会要求债务和杠杆进一步收缩，而这又加速了经济增长效率的下降。至此，螺旋式的去杠杆、减少负债、缩小贫富差距的过程也就开始了。在去杠杆的过程中，虽然收入的不平等开始明显缓和，但这是背负了高杠杆和高债务的人通过付出巨大代价进行补偿来实现的。

7.5.3 "三低时代"中央银行的自我反思

一个国家财富的真正来源，取决于科学与基础知识进步带来的创新，取决于国民为了和平的共同生活和共同利益的紧密合作，取决于不断完善的社会制度。但每个国家的经济都存在结构性问题，这些问题阻碍了创新和制度完善，限制了经济增长，然而，这是中央银行货币政策能力范围之外的事，无法简单依靠扩张性货币政策来解决。在货币政策有效性不足的情况下，中央银行态度的转变极为关键，说明中央银行不仅意识到货币政策的局限性，在深刻思考其后果的同时也在积极探索解决之道。

美国和中国的中央银行都在反思货币政策空间和有效性的问题，中央银行更应该行使最终贷款人的角色，即在出现金融危机或者流动资金短缺的时候向市场注入流动性。就美联储而言，新冠疫情后调整货币政策的空间进一步受限，无论是更广泛的量化宽松政策还是滑向负利率，都不足以应对下一次经济衰退的到来。当前世界各个经济体中主要的还是结构性问题，财政政策在其中可以发挥更大的作用，而货币政策应当起到支撑辅助的作用。

1. 美国

不平等和贫富问题一直是美联储重点监控的指标，尽管低利率、购债等宽松政策措施样样都没落下，但美联储主席鲍威尔的表态，说明他们的确在关注货币政策带来的相关问题。在2020年下半年的一场新闻发布会上鲍威尔表示，较低收入人群的收入相对停滞以及较低的流动性，都是阻碍美国经济发展的因素。美联储有利率、银行监管和金融稳定政策之类的工具，较低的联邦基金利率还能支持广泛的人民和经济活动，但目前没有帮助特定目标群体的能力。这些是美国经济的重要特征，所以我们要讨论它，并尽可能地利用政策工具来稳定经济。但最终这些问题成了国会选举代表的问题。

鲍威尔把"皮球"踢给了政府，但耶伦作为美联储前主席，在正式成为美国财政部部长后发表了一封公开信，信中明确称美国经济为贫富分化日益严重的"K型经济"。在新冠疫情出现之前，美国的贫富差距已经很大了，拥有财富的群体继续拥有财富，而人群中的特定群体却在后面被越落越远。耶伦担心，新冠疫情过后经济同样呈现"K型复苏"，与财富直接相关的房产投资持续增高，而居民商品消费在更大程度上依赖进口而非直接生产，大部分服务消费持续疲弱，明显的复苏迹象尚未出现。

2. 中国

中国人民银行的政策制定者们早已从美国经济发展的过程中看出了端倪。时任中国人民银行行长易纲2020年底在《求是》杂志撰文称，要坚守币值稳定目标，实施稳健的货币政策，不仅能调节宏观经济，更能影响民众日常。易纲在文章中指出，货币政策与每一家企业、每一个家庭息息相关，关乎大家手中的钱，关乎广大人民群众的切身利益。不能让老百姓手中的钱变得不值钱了。适当的货币条件可以促进财富增长，不适当的货币条件可能会加剧贫富分化和金融风险，甚至引发社会性的问题。

在过往的货币政策中，供应量增加的结果往往是有钱人、有资产的人更加有钱；相反，那些靠工资、存款生活的大多数普通民众，却面临着通胀风险。表面上大家的收入都在增加，但"获得感"却有很大的差异。放松货币条件总体上有利于资产持有者，超宽松的货币政策可能会加剧贫富分化，固化被扭曲的结构，使金融危机调整的过程更长，而易纲的表述其实暗含了对这种宽松政策的不认可，强调了政策未来的稳健性，货币政策要以人民币值钱为目标，不能让富人更富、穷人更穷。

第 8 章 FICC 的根源：全球化下的利率曲线

8.1 黄金、美元都源自信用和债务

人类社会文明的璀璨杰作之一就是信用的建立。信用是人们在长期交往和实践过程中形成的默契和承诺的机制，有了这种机制，个体和组织之间才能够建立分工合作。不仅如此，它还塑造了整个社会的价值观和道德标准，是商业和社会组织稳定与发展的基石。

而货币的产生就是一种信用的延续，其本质是一种基于社会信任的交换媒介。人类文明只有在信用的基础上才会产生不同时代的交换媒介。在不同的历史时期，它的表现形式会随着时代的变迁而变化，但其核心功能始终是一种价值衡量和交换的工具。

例如，在古代，货币可能表现为贵重金属的形式，如金、银或铜，因为人们信任这些金属的固有价值和储存能力。而在现代社会，货币更多地表现为纸币、电子货币或数字货币等形式，这些形式的货币都基于我们对政府和金融系统的信任。

这些不同形式的货币都起到了交换媒介的作用，帮助我们进行贸易和商业活动。它们充当着衡量商品和服务的标准，使我们能够比较不同商品和服务之间的价值。同时，它们也是价值的储存工具，为我们提供了在未来某个时间点获取商品和服务的支付手段。

而金本位制度是一种非常古老的货币制度，可以追溯到古希腊和古罗马时期。在金本位制度下，货币的价值与一定量的黄金挂钩，因此黄金可以更加准确地衡量货币的价值。同时，黄金也是一种被广泛认可的交换媒介，可以方便地进行国际贸易和投资。

然而，随着人类经济的发展和科技的进步，金本位制度逐渐被其他货币制度所取代。现代社会中，大多数国家都采用了信用货币制度，即以国家信用为基础发行货币。

信用货币体系是一种复杂的经济机制，其运作依赖于信任和信誉。该体系的核心是货币，它作为一种交换媒介，用于购买商品和服务。然而，与实物货币不同，信用货币没有内在价值，而是由政府或中央银行发行并控制其流通。货币的发行和流通取决于政府的信用能力。

那么，我们怎么去衡量政府的信用能力呢？如果把政府看作一个公司的话，那么我们就可以用资产负债表的方式来做一个简单的T形图（见图8-1）。

资产	负债
公允价值储备	债务
盈利能力	

图8-1

一个公司发展的不同阶段有着相应的资产，这些资产可以是有形的，也可以是无形的，但都是商业世界中具备公允价值的资产，公司在不同的发展阶段会有不同的债务，债务的多少其实并不是公司信用下降的关键，如果公司具备盈利能力，并且借贷是用于发展的，在未来可以产生收入和利润的话，这种债务就是"好债务"，这并不会影响公司的信用，甚至会增强公司的信用。

只有当公司的收入或盈利能力下降时，债务过重才会使其财务状况变得更加脆弱，进一步借贷后却无法带来现金流，这也就意味着这家公司失去了盈利能力，此时的债务就成了"坏债务"，将会大幅度削弱该公司的信用。在现代商业金融体系框架下，一旦产生了坏债务，公司的信用评级会遭受冲击和下调，公司的信用违约互换（CDS）会大幅上涨，市场甚至会形成对该公司的股票和债券的挤兑，使其股价遭受冲击。

政府如同公司一样，通过发行债券来筹集资金，并将这些资金用于政府财政支出，那么这些债券其实就是政府债务。如果财政支出可以直接或间接地支持经济的发展，能够持续产生盈利（顺差），那么这种债务就被认为是可持续的。其实，信用的好坏和债务的多少并没有绝对的关系。当然，大家也会算一笔账，就是盈利能力和负债之间的比例，过高的比例只能意味着财务状况的脆弱性，而诱发这种脆弱性的原因一定是对盈利能力下降的担忧而引发的坏债务循环。如果政府的坏债务产生，甚至无法偿还到期债务，那么其信用将会受到损害，信用货币必然被抛售，国债也会被抛售，信用违约互换会大幅度走高，相应地会出现货币贬值和通货膨胀（相对于货币负债，可购买的资产会大幅减少）。

信用货币体系虽然带来了很多的便利，但也带来了一些风险和不确定性。在衡量国家信用时，政府债务的可持续性是信用货币体系稳定性和可持续性的关键因素，其中最主要的是盈利能力，其次是债务和盈利之间的比重。而一个国家的盈利能力包含非常多的要素，如政治稳定性、制度优势、科技发展水平、经济发展水平、人文教育水平、创新能力、社会福利体系、军事能力、金融市场体系、财政状况、国际形象等多方面因素。

总之，衡量信用的方法多种多样，不同的方法也会因不同的标准而有所侧重。如果一个国家的政治局势稳定、经济发展稳健、财政状况良好、国际形象良好，那么该国的信用状况通常也会较好。相反，如果一个国家政治动荡、经济萎缩、财政赤字高筑、国际形象恶劣，那么该国的信用状况可能会较差。

虽然现代社会已经不再普遍采用金本位制度，但我们应该认识到它的优势和价值。在图8-2中，如果资产端对应的是所谓的金本位，即用人类文明延续的公允价值代表黄金，而负债端是货币的话，那么它其实就是以更加稳定的价值尺度来衡量国家信用的"天平"。

第8章 FICC的根源：全球化下的利率曲线

资产	负债
公允价值储备（黄金）	债务（货币）

盈利能力

图 8-2

通过金本位制度，我们可以更加准确地衡量一个国家的财富和负债情况，进而更好地评估其经济状况。

二战后的美国在重构全球货币体系过程中发挥了重要的作用。美元货币背后的信用首先是其金本位货币体系，直到布雷顿森林体系瓦解。在这一阶段中，黄金作为历史上用公允价值衡量信用的天平，本身的供应是相对稳定的。随着全球信用体系的不断扩大和全球债务的不断增长，黄金作为用公允价值衡量信用的天平，表现出来的是用任何货币去衡量黄金都是上涨的，这是信用货币体系的一个特征：经济活动的繁荣必然带来的信用扩张。这一阶段，黄金和美元的矛盾还不是债务和信用的问题，而是由实物资产和信用货币的根本矛盾造成的。这也造成了真正意义上的第一次美元信用危机，直到黄金与美元脱钩。到了20世纪80年代，美国重构了贸易体系、货币体系、金融体系后，才建立了目前延续的现代信用货币体系。

布雷顿森林体系瓦解以后，全球的货币体系进入到一个重构的过程，黄金与美元的脱钩也使得黄金不再与任何的货币有价格上的绑定。至此，黄金成为一种能够对冲债务和信用风险的资产，黄金的背后代表着各国政府债务水平与各国的信用状况。由于当时美国还是世界上的霸主，但美国的信用正在不断下降，因此当布雷顿森林体系瓦解之后，美国急需找到另一种方式使美元继续成为世界货币。

虽然战后美国对欧洲、日本的支持使得美元在全球范围内的储备量得到了一定提升，但在1981年之前全球主要生产端依旧集中在美国，这也意味着"生产型债务"仍集中在美国，当时的美国更像是一个从现在的视角看起来的新兴市场生产国。20世纪70年代以来，美国的经济不断遭受重大打击，除越南战争外，最主要的就是第一次和第二次石油危机。一系列的变化导致美国的经常项目遭受了重大冲击，能源价格的暴涨意味着生产部门的收入和盈利能力下降。如果将美国比作一家公司的话，这家公司在遭受上游挤压后现金流减少，而之前增加的债务在滞胀压力下产生了信用风险，同时从利率的角度看失控的通胀抵消了美联储名义利率的上升，无法阻止实际利率的下降（实际利率代表着偿还债务的能力），黄金则表现出来了与美元脱钩后的价格的第一次暴涨，同时伴随的是美元在全球储备资产中的比例大幅度下降。

1971年到1982年之间，美国才真正意义上开始挽救和重构现代国家信用体系。时任美国总统尼克松和国务卿基辛格利用石油战略建立了一个新的全球交易秩序，旨在解决在国际贸易环节中美元的商品之锚。通过石油美元体系，美国利用对石油的需求将美元作为"货币之锚"，同时实现了与产油国的利益捆绑，即"现代化离不开工业化——工业化离不开石油——买石油离不开美元"，该体系使得美元继续成为世界货币。当美元由于发行过多而贬值的时候，美国则要求产油国增加石油的产量，因为这样看起来美元的购买力并没有下降。同样，当美元过度升值的时候，则要求产油国适当降低石油的产量，从而保证美元不会过度升值，即以石油来锚定美元的币值。而石油美元体系通过再循环机制，使得沙特阿拉伯等产油国的资产投资到英国、美国的银行机构，实现了利益捆绑，美国的货币利益就是沙特阿拉伯等国的石油利益。

但是，石油美元体系本身有着天然的缺陷，那就是中东地区的政治动荡，这也迫使美国不得不部署大量军事力量在产油区，这也增加了政府的财政支出。

1982年之后随着苏联的衰落，全球真正开始进入大融合的时代，经济、金融和贸易等方面逐渐趋向全球化。美国真正"黄袍加身"的时代逐步开启，美国也逐渐完善了其多元的信用体系，这不仅包括单纯的资产储备，或者在国际贸易结算中的地位，更多地转化为技术进步（如科研、人才）、金融系统（如清算、结算、交易、定价）、市场分工（如贸易分配），当然也包括其军事实力等多元化的盈利能力。

美国前端的先进技术和创造能力、科技创新和储备，以及背后的人才教育构成了美国科技创新体系，这些都对美国多元的信用体系支持起到了重要的作用，美国的科技创新体系处于世界领先地位。美国通过让美元储备挂钩这些高科技等软实力,来保证美元货币的信用。

全球现代金融体系以及华尔街在美元信用的扩张中发挥了至关重要的作用。从早期投资开始,全球范围内的资本结构就以美元资本为主导地位。随着时间的推移,越来越多的上市公司渴望能够在美国几大主要市场挂牌交易,这实际上也是美元在金融系统中信用度高的体现。这一现象的背后,与美国经济的强大实力和美元作为全球货币的地位密不可分。美元在全球金融市场中的主导地位,一方面得益于美国经济强大的综合实力和稳健的金融体系,另一方面也归功于美元在全球货币体系中的中心地位。因此,越来越多的上市公司都以在美国几大主要金融市场挂牌交易为荣,这也进一步凸显了美元在全球金融系统中的重要地位。

美国的金融体系具有健全的融资与投资制度,拥有全球规模最大的金融市场、交易、结算、清算以及衍生服务体系,这些均是以美元为基础的信用体系的延伸与拓展。

美元在贸易体系的优势其实从分工环节就表现出来了,这一点我在之前的内容中就提到过。一个国家之所以处于分工的劣势地位,就在于这种大量的债务驱动的投资方式隐含着对资源的极大依赖,包括生产资料和生产资本,而债务驱动的生产分工又极容易引起严重的债务危机,生产型的分工、债务比例过高对一国的信用而言潜藏着较大的风险。

自1982年以来,美国采取了一项重要策略,即在全球再分工体系下大量转嫁生产性债务。如果其他生产要素的权力得到提升,并能够控制生产环节,那么生产环节往往并不是最具投资潜力的环节。这表明了一个重要事实,即生产力本身在商业系统中并不一定是决定性的关键因素,而控制生产环节,从分工中寻找最优组合才是最佳选择。

有人提出生产能力与军事能力之间存在某种关联,一旦战争爆发,强大的工业系统和生产能力对战争胜利至关重要,但以物资和人力消耗为主导的战争模式已不再是现代战争的唯一形态。从中东战争到近现代的局部战争,战争的形态发生了重大变革,未来战争可能将逐步转型为科技之战。

1982年之后到2001年"9·11"事件发生之前,全球大融合时代开启。全球化分工下，美国主导了国际贸易循环、全球货币结算体系、国际贸易结算，美元在全球范围内得到了广泛使用和认可，同时黄金在全球国际储备资产的地位大幅度下降（见图 8-3）。

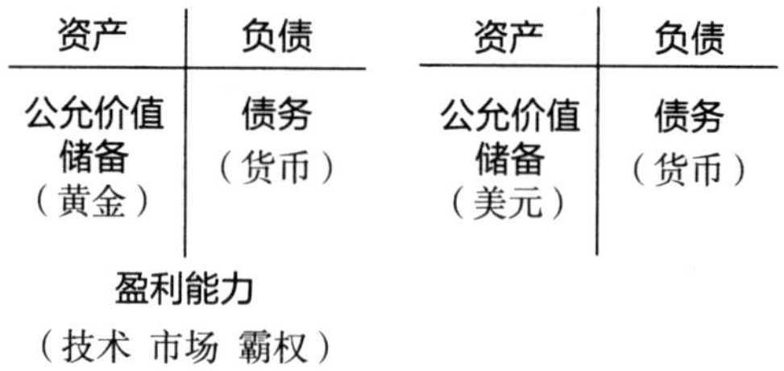

资产	负债	资产	负债
公允价值储备（黄金）	债务（货币）	公允价值储备（美元）	债务（货币）
盈利能力（技术 市场 霸权）			

图 8-3

从信用的角度来看，这一阶段也是美元最强盛的阶段，无论是在军事、经济，还是在国际贸易、政治等方面，美元都展现了其强大的实力和影响力；美元的国际地位更加稳固，美元的国际储备资产地位得到了恢复和提升。在这个阶段，美元的信用度逐步达到了最高点，这为其在全球范围内的广泛使用和认可奠定了基础。

8.2 好债务和坏债务

美元信用基于一种负债能力，实际上也代表着它向全球美元使用者的征税权力。我们可以从另一个角度来看待美元，它是一种被广泛储备的特殊资产，这是其他国家货币所无法比拟的。既然美元本身成了信用的一种储存器，那么黄金对标的就是美元信用背后的债务，但很多人会把这个信用货币体系的特征当作交易黄金的依据，这样的话，长期逻辑与短期交易就非常不匹配了。正如我前面讲到的，即使是债务，我们也要区分好债务和坏债务，而不是"一棍子打死"，好债务是可以增强盈利能力的，而坏债务则会削弱盈利能力。

从债务的角度来看，黄金和货币都是对标政府的信用，黄金审视美元的信用，美元审视其他货币的信用，黄金的核心本质是衡量债务盈利能力的强弱。在这里，我没有将债务分为企业、居民、金融和政府四大部门，因为我觉得这样按照传统部门的方式划分债务是达不到对其盈利能力强弱的评估的。任何部门的债务都有两面性，我们要区分的依旧是各部门什么样的债务是好债务，什么样的债务是坏债务。

"生产性债务"产生的本质是企业部门投资拉动生产。无论是政府财政政策拉动，还是货币金融刺激投资，生产性债务的执行主体都是企业部门。生产性债务具有两面性：投资能够拉动经济增长，增加居民部门的收入，同时也会造成严重的通胀，如果投资不超出市场需求，带来的就是良性循环的好债务；而如果投资超出了市场需求，带来的则是产能过剩的坏债务。

"非生产性债务"产生的本质是居民部门的消费。同样，无论是政府财政债务拉动，还是货币金融刺激消费，非生产性债务的执行主体都是居民部门。非生产性债务也具有两面性，消费能够拉动经济增长的前提有两个：一是真正的消费（如吃、喝、用、服务），二是购买房子，房地产能拉动各部门的经济增长，但是房地产也具有两面性，即当居民部门在房地产上获取的资产收益大于负债增长的时候，它带来的是消费的增加和通胀，而当居民部门在房地产上获取的是负债大于其本身的资产收益的时候，它带来的就是消费的抑制和通缩（见图8-4）。

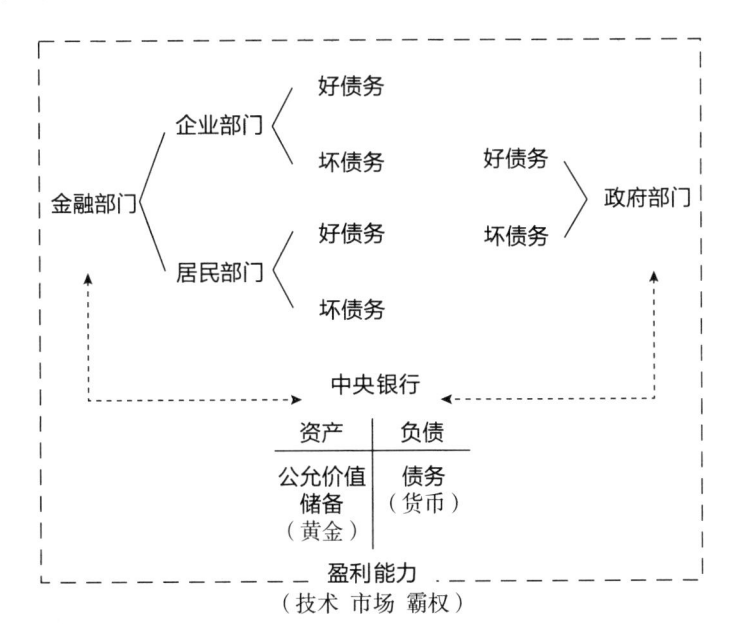

图 8-4

而政府部门和中央银行无论是通过财政手段还是货币手段，本质上都是来拨动生产性债务和非生产性债务的"琴弦"的，是来驱动投资和消费的。政府部门的债务扩张能够对企业部门产生积极影响，主要表现在驱动公共投资方面，间接拉动经济增长。同时，对居民部门而言，政府债务的增加也会对社会福利的支出产生影响，这些支出可以间接降低人们的消费支出，从而刺激消费。这与积极的财政政策和财政刺激政策密切相关。

由于债务具有双重性质，当企业部门和居民部门的杠杆达到一定程度，尤其是坏债务超过了好债务时，货币政策和财政政策对企业部门或居民部门的刺激作用就会失效。

在此阶段，如果允许市场自由地刺破债务并随后进行重构，那么债务的盈利能力就会逐步下降，从而导致信用出现裂痕，带来严重的系统性风险，而信用的修复过程意味着必须有人付出代价，为坏债务买单，直到经济结构进入修复阶段，盈利能力逐步恢复，此时信用才能重新回归。

积极的财政政策作为那个最重要的"过渡者"，可以缓解系统性风险的压力，这种情况下需要中央银行与政府联合操作，通过债务货币化的方式来实现。在多数新兴市场国家进行债务货币化进程期间，该国的货币可能面临大规模贬值甚至挤兑的风险，会对居民部门造成严重的冲击。由于区域经济中的对外购买力受债务及大规模货币贬值的影响，导致整体对外购买力受到压制。

从更长远的角度出发，财政政策应发挥桥梁的作用，通过引导作用推动更具生产率提升潜力的投资项目，以利于长期的经济发展和盈利能力的构建与恢复，进而促进经济增长。

为实现这一目标，财政政策所构建的债务组合可以分为以下两种情况：一种是短期内表现为好债务，但从长期来看却属于坏债务的债务组合；另一种是短期内表现为坏债务，但从长期来看却属于好债务的债务组合。

在实施财政政策的过程中，我们应该避免过度救助企业部门，避免进一步加剧产能过剩的问题。这种做法可能会导致短期的经济损失，但从长期来看，通过充分发挥市场机制在资源配置中的基础作用，降低对产业的补贴是必要的。这将有助于淘汰过剩产能，并推动产业结构优化，提升企业未来的盈利能力。

在这个过程中，采取一系列措施是必要的，包括减税降费和引导企业优化产业结构。这些措施将有助于减轻企业的负担，使其能够更好地应对市场竞争，提高生产效率和质量。此外，降低对产业的补贴也有助于降低企业的依赖性，使其更加注重自身的创新和发展，从而推动整个经济的可持续发展。

尽管短期内降低对产业的补贴可能会带来坏债务的压力，但从长期来看，这种做法将有利于将短期债务转化为长期生产率的提高。这种转化过程将有助于提高企业的竞争力，提升其未来的盈利能力。这种未来的盈利能力是企业扩大生产性债务，通过生产性债务拉动收入进而扩大非生产性债务的重要衔接点。因此，财政政策应该注重长期利益，采取一系列措施来推动产业结构的优化和升级。

对居民部门而言，应当大规模地提升其购买力，同时完善医疗保障体系、社会保障体系以及教育等方面的支出。尽管这些措施在短期内可能不会产生显著的效果，甚至可能导致财政赤字和债务的进一步扩大，但是从长远来看，居民部门在基础保障下未来可能转化为生产力的提升和技术的进步，并影响到企业部门。

8.3 回顾美国好债务和坏债务的发展历史

二战后，美国经历了几个阶段：第一个阶段是 1965 年到 1980 年之间的债务信用危机，直到 1980 年后的重构；第二个阶段是 1980 年到 1989 年；第三个阶段是 1989 年到 2008 年，其中又分为两个阶段：1989 年到 2001 年的"9·11"事件是第一阶段，"9·11"事件之后到 2008 年的金融危机是第二阶段。

二战后，美国开启了黄金年代，面对战后重建的世界，美国制造的产能和资本向全球输出，生产性债务扩张意味着美国本土工业制造业投资非常积极。到了 1960 年，美国基本满足了所有居民的住房需求，同时海外基于美元的储备需求也在剧增。1960 年底，美联储黄金储备遭到了法国的挤兑，使得布雷顿森林体系彻底瓦解，现代信用货币时代正式来临。从 20 世纪 70 年代开始，黄金的美元价格真正意义上体现了黄金的本质是美元信用体系的对标这一特性。

1975年之前，美国企业生产投资火热，而石油作为工业体系的血液，由于地缘政治的不稳定，在信用货币体系下有效需求依旧在扩大，于是投资和需求就形成了"左脚踩右脚"的情况，美联储不得不通过不断加息，提高利率来抑制投资和需求。

1975年之后，美国居民部门杠杆率的增加反映了这一情况（见图8-5）。企业部门杠杆率的下降是因为大通胀的到来。通胀不仅给企业带来了利润，也带来了对企业债务的抵消，而通胀和利率使得居民部门收入的增长被抑制了，结果就是居民部门杠杆率持续走高。但较高的利率仅仅抑制了国内居民部门的需求，依旧无法满足生产性投资增加的需求，同时海外需求也没有受到影响。长期投资回报率的抬高，使得名义利率虽然一直在加息，但巨大的产出缺口依旧显得利率不够高，最终保罗·沃尔克不得不以极高的利率水平抑制住了这种"左脚踩右脚"的情况，这就导致了在这个阶段美元实际利率大幅度走低，也就意味着黄金的大幅度走高。

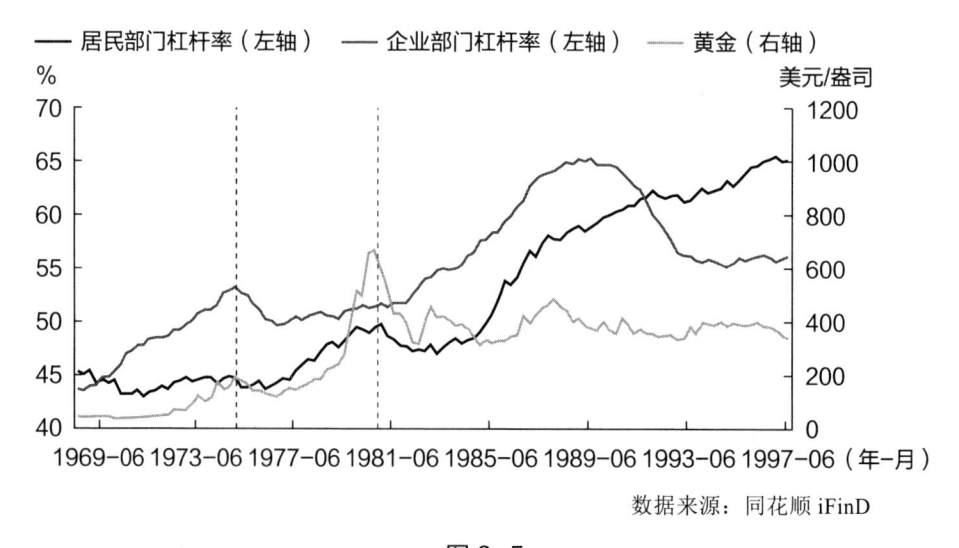

数据来源：同花顺 iFinD

图8-5

当然，石油美元体系的建立，以及中东地缘政治的稳定也起到了非常重要的作用。随着结构性矛盾的缓和，利率水平逐渐回归。从1985年到1990年，利差推动着杠杆，美国生产性债务稳定扩张，同时居民部门杠杆率也稳步扩张，用于企业投资、创新，似乎通胀、就业、薪资、投资、消费等都进入了理想的稳定期，利率虽然没有保罗·沃尔克时期的夸张，但依旧维持在较高的水平（见图8-6）。

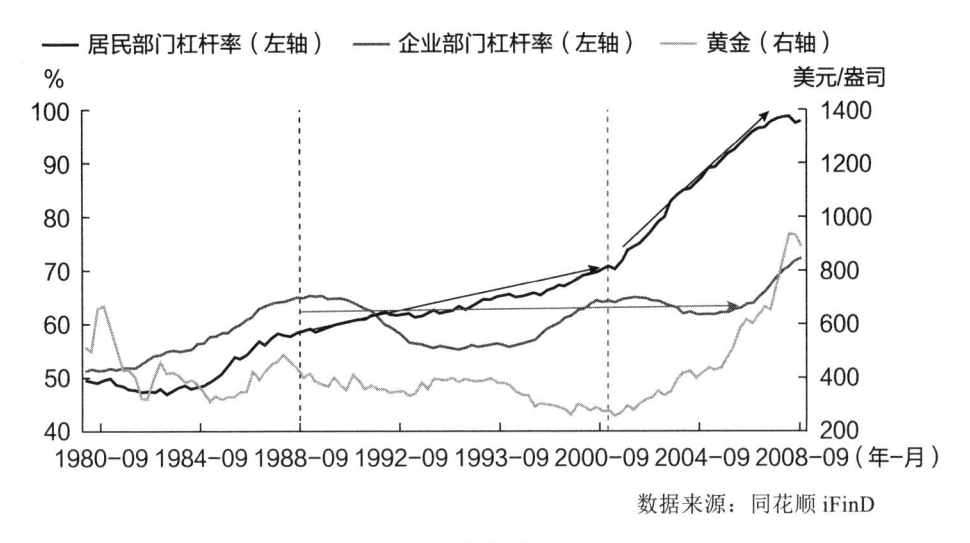

图 8-6

随着苏联逐步解体，战后两大阵营对峙结束，全球化的大融合加速。从20世纪80年代末期到2008年金融危机之前，从数据上能够非常明显地看到美国生产性债务停止了扩张，生产性债务转移给了东南亚地区以及包括中国在内的国际分工协同的生产国，而美国居民部门消费杠杆则开始逐步提高，但是消费者的收入水平并不是建立在持续的薪资增速上的，在这个阶段美国居民部门薪资增速为3%左右，而如果扣除稳定的2%通胀，其实居民部门薪资增速只有1%左右，这意味着大部分居民部门无法实现收入增速。

从1997年亚洲金融危机到2000年互联网泡沫破裂，就已经开始有比较明显的征兆了。互联网泡沫带来的更低的利率开始刺激美国私营企业也加入这样一个加杠杆的过程，利率的下行意味着对储蓄补偿的下降，加杠杆使得非生产性债务继续扩张，从消费服务逐步扩张到了房地产。2000年之后，美国生产性债务的增长明显慢于非生产性债务。中国加入世界贸易组织后，随着国际分工的进一步变化，我们可以认为美国增加的非生产性债务拉动的消费转化为了中国或其他生产国的生产性债务的投资和供给，正如之前我们所说的非生产性债务无法带来更高的增长（薪资）。随着居民部门大规模借贷加杠杆，整个居民部门的收入和负债关系开始恶化，20世纪八九十年代时的比值为3（相当于一套房屋的价值等于一个家庭年收入的3倍），但到了2006年已经涨到4.6，利率的轻微变化、家庭收入的变化都会严重影响民众的还款能力。

在先前的分析框架中，我已向大家阐述过政府债务的本质在于各部门的债务转移。对美国而言，自2001年"9·11"事件之后政府债务扩张主要表现在几个关键领域，这是其在政治上的必然选择。对阿富汗的军事介入导致美国的军费开支大幅增加，同时医疗和社会福利体系的改革也进一步加大了政府支出。此外，生产性债务的大规模转移（主要转移到生产国）以及跨国公司税收能力的减弱，都直接导致了美国政府杠杆率的急剧增长。美国的政府债务作为衡量美元信用和盈利能力的重要指标，自然会对上述变化作出相应的反应。

由此，我们可以得出一个重要结论：如果美国选择将全球化生产性债务转移，同时居民部门在收入增速下降的情况下，通过低利率和增加杠杆来增加非生产性债务消费（尤其是房地产），那么企业部门和居民部门将需要政府部门的大量补偿。政府既要维持强大的对外主导力量（军费），又要对内承担对居民福利的支撑，这种双重压力必然导致政府杠杆率的上升（见图8-7）。

数据来源：同花顺iFinD

图 8-7

在错综复杂的全球局势下,各种危机如金融危机、自然灾害、贸易战等层出不穷,给经济带来了巨大的挑战。在危机期间,政府需要加大支出以应对各种挑战,但财政收入却减少了,使得财政赤字扩大。为了弥补财政赤字,政府不得不发行更多的国债,导致债务向政府部门转移,进而导致美国政府部门杠杆率上升。

8.4 通过财政来看债务和黄金

无论是好债务还是坏债务,最终都会表现在财政收支表上。对政府的信用体系来说,政府的财政收入和支出就是衡量其盈利能力及偿还能力的重要指标。因此,在了解关于好债务和坏债务的背景之后,我们可以通过观察美国联邦政府的财政情况,进一步窥探债务和黄金之间微妙的关系,并深入了解这种关系背后的复杂性和微妙性。

图 8-8 呈现了美国财政预算中收入与支出之间的比率及其与黄金价格走势的关系。从该图中我们可以清晰地看到,在 20 世纪 70 年代末期,由于美国财政支出的扩大引发了人们对美国债务的担忧,从而导致布雷顿森林体系崩溃,黄金价格开始自由浮动。由此可见,黄金价格的波动与美国财政收入和支出比重之间有明显的关联。

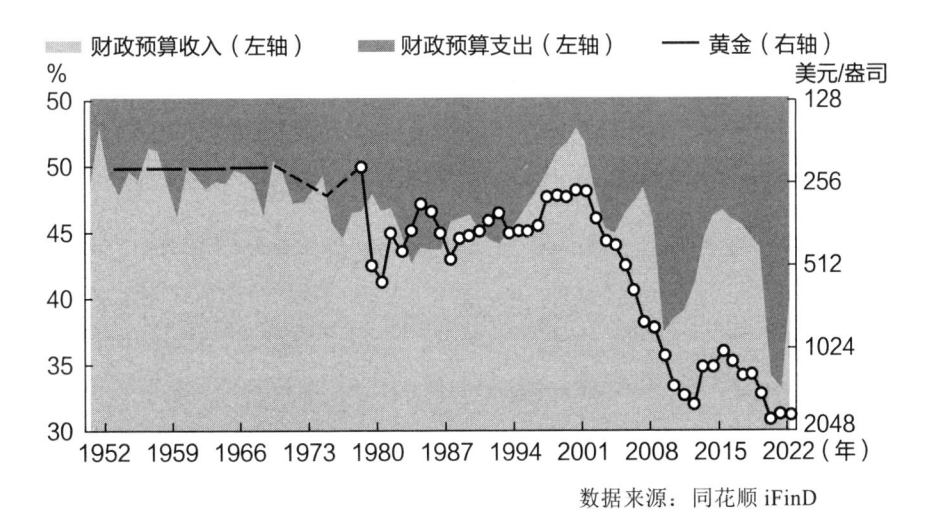

数据来源:同花顺 iFinD

图 8-8

1979 年至 1985 年期间，美联储主席保罗·沃尔克成功应对了美国面临的大通胀挑战。在此期间，他采取了一系列有效的货币政策措施，成功地遏制了通货膨胀并稳定了经济。自 1985 年开始，美国经济逐渐呈现一种新的发展趋势，即著名的里根大循环。这一政策主张通过减税和减少政府干预来刺激经济增长，并显著影响了美国的财政状况。

在此期间，美国的财政状况发生了翻天覆地的变化。财政预算收入比重开始逐步增加，这主要得益于里根减税政策带来的经济增长和税基扩大。与此同时，财政预算支出比重开始呈现持续性下降的趋势，这反映出政府在控制支出方面取得了积极成效。这一趋势贯穿了克林顿时期，与此同时，美国在半导体、芯片和计算机等高科技领域的迅速发展，极大地推动了经济增长和财政收入的大幅增加。这些举措的实施使得美国财政收入和支出的比重在 1999 年逐渐攀升至 50% 以上（这意味着财政收入超过了财政赤字），美国出现了实质性的财政盈余，这在其二战后的历史上尚属首次。

美国财政状况的持续改善无疑增强了国内外投资者的信心。美国政府财政的稳健对国家债务的信用至关重要，为其在国际市场上的融资提供了有力保障，同时也对黄金价格产生了长达 18 年的压制作用。

而自从 2000 年小布什上台以来，美国财政支出所占的比重开始出现趋势性增加，呈现一种明显的上升态势。相对而言，财政收入所占的比重则呈现明显的下降趋势，逐渐趋于萎缩。这种财政收支之间的不平衡最终在 2020—2021 年新冠疫情期间达到了高潮，当时财政政策大幅度支出，导致整个比重降到了约 35%。这期间财政赤字加大的趋势，推动了黄金价格的显著上涨。

我们假定国内生产总值（GDP）是美国财政税收的基石，这一基石不仅为政府的财政收入、支出以及赤字提供盈利能力的支撑，也直接反映了国家的经济规模和实力。通过观察收入和支出占 GDP 比重的变化，我们可以分析出收支的主要方向和未来趋势。当然，我们还需要结合黄金价格进行综合考量，以便更全面地进行整体对比（见图 8-9）。

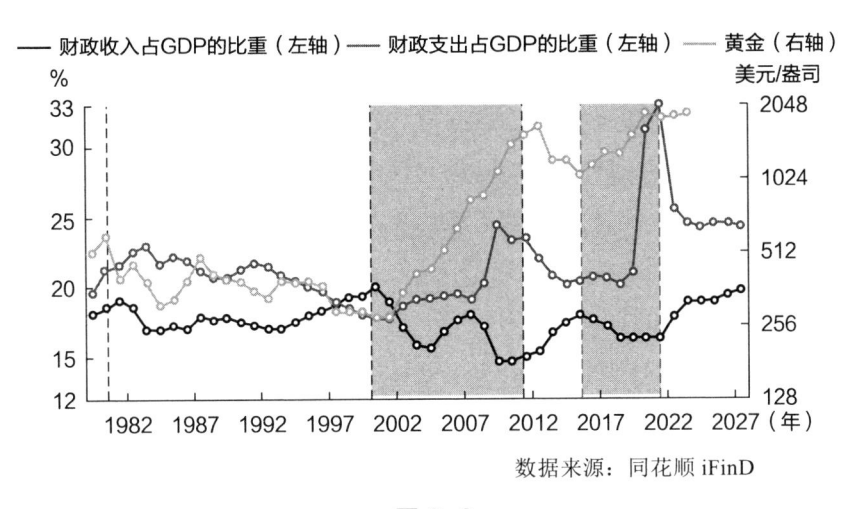

图 8-9

从图 8-9 中我们可以看到，自 2000 年以来，黄金价格呈现一种趋势性的涨势。1999 年，黄金价格约为 280 美元，而在金融危机过后的 2012 年，这一数字飙升至 1920 美元左右，这是过去 40 多年黄金价格最大的一波上涨。美国财政支出占 GDP 的比重自 2000 年以来出现了显著的上升趋势。尤其在 2008 年金融危机和 2020 年新冠疫情期间，积极的财政政策应对措施导致短期内财政支出大幅增加。

应当注意的是，在金融危机之前，美国政府支出占 GDP 的比例呈上升趋势，而财政收入占比则出现下滑。然而，自 2011 年以来，尽管政府支出仍然增加，但财政收入占 GDP 的比重也开始稳步增长。这与 2000 年至 2010 年这 10 年的情况有显著的区别。在 2016 年至 2020 年新冠疫情前这一时期，随着美国经济增速的放缓，美国财政收入占 GDP 的比例增加的趋势也出现了放缓。这种情况导致了黄金价格因赤字扩大而进一步上升。

许多人简单地将美国财政赤字的扩大归因于支出问题，但我认为这并不全面。从我个人的观点来看，支出和收入是相互关联的，这种关系可以被称为反身性。换句话说，财政支出的增加和财政收入的减少可能源于同一个根本原因，并且它们之间存在相互决定的关系。

我们需要先对财政收入是否源于其盈利能力的下滑进行评估。因为这一因素至关重要。如果美国财政收入的减少源于其盈利能力的下降，那么财政赤字持续扩大的趋势应被视为一种相对而言不可逆转的态势。如果我们认为20世纪80年代美国所经历的是"黄袍加身"时期，并且其影响尚未消退，同时美国拥有健全且多元的信用体系，那么我们必须从另一角度思考，究竟是什么原因引发了美国财政收入与支出的反身性？

美国财政支出对居民部门的这种补偿，其实就是前面我提到的财政政策中的"短期坏债务＋长期好债务"的组合，坏债务主要表现为非生产性债务的增加和生产性债务的停滞，这导致了居民部门薪资收入增速的停滞。为应对这一问题，财政政策不得不发挥积极作用，对居民部门进行购买力补偿。这些补偿主要通过增加教育、医疗和社会保障体系的支出来实现。当然，这些补偿措施的负面作用就是导致财政支出的增加。

为何这种对居民部门的补偿并未转化为之后的财政收入呢？其中，可能涉及转化环节的分工与分配问题。因此，我们需要将观察视角扩展到对全球化的深度研究中去。

全球化的发展对美国财政支出运作模式产生了深远的影响。在提升盈利能力的基础上，美国逐渐转向投资（生产性债务）。随着生产环节分工的改变，那些能够提供就业和薪资高增长的生产环节逐渐大规模地转向海外。

跨国企业股东和高管是真正的受益者。他们在2008年金融危机前既能在全球范围内获得这部分投资（生产性债务）带来的增长收入，同时又能成功在全球范围内避税。此外，底层居民的薪资收入增长受限，这种情况对税基总量造成了不良影响，导致了美国财政收入占GDP比重下降。

图8-10展示了美国财政预算盈余占GDP的比例。大部分时间，尤其是二战之后，该比例为负值，表明美国财政预算处于赤字状态。自1967年开始，真正导致财政赤字占GDP比重增加的原因主要是财政收入的下降，而财政支出对财政赤字或盈余的影响并不算显著。这些数据揭示了美国财政赤字的关键驱动因素。（在2020年至2021年期间，该图出现了一个较大的偏离现象，这是由新冠疫情引发的异常波动所导致的。此外，随着财政政策效应逐渐减弱，美国财政赤字也迅速回归到正常水平。）

— 预算收入占GDP的比重（左轴）　— 预算盈余占GDP的比重（右轴）

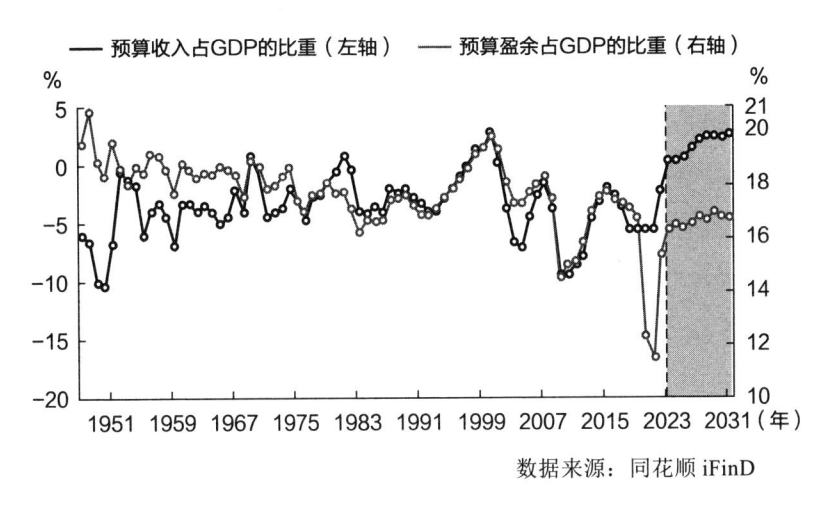

数据来源：同花顺 iFinD

图 8-10

因此，若将两者结合起来，实际上财政收入才是决定整个赤字的关键因素，而生产性债务的全球化转移对美国财政收入产生的影响是最重要的一个因素，这也是我们曾提到的美国财政赤字问题。因此，要解决美国财政赤字的修复问题，关键在于增加财政收入，而不仅仅是削减财政支出。

这一点可以与我们的个人情况形成类比。修复债务和信用最关键的因素不仅仅是削减支出，更重要的是增加收入。如果我们只是一味地节省，可能会影响我们的赚钱能力，这将是一种得不偿失的做法。相反，我们应该将钱（短期坏债务）花在能够产生长期投资回报的地方（长期好债务），保持盈利能力，这才是修复债务和信用最关键的核心。

8.5 通过利率来看支出和赤字

我们先来看一个重要的数据：利息占美国财政经常性支出的比重（以下简称"利息支出占比"），当利息增加的速度大于支出的速度时，利息支出占比会上升；反之，如果利息增加的速度小于支出的速度，那么这个比值反而会下降。这个占比是由两个变量组成的，一个是利息（利率），一个是财政支出。

在1975年至2000年期间，利息支出占比呈现出持续上升的趋势，从15%升至最高 24% 的水平，这一比例相较于 1975 年之前有所上升。在 1991 年达到顶点后的 7 年时间里，这一比例基本稳定在约 20% 的水平。直至 2000 年之后，利息支出占比才开始出现趋势性回落的情况。需要强调的是，在 1976 年至 2000 年期间，推动利息支出占比上升的两个因素组合并不是一成不变的（见图 8-11）。

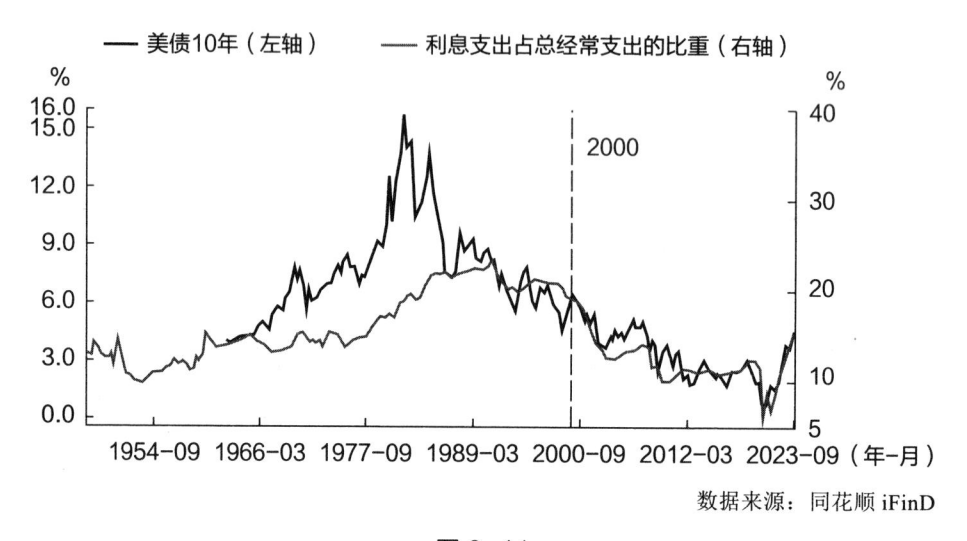

图 8-11

从 1975 年到 1991 年，利息支出占比从不到 15% 上涨到接近 24%。其中，保罗·沃尔克时期为了治理高通胀，抬高了利率水平，美国 10 年期国债收益率从 1975 年的 8% 提升到了 1981 年的 14%。到了 1991 年左右，美国 10 年期国债收益率基本上又重新降回到了 8% 的水平。

在保罗·沃尔克时期，利率的上升导致利息支出增加，使其超过了财政支出的增长。我们可以观察到，同期，美国财政支出持续增长，直到 1983 年，财政赤字和财政支出占比均呈现大幅度的上升趋势。在此期间，利息占支出的比重加大，这表明利率上升的幅度高于财政支出的增长。保罗·沃尔克的政策以更高的利率为手段，抵消了财政支出对通胀的推动。这与我们之前所见的美国经济中生产性债务与非生产性债务的螺旋式投资和消费双循环模式相吻合。因此，这一阶段的美国通胀问题并不仅仅源于能源，更与当时的经济结构有着密切的联系。

自 1983 年起，由于高利率的影响，美国的投资受到了严重的抑制，这也导致美国财政支出占 GDP 的比重受到了限制。财政支出减少,利率随之也下降,其中,在 1992 年至 1998 年期间,美国利率水平呈现继续下降的趋势,从大约 8% 的平均值降至约 6%。尽管利率下降趋势明显,但利息支出占比依旧未出现实质性的下降。

我们可以发现,在 1983 年至 1998 年期间财政支出占 GDP 的比重出现了明显下降,从 22% 下降至 18%(见图 8-12)。利息和财政支出双双下降,两者基本抵消,导致利息支出占比在这一阶段没有发生明显的变化。

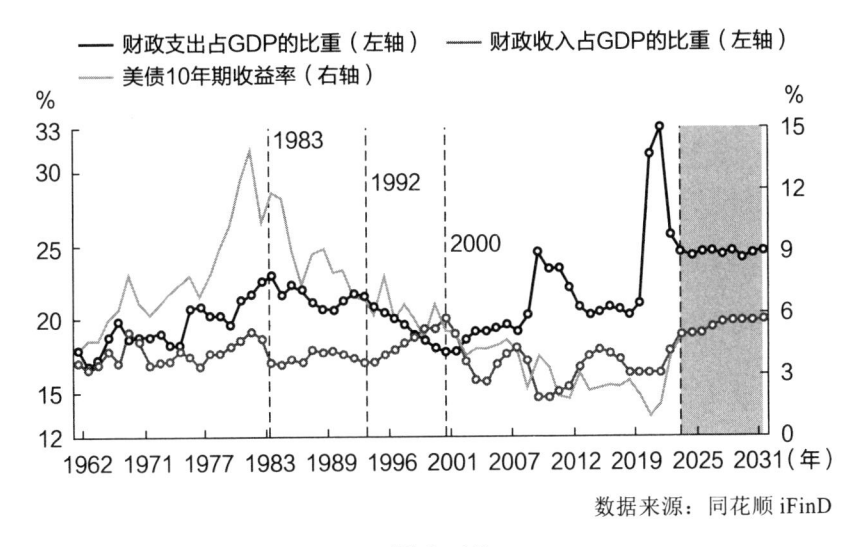

数据来源:同花顺 iFinD

图 8-12

简而言之,这一阶段的状况是尽管利率水平下降,但由于财政支出下降的速度更快,使得利息占整个财政支出的比重并未发生太大变化,仍然稳定在 20% 的水平。

与此同时,财政收入占 GDP 的比重在此期间则有所上升,从平均的 17% 升至 20%,这也是二战后财政收入占 GDP 比重的最高的水平。

在 1985 年至 2000 年期间,虽然利率呈下行趋势,但财政赤字也在逐步减少,同时财政收入持续增加,支出相应减少。虽然利息支出占比并未实质性降低,但财政赤字占比的降低、收入的增加以及支出的减少对美元信用具有强大的支撑作用。尽管利率下降似乎对黄金价格构成了支撑,但其实依旧对黄金价格形成了抑制作用（见图8-13）。

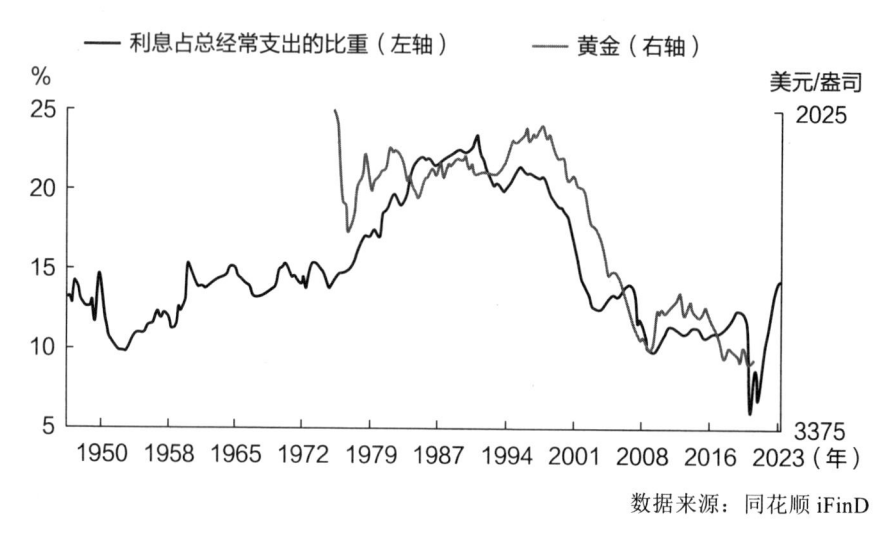

图 8-13

从系统的角度来看，财政支出的增加和财政收入的减少同时存在，并导致财政赤字增加，这与利率下降相互关联，形成了一种相互影响的关系。这三者的关系可以通过财政支出和利息之和与财政收入和利息之和之间的占比关系来体现（见图8-14）。

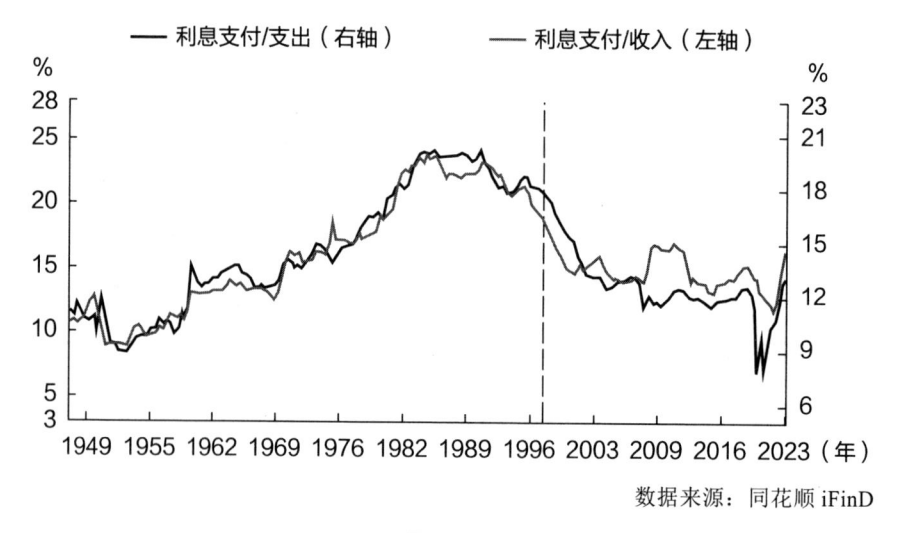

图 8-14

1997年亚洲金融危机之后，美国的利率水平呈现持续下降的趋势，从平均约6~8个百分点下降至4~6个百分点。更为重要的是，在1999年至2000年期间，随着克林顿下台、小布什上台，美国财政支出占GDP的比重结束了持续下降的情况，开始增加。尽管利率大幅下降，但利息的增幅小于财政支出的增幅，导致利息占整个支出的比重开始大幅下滑，这其实是一个非常不好的信号，这就是它看起来跟黄金的走势高度相关的原因之一。

1997年后，看利息支出与财政支出和财政收入的关系，其实就能看出一些迹象。然而，黄金市场真正作出反应则要等到2000年左右。

在1998年至2002年期间，黄金价格在三年左右的时间里呈现W形。这个阶段为市场的反转提供了必要的条件。在这样重大的转折点上尽管价格可能不会出现更低的水平，但市场会给予投资者足够的时间，以证明这种核心变量的变化，这种变量是个慢变量，所以导致持续时间比较久。之后随着小布什的上台及"9·11"事件的发生，最终都转化为美国财政逆差扩大的信号，之后黄金新的趋势才得以开启。

美国财政赤字在很大程度上主导着黄金价格的变动。利率水平的变动趋势和财政赤字之间并不完全一致，主要表现在以下两个方面：

（1）GDP的增长不一定能转化为财政收入，这就涉及我们前面提到的结构性问题，财政赤字的减少可以通过两种方式：一种是财政支出减少，财政收入增加；另一种是财政收入的增加大于财政支出的增加。同理，财政赤字的扩大，我们应该先考虑一下是否是结构性分工分配问题导致了GDP的增长无法转化为财政收入，之后也是同样的两条路径：一种是财政支出增加，财政收入减少；另一种是财政收入的增加小于财政支出的增加。

（2）利率和财政赤字之间并没有绝对的关联。并非财政赤字越大，利率就越低，财政赤字越小，利率就越高。在某些情况下，财政赤字增大时，利率也可能高；反之，财政赤字缩小时，利率也可能低。

比如，以20世纪70年代美国为例，财政赤字状况呈现恶化，利率水平持续上升，高利率伴随着信用风险明显增大，最终导致黄金价格与美元脱钩。当然，我们也可以用实际利率为负来反映这一现象。

再比如，在 20 世纪 80 年代到 2000 年期间，美国则是因为利率进一步下行，原本已完成结构调整的经济反而因为利率下行而变得更好，进而出现了大规模的财政盈余，那么相对于黄金，我们发现此时利率是增强变量，而不是主要因素，主要因素是财政收支结构，那么此时就应该先看财政，后看利率。

过去 20 年，财政状况恶化是由于财政支出无法转化为财政收入，使得财政赤字不断加大，而在此过程中，利率水平却又不断下降，财政赤字叠加利率双轮推动了黄金价格。我前面已经探讨过其根本原因在于财政支出无法转化为财政收入，从而引发了螺旋式反馈。

要应对这种反馈，需要对全球分工分配系统进行全面的重新构建，使财政支出能转化为财政收入，那时财政赤字的情况会有所改善。

目前，我们注意到美国财政状况呈现稳定的趋势。虽然利率仍处于较高水平，但疫情过后的财政支出已逐渐回归正常水平。利息占比的恢复和增长并不意味着存在风险。相反，利率的上升推动了利息占比的增加，这主要源于财政赤字在新冠疫情期间扩大后逐渐缩减的趋势，同时财政收入也在不断增加，这其实是一种比较良性的组合。

更深层次的原因可能是美国在 2008 年金融危机后到 2016 年期间对核心矛盾问题的重构，这或许已经带来了美国财政收入和支出的大周期变化。

8.6　重构财政收支，重塑好债务

单纯的货币政策并不能解决债务背后的信用问题，重塑分工分配结构至关重要，货币政策不是万能的，并不是说债务高了就一定会以利率低为前提，很多人只是单纯地考虑债务的利息，但实际上，债权人更看重债务背后的盈利能力和可持续发展的能力。尽管利率低可以使债务利息支付的成本下降，但更为重要的是债务背后的收入或盈利能力的下降。这种下降可能导致企业或个人的偿债能力受到损害，进而影响债权人的利益。因此，在债务和利率之间，不能单纯地将债务高低作为判断利率高低的标准，而要考虑更为复杂的因素，如企业的盈利能力、偿债能力以及可持续发展能力等。

从之前的情况来看，全球化带来的结果是显而易见的。企业部门的逐利性会借助美元的投资全部转化为其他国家的生产性投资，而在美国国内并不增加生产性债务，美国国内经济主要由居民部门非生产性债务的消费来拉动。投资的缺失使得美国国内薪资增速无法传导，货币政策不得不造就 Contango 结构的利率曲线，又反过来推高居民部门的非生产性债务。政府部门为了维护企业部门海外投资和居民部门购买力，不得不加杠杆，国家盈利能力的下降和信用损失同步出现。在这种情况下，通常会预期该国经济发展前景不乐观，人们可能会降低对未来通胀的预期，并更愿意接受较低的回报，以获得更高的投资安全性。因此，当收入或盈利能力下降时，实际利率可能会相应地下降。

对债务和信用而言，盈利能力、偿还债务能力和可持续发展能力等才是关键。2008 年金融危机之后，我认为全球逐步结束一个旧的时代并开启一个新的时代。美国通过金融危机向全球投资者输出资本，这也是美国和日本相比较而言更容易从居民部门的非生产性债务中走出来的原因，继续保持量化宽松政策，帮助美国居民部门用 8 年的时间走出债务困境，同时技术和生产力的裂变也在逐渐发生。

美国重塑好债务的计划推动了自身经济的复苏和增长，这也注定它一定是从全球化时代走向了逆全球化时代，更准确地说是区域经济一体化时代。给其战略同盟国提供资金、技术和专业支持，帮助它们建设基础设施、发展配套产业，使同盟国之间的贸易自由化，但对外却是冷战思维，形成非同盟对抗甚至是贸易壁垒，以阻止竞争对手的崛起，保护自身的绝对利益。

好债务的模式就是企业部门愿意在本国投资扩张生产性债务，在区域性分工下，配套产业中没有一家独大的效率部门存在。美国的生产性债务集中在核心技术和产业顶端，作为"链主"存在。美国国内的投资可以提供就业薪资的传导，通过收入的增加来提高居民部门的购买力，"链主"保持着核心投资和少部分人员配置，通过技术提高生产率来获取更高的投资回报，实现双赢局面——既补偿了劳动者收入和储蓄，又拉动了国内的生产性投资。

而国际分工中的生产国就是"宿主"企业，作为整个产业链上的一种分工配套，它们保持着一定程度的生产性投资。"链主"可以用居民部门消费的增加来反哺"宿主"企业。现在，美国很显然走这条路。

8.7 大类资产波动率的传导性

FICC 指的是 Fixed Income、Currencies and Commodities，即所谓的大类资产轮动，其投资标的从传统的股票延伸至包括政府债券、企业债券、货币和大宗商品在内的大类资产，工具则主要是各种 ETF（交易型开放式指数基金）和衍生品，而其中毫无疑问的核心层就是固定收益里全球资产的锚——美国国债收益率曲线。国债收益率曲线既能反映经济发展状况，又能反映货币政策的传导效果，以及对各个部门资产负债表的影响。

作为大类资产中的关键组成部分，黄金可以用于评估美元债务和信用的状况。政府相关政策的调整对经济结构的改变需要时间来实现。同样，使用低频的宏观数据来追踪 FICC 市场可能会出现只能解释过去和预测更长期的未来，却无法追踪现在和预测短期未来的问题。因此，在设计和交易大类资产策略的层面上，我们需要找到高频的变量进行比较和参考，而债券市场的频率恰好可以满足这一要求。通过观察债券市场的波动以及其他相关资产的变动，我们可以及时了解和掌握宏观经济因素对 FICC 市场的影响，从而更好地把握投资机遇和防控风险。

在过去的 40 多年，周期性现象显示了时间序列数据的规律性和稳定性。正反馈和负反馈机制在金融市场波动中起关键作用。金融自由化导致美国居民部门杠杆率上升，借入的资金用于支持消费和投资，但都转化为了非生产性债务扩张，加剧了全球经济失衡。需求上升推动贸易发展，引领全球生产活动，吸引资本流入新兴市场国家，推动经济增长和汇率升值，形成正反馈效应，可能会导致新兴市场国家出现共振现象。

这种共振现象并不一定会出现，因为它受到不同新兴市场国家经济状况和政策环境差异的影响，并且不同市场间的相互影响和竞争也是重要原因之一。虽然资本流入和汇率升值可能触发共振，但不同市场可能会出现不同的波动和趋势。

所有FICC的核心路径必然都是从美债收益率进行传导的，这就是全球所谓美元为核心、架构的利率之锚，它具有传导性。无论是美元、美债还是美联储，核心的变量就是利率和利率结构的变化，各类资产连锁反应式正反馈效应能够自我强化，进而形成一种趋势。

从原则上来讲，只要是与美元挂钩的利率，在全球范围内就是美元货币体系的核心架构。美元利率会影响各个国家、各个居民、各个企业的资产负债表，资产负债表又会影响所有资产端、负债端，进而影响资产的配置及投资行为等。

波动率是用于衡量金融资产价格波动程度的，它反映的是资产收益率的不确定性，可以作为金融资产风险水平的评估依据。波动率越高，金融资产价格的波动程度越剧烈，资产收益率的不确定性就越大。

各种大类资产之间的收益相关性实际上反映了波动率的相关性，即风险的传导。这种风险的传导是金融市场的重要机制之一，因此把握波动率传导的路径对于判断大类资产价格的走势具有重要的意义。

通过理解和掌握波动率的传导机制，投资者可以更准确地把握市场动态和资产配置的机会，从而在金融市场中获得更好的投资回报。

我们还应认识到，各种大类资产之间会形成各种反馈回路，而非单向运转。从内核至外核，路径并不是单一的，而更多地体现为反馈路径。正如索罗斯所阐释的相互作用，即路径传导具有反馈性，并非A是因、B是果，而是A先影响B，B反馈再影响A，A经过调整后又影响B。例如，下文关于油价与利率之间的描述，清楚地展示了相互反馈的过程。然而，在复杂的传导路径中，通过确定核心变量来推导传导路径至关重要。

大类资产的波动率传导体系由核心层和其他资产层构成，其中最核心的是债券层。为了衡量债券波动率，我们选择了一个最具代表性的指标——MOVE（美国美银美林美债选择权波动率）指数，该指数主要参考 2～30 年期的美债场外期权来编制，它反映了美债波动率的水平。

在分析债券波动率时，我们还需要考虑两个重要因素。第一，大家经常使用美债（2 年期和 10 年期）长短端的差来衡量债券收益率曲线的扁平化程度。收益率曲线的扁平化程度可以反映市场对未来利率走势的预期，进而影响债券价格。第二，美国石油隐含波动率也是债券层的核心变量之一。同时，它也是商品层的核心变量。石油作为全球最重要的商品之一，其价格波动对全球经济和金融市场具有广泛的影响。因此，对石油隐含波动率的分析不仅有助于我们了解债券市场的风险状况，也有助于我们预测全球经济和金融市场的未来走势。

综上所述，大类资产的波动率传导体系是一个复杂而重要的系统。通过深入了解和分析各类资产之间的相互关系和影响机制，我们可以更加准确地评估市场风险，制定更加有效的投资策略。

在金融市场中，权益类资产的波动率通常用两个指数来衡量：VIX 和 V2X。VIX 是指标准普尔 500 指数的波动率指数，而 V2X 则是指欧洲斯托克（Stoxx）50 指数的波动率指数。这两个指数基本上代表了欧洲和美国股市的波动情况。而在外汇市场上，汇率波动率通常用 G7-VXY 来衡量，它代表了七国集团主要主权货币的汇率波动情况。同时，该指数也可以用于衡量新兴市场国家的汇率波动率。总的来说，这些指数都可以归为 VXY 的汇率波动率指数范畴。

我们可以得出一个明确的观点，即利率结构的变化与各类资产的波动率之间存在密切的关系。这种一致性的变动充分表明，不同类型资产的价格波动受到了不同市场利率的影响，而且这种传导性在不同类别的资产中表现得尤为明显。

这些趋势相关性的存在，暗示着市场利率的变动可能会导致特定类型资产价格的波动率发生改变，同时这种变动又可能影响其他类型资产的波动率。因此，在制定投资方案时，投资者必须全面考虑利率的变动可能产生的影响及其对不同类型资产价格波动程度的传导性作用。

8.8 美元利率曲线：全世界的锚

自 1983 年以来，美国成功地消除了保罗·沃尔克时期的高通胀，并在重建全球化分工分配路径的过程中，全球金融资本形成了长达 40 多年的利率 Contango 结构。这种借短买长的利率曲线长期助长了债务和杠杆的增加。这种美元借贷策略成为过去 40 多年全球经济增长的主要推动力。然而，全球这 40 多年的财富积累中超过 60% 是由债务和杠杆衍生而来的，仅有 40% 的财富积累源于劳动和生产率的提高。

图 8-15 展示了美国国债收益率长短端的利差，即利率曲线上短端与长端的差值。从该图中我们可以发现，自 1982 年以来，利率曲线呈现出短端利率低于长端利率的态势，也就是利差在大部分时间内呈现 Contango 结构。例如，在某些年份最显著的差值可达到 350 个基点，这表示如果 1 年期收益率为 1%，则 10 年期收益率约为 4.5%。这种 Contango 结构也意味着长端债券收益率高于短端债券收益率，这可能会影响投资者的投资决策和市场的稳定性。因此，我们需要关注和研究这些变化及其可能对全球金融市场和经济产生的影响。

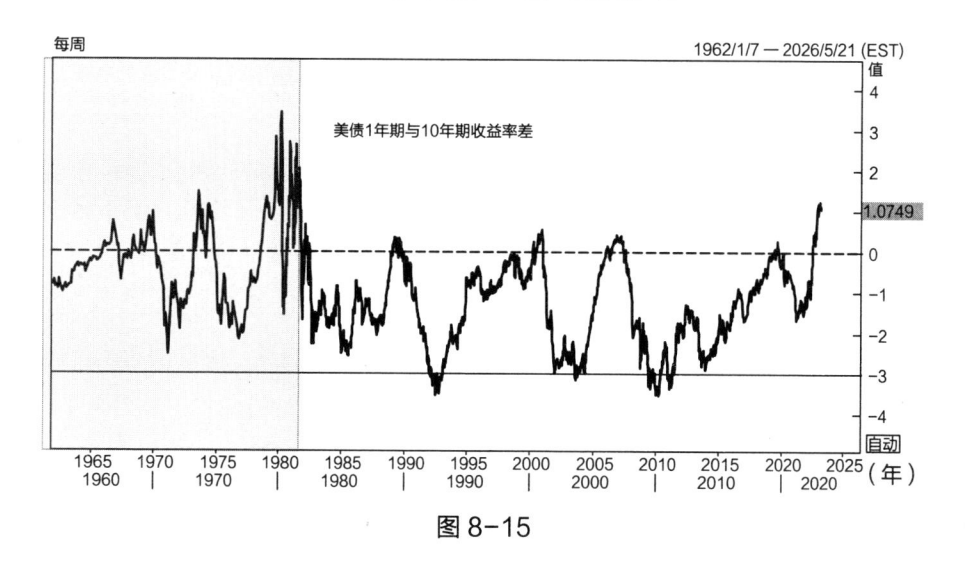

图 8-15

从最基本的定义来看，短端利率代表着储蓄者的收益，从宏观意义上来说就是劳动者的收入增速，长端利率代表着经济预期回报（投资收益）。这里需要注意的是，对于二战后世界秩序中金融框架里的美债收益率而言，短端美债收益率代表着美国本国的经济、通胀、就业薪资，以及对储蓄者的补偿，而长端美债收益率则不是美国而是全球持有美债者的预期回报，即全球经济的无风险投资回报率（见图 8-16）。

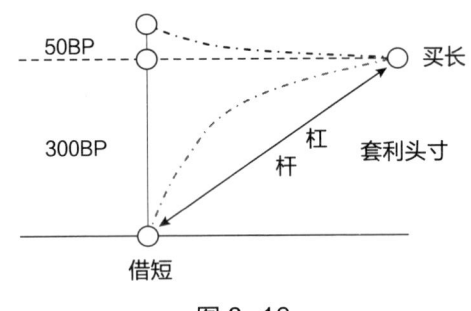

图 8-16

如果利率曲线一直保持着 Contango 结构，则意味着大部分时间套利者必定是靠借贷储蓄者的短期储蓄去获取长期的投资回报，并且利差越大，套利者借贷就会越多。这也意味着金融服务需求增加和杠杆抬高，这样的过程持续时间越长，累积的债务就越多。

利率之所以能够形成长期的状态，其本质在于美国短端利率的通胀消失了，为什么美国的就业薪资通胀在这 40 多年里消失呢？这个问题我们在前面分析全球化经济框架的时候其实已经说过了，这里再做一个总结。

从全球化分工的角度来看，全球化带来的一个结果就是重新进行劳动分工。美国大量的底层劳动，在全球化路径下发生了迁移。美国从半导体芯片到互联网信息技术的创新使得部分高效率创新部门开始出现，如硅谷公司，同时传统生产企业转移到了日本、东南亚等国家或地区。这种分工缓解了美国的通胀压力，同时也导致大部分人收入和薪资增速放缓。在创造薪资增速方面，高效率的生产部门转移到了新兴市场国家，那么美国国内的一些生产部门就沦为低效率的部门，这部分劳动者的薪资增速缓慢。2001 年中国加入 WTO 后，全球最高效的生产部门逐步转移到了中国，这使得消费国的薪资增速更加缓慢，通胀消失得更快了。

从债务的角度看，大多数经济学家和政策制定者都认为债务是不受欢迎的，且会带来较大的风险，并且传统经济学认为不断膨胀的债务通常被视为借贷成本上升的诱因，但我觉得对于债务的扩张要分情况来看。本质上，债务是可以挣钱的。如果是生产性债务，它是以提高生产率为主导的，会刺激消费、基础设施投资，甚至促进经济增长，那么它其实会带来更快、更强劲的增长和通胀。这个时候，贷方可能会要求更多的补偿（高利率），以弥补他们认为可能无法得到偿还的风险，以及在债券有效期内利率波动的风险，这就是信用风险和所谓的"期限溢价"。

但非生产性债务是不会提振经济或使 GDP 增长的，甚至会成为抑制收益率和经济增长的强大力量。一国储蓄转化为投资但是并没有形成产能，无法向就业薪资传导；如果累积起来的债务扩张转化为了有效的投资，投资又可以拉动薪资和消费，进而推动本国通胀，那么这种债务就会带来对储蓄补偿的增加。过去的 40 多年里，这部分的传导效率下降了，导致利率无法向更高的储蓄补偿传导，美国债务的累积转化为了非生产性债务，主要是居民部门的债务，非生产性债务抑制了需求，导致利率需要不断下降才能补偿储蓄。

每次利率的抬升都带来了螺旋式反馈，但最终都无法超越全球投资回报（这也就意味着储蓄者或者劳动者是永远无法参与经济增长分配的）。美元作为全球货币，这样的利率结构无论是从全球分工的角度还是从债务的角度来看，其本质都是一回事。

8.8.1 全球化利率曲线组合的模型

全世界在过去 40 多年形成的 Contango 结构利率曲线，使得我们大部分时间将美元当作了一个周期性的借贷工具，利差扩大的时候开始借贷加杠杆，利差收缩的时候杠杆开始消退。由于生产性债务在全球分工的作用下流向了生产国，那么借贷的美元也就以生产性债务的方式流向了这些国家（见图 8-17）。

图 8-17

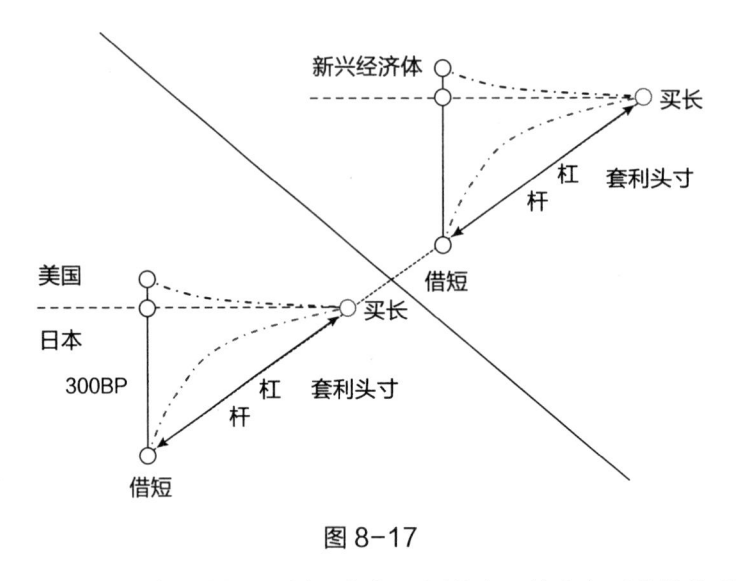

假设全球分工下有 A 国和 B 国，其中 A 国将自己的生产环节转移到了 B 国，此时 A 国就是我们说的消费国，B 国就是我们说的生产国。生产性债务转移给了 B 国，B 国高增长、高通胀且高利率，B 国的利率曲线是高于 A 国的，这才能形成 B 国的生产性债务扩张。

消费国 A 国的生产性债务在全球化下发生了转移，国内非生产性债务是由消费驱动的，因此非生产性债务意味着收入增长和抑制通胀，因此 A 国必然是一个 Contango 结构利率曲线。A 国居民的储蓄补偿极低，大量的劳动者价值（储蓄）被用于低息借贷，而在这种借贷关系下 A 国本币则流向了全球产业分工的高投资回报领域。对 A 国而言，其本币如果对全球资本流动和资产投资计价的话，意味着 A 国债券收益率的长期收益率本质上就隐含了全球资产的平均投资回报率，而生产国 B 由于承接了生产性债务，B 国经济处于高增长和高通胀的状态，同时资本流入会驱动汇率的升值，进而形成正反馈。

如果我们把 A、B 两个国家的利率曲线放在一条直线上，就形成了一个巨大的套利的借贷投资空间。非生产性债务扩张的消费国的低息储蓄资金，流向生产性债务扩张的生产国高息投资资产，二者之间巨大的利差就是 A、B 两国资本流动的根源。

国际分工使得 A、B 两国的角色分别是生产国和消费国，A、B 两国之间会自然地发生贸易关系，生产国 B 生产的产品流向消费国 A，B 国形成贸易顺差，A 国形成对应的贸易逆差。

经常项目顺差带来了生产国 B 国的收入增加，收入增加转化为 B 国的储蓄，由于 B 国属于生产性债务，本国通胀高，这也就意味着 B 国储蓄只有高于非生产性债务国家储蓄的利率水平，才能使 B 国储蓄者获得足够的补偿，B 国储蓄利率才能高于 A 国或者全球的平均投资回报率。

对生产国 B 国内部而言，由于顺差和利润使得本国生产性债务的投资收益很高，对资本的需求旺盛，但由于这些国家融资渠道单一，金融机构和金融体系不够完善和发达，致使融资通道中储蓄者的补偿大幅打折，这就意味着即使不从海外借贷投向本国的资产，单靠本国借贷储蓄投向本国资产依旧是可以获得较高的投资回报的。B 国内部的金融系统会产生明显的腐败现象，这种腐败其实就是内部利差的制度套利。在巨大的利差下会产生大量金融中介和资金掮客的中间业务，有大量倒卖资金、倒卖贷款的人存在。当然，更为聪明的人则是从外部套取整个 A、B 国利率曲线融合后最大的那段利差。

但由于贸易逆差和非生产性债务的增长，使得 A 国对利率进一步形成这种依赖。如果 A 国的非生产性债务扩张过快，收入不增长，而消费又推动了需求，供应无法得到满足，就会产生商品性通胀。一旦中央银行选择加息，就会导致非生产性债务风险，抑制消费，并且进一步的外溢效果就是 B 国的贸易顺差会有所收缩，B 国的生产性产能会短期进入过剩状态，进而影响资产投资回报率（见图 8-18）。

全球化利率曲线组合下，当消费国 A 国的短端利率抬升的时候，生产国 B 国的资产回报率会相应下降。A、B 国组合出来的这个双利率曲线，本质上是一个更大的 Contango 结构的长短利差（A 国的短端、B 国的长端）收窄的过程，也就是每次 A 国小周期加息都会使 B 国的一些领域产生债务风险。这种利差收窄会使 A 国对 B 国的汇率升值（也就是 B 国汇率贬值），A、B 国长短利差的收窄会给全球带来一个去杠杆的过程。B 国偿还的债务（生产性债务）可以帮助 A 国解

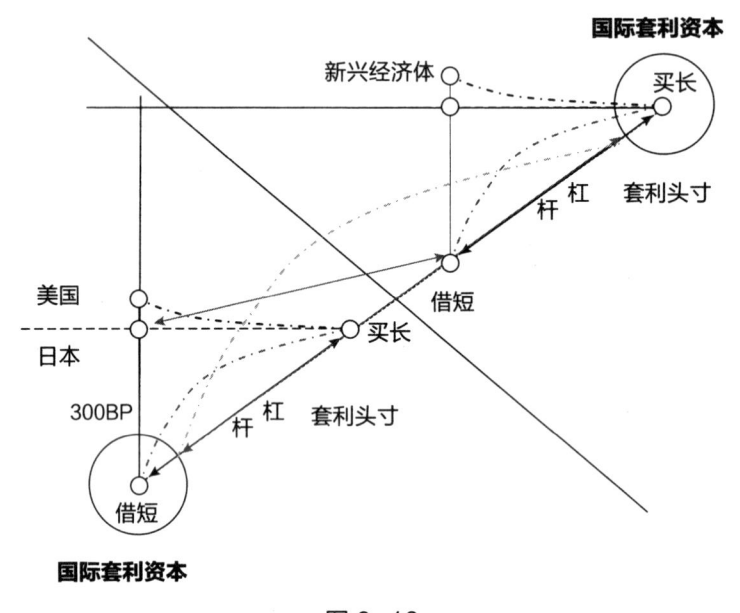

图 8-18

决一部分债务（非生产性债务）问题，然而每次解决危机的办法并不是修复 A、B 国投资与收入之间的失衡关系，而是选择进一步推动 A 国短端利率继续下行，用更低的利率和再次的利差扩大来维持消费（A 国）和生产（B 国）的杠杆。

最终整个链条中的收益率，借贷端由 A 国（非生产性债务国）来提供，资产端由 B 国（生产性债务国）来提供，B 国从投资到产出都带来了生产性回报，B 国后期随着储蓄的积累以及居民部门加杠杆，将会带来额外的资产价格的回报。

在过去的 40 多年中，全球最卓越的投资交易将美元和日元作为主要负债端进行主导，同时将新兴市场国家作为重要的资产端，对早期阶段投入新兴市场国家的高效生产部门，逐步实施金融化策略。随着时间的推移，这些新兴市场国家储蓄的增加，最终导致其对房地产需求的依赖。这是过去 40 多年全球资本流动和资产配置的核心逻辑。

8.8.2　全球化下对不同债务的补偿

非生产性债务国家与生产性债务国家相比较，随着贸易差额的不断扩大和资本的流动，A 国就会出现财富的减少，如果两国是用黄金或者白银进行交易和支付的话，那么 A 国的黄金就会减少，B 国的黄金就会增加。理想中的国际分工是假设 A、B 两国贸易是互补的，A 国提供 B 国没有的商品和服务，B 国提供 A 国没有的商品和服务，但是现实却是残酷的，随着 B 国的生产性债务不断扩大，B 国的产能和效率得以大幅度提升，贸易优势的天平自然会向 B 国倾斜，财富将不断沉淀在 B 国。

如果 A 国财富减少，产能、效率、贸易优势越来越弱，债务偿还能力就会越来越弱，这样 A 国债务风险就会增加，这意味着 A 国对外购买力会大幅度减弱。只有 B 国积攒的财富需要变成 A 国的债务才可以延续这种可持续性，A 国的对外购买力才可以得以维持，A 国的需求才可以源源不断地拉动 B 国的供应，实现现实中真正的分工分配，而不是均衡贸易的假设世界。

解除好债务对 A、B 两国贸易的限制后，这种贸易关系就会带来双向的好处，贸易差额其实本质上就是一种补偿：对 A 国来说，是消费力的补偿（逆差）；对 B 国来说，是收入的补偿（顺差）。

A 国的生产性债务转移给 B 国，意味着 A 国劳动者收入减少，而这部分人往往是社会的底层人群。如果非生产性债务扩大，导致实际购买力无法继续维持，就会引发强烈的民粹主义思潮，甚至是严重的社会矛盾。债务循环可以维持购买力，同时通过贸易逆差对居民部门进行补偿，从 B 国进口大量商品，虽然名义收入并不增加，但是实际购买力却因商品变得更为廉价而增强。这个逻辑索罗斯在 30 多年前就曾说道："美国庞大的贸易逆差，其实就是对美国底层民众的一种补偿。"

8.9 汇率背后的借贷和投资

货币是商品的一般等价物，是中央银行的负债、政府信用，是经济体系中最重要的东西。

从这个关系中可以看出，全球现行的价值衡量标准——黄金作为公允价值储备可以衡量美元的盈利能力，而同样美元也是各国公允价值储备，也只有这样的信用货币体系才能够满足全球贸易的不断扩大和债务的不断增长。信用货币体系的一个特征是现代经济活动的繁荣必然带来信用扩张，如果都采用黄金作为公允价值衡量和储备的话，那么黄金本身就会制约经济的发展，同时黄金还会频繁被挤兑，形成不必要的冲击。

在之前讲的国际劳动分工中，我曾提及在二战后建立的体制中，以贸易结算和石油为核心的石油美元体系具有至关重要的意义。这一体系实际上是国际大宗商品贸易交易和结算体系的体现，为货币背后的信用提供了重要的背书。全球贸易体系普遍采用美元作为结算货币，这也正是美元在贸易结算中的核心信用表现。

所谓的石油美元，其实是因为石油是现代工业的重要原料之一，而全球石油贸易结算又把美元作为计价和结算货币，故被称为石油美元。同样地，其他重要的大宗商品也离不开美元计价、交易结算以及美国金融系统的结算。因此，我们将这些对应的商品称为"××美元"，如粮食美元等。随着页岩油技术的发展，能源的独立性得以提高，美国降低了对外依赖程度，使得其在中东地区的军事力量得以显著减弱。未来，可能会出现一种全新的核心大宗原材料，成为全球能源新的载体和依赖。一旦这种原材料出现，必将带来所谓的定价权的争夺。

在日元和欧元等货币中，尽管它们也具备一些与美元相似的属性，如可自由兑换、被广泛接受等，但它们仍然需要庞大的海外资产以支持其债务信用的担保。这些海外资产可以是政府债券、公司债券等，它们需要有良好的信誉和稳定的收益来支撑货币的价值。因此，在欧洲和日本等地区或国家，货币的影响或多或少会带来相应的风险。这种风险实际上与其整个信用体系的稳定性密切相关。

全球储备资产以美元为锚，形成信用扩张，这就是美元的"黄袍加身"。美元作为全球最重要的储备货币之一，被广泛用于国际贸易、投资和储备。许多国家都将美元作为主要的储备货币之一，因为它们相信美元的稳定性和广泛的接受度。这种信任使得美元的价值得到了提升，进而促进了全球经济的发展。

然而，随着时间的推移，如果美国的盈利能力不可修复地下降，全球的价值衡量体系将会再次迎来巨变。随着美国经济实力的逐渐下降，美元作为储备货币的地位可能也会受到影响。这种情况下，全球价值衡量体系可能会发生巨变，其他货币可能会逐渐取代美元的地位，或者出现新的储备货币来引领全球经济。

我主张货币的对内价值体现为利率，而对外价值则体现为汇率。从某种角度来说，汇率是资产内在价值的外在表现形式。简单来说，对美国而言，美元利率在本质上体现了美元的负债成本，相对于黄金等公允价值储备而言，美元就是内在价值的体现。

但对其他各国来说，资产端表现为美元，即美元利率代表资产的无风险价值，而本币利率则反映了自身的负债，或者是本币的盈利能力。本国货币作为对内的负债，其资产与负债的比率即为汇率，也就是本币对外价值的体现。

汇率也体现了国际借贷关系，从利差的角度出发，也可以对此作出解释。如果大部分市场能够形成远高于借贷市场的投资回报率，那么从本质上讲，资本往往会倾向于这样的借贷流动。

新兴市场国家资本流动的正反馈以及汇率的贬值会带来新兴市场国家竞争力的增加，那么随着市场转好，资本会快速流入，同时汇率对外的购买力会增强，背后隐藏着的投资收益也会增加。然而需要注意的是，许多新兴市场国家的官方汇率或官方利率并不等同于其实际投资回报。我们通常采用利差的方式来衡量全球资本的流动。

此外，各发达经济体之间也存在经济分工的差异。全球经济运转下，各发达经济体之间也存在微小的利率差异，这种差异可能会导致汇率的变化。为解决这一问题，我国引入了"一篮子货币"的概念。这一概念并非基于某一特定国家的特性，而是更加强调相对性，即对接收和投资回报之间的关系的相对论。通过将各种货币进行加权组合，最终形成了一种综合性的货币关系。

8.9.1 关于汇率的理论框架和逻辑上的思考

虽然在过去的 40 多年里，全球的结构发生了很大的变化，影响的因素也增加了很多，但是自始至终索罗斯先生的那篇关于汇率市场的反身性日记都是汇率市场的主线逻辑。应该说，索罗斯率先阐述清楚了在浮动汇率制度下，市场并不是一个均衡或简单的单向关系，市场处于彼此影响、相互作用、自我加强、自我实现的过程，从良性循环到恶性循环，形成了一个完整的周期。汇率并不是一个结果，其本身也是整个动态环节中的一个变量，所以市场从未真正地实现均衡。

市场在自我预期—自我实现—自我增强—自我强化—自我疯狂—自我破裂中完成了一轮从良性循环到恶性循环的转变。市场本身的这种正反馈机制使得恶性循环被放大，在持续的正反馈过程中，系统积累的势能逐渐加大，系统的一致性和协同性急剧增强，这使得系统变得极不稳定，任何极小的风吹草动都能带来巨大的"雪崩"。当奇点到来时，一切都会反转，系统很可能向着相反的方向发生正反馈，从一个极端走向另一个极端。

在汇率市场，这种正反馈机制的奇点并不会来得如此剧烈，或许由于参与者的原因，汇率市场的反馈机制持续的时间更长，相对于其他资产的正反馈，它从一个方向到另一个方向的变动往往要温和得多。在研究汇率这十来年时间中，我将索罗斯先生所提的良性循环和恶性循环描述成了反馈机制，即正反馈和负反馈。当然，一些人喜欢更加明确的定义，认为导致恶性循环的都是正反馈的作用。所以，对于这种循环的判断就是相当关键的一环，要想了解汇率的变动，就要熟知这样的循环逻辑。只有熟知循环的逻辑，才能把握住大周期汇率的转折点，才能在微观周期中洞悉哪些变量是当下影响循环的变量，以及能否持续。

索罗斯关于汇率的经济学基础框架仍是建立在国际收支表基础上的，反身性理论作为他的市场行为哲学观贯穿了他的金融思维，所以他在应用的时候更多的是基于这种哲学观，通过对一国的国际收支分析得到整个反馈机制的逻辑线，然后清晰地熟知整个逻辑线和每一个关键环节的变量，等待出击的机会。

战后达成的国际收支平衡关系，短期通过国际货币基金组织的信贷资金进行援助，长期则通过调整汇率平价进行调节，但事实上随着国际分工的推进，我们根本就看不到真正意义上的单一理论上的汇率平价对于国际收支的调整和修复。

从索罗斯的理论框架中可以看出，他比较关注三级分工体系中第二级和第三级的内生反馈的运转，不得不说国际收支项目众多，各国统计和编制方法也不尽相同。这里，我来简化一下分支，将国际收支项目简化为两个部分：一个是经常项目，其中可以细分为贸易项和非贸易项（包括服务项）；另一个则是资本项目，这部分就涉及了索罗斯提到的非投机性资本流动和投机性资本流动。

事实上，很多时候经常项目和资本项目之间是一种动态的组合：

- 经常项目顺差 + 资本项目顺差
- 经常项目逆差 + 资本项目顺差
- 经常项目逆差 + 资本项目逆差
- 经常项目顺差 + 资本项目逆差

这样的四个动态组合本身就形成了一个循环，而由其本身对应的每个阶段的汇率波动的影响因素也完全不一样。一国货币最强的状态往往是其本身经常项目和资本项目形成双顺差，这种状态下无论是经常项目下还是资本项目下对本币的需求都是最旺盛的；而一国货币最弱的状态则是其本身经常项目和资本项目形成双逆差，这种状态下无论是经常项目下还是资本项目下对本币的需求都是最弱的。

当然，这应该是一个结果而不是一个原因。如果想提前看到趋势的发生，则需要在逻辑上仔细地倒推，从一些变量中寻找经常项目和资本项目潜在的变化，这往往才是真正的机会所在。然而，这套模式对美国似乎并不管用，究其原因是美元奠定了现代货币体系和现代金融体系的根基，这一点使得美元在经常项目下和资本项目下都成了主要的结算货币。对结算货币而言，其本身作为锚来说，经常项目和资本项目的顺差和逆差并不主导美元汇率的走势。

索罗斯为了研究的方便，将汇率变动的供求因素归于三个项目：贸易项目下、资本项目下和金融项目下的非投机性资本流动和投机性资本流动，并由此形成了简单的自由浮动汇率模型。

$$(\downarrow T + \uparrow N + \uparrow S) \to \downarrow e \text{ 或 } (\uparrow T + \downarrow N + \downarrow S) \to \uparrow e$$

其中，T 为贸易平衡（$\uparrow$ = 盈余，$\downarrow$ = 赤字）；N 为非投机性资本流动（$\uparrow$ = 流出增加，$\downarrow$ = 流入增加）；S 为投机性资本流动（$\uparrow$ = 流出增加，$\downarrow$ = 流入增加）；e 为名义利率（$\uparrow$ = 上升，$\downarrow$ = 下降）。

注：贸易项目下赤字扩大或由盈余转为赤字、非投机性资本流出增加、投机性资本流出增加、贸易项目下盈余扩大或由赤字转为盈余、非投机性资本流入增加、投机性资本流入增加。

这样简化的目的是想通过这三个项目内的货币交易总额来判断汇率的走向。经过40多年的发展，这样的简化模式在很多国家的汇率研究体系中仍然适用，不过在某些国家的体系中并不适用。例如，一些国家贸易项目下服务项的顺差和逆差远比贸易项目占比大得多，而其服务项又与资本和金融项目密切相关。在这种情况下，上面这个简单的模型就不适用了，但我们仍然可以通过这样的分析方法来分析汇率的走向。

8.9.2 资本项目下对汇率的反馈

我们继续沿着索罗斯的框架将资本项目下的流动分为非投机性资本流动和投机性资本流动两类。虽然这和国际收支表的常规划分有很大的不同，但这样的划分可以让我们很清楚地看到资本流动之间的驱动力和逻辑关系。

事实上，资本流动中非投机性资本流动和投机性资本流动其实也很模糊，这一点索罗斯也有表述：

就资本流动而言，也许唯一完全不受预期影响的交易就是累积债务的利息支付，至于利息收入的再投资，则已经可以算作投机交易了。欠发达国家所偿还的银行债务应当被看成是非投机性的，尽管其资产重组时的动机是投机性质的。直接投资呢？如果经理人员一心只盯着回报，就应该归入投机性。不过，这种投资多数会有一个主导性的动机。可见，投机性流动与非投机性流动之间还有很多中间层次。尽管如此，将它们划分为两个大类并不算过于脱离现实。

到底如何界定资本流动的目的是非投机性资本流动还是投机性资本流动呢？大多数时候这两者其实是相互转换的。当投机度升高的时候，往往会出现即便原本是非投机性资本流动，也会转化为投机性资本流动，而这个时候往往也会伴随着正反馈增强的结果。

为了方便进一步论述，在研究过去数十年的案例之后，我做了这样一个划分：

非投机性资本流动 N 的定义是资本流动的目的是基于当地实体经济投资回报预期的实体经济投资回报率 $-R(I)$；投机性资本流动 S 的定义是资本流动的目的是基于当地资产投资回报预期的资产投资回报率（包括房地产、金融性资产等）$-R(A)$。

$R(A)$ = 当地资产投资回报预期（包括房地产、金融性资产等）

$R(I)$ = 当地实体经济投资回报预期

注：为什么将房地产划为投机性资本？我估计会有很多人不同意这样的划分方式。从这 20 多年的周期来看，房地产发展到一定程度的时候，它的角色会随着金融杠杆的介入快速地转换身份，它往往都是最突出的矛盾所在。我之所以将其划分为投机性资本，也是因为房地产在金融领域的特殊身份。

8.9.3　非投机性资本和投机性资本流动的相互作用

资本的风险偏好是非投机性资本流动和投机性资本流动相互作用的结果。当实体经济能够提供很好且稳定的投资回报率的时候，资本的风险偏好其实很低，所以开始时的资本流动往往都是投机性资本流动。随着本币国的储备开始增加，对投机性资本投资需求的增加开始推升 $R(A)$，此时往往伴随着该国的金融扩张，金融扩张加速推升 $R(A)$，并且开始和 $R(I)$ 之间相互影响、相互作用，除成本变动的间接性传导之外，此时直接的风险偏好也开始发生变化，资本流动开始脱实入虚，$R(A)$ 开始出现自我预期—自我增强—自我实现的循环。

影响 $R(I)$ 的变量主要集中在成本变动上，当然也有其他的因素。我们可以简化到成本上，而成本变动的因素则包含了很多变量，其中有一个很重要的变量，那就是土地和房地产价格的变动，因此很有意思的情况就出现了，而且很多国家都会出现这样的情况：$R(A) \uparrow \rightarrow R(I) \downarrow$。

在这个过程中，随着 $R(A)$ 的走高，它会对 $R(I)$ 产生正反馈，成本变动的增加最终会全面转嫁给实体经济，最终导致 $R(I)$ 下降。

8.9.4 影响非投机性资本流动的变量

对非投机性资本流动 N 而言，实体经济投资回报率就是其追求的回报预期。因此：

$$N = R(I)$$

$$\uparrow R(I) \rightarrow \downarrow N \text{ 或 } \downarrow R(I) \rightarrow \uparrow N$$

注：当实体经济投资回报率升高时，会带来投机性资本的流入；反之，当实体经济投资回报率下降时，则会带来投机性资本的流入减少，甚至变为流出。

8.9.5 影响投机性资本流动的变量

而对投机性资本流动 S 而言，资本的本质决定了投机性资本流动的目的就是寻求最大的总回报而不断流动，而我们对投机性资本流动的总回报可以简化为三个构成要素：利差（Δi）、汇率预期（Δe）和本币资产投资回报预期 $R(A)$。

$$S = \Delta i + \Delta e + R(A)$$

当然，在现实世界中我们还要留意的是这些假设条件都是建立在资本自由流动的基础上的，在资本自由流动的条件下，资本寻找的就是价差、汇差和利差。其中，价差可以理解为资产投资回报率。

而在现实世界，对资本管制及政体制度不透明的担忧，都会使资本流动发生变化，一旦这样的预期升温，即便有可能存在巨大的价差、汇差和利差，投机性资本的流动首先考虑的就不是寻求总回报，而是是否稳定。

一般的规律是投机性资本会被上升的利率（拉大的利差）和上升的汇率（本币升值）所吸引，即

$$\uparrow (\Delta e + \Delta i) \rightarrow \downarrow S$$

注：汇率上升的预期和利差的拉大，最终会导致投机性资本流入的增加。

反之，

$$\downarrow (\Delta e + \Delta i) \rightarrow \uparrow S$$

注：汇率下降的预期和利差的缩小，最终会导致投机性资本流入的减少，甚至变为流出。

8.9.6 投机性资本流动在利差和汇率预期下的进一步解析

对于利差（Δi）、汇率预期（Δe）这两个关键的构成要素，投机性资本究竟更关注哪个？

事实上，我们应该分两种情况去看待这个问题。如果是在相对固定的汇率或汇率预期下，利差（Δi）的预期将会是引导投机性资本流动的关键因素之一。

其中，这里的利差（Δi）也不再是简单的利率差，随着全球债券市场的蓬勃发展，这里的利差也从简单的利率差演变为了债券市场的套利机会和套利收益。

在大部分的浮动汇率体系下，汇率的作用明显大于利率，只要币值略微下降，总收益就有可能变成负数。我们并不是说利差不重要，在某种情况下，利差的预期也会影响汇率预期的变化。

$$\uparrow 本币\, i - \downarrow 外币\, i \rightarrow \uparrow \Delta i \quad 或 \quad \downarrow 本币\, i - \uparrow 外币\, i \rightarrow \downarrow \Delta i$$

究竟是谁影响着利率的变化，毫无疑问是中央银行的利率决议，市场的所有猜测都基于中央银行的利率预期。虽然说中央银行的利率决议在某种程度上与经济活动水平密切相关，但有时候中央银行的决议也会出现偏差，并不一定和经济活动水平完全密切相关。这或许是中央银行被赋予过多的调控范围所导致的，而这些产生偏差的货币政策一旦被修正，将会引起汇率市场突发性的大幅度波动。

货币政策宽松意味着本币利率水平下降，而货币政策的收紧意味着本币利率水平走高。

中央银行的核心职能是有效地促进国家实现就业率最大化、物价稳定以及长期利率适中等目标。事实上，后两项任务等于是同一个目标，而要实现第一个目标则要求各国中央银行必须同时兼顾货币政策干预或引导短期经济增长的双重职责。

按照中央银行的核心职能指引，我们可以简单理解为：

如果在经济活动水平下降的同时，物价水平也出现通缩迹象，那么货币政策更倾向于宽松。反之，如果经济活动水平上升，同时物价水平有明显的通胀迹象，那么货币政策更倾向于紧缩。

通胀水平对经济活动的影响也具有典型的反身性，即正周期会出现相互促进的作用，逆周期会出现相互恶化的作用：通缩的物价水平传导到成品价格，进而制约消费和投资，最终导致工资水平停滞，对经济产生负面影响。

8.9.7　利差、汇率和资产投资回报预期三个因素相互循环

前面通过拆分了解了一般规律下的逻辑线，而事实上利差、汇率和资产投资回报预期三个因素之间往往不是一个独立运转的结构，正如索罗斯所说的，"各个组成部分之间的循环作用在整个系统处于运动之中时，也可以被描述为一种螺旋式的运动"，这三者之间相互循环、相互作用。

良性循环：经济释放生产要素和制度红利，引发实体经济投资回报率的激增。一方面，实体经济投资回报率激增带来了非投机性资本流入，进而推动汇率升值；另一方面，经济走强带动总需求的扩张，激发通胀水平的上升，进而引发货币政策倾向于紧缩，而货币政策收紧意味着本币利率水平的走高，本币利率走高对过热的经济活动有所抑制，同时利差扩大叠加本币汇率升值引发投机性资本流入，投机性资本流入又推升了当地资产投资回报预期。

良性循环转为恶性循环：当实体经济投资回报率消耗掉释放的生产要素和制度红利之后，良性循环中的均衡机制同时也开始反方向起作用。例如，升值的汇率反而会成为制约实体经济投资回报率的因素，同时投机性资本流入推升了当地资产投资回报预期，而当地资产投资回报预期的走高又会进一步吸引投机性资本的流入，两者相互循环、相互作用、相互增强，资产泡沫的产生开始推动本币货币政策收紧，由此推动本币利率走高，而这又会进一步伤害已经脆弱的实体经济投资回报率，加剧当地资产投资回报预期和实体经济投资回报率之间的负反馈。

同时，利差扩大会进一步导致投机性资本的流入，当地资产投资回报预期开始了自我价值实现的过程，并且是相对矛盾的过程："相对的利差水平拉大大量资本的套利行为导致资本的涌入，同时本币升值带来的资产端的升值会加剧资本的涌入，资本追逐无风险收益的同时也会通过金融系统向市场提供过量的投机性资本去追逐本币资产。随着本币资产的逐步上升，又会进一步导致投机性资本投

资回报预期开始更加关注本币资产投资回报预期。"

这一阶段开始了自我强化的过程，过度的预期开始忽略政策管理对于资产过热的担忧和干预，市场自我扭转的前提开始出现。而一旦出现自我扭转，资产投资回报预期就会加速资本的流出。

传统逻辑认为，汇率对整个机制起着自动调节作用，通过汇率的升值和贬值来优化自身的实体经济投资回报率。这种假设的前提是该国的实体经济投资回报率对汇率的变动是绝对敏感的，但现实中实体经济投资回报率受制于各种因素的困扰远大于汇率的变动。换句话说，就是当经济对内面临着结构性矛盾，对外面临着外部需求受制于债务规模不振的影响时，经济对于汇率的变动几乎完全不敏感。这个时候，传统逻辑中的通过汇率贬值来增加出口，通过汇率贬值来逆转整个路径的可能性并不存在；相反，汇率贬值可能会成为正反馈中的一个不确定性因素，进而放大资本的忧虑，加速资本流出。

这种情况在每隔几十年的大周期中经常会出现，这时候需要的是全球的重新分配和生产要素或制度红利的释放。

就像手机系统一样，虽然手机系统自身有定期清理系统内存的功能，但是你仍然发现装的应用程序多了，用的时间长了之后，系统经常出现各种各样的问题。这个时候往往就需要彻底清理内存，或者重装系统。

8.9.8 经常项目对汇率的反馈

$$X > M \rightarrow \uparrow T \text{ 或 } X < M \rightarrow \downarrow T$$

注：出口大于进口，贸易项目下会形成顺差，贸易项目下盈余扩大或由赤字转为盈余；出口小于进口，贸易项目下会形成逆差，贸易项目下赤字扩大或由盈余转为赤字。

如果一国国际收支出现顺差，对该国的货币需求就会增加，流入该国的外汇就会增加。相反，如果一国国际收支出现逆差，对该国的货币需求就会减少，流入该国的外汇就会减少。

因此，我们可以简单地将上述模型中进口和出口理解成为对货币需求的变化，即贸易盈余意味着对本币需求的增加（外币需求的减少），贸易赤字意味着对本币需求的减少（对外币需求的增加）。

8.10 新兴市场国家的债务危机

1970年以来，新兴市场国家经历了四轮债务危机。第一轮债务危机是在1970—1989年，当时拉丁美洲和撒哈拉以南的非洲国家政府都在大规模举债。20世纪80年代初，东亚和太平洋地区的银行、企业以及欧洲和中亚各国政府大量举债，1990—2001年发生了第二轮债务危机。第三轮债务危机是在2002—2009年，当时欧洲和中亚的很多企业大规模举债，随后全球经济严重衰退。

2008年金融危机后的政府债务增长是普遍性的，约80%的新兴市场国家的政府债务规模快速增长，新兴市场国家的政府债务规模比前三轮危机中的规模更大，增长速度更快，债务规模平均每年增长近7个百分点。与前几轮债务危机一样，自2008年金融危机以来，新兴市场国家的经济脆弱性日益显现，并选用了风险更高的债务工具。

在过去的40多年里，新兴市场国家为什么会周期性地产生债务危机呢？我并不认为单纯是由美元利率上升等外部不确定性因素引发的。如果我们从国际分工的角度去看一下新兴市场国家在全球化中的角色，就不难理解它们的真正缺陷是什么了，这也是新兴市场国家债务危机的根源所在。

大多数爆发债务危机的国家，其财政政策、货币政策都具有不可持续的特征。外债较高的国家，特别是国际储备水平较低的国家，国内经济的脆弱性往往会增加其发生债务危机的可能性。

首先，在40多年全球化的逻辑下，新兴市场国家承担的国际分工角色决定了其本身"重债务、低回报率"的特征，这才是新兴市场国家债务危机最核心的问题。

全球化下的国际分工按照各国资源禀赋的不同，决定了新兴市场国家更多地扮演生产者或者原材料供给者的角色。当然，这也是早发展和晚发展的区别，早发展的发达经济体掌握着核心生产要素，包括市场、资本甚至全球分工分配的权力，而晚发展者则受制于这些要素，就只能依靠本国最原始的资源禀赋来参与全球化进程和扮演对应的分工角色。大部分新兴市场国家早期都是以原材料资源、人力资源等为主导的，其实这一点，我在前面的章节中也都讲到过。

从美国的角度来看，它的风险更多地集中在非生产性债务环节，而非生产环节，而新兴市场国家的债务更多地集中在生产环节；新兴市场国家的这种全球分工角色，决定了其发展的本源是生产性债务的扩张，而生产性债务最大的问题就是生产环节缺乏竞争力，无论是初级生产加工制造还是高级生产加工制造，真正的竞争力都源自技术的发明创造和专利权，生产环节中的技术壁垒才是利润的源泉，也是整个工业产业中真正抗风险的部分，而其他的环节则更多地依赖重资产型投资。

很多的新兴市场国家之所以能快速发展，要么是集中在生产加工制造，要么是集中在上游，这些都是重资产型投资，其实它主要依赖的是资本的投入，只要是大规模的资金投资到位，都能够带来产能的扩张。而这种生产性债务就是最大的风险，顺周期的时候生产性债务扩张得比较快，带来了经济增长的同时也带来了巨大的债务风险。

在经济高速增长阶段，随着投资的增加，一段时间后扩张的产能最终会导致利润削减，一旦外部需求忽然受到冲击，又或者债务成本忽然增加，就会导致整个系统性风险崩塌，进而引爆生产性债务风险。其实我在前面章节中讲到过需求才是主导一切的核心。

其次，新兴市场国家的高速发展对债务驱动的依赖度很高。如果以生产性债务为基准的话，再加上投资效率比较差，它就会造成新兴市场国家资产负债表具有非常大的脆弱性，而投资效率比差的原因跟新兴市场国家内部的政府主导型投资有着密切的关系。大部分的新兴市场国家普遍采用的都是政府驱动型投资，并且占据了非常大的比例，而政府驱动型投资背后依靠的是非减让性和透明度较低的资金，这增加了资产负债表的脆弱性。资产负债表中关于负债的透明度也相对较低，例如来自国有企业债务和政府与社会资本合作，数据透明度低可能导致债务突然增加。国有企业负债或政府负债的上升，都可能增加融资成本。

政府的大力扶持催生了投资，但政府驱动机制和市场驱动机制不同，二者最大的区别就是，在新兴市场国家，很多时候政府制度和机制并不是以服务经济为导向的，而是以政绩职务驱动为导向的，这会导致官员往往不考虑后续的结果，以致出现了不少"我在任 4 年完成政绩，后续的事情跟我没有关系""把债务留给后人"等类似的行为。这就是政治体制本身带来的必然结果。这使得政府驱动型投资的债务会大规模延后，一旦总需求放缓，这些债务造成的风险远比由市场经济决定的投资风险要大得多。

同时，政策的不确定性也会加剧投资者对债务偿还的担忧，导致融资成本上升。政治制度不稳定的经济体更容易发生金融危机，政治不稳定还会引发债务危机，特别是当政府债务迅速增加且需要政策调整时。相反，政治稳定往往会降低主权债务违约的可能性。

再者，在过去 40 多年里，新兴市场国家会周期性地产生债务危机的另一个原因是"资本"。在全球的分工和市场下，新兴市场国家需要发展，资本就是另一个最重要的生产要素，而全球的金融秩序和货币体系在战后以美元体系形成了国际借贷关系，美元资本对这些新兴市场国家而言就是外债。

自全球化以来，国际贸易一直是新兴经济体增长的关键动力。在国际贸易紧张局势下，投资的不确定性提升。高度的不确定性可能会引发资本流入安全的发达经济体，从而导致新兴经济体缺乏流动性。同时，贸易摩擦可能会引发美元升值。如果新兴经济体的贸易是以美元计价的，那将减少新兴经济体的关税收入，同时美元升值将提升以外币计价的主权债务的成本，并增加新兴经济体的融资困难。

很多人会认为每次美元加息走强，利率曲线扁平都会导致新兴市场国家出现比较大的债务危机，但殊不知即便是低利率也不能抵御债务危机。从历史上看，新兴市场国家债务快速增长的时期多半发生在美国长期利率（10 年期）下降的年份，而有 1/8 的危机发生在美国长期实际利率低于 1% 的年份。前三轮的新兴市场国家债务危机都是在实际利率相对较低的时期开始的，风险溢价上升，以及发达经济体货币政策收紧，导致债务成本上升，最终引发债务危机以及全球经济衰退（如 1982 年、1991 年和 2009 年）。

其实，新兴市场国家有着很强的国际借贷投资冲动，因为通过它可以在短期内实现高速的经济增长。这种债务的扩张带来的超前发展受周期性的影响比较大。对于财政状况良好、政策体系能够有力保证长期可持续的新兴经济体而言，美元低利率可以提供发展机会，利用债务融资进行生产性投资，以促进增长。

然而，如果新兴市场国家不注意自身的经济结构、财政状况和杠杆率，只是一味地追求增长的话，美元低利率反而会诱发这些经济体进一步选择激进的国际借贷。当美元转为高利率的时候，可能会埋下比较大的债务危机隐患。

最后，国际借贷形成的负债受到美国利率上升的影响，将会超出新兴市场国家可提供的投资回报水平，投资回报率预期的变动会迅速形成资本流动，进而引发连锁反应，从收入到债务、储备的预估，最终转化成对新兴市场国家的风险厌恶，资本会加速从新兴市场国家流出。对新兴市场国家而言，汇率就是其外债偿还能力的表现，市场预估它的对外偿还能力会大幅度减弱，而资本的流出又会加速形成对储备的挤兑，导致汇率贬值，也就是对外购买力会大幅度下降。而同时全球发达且庞大的金融体系带来的巨大杠杆又加剧了新兴市场国家的这种反馈。

资源禀赋、国家政策、经济及债务结构的差异，使得不同的新兴市场国家在同样的外部条件下产生的结果是不同的。在国际分工中，许多新兴市场国家本身获得的投资回报是有差异性的。当然，新兴市场国家之间也存在着相对应的竞争关系。如果某一新兴市场国家的市场份额较大，那就意味着其他的市场参与者获得的投资回报相对就少，这部分国家的收入和债务之间的关系相对来说比较脆弱。这也是有些新兴市场国家会产生债务危机，而有些新兴市场国家遭受的冲击就比较小的原因。

从前几轮新兴市场国家债务危机期间的长期产出和投资损失来看，新兴市场国家高速增长依赖于外债的发展方式并不划算，最终大规模举债付出的成本也相当高。新兴市场国家其实需要深刻反思经济发展和债务之间的关系，顺势而为，有多少资金办多少事，有多大的能力办多大的事，而不是盲目地通过大规模的透支国际借贷来换取提前的经济发展，揠苗助长得不偿失。在债务快速增长并引发危机时，在减轻危机影响方面选择正确的政策措施也十分关键。

8.11 大宗商品价格背后的逻辑

大宗商品价格的主要架构是由供需决定的，这是一个笼统的基本纲要。供给产业链从上游开采（勘探→投入→产出）到精炼，再到下游加工产出供给，是一个生产周期和资金投入回报周期逐渐缩短的过程，也是一个相应的资金成本由低到高的变化过程。供应链内部结构不同，对大宗商品供应端价格的影响也不同。需求端从属性来划分的话，可以分为实际需求和金融需求两大类，而金融需求和实际需求交替相互作用往往会放大需求的力量，一旦交替消失，同样会形成超预期的需求回落冲击。

上游资源品的开采和挖掘往往属于重投资、重资产、重负债行业。大宗商品上游普遍投资建设周期长，这就要求有足够的流动资金来支撑基础建设、设备投入、设施维护翻新，以及用于扩大再生产、更前端的勘探等活动，对资金有很高的要求。

上游资源品行业的资金主要源于自身盈利的滚动与外部融资。在需求主导的经济周期下，上游资源品行业的资本开支周期跟随需求周期变化，而需求周期则是通过盈利预期与融资环境的变化对上游资本开支和投入产生对应的周期性影响。

（1）需求—价格与利润预期。当商品的供给端因素不再成为短板，商品价格主要由需求曲线来推动时，需求曲线的外扩会推动商品价格的上涨，进而使上游企业利润增加。供应曲线是滞后的（先有利润，后有投资），随着利润预期的增加，企业自然也有动力增加资本开支，将利润用于扩大再生产。

（2）资金与杠杆渠道。1985年到2020年债券收益率曲线基本长期处于Contango结构状态，长短利差即使在短时间内倒挂也会因中央银行的利率政策托底经济（需求侧）而重新陡峭化。在允许加杠杆的利率环境下，对上游资源品企业来说，短期融资成本一直低于长期资产的预期回报，即便是杠杆收缩带来需求薄弱的时候，也会有中央银行额外刺激托底。这样所有的企业借贷和扩张意愿就会非常强烈，当然上游资源品企业也不例外。这40多年的金融自由化和全球化让企业有更多的渠道能获得融资，并且加杠杆的行为也容易实现，因此上游资源品的投资、勘探和开采，也按照这样的周期逻辑进行扩张。

同样，利率环境促使各部门在需求端也可以增加杠杆，从需求端的居民部门到贸易环节的贸易部门，即便在供应增加的情况下，金融化也会进一步助推需求外扩，形成正反馈。只有当利率收紧，被动进入收缩周期的时候，才会使商品供需矛盾变得突出。大宗商品与利率曲线和杠杆的关系，其实就是所谓的大宗商品和经济之间的关系。

8.11.1　大宗商品产业链正反馈和负反馈路径

（1）正反馈。全球化打开了总需求曲线扩张的空间，经济发展带动全产业链的蓬勃发展形成了对大宗商品需求的激增。由于供应端受到前期投资巨大、产出周期较长的影响，使得市场产生了一段时间内的供需缺口，进而推动大宗价格走高。

而走高的大宗商品价格不会立即促使供给的增加，而是进一步拉动需求。在看涨的行情下，此时的价格处在相对低价位，一部分人买入商品囤货，为以后的生产做准备，这是实际需求的增长；还有一部分市场投资者买涨，出于投资目的或是出于融资目的，这是金融需求的增长。这两部分需求的增加进一步扩大了供需缺口，进而再次推升了大宗商品的价格，价格上涨又拉动了需求，这里是一个正反馈加强的过程。价格的上涨为企业带来了利润的扩张，利润扩张则引导投资流入上游，随着企业投资资金逐步到位，一段时间后供给产出也随之增加，供给的增加逐步弥补了供需缺口，而需求曲线扩张带来的商品性通胀（通胀因子中的就业因子消退）压力，必要时中央银行通过加息来抑制过于旺盛的需求，则会带来利率的小幅回升，增加企业的融资成本，使债券收益率曲线趋于扁平，从资金与需求两方面形成去杠杆的收缩，一旦需求逐步平稳或预期被打破，供需将逐步回到平衡状态。

（2）负反馈。这一过程在供给产出增加环节是滞后的。投资增加后，从开采到供给的周期变长，投入得不到快速的产出回报。当经济遭遇加息，收益率曲线趋于扁平时，总需求开始收缩，由于整个上游从投资到产能释放是有时间差的，这一阶段就会出现供过于求，供过于求的预期开始造成价格回落，产业链利润逐层开始回落。在去杠杆和抑制需求过程中，商品通胀快速回落，当产出可以形成真实的供给冲击的时候，市场的需求可能已经发生改变，不能消化新增的供给，此时就会出现比较明显的产能过剩，商品价格下降。一旦供应端资产负债表恶化，产出的价格将会经历一段不计成本的资产负债表抛售，需求恶化对就业市场开始造成冲击，甚至引发金融系统不稳定。此时，利率曲线开始略微倒挂，经济预期的恶化开始引导利率转向，中央银行货币政策逐步转为托底总需求，使得需求端形成新一轮的加杠杆，而供应端破产倒闭重组后削减产出，重新使供需回到均衡状态。

8.11.2 商品远期曲线和基差变化及背后的参与者行为

商品周期性的核心在于它的资本支出到产出本质上是远远慢于需求曲线移动的。所以，需求曲线的扩张通常是主导周期性路径和逻辑的关键。随着全球市场扩张带来需求扩张，并伴随着债务的扩张，需求曲线的外扩推动了商品价格的上行。在微观上会造成商品基差和远期曲线的变化，通过这些基差和远期曲线的变化，我们可以观察到市场供需现状和远期预期的情况，同样可以观察到背后参与者的行为，这对于理解商品从宏观传导到微观正反馈和负反馈可以起到非常重要的辅助作用（见图8-19）。

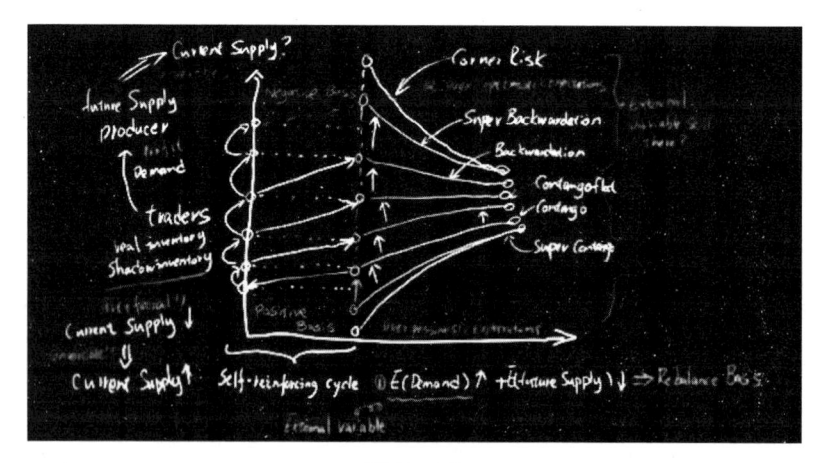

图8-19

1）远期曲线和基差的正循环

外部变量的出现对于需求的预期转变或对于供给的预期转变是关键的转折点。如果在前述的综合性风险逐步消退的情况下，我们可以将以下两个规律作为参考。

（1）激发需求预期转变的多为宏观因素，即政策产生预期→预期成为外部变量→推动曲线修复→政策出台进一步推动正循环。

（2）激发供给预期的转变多为微观因素，小周期因素如天气、自然灾害、停产检修等，大周期因素如去产能周期末端等。

当然，上述两个规律只能对外部变量进行所谓的定性分析，如何进行定量分析呢？一般来说，外部变量影响的并不是真实的需求或供给，而是市场的预期，因此扭转市场的风险偏好对宏观事件和逻辑的判断十分重要。定量的分析会略微滞后一些，往往是在行情已经完成基差修复（Rebalance Basis）之后才能够从定量分析中看出来端倪。

当我们看到这些外部变量出现的时候，往往会发现期货市场近月价格可能还在进一步下跌（这是由市场情绪的惯性思维及信息不对称等因素导致的），而在这种风险情绪下我们再来看期现基差（Basis），经常会发现现货并不跟跌了，甚至有时还非常坚挺。这种坚挺或许已经在反映真实的供需之间的即期关系了，尤其是现货价格对于价格波动的边际效益已经下降，可以说已经充分反映了刚性需求和即期供应关系之间的合理价格，而由于风险或者过度悲观的预期的推动，近月的主力合约价格往往会深度贴水远月，即正价差（Positive Spread）拉大，同时由于现货下跌的边际效应下降，这也使得期现基差被进一步拉大。

此刻，随着市场风险情绪的逐步稳定，市场内的高级交易者会率先发觉正价差的修复机会，月差套利者（买入过度贴水的近月端，抛出高位的远月端）也开始大量地介入市场，获取正价差的收益，而一些先知先觉的贸易商如果打算补库存，那么由于正价差和基差的存在，原则上也会选择先在近月合约上通过虚盘建立虚拟库存（Future Stock），这也是贸易商抄底补库存的最佳做法。

由于市场恐慌情绪逐渐消失，往往此时的行情容易出现快速的深度修复

Contango 结构的回摆波动。而这第一波波动之后，市场的远期曲线也会从 Super Contango 结构回归到 Contango 结构水平，然后市场开始寻找对预期扭转的二次评估。而这个时候往往就是行情急跌修复 Super Contango 结构曲线后等待厚积薄发的过程。当然，前提是关键的外部变量是正确的。

如果这个新的评估被证明是有利于形成正循环预期的（定性逻辑被定量数据逐步验证的阶段），那么市场情绪将会得到进一步确认，价格筑底反弹的第一阶段已经完成，市场情绪会驱动高级交易者或先知先觉的贸易商将做多头寸（Long Position）快速集中到近月合约（因为此时还是 Contango 结构曲线），有可能部分谨慎的交易者仍然会保持远月空头头寸（Far-months Short Position），或者进一步投机的做法就是平掉远月空头头寸。此时，市场参与者开始对正循环产生预期。

如果此轮市场本身的现货紧张情况无法在短时间内得到缓解，而市场的情绪和外围的过度悲观的预期逐步消失，尤其是近远月曲线和价格变得比较平滑的时候，部分现货商和投机者对预期的转变仍存在怀疑，抛盘的压力就会逐步集中到近月端。如果此时期货价格在投机的力量上进一步加强，那么这部分现货商和贸易商就会对预期产生摇摆，一部分现货商在近月空头会逐步平仓，转移到远月，而前面提到的高级交易者或那些先知先觉的贸易商可能会更甚一步平掉远月空头，同时开始在现货市场囤货补充真实库存，而生产厂家由于前面的收紧导致供应无法快速跟上，贸易商囤货的行为和商品期货市场上平滑或逐步翘头的现货升水曲线也会进一步刺激需求预期扩大，而部分实力强大的贸易商甚至会利用资金的杠杆效应开始建立大量的影子库存，库存被贸易商锁定导致真实供应进一步紧张，并进一步强化近月供应短缺的预期。那么，此时正循环的加剧就会引发远期曲线进一步走高。市场正循环力量越大，合约的成交量、持仓量就会在近月主力月进一步放大，而生产商也开始加入到现货市场封盘惜售调高出厂价格的环节，虽然此时的生产利润仍在进一步扩大，但是产能的恢复不仅仅受生产利润的影响，更多地受到资金、生产环节、配套等综合因素的影响。因此，这一阶段是市场对生产企业贸易流通环节的综合补贴时间。

第8章 FICC的根源：全球化下的利率曲线

那么，推到上面去形成超级现货溢价（Super Backwardation）之后的故事几乎和推到底部形成 Super Contango 结构的故事将会如出一辙，只不过是反过来而已。拉大的负价差（Negative Spread）会吸引卖出近月买入远月的人。切记，如果你手上没有商品，千万不要轻易这么去做，因为近月合约到期日是一个时间上的约束，如果你并不想真的去交割的话，那么这样的交易头寸就很容易被人逼仓，尤其是越小的商品，它们的逼仓风险（Corner Risk）就会越高。如果遇到资金实力和现货渠道都很强大的对手，那么这样的交易头寸往往会成为别人餐桌上的食物。现货盘子越大，商品的逼仓风险就越低。但在现在高流动性的情况下，全球能够不轻易被逼仓的商品也就剩下那么几个"巨无霸"了，而中国三大交易所交易的大部分商品存在的逼仓风险都是在超级现货溢价出现之后，所以需要非常谨慎从近交割月的社会库存、隐性库存、期现基差、交割库容以及交割月持仓等几个方面综合评估逼仓风险。当然，逼仓者也要谨慎，并不是逼仓就一定能成功，原则上农产品的逼仓更容易一些，而工业品原则上并不容易。

当然，如果排除逼仓风险的可能性的话，那么在前面整个正循环中，那些大多数前期持有货物囤积观望甚至是持有近月多单的投机者，都在密切地观察市场可能出现的变化。市场的巨大持仓和成交量反映的是市场的投机度，过度悲观的预期会产生纠错曲线回摆，而过度乐观同样也会产生纠错曲线回摆。一旦现货无法跟进实际需求，期现之间的基差就开始转为悲观预期，现货无法跟上近月主力合约的步伐，此时那些囤货观望的贸易商会率先将自己的商品（一旦存在悲观的基差，他们肯定不会抛售现货）抛到近月合约上，逼仓风险反倒会从多逼空转为空逼多（也就是吸引所有原来集中在现货和远端的抛盘压力向自己集中）。

囤积现货的贸易商该赚的钱已经赚到了，可以将现货抛到近月去交割。如果实在担心风险或者需要保持库存，那就在远月建立虚拟库存，其实就是抛出近月合约交割现货，远月买回来，这样一来负价差也赚到了，现货面临的需求风险也转移到了近月交割上去。而调高价格的生产商也会快速将现有的库存或近月的产量转移到近月合约上去保值，甚至如果需求无法进一步跟进，生产商就会将交仓转为空逼多。而远月上的生产商如果对需求和供给的平衡重新评估后仍不乐观的话（也就是现实和前期过于乐观的预期之间开始产生了落差），生产商如果看到远月曲线价格仍存在较大利润的话，随着产能的逐步恢复，生产商可能会进一步将远期产出在远月进行保值。

当然，我们也可以考虑到真的有巨量的资金与生产商和贸易商对决在 Super Contango 结构上，此时 Super Contango 结构曲线导致的负价差并不利于多逼空的现货交割。但有时候，过于对立的集中持仓后，多空双方谁也无法后退，一旦一头减仓认输，那么价格上的损失会远远大于负价差的损失，此时我们需要考虑的可能就是去接货了。但如果真的交割去接货，未来可能会面临两种情况：一是慢慢去卖现货（其中，还得考虑很多实货的仓储和保存细节，如工业品比较好保存，液化工业品就不太好保存，有些农产品也不太好保存）；二是在远月保值（这样就会损失负价差）。有时候，对手也会看到这一步，如果握有足够的现货或获取现货的渠道的话，则在近月合约对决的同时也会进一步打压远月，尽可能地拉大负价差，来获取尽可能大的收益。

如果市场的预期开始再次转为影响市场的变量，曲线又会周而复始地开始新的循环和自我强化的过程，而每个环节的参与者就又开始在这个循环中寻找自身的定位。当然，上述远期曲线的波动并不是一个对价格绝对值作出预判的工具。在实际环节中，不同品种产业链上下之间的关系、整体产业链之间供需环节的差异、贸易商的整体规模、生产商的融资环境、金融环境对需求预期和真实需求的影响，等等，都需要我们综合考量。

2）远期曲线和基差的负循环

市场是如何从 Backwardation 结构曲线重新回到 Contango 结构曲线的呢？如果没有逼仓风险的话，前期处于亢奋状态的市场对于推动正循环的外部变量预期会过高。随着定量的落地，预期开始向真实的情况转变，预期落地修复会带来 Backwardation 结构曲线的回摆，这就是第一次对过度乐观预期的修复，而滞后的基本面也会逐步开始发酵。（就像我们前文中讲到的那样，随着时间的推移，供需预期之间的时间错配开始逐步产生：供给是滞后的，随着市场的疯狂，大家对需求的预期都过高了，而对供应的变化预期不足。）

如果需求预期平稳的话，那么焦点将会再次集中到供给端，正如前一轮供应带来利润、利润带来产出一样，此时随着时间的推移，供应增加的预期在近月开始变得突显，并开始驱动市场对价格产生预期，这将会逐步推动市场向着 Contango 结构曲线偏离（常态市场结构）。

如果前期过度乐观的需求预期一下子被打消掉，并持续带来需求恶化的预期，随后发现真实的情况可能和实际的预期相差很大。这往往需要来自更多的外部驱动，目前范围影响最大也是最直接的有几个方面：

（1）全球重大金融市场的动荡引发的波动率的传导，对市场情绪的影响应该是最大的。

（2）由于中国的商品市场具有封闭性，因此中国股市对大宗商品的传导也会产生影响。例如，中国股市如果因为自身的因素大跌，那么同样的悲观预期也会对很多主要的大宗商品尤其是工业品的传导变得比较明显。

（3）由于国际金融危机具有流动性，因此市场情绪的传导会快速形成，这些都会快速改变商品曲线近月端的变化。

当然，如果供需预期之间的错配关系是由第一种情况（需求稳定，但供给矛盾开始突出）产生的话，那么相对来说绝对价格变动的幅度就不会很大，Contango 结构曲线的变化也会相对温和。因为在产业基本面的影响下，供需的变化并不会来得很突然，这种变化是渐进的，所以如果需求稳定，那么绝对价格变动的幅度可能也不会很大，更多的是针对供给预期而进行的大量月间差之间的波动，它对市场结构曲线的影响要大于对绝对价格的影响。而整体 Contango 结构曲线的下移也会集中在供应环节，挤掉贸易商的供应，最后就是生产商的供应之间的"囚徒困境"的博弈，价格曲线的一步步下移将带动现货价格的持续下跌，直到一些生产商和贸易商被彻底清洗掉，市场的供应以这种优胜劣汰的自然法则重新回到相对平衡的状态。

但如果供需预期之间的错配关系是由第二种情况（外部因素和环境引发需求预期的突然恶化）产生的话，那么相对来说绝对价格变动和 Contango 结构曲线的变化就会非常剧烈，这个市场就更容易产生过度悲观的预期，这会使得市场远期价格曲线很容易进入 Super Contango 结构曲线，并且期现基差会像前面正循环中的期现基差那样被拉大。

那么，我们来看一下正常的 Contango 结构曲线下市场参与者的行为变化。贸易商手上的隐性库存（Shadow Inventory）会随着价格的逐步下跌转为供应，因为这部分隐性库存本身就是在正循环中人为创造出来的，产业链中间的贸易商环节越多，囤积目的越不纯粹。那么，一旦价格下跌，我们就会发现前面正循环中整体库存中隐性库存过高，这部分隐性库存一旦进入市场，对价格很容易形成自我负反馈的驱动，而往往有时候驱动这部分隐性库存进入市场的因素并不完全是由价格决定的，还包括利差、汇率、投资回报率等综合因素。

当贸易商看到 Contango 结构曲线后，如果出于资金的压力和回笼现金流的预期，就会选择抛售现货。如果现货小幅度贴水期货主力合约，只要这个基差足够覆盖时间成本，那么现货的抛售就会转移到期货主力合约上。事实上，很多现货在预期恶化的时候，其流动性也在下降。如果这些现货还是小品种的话，贸易商对其流动性的担忧已经超过了对基差的考虑，那么现货即使贴水主力合约期货价格，贸易商仍然以减持现货为主，而不是持有，因此整体上就会出现期货和现货价格的双螺旋状结构相互影响相互下跌的情况。如果担忧继续加深，贸易商原本的隐性库存的金融收益在继续下降，那么这部分隐性库存就会快速转变成显性库存，进一步加大市场短端（近月端）的供应预期，推动期货价格和现货价格的再次双螺旋状下跌。

这种螺旋状的负反馈循环带来的是绝对价格的持续下跌，直到一部分贸易商被迫出局（银行在负反馈循环中也会收紧杠杆率）。在正循环中，由于生产商的供应周期是滞后的，出于这个原因他们会维持对远期供应增加的预期，而即期供应又因为其贸易商和中间环节的去库存（真实库存和影子库存）问题而加深对供给的整体担忧。外部驱动的扰动带来的去杠杆去库存，会导致期现之间的螺旋状呈现负反馈，并且会推动 Contango 结构曲线的整体下移。

一旦某些极端的外部变量导致市场产生过度悲观的预期，而此时整体负反馈循环中去杠杆的行为经过一段时间后，已经开始导致一些生产商被动性地去产能，而贸易商则可能在整个去杠杆的螺旋状循环过程中被迫退出中间环节，市场会对供应的远端正在发生实质性的收紧形成预期，而对于近端（短期内）需求的担忧叠加供给的预期仍在恶化（过度悲观预期的矛盾会集中在近月端释放），这样就会使 Contango 结构曲线的正价差被逐步拉大。

而继续去库存、去产能后，由于生产商和贸易商的产业链结构已经被再次梳理，市场对供应远端发生的实质性收紧的预期就会逐步传导到即期现货市场，而此时大家对于价格过于悲观的预期仍没有办法被定量所证伪。因此，这会导致近月的期货合约价格继续下跌，此时一旦现货市场无法再被预期所影响，就说明近月端的供需对价格的弹性已经完全消失了（说明产业链上已经完成出清，只不过更多的是体现在了远月端）。现货市场供应的收紧对需求来说，其实已经完全是刚性阶段，如果单纯看基本面，事实上远端曲线或许已经反映了市场的供需预期，但往往这种忽然的过度担忧预期的传导会快速改变市场近月端的曲线结构（恐慌会导致近月端价格狂跌，而远端结构有时却反映了基本面的情况，这就形成了 Super Contango 结构曲线）。

这个时候，如果正价差足够大，就会导致市场不但不再供给即期市场，还会收紧供给，因为足够大的正价差可以覆盖资金成本和仓储成本。那么，大浪淘沙剩下的生产商和贸易商就不会选择在现货市场上卖货，他们更愿意囤货，在远端卖货以获取更好的收益（因为远端正价差覆盖成本后仍然有利可图）。参与者这样的行为会导致即期市场上已经相对刚性的供需关系被快速地扭转成供不应求的局面；又或者存在足够大的基差，那么此时在供需已经被调节得相对平衡的市场上就会出现卖出现货、买入期货的生产商。因为这种时候生产商的即期生产成本已经达到了临界点，如果存在足够大的负基差，那么与其加大生产倒不如直接在近月期货上直接买货，所以此时聪明的生产商会选择继续小幅度减产或将开工率维持在低位（不能完全减产，要维持生产设备的运转）。这时虽然供需之间的刚性关系不会被打破，但远期曲线摇摆或许就会逐渐产生（见图 8-20）。

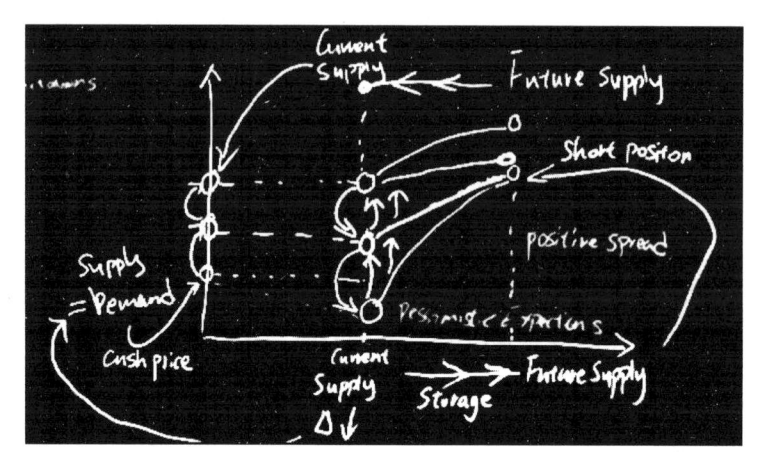

8-20

如果此时外部变量带来的关键转折点的预期没有出现,那么市场将会在 Flat Contango 结构和 Contango 结构之间摇摆。当正价差的 Contango 结构变平坦,月间价差不能覆盖储存、资金等成本时,原本在远端的库存和产量就会转移到近月端,一方面现货供应逐步增多,另一方面生产商保值的压力会逐步移动到近月端,这些因素都会形成近月价格的压力,而由于此时并没有真正的需求预期转变或是供给预期转变,因此供需结构即期的刚性会被 Contango 结构曲线变动带来的基本面变动所改变,这时近月价格的抛压和远期库存转为即期现货,导致 Contango 结构曲线正价差再次扩大,正价差变大后又可以覆盖储存、资金等成本,现货抛压会逐步转变为远期库存,现货抛压下降,近月保值压力也会随着正价差的扩大而移动到远月端,这样近月的空头压力减少,近月价格上升,正价差就会缩小。如此反复,远期曲线摆动,最终的结果是正价差等于储存和资金成本后,形成一个稳定的 Contango 结构状态。

直到未来某个时间点,外部变量对于需求的预期转变或是对于供给的预期转变的关键转折点再次出现,市场又会迅速回到正循环体系中。

8.11.3 来源于中国需求的全球大宗商品的正反馈

20 世纪 70 年代的两次石油危机,是典型的地缘政治造成的供给侧通胀。在保罗·沃尔克的铁拳和地缘关系的缓和之下,能源危机解除,美国也逐步走出了大滞胀时期，完成了从布雷顿森林体系 I 到冲击风险再到布雷顿森林体系 II 的构建。

而从 80 年代开始随后的 40 多年（我们称之为"布雷顿森林体系 II 时代"）时间里，全球主要的大宗商品基本摒除了供给端的异常扰动，使需求成为左右商品价格和通胀的主要因素。全球商品价格和通胀到 2014 年长达 30 多年的周期主要就是需求的演变，其中毫无疑问中国加入 WTO 以后拉动经济增长，对大宗原材料的需求改变了大宗商品世界需求端的预期，带来了大宗商品 10 年超级繁荣的大周期。

全球化到来之前，我们经历了前面一轮周期的末端，处于低需求、低供应、低投资、低库存阶段数年。随着 2001 年中国加入 WTO，总需求开始助推（宏观需求的实际激增）海外需求，同时在金融杠杆的推动下也计入全球化反馈，这是那 10 年大宗商品牛市大周期的根基。随着低投资转为高投资，低供应也转为高供应，但是价格仍然能够维持高位，这都得益于高需求和高供应的并存。

而来源于中国需求的全球大宗商品的正反馈却因为一些原因导致一些问题不断积累。

在投资的驱动下，产业链上中下游对资本的依赖度不同，产业链上游由于资本密集型产业的准入门槛较高，因此上游的产能过剩情况在初期并不是特别明显。随着下游利润的不断下降，中游的供给滞后带来了供需缺口，定价权上移至产业链中游，利润的扩大吸引资本的进入，产业链中游投入加大，产出加大，进而导致供应加大，供需缺口消失，利润下降，但同时带来了上游供需缺口，定价权进一步上移至产业链上游，利润的扩大吸引资本的进入，产业链上游投入加大，产出加大，进而导致供应加大，供需缺口消失，利润下降，最终全产业链从早期的金字塔形逐步转变为鸭梨形，最后演变为圆柱形，即上中下游全产业链的产能过剩（见图 8-21）。

图 8-21

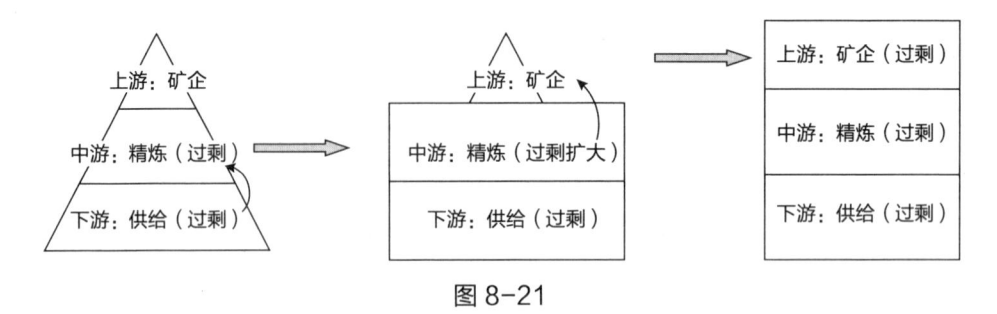

中国全产业链中游和下游的产能过剩情况，事实上在 2004 年就已经非常明显了。当时的情况是上游由于行政壁垒和资本壁垒，投资过剩的情况还不是特别明显，但这些中下游的产能意味着对上游原材料需求的激增，大宗商品的正循环也是由此开始启动的。在这一阶段，上游吃中游的利润，中游吃下游的利润，商品定价模式取决于自身处于产业链的位置，以及上游产出成本的变化。

由于当时中国的金融市场还不够完善，最重要的生产要素——资金的配置模式过度依赖间接融资，再加上当时中国银行业市场化程度不高，因此导致中国信贷投放规模激增。即便是在企业经营恶化的背景下，再加上资产价格的膨胀，以及地方政府追求 GDP 的信用背书，导致不能及时通过市场化的手段进行调整，产能过剩的情况没有得到及时解决。

而产业下游的利润已经逐渐消失，随着中游产业链的利润也开始下降，全球上游矿产资源的投入与产出的大繁荣随即拉开了大幕。

其实，2008 年的金融危机给了中国一个非常好的自然调整的时间窗口，但是随着 2009 年中国推出 4 万亿元计划，实施了对"铁公基"等基建的投资救市等政策，进一步提升了市场对大宗商品的需求，造成前面累计的产能过剩没有被及时消化，供应端过剩的情况被刺激性的需求给掩盖了。再加上产能过剩的流动性追逐价格的上涨，金融期货市场持仓持续扩大，大宗商品价格过度上涨。大宗商品价格的上涨传导到产成品价格生产者物价指数（PPI）上，PPI 上涨伴随着油价恢复到每桶 100 美元的水平后，CPI 的上升，加之中国房地产矛盾日益突出，国内资本流动渠道没有及时得到梳理，因此通胀的压力很快就凸显出来了。中国人民银行因此提前选择收紧货币政策，提升准备金和利率水平，由于美国实行超级宽松的货币政策，美元的基准利率水平保持在零附近，中美利率的持续拉大，使得中国经济表现为虚火旺盛，美国经济则表现为潜行阴虚。中美货币政策的差异导致美元和人民币利差持续扩大，吸引大量外资流入。人民币计价的资产价格持续上涨（尤其是房价上涨），进一步催生了基建投资的需求，而且商品价格上涨同时会刺激需求（在价格上涨时会有囤货行为），再加上持续扩大的利差，大规模利用大宗商品美元融资的套利融资行为进一步加大了商品的融资需求，导致总需求进一步扩张，而总需求的进一步扩张扩大了需求与供应之间的缺口，导致商品价格进一步上涨，形成一个正循环。

8.11.4 大宗商品正反馈下的上游国家的经济正循环

而中国总需求的虚火，也进一步传导到上游供给端。总需求的扩张和商品价格的上涨使得整个产业链的上游具有优势并且变得有利可图，刺激了全球上游矿业投资的扩张。同时，我们看到上游原材料输出国扩张矿业投资，大规模地借入长期美元投入到本币资产中，上游供给在后期数年中逐渐加大，慢慢拉平供需之间的缺口（但是由于矿产从投资到正式开采需要较长的时间，这使上游供给的上涨产生了滞后性）。所以，由于矿企的投资在初期未得到回报，因此其负债压力较大，需要在未来得到持续产出后才能缓解。

当投资资金进入企业，而产出没有跟上时，表现在企业资产负债表上的则是暂时的负债率比较高。由于企业处于一个良好的经济环境下，未来的盈利预期也良好，所以预期未来的收入可以偿还债务。此时企业的股价不会因为总负债大于总资产而遭到抛售，反而会凭借未来盈利的预期吸引投资，资产也会相应增加。加之受到矿产所处的上游资源国家经济正循环的推动，矿企的资产负债表是资产端（本币资产）不断升值，而负债端是廉价的美元计价不断贬值。因此，资产负债表正处于一个优化的过程。

上游矿产资源的商品国由于资本的流入，推动了矿业大**繁荣**，经济循环表现为良性循环，资产价格受益于温和通胀，通胀使货币政策从紧，利差扩大，吸引投机性资本流入，同时良好的经济条件也吸引了产业资本进入投资。

上游的投资带来矿业大繁荣，加上还未弥补的供需缺口，带来了大宗商品价格的上涨。由于正处于经济上升的发展阶段，投资者认为对当地资产的投资会在将来获得更多的回报，即对当地资产投资回报预期为正，吸引了投机性资本的流入，而对未来经济前景看好同样吸引流向实体经济的非投机性资本的流入。在一个良好的经济结构中，就业、收入、消费、财政等情况都是可观的。简单来看，居民收入的提高增加了居民的购买能力和消费水平，政府获得更多的税收实现了盈余，从而促使政府扩大支出促进经济进一步良性发展，并不断提升物价水平，物价水平的提高意味着国内资产价格的上升，前期对当地资产投资的预期得到了回报，又会进一步引发国际资本的流入。为了抑制经济过快增长，以及出于对增长过快的资产价格可能会拖累经济增长的担心，中央银行会实行紧缩的货币政策，一般通过提高利率来实现，但是提高利率又会拉大与其他国家的利差，同样会吸引投机性资本的流入。

大量流入的国际资本使汇率上升，一些得益于大宗商品繁荣而增加了出口，实现贸易顺差的国家也会因此推升汇率。汇率上升后，国内企业的资产负债表再次转好，因为以外币计值的负债端贬值，以本币计值的资产端升值，资产很好、现金流很好、股价很好，所以上游企业在初期扩张过程中的利润可观，又带来对未来盈利能力的新一轮好的预期，推动整个产业链和经济的又一次良性循环。但是这种循环也在不断抬升物价水平和资产价格，直到资产价格被抬升得过高，不再对经济产生积极作用，而是拖累经济的发展，与正向的经济循环脱节。

正循环不会被自身打破，而是被外界打破。2008年金融危机后，中国的应急措施将断崖式的需求兜住，但同时也付出了巨大的代价，激增的银行、企业，以及居民和房地产的杠杆率在未来都需要买单，虽然那两年断崖式的需求被兜住了。维持了大宗商品的V形牛市，但是也透支了杠杆。自2012年开始，高杠杆推动的高供应无法通过进一步增加高需求进行弥补，大部分的大宗商品开始了漫漫的"熊"途，价格下跌，利润下跌。前面的高杠杆投资、高杠杆供应纷纷坍塌，上游企业债务破产清算开始增加，供应开始出清，债务风险开始暴露。

8.11.5 大宗商品的负反馈

需求的疲弱和全产业链过剩，最终会在繁荣后回归理性，开始促使产成品价格持续下跌，然后逐步向上游矿业传导。资源价格下跌进一步抑制需求，加上之前中国政策变化引发的产业资本预期的调整，这种预期也会抑制供应端的投资，对未来的经济形势较差的预期引起国际资本从资源上游产出、流出，加上商品出口疲软拖累贸易顺差，也带来了本币贬值的压力和汇率下跌，验证前期的预判，又会引起非投机性资本的流出。为了提振国内经济，中央银行可能采取宽松的货币政策，导致利差缩小，投机性资本加速流出。

而原油价格的突然暴跌成了"压死"大宗商品超级正循环的最后一根"稻草"。油价的下跌引发了 CPI 和 PPI 的恶性螺旋状结构，令一些资源产出国（如澳大利亚、加拿大等）和资源需求国（如中国）从通胀转为通缩。

通胀转为通缩的变化，进一步导致货币政策被迫转向宽松，货币利差大幅缩小，对大宗商品的融资需求迅速消失。以中国为例，中国开始密集地降息调整，与此同时，美联储准备进入加息周期，两方面因素相结合，使得人民币和美元之间的利差缩小，用大宗商品融资进行套利的空间随之消失。以嘉能可、托克等为首的国际商品贸易商开始在市场上卖出原本用于融资需求的囤货，这也加大了市场上的商品供应，同时融资需求消失，供大于求的缺口双向拉大，价格进一步下跌。

对那些资源产出国来说，商品的价格下跌会促使投机性资本纷纷撤出。投机性资本的撤出会加剧汇率贬值，本币资产价格继续下跌，进一步导致非投机性资本的流入停滞，就业减少，失业增加，经济恶化，财政收入减少，政府债务恶化，居民收入减少，杠杆消费对金融体系的冲击也会逐步表现出来。

而此时资源产出国的出口并没有因为本币贬值而得利，国内的相关投资也没有因为本币资产价格划算而流入，一切皆因负循环的预期效应。

这就是巴西、南非这些国家或地区陷入恶性循环经济的逻辑，因为这些国家处于上游的开采位置，而在全球矿产供应过剩的情况下，这些国家已经不能再从中获利了。

微观上为什么上游不能够通过减产来切断大宗商品的负反馈？上游矿产资源企业是不会停产的。本币资产价格下降，对供应端而言，其生产成本是下降的，因此在商品需求下降的情况下矿企并不会减产，而是会继续生产，因为依然有利可图。

我们回过头来看一看矿企的资产负债表：一方面，汇率下降导致资产缩水，而负债端因为是美元计价，美元强势，所以形成了上压；另一方面，矿企现金流减少造成股价下跌，实际上就是企业总资产在缩水，而且意味着企业融资能力的减弱。再加上此时美国加息，负债端升值，上游企业的资产负债表进一步恶化，但负债端的债主银行需要矿企保证现金流。在价格持续下降的环境下，扩大生产显然是不可持续的，大矿企凭借规模经济挤死了小矿企，接着继续恶性竞争，直至有大矿企断掉现金流或者资不抵债，那时就会迎来供应端的大崩盘，供应和需求会重新回到平衡状态。

一个正反馈加上一个负反馈构成了这 30 多年上游资源行业的一个周期性循环。直到 2016 年，随着全球逆潮加剧，上游企业开始意识到最终周期性循环的问题，上游资源行业开始发生巨大的变化。中国也意识到了问题所在，并开启了供给侧结构性改革，而全球其实也开启了相应的供给侧结构性改革，这使得大宗商品的逻辑从需求端开始转入供给端，上游企业也不再进行资本支出，而是转向提高自由现金流，降低债务并通过股息回报投资者。这使得大宗商品价格中上游的波动更多来自供应端，这部分具体内容我将在后续的章节详细展开。

8.12 全球权益市场的逻辑

影响股票市场的因素繁多，运作机制、市场供需、政策法规、公司业绩等多个方面都会对其产生作用。我认为，我们首先需要知道一个健康的股票市场应该具备哪些特点？一个健康的股票市场应该具备公平、公正和公开的特点，能够为投资者和筹资者提供良好的交易环境，并通过优质的服务和可靠的监管来维护市场的稳定和安全。

股票市场是直接融资的重要形式，其功能对股东而言主要在于筹集资金。同时，股票市场也是投资者分享经济增长成果的重要途径，为投资者提供了多元化的投资场所。通过股权投资，投资者可以获得更高的投资收益，从而实现财富的增值。一个健康的股票市场需要同时满足投资者和筹资者的需求，展现出充分的竞争，呈现出公平原则。只有充分发挥市场机制的作用，才能达到优胜劣汰的效果，推动市场的健康发展。

当然，市场的原则和机制就是通过市场进行优胜劣汰的筛选，无论是投资者还是筹资者，都需要承担相应的买卖盈亏风险。投资者需要谨慎判断市场风险，合理分配资产，避免盲目跟风。筹资者则需要严格遵守相关法规并秉持诚实守信的原则，不得进行任何欺诈行为。只有这样，才能确保市场的公平竞争和长期稳健发展。

市场的发展和成熟需要经过一定时间的积累和沉淀，这个过程是不可或缺的。监管机构在市场发展中的角色至关重要。当市场出现问题时，监管机构需要及时采取措施，通过制定相应的政策和规定来维护市场秩序，确保市场公平竞争。

市场通过监管机构的介入和不断优化管理手段，如通过加强信息披露、完善市场规则、提高违法成本等方式，发挥市场机制的作用，使其能够最大限度地发挥潜力，来促进市场朝着长期公平和稳健的方向发展，并为市场的长期稳健奠定坚实的基础。

以美国的市场为例，其历史悠久，起源于独立战争时期。在第一次和第二次产业革命期间，股份制得到了迅猛发展，企业纷纷通过证券市场筹集大量资金。1929年经济危机后，美国政府开始采取措施加强对证券市场的立法、监管和控制，推动市场进入规范发展阶段，在这几十年的发展中曾遭遇过无数问题，欺诈事件时有发生。但一个健康的市场并不是不发生问题，而是在遇到问题后可以迅速作出反应，以确保市场的公平性。"不怕出问题，就怕不纠正问题"是衡量市场是否健康的一个基本原则。

2008年金融危机之后，美国各层级的监管机构采取了更加严格的监管措施，并建立了更加完善的监管制度，提高了市场的透明度和公正性。例如，美国金融监管机构的国家期货协会（NFA）和证券投资者保护公司（SIPC）等组织为投资者提供了有效的保护，有效降低了市场风险和投资者的损失。

此外，美国还建立了庞大的法律框架，对各种金融行为和交易进行了规范和保护。这些监管措施不仅促进了美国金融市场的稳定性和可靠性，也为投资者提供了更加完善的保护措施。例如，美国证券交易委员会（SEC）要求所有上市公司公开披露其财务状况、管理层人员的薪酬及其他重要资讯，保证了投资者的知情权和监督权。此外，美国还建立了众多的金融仲裁机构和投资者保护基金，为投资者提供多重保障，确保了市场的公正和健康。

相对而言，新兴市场的市场广度、深度、参与者结构、法律制度和监管机制等方面均处于发展阶段，与成熟的股票市场存在明显的差距。这可以说是发展中的必然经过，是可以理解的。但需要注意的是，这些变量增加了投资新兴市场股市的不确定性，对投资者也提出了更高的要求和挑战。因此，投资者需要认真研究新兴市场的差异性特点。

在真正的成熟市场中，市场本身内在制度会起到核心作用。这种制度的优越性在于其能够持续地甄别并筛选出优秀的企业，同时淘汰那些表现不佳的企业。这种机制使得优质的企业得以发展壮大，而劣势企业则会被市场淘汰，这是典型的良币驱逐劣币的机制。这一机制确保了市场的长期活力，实现了融资和投资之间的平衡。对健康的市场而言，指数加权更能体现出优胜劣汰、强者恒强的原则，其提供的回报率一般而言是比较均衡的，大多数投资者最终可以获得与市场指数相当的收益。这也是在健康的市场中为什么大部分权益管理者最终获得的是一个平均的指数回报，只有很少一部分管理者才会获得超额指数的收益。

随着市场机制的不断完善，普通投资者在市场中的优势会逐渐丧失。专业机构之间的竞争将变得更加激烈和专业化。

在现代的金融市场维度下，已经有大量的这种信息监测的工具，通过与上市公司及民众的沟通，通过专业金融机构的拜访和调研，原则上已经尽量做到让信息在第一维度（专业机构的圈子里）变得相对透明，这也造成了一旦专业投资者形成了价值趋同，就会出现所谓的"抱团持有"。因此，他们在择股方面自然就有优势，而选出的标的物也具有强代表性，市场中专业机构比重越大，超额收益源自第一圈层外的信息优势造成的超额回报率的概率就越低。

这并不是说增加研究的深度必然导致投资回报率提高，而是信息差必然会带来竞争优劣势。普通投资者并不具备单一择股的优势，即使是基于对公司和行业的深入理解和研究，大多数人也是道听途说，试图通过信息的不对称来获得超额收益。普通投资者可能会在短期内通过交易决策获得收益，但从长期来看，他们可能会发现自己在市场中的收益会逐渐减少甚至最终变为亏损。

在成熟的市场环境中，投资者会逐渐认识到这种竞争优劣势的差异。此时，健康的市场机制会自然地让投资者们开始重视市场机制带来的稳定回报，谁也不愿意冒更大的风险、付出更大的努力去获得博弈的收益。如果市场能够持续发挥良好的机制，既然在健康的市场中机制带来的回报低波动且长期稳定，那又何必要付出很大的精力去甄选和筛选企业呢？最终，他们更加关注投资回报的稳定性和可持续性，而非短期的交易收益。

随着时间的推移，投资者的结构也会随之发生变化，散户投资者会逐渐减少，机构投资者比重增加，而机构投资者之间博弈的真正目标并不是跟随市场指数，而是要努力成为市场中那30%获得超越收益的人。

8.12.1　股票的投资回报来自什么

对权益市场而言，最简单的划分就是"价值"和"估值"，其中价值部分，我觉得需要从两个不同的层面来深入理解其回报率（见图8-22）。

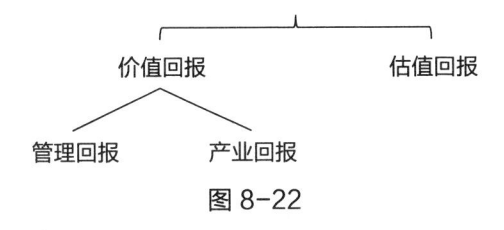

```
           ┌──────┴──────┐
        价值回报        估值回报
        ┌──┴──┐
      管理回报  产业回报
```

图 8-22

一个企业的投资价值是投资者在较长时间内通过投资所获得的收益与投资本金的比例。宏观经济环境的变化，对投资回报会产生非常大的影响，可以说经济增长是这一层面的主要驱动因素。它影响着产业上中下游的方方面面，虽然从宏观的角度来看我们可以将宏观经济和价值回报简化处理，但在微观层面却要注意，并不能完全用宏观经济环境代表企业的全部价值。

其中，"管理回报"就是较为微观的层面。它直接反映了企业运营和管理的效率，是运营层面带来微观回报率的重要基础。虽然它也受到宏观因素的影响，但相较于其他因素，管理回报和经济之间的关系并不那么紧密，因为还受到了许多微观层面上的因素影响，比如企业的管理能力、产品或服务的竞争力、技术创新等。这些因素共同决定了企业的长期发展潜力，从而影响了市场的投资回报。即使在经济不景气的情况下，企业稳健的经营、长远的规划和发展、减少支出、优化结构等明智的投资决策和管理方式也可以增强企业的稳定性，提高企业的经营效率，这些都可以在逆周期下为公司带来良好的投资回报。注重股东权益、减少资本支出、偿还债务、股息分红、回购股票等，这些都需要真正的公司治理才能给予股东，并不一定是经济周期给予的。因此，需要注意企业治理和管理带来的价值回报，这也是衡量一个公司是否具有可持续性和可靠性的重要因素。

而价值回报对产业生命周期的影响是至关重要的，我们还需要考虑不同生命周期的企业有着不同的投资风险和回报潜力，甚至还包括该国企业所处产业链的地位，以及该国产业在全球市场中的分工。因此，这部分价值不仅需要充分考虑宏观经济这个重要因素和变量，还需要采用更加通行的基本面分析方法。从宏观到中观产业因素共同构成了影响这部分价值的体系。

最后一个重要的回报来源就是"估值"。要投资一家企业，就要评估这家企业的成长预期，而股票的价格需要包含这种预期。对于未来成长预期收益给出的当前价格，就是"估值"。对于没有成长性或者轻微成长性的上市公司，投资者肯定要求其分红收益率高。既不分红又没有成长预期的公司谁会去投资呢？

有人说，估值就是企业要讲一个"成长的故事"，这话其实也不假。无论是初创企业还是成熟企业，估值的故事就是在讲述企业未来的潜力。

初创企业急需构建一个宏大的故事，其主要目的在于展示其成长潜力，从而获得公正的估值，为筹集资金推动企业发展提供强有力的支持。一级市场投资者之所以被称为风险投资者，是因为他们愿意在可能出现的过高估值风险中寻求投资机会，期待着该企业若能够成功实现其发展计划，将带来巨大的收益。在这个过程中，投融资双方都有自身的需求和期望。初创企业通常是根据企业的市场潜力、竞争优势以及创始人的经验和行业背景等展现自身的潜力和价值，吸引投资者的关注并获得资金支持；而投资者需要了解企业的业务模式、市场规模、竞争环境以及管理团队的背景和经验等方面的信息，以评估企业的潜力和风险，寻找初创期具有超级成长潜力的企业，以期获得高额的投资回报。

然而，当考虑到二级市场时，情况会有所不同。在二级市场，企业已经有了一定的背景和成果，这些成果是企业信誉和实力的有力证明。因此，二级市场投资者的需求和偏好也就更加理性和多样化。对这些投资者来说，他们在二级市场上拥有更广泛的投资选择。这意味着他们可能更加注重企业的成长性和企业价值的平衡。例如，投资者会更倾向于投资具有稳定收益和增长潜力的成熟企业，而对于初创公司的投资则更加谨慎。因此，二级市场投资者通常会进行深入的研究和分析，以确定企业的真实价值和潜在风险。

一级市场投资者通常更加关注企业的成长潜力，会沉迷于"估值"的故事，尤其是当市场充斥着过剩的流动性资金，大家都在寻求超级回报率的时候，这些投资者必然会忽略企业真实的盈利能力和经营的稳定性。成熟的投资者应当避免将一级市场的投资策略应用到二级市场，这种做法可能会导致"估值"泡沫的出现。比如，在二级市场上用一级市场这种"投资十个项目，九个死了，只要有一个产生了超级回报率，就功成名就了"心态去做颠覆性创新的投资组合管理，就是用投资者的钱去赌，这是不可取的。

无论是初创企业还是成熟企业，都需要有一个合理的估值来支持其发展。而一个在市场上持续取得显著成就的优秀企业，其价值一定会被投资者广泛认可。这种认可基于对企业未来发展前景的精准预判以及对企业成长潜力的全面评估。这种对企业未来表现的预期一旦形成，市场往往会以奖励的形式——"估值抬升"对其进行肯定，投资者会对具有成长性的企业提前购买其未来的增长预期。当然，这种估值抬升的形成也常常基于企业过去的历史表现和业绩，以及对未来市场环境和行业趋势的深入理解和分析。

投资者对企业的奖励并不是无限的，估值抬升取决于风险利率水平，还有其他投资者的热情程度，到达一定的水平后市场将停止奖励，投资者需要耐心地经历一个预期落地到现实的证伪阶段。在这个阶段，企业需要用实际的业绩和表现来证明其真正的投资价值，以实现盈利和投资回报。这个阶段也是对企业后期的产业规划和发展预期进行重新评估的过程。企业需要用实际行动来证明其未来的发展潜力，以实现市场对其价值的重新认可。

这些被投资的企业应该始终以价值为导向，管理层需要清晰地理解估值的真正含义，理性地对待估值预期，确保投资者能得到应有的回报，而有些被投资的企业沉迷于"估值"的故事，利用公司股权反复追逐"热点"，不断地讲故事。如果市场监管机制不够完善的话，就很容易给投资者造成巨大的损失，因此这种估值的故事是要不得的。

8.12.2　估值是由什么决定的？

估值是由什么决定的呢？估值的确定因素较为复杂。很多人会直接将无风险利率当作估值的核心，他们认为无风险利率越低，理论上市场的估值越高。然而，需要注意的是，无风险利率下降是否会带动估值上升，我认为这并不绝对，从某种程度上来看使用实际利率作为估值的核心会更加准确，并且决定估值的因素除利率外，还有其他因素，而这些因素也十分重要。

我认为，估值本身是投资者的一种偏好，决定这种偏好的因素非常多，并不完全由利率水平决定，甚至可以说利率水平本身也是投资者的一种偏好定价。人们之所以认为估值和利率有着千丝万缕的关系，从本质上来说它们的因都是一样的。

投资者的偏好受到多种因素的影响，包括经济状况、通胀情况、市场预期、产业链发展、政治环境以及全球化进程等。这些因素共同作用，决定了投资者的投资决策和偏好。

为什么美国股市长期平均估值水平在 20 倍呢？我觉得有趣的答案是，市场的长期估值水平与投资者可接受的生命期限密切相关。这个期限取决于投资者的生命周期，一个人黄金的工作年限就是 20 年。如果一笔投资不能在这个年限内产生回报，那它对投资者而言就丧失了投资的意义。如果资金的可投资年限较短，那么自然投资者对其预期价值实现的忍耐期就会相对短一些（见图 8-23）。

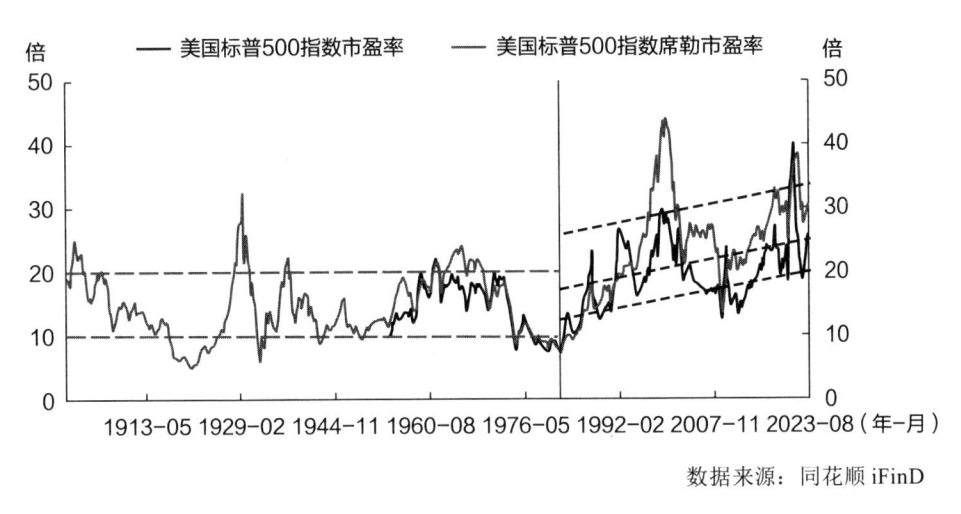

数据来源：同花顺 iFinD

图 8-23

确实，市盈率可能会随着利率的变化而出现大幅波动。正如之前所讨论的，自 1982 年以来，全球经济的分工和分配结构发生了深刻变化，同时金融自由化与这种结构融为一体，导致名义利率和实际利率均显著下降。这种利率水平的变化形态对全球经济产生了深远的影响，随着全球化市场的演进，这一趋势已经持续了 40 多年。我认为，美国股市估值中枢的抬高现象正是自 1982 年以后出现的，这反映了人们越来越倾向于在更长期限内获取投资回报。

8.12.3 产业生命投资周期下的估值和价值

生命周期是指一个对象的生老病死，通常包括出生、成长、成熟、衰退和死亡五个阶段，其基本含义可以通俗地理解为"从摇篮到坟墓"的整个过程。在经济、环境、技术、生活等领域，我们也越来越多地用生命周期这个概念来进行类比。从美国的估值变化中可以看出，它表现出了非常明显的产业生命周期的特点。如果结合 Hype Cycle 曲线再进行对比的话，似乎可以看到一个更清晰的路径。

　　比产业化更早一步的是萌芽期。通常的情况下，萌芽期是产业化的初步发展阶段，也是上一个产业周期的末端，市场非常成熟且缺乏新的增长点。此时，需要依赖新的创意、新的技术应用以及引人入胜的故事来推动投资行为的预期。萌芽期的产业是刚刚开始发展的产业，早期技术都处于概念阶段，一点点突破、公开演示、新闻发布或相关事件，都会引起媒体和公众对创新技术的兴趣。资本对于处于早期技术阶段的新兴产业仍旧具有极大的兴趣和偏好，于是早期风险投资者开始主动积极地介入融资环节，并对这些技术未来的产业应用和转化非常乐观，估值的抬高通常会率先反映在一级市场上，人们都有这样一种冲动，对于美好世界的愿景会被放大。一级市场是萌芽期的企业进行股权融资的主要平台，也是投资者获得高回报的重要场所。在IPO鼓励创新的情况下，在一级市场中创新企业的投资机会就会更多，同时投资者对这些企业的估值也会更高。这种从一级市场到二级市场的传导机制也会对二级市场的估值中枢造成影响。

　　随着第一代产品的面世和媒体的广泛宣传，投资者的关注点将更加集中在寻找新技术相关性的逻辑上。他们致力于寻找具有创新性和前瞻性的项目和公司，以期望在未来的发展中获得更大的回报。此时，一级市场的过度热潮将推动二级市场的估值上升，进而形成一种相互促进的反馈机制。在这个过程中，一级市场的不理性和风投行业的过度乐观，往往预示着泡沫经济达到顶峰。当媒体铺天盖地地对一项新技术进行追捧的时候，炒作的高峰或将使二级市场进入狂热和不理性的阶段，在这一阶段投资者会追求高收益而忽视了风险。但随着时间的推移，这种过度的热情和乐观预期往往会带来估值的泡沫，然而正是这种过度炒作带来的估值泡沫破裂后，真正的产品才会逐步进入实质的商用阶段，其投资逻辑在于技术创新的核心受益公司。这个阶段新产品的市场渗透率仍很低，新业务对公司经营业绩贡献不大，仍处于趋势性投资阶段，市场的估值会重新回归到理性阶段（见图8-24）。

图 8-24

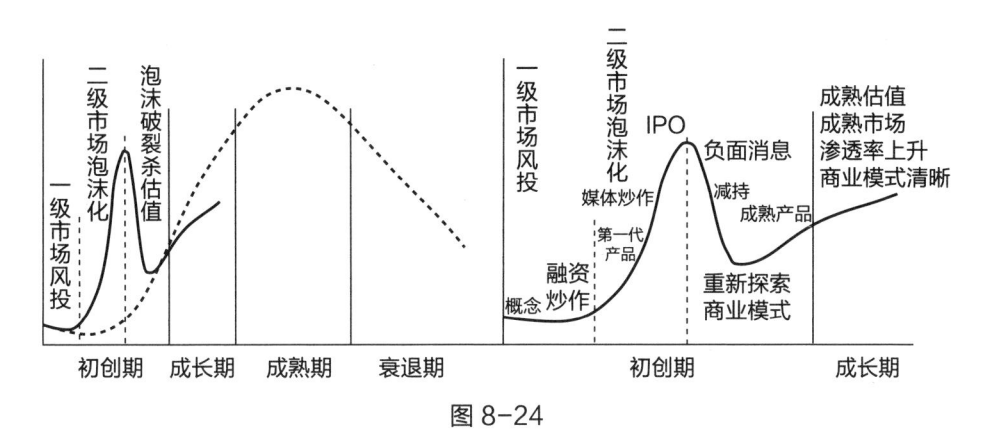

在这一阶段技术或许尚未成熟，但是新产品的渗透率则开始快速提升，顾客对产品已经熟悉，大量的顾客开始购买，市场逐步扩大。生产成本相对降低，企业的销售额迅速上升，利润也迅速增长。投资者完全可以作出更加准确的产业链发展模型的预判，不用再像第一阶段一样去"盲人摸象"全靠PPT进行非理性的估值预估了。

之后，产品不断迭代使其性价比大幅提升，市场渗透率首次超越10%，大规模商用加速了拐点的到来，产业链整体受益，整个技术到产业真正完成了蜕变。企业开始进入业绩高速成长阶段，估值和价值进入开始互相证伪的循环中（估值抬升—业绩兑现消化估值—估值再次抬升—业绩再次兑现消化估值）。

然而，随着时间的推移，新兴产业逐步变成了传统行业，高估值年代过去。一旦经济陷入低迷，市场的投资回报率开始出现大幅度下滑，新的技术突破和产业创新还没有诞生，在这一阶段市场开始进行大幅度的估值消化。在这个过程中，市场的估值水平会随着经济形势的变化而做出相应的调整，以适应不同的经济环境，直到下一轮新的产业生命投资周期出现，等待再次的重复估值和价值周期性的交替。

在二战后的美国股市发展过程中，1982年至1983年这两年之所以十分重要，原因在于这一阶段出现了全球经济分工关系的变动。这一点在前述内容中我已多次阐述过。

从二战结束直到20世纪60年代末期，其实就是美国在二三十年代工业革命的成长期到成熟期的延续。战争的机器运转使得这样的工业革命的周期得到了完美的升级和释放，战后的军用转民用就是之后20多年经济高速发展的主要动力。美国的经济结构其实和现在的新兴市场国家的经济结构相似，本国既是需求端，也是工业生产端。

当美国面临类似20世纪60年代末至70年代初期的通胀压力时，保罗·沃尔克通过提高名义利率来抑制通胀，导致实际利率大幅下降。如果单纯地按照实际利率和估值之间的关联性去思考的话，理论上实际利率下降应该会带来估值提升，然而从1972年开始一直到1982年美国标普500指数市盈率一路从20倍狂跌到了10倍以下，而美国股市则从1966年开始进入了长达10年的震荡期（见图8-25）。

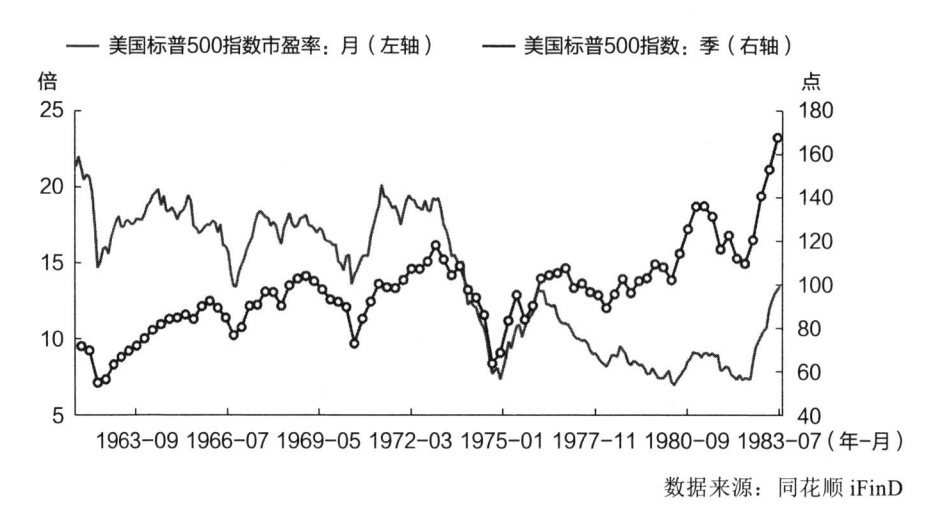

图 8-25

这一阶段的估值下降，指数震荡横盘的本质是它在消化传统行业的估值。因为工业革命带来的创新产业经历了数十年后，已经非常成熟了，其属性也已转变成了传统行业，除了给经济形势带来的股息回报，它完全没有了成长的属性。而在这一阶段，新的技术突破和产业创新还处在实验室阶段，直到1985年后，随着互联网、信息技术、半导体和计算机的应用兴起，美国股市的角色开始发生变化，对应的经济结构也完成了重构。

这很好地诠释了估值系统背后的产业发展生命周期的影响。当产业发展进入后半程，其估值系统可能会出现大幅下降和挤压，直到创新型产业出现和应用。

从 20 世纪 90 年代初至 2000 年，互联网信息技术处于初创阶段。此时，美国股市也进入了长达 10 年左右的消化期。直到 iPhone 手机面世，这一阶段可被视为成长阶段。美国股市在 2018 年前后逐步进入成熟阶段，科网股板块也随之成熟（见图 8-26）。

目前，新的技术和重大突破以及产业创新已在发展过程中。从 2018 年到 2021 年，我们看到了半导体计算机和人工智能应用的初创阶段。我认为，这些发展可以明确地归类为科技周期的第二阶段。与以往的技术革命相比，这一阶段的发展周期显然更加短暂，这与摩尔定律的迭代规律是一致的。因此，我们更应该将其视为第二次技术革命的第二阶段，而不是第三次技术革命的开始。

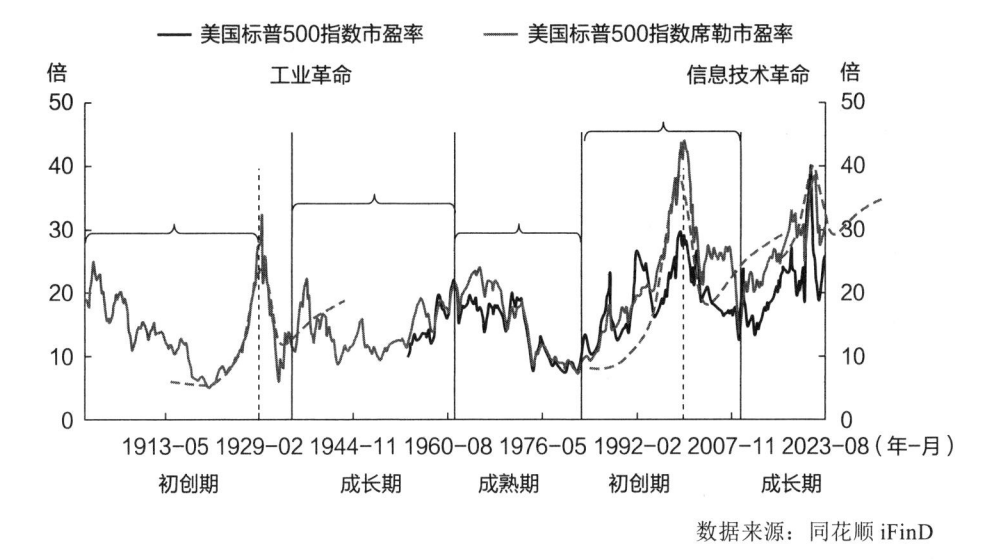

图 8-26

8.12.4 全球化 40 多年背后的股市

全球化的这 40 多年，给美国金融市场创造了一整套最优循环的模型。美国股市之所以具有吸引力，其实力和关键操作值得我们剖析。

从价值的角度来看，股票市场之所以能够持续繁荣，原因有两个：

一是在资产端需要企业能够提供更持续、更大规模的企业利润。想要做到这一点，就需要不断扩大市场规模，只有更大的市场规模，企业的业务才能够得到更广泛的增长，同时企业的产品在市场竞争中要具备一定的门槛，以确保企业产品在市场中的独特性和竞争力。只有在产品具有独特性和竞争力的情况下，企业才能够实现更稳定的增长，并在市场中获得更大的份额，从而获得更持续、更大规模的企业利润。

二是在负债端需要企业能够以最小的负债去产生最大的收益，同时现金流要保持绝对充裕，而负债用于生产性资产投入和用于技术研发投入在最终的资产竞争力上是不一样的。生产性资产投入是无法形成真正意义上的"护城河"的，而只有技术的绝对优势才是一个企业真正意义上的"护城河"，也是绝对的"链主"。

全球化的这40多年，美国掌握了国际产业分工和分配的权力。在全球产业链中，在美上市的跨国企业巨头占据了更有利的地位，并能够更好地获取更大的市场份额。这些企业在全球化的背景下将大量生产性投资转移到了新兴市场国家，把新兴市场国家的企业变成了产业链上的"宿主"，同时大量的生产性债务也都由"宿主"企业承担。

此外，由全球化分工导致的低利率加杠杆的结构，也为美国金融市场的上市企业提供了便捷的融资方式，而且还有助于推高整个市场的估值水平。不断下行的美元借贷成本从财务报表上降低了负债支出，并且通过分工、市场、资金等多方面的主导，"链主"企业和巨头能更好地获取现金流和利润。即便是在经济周期的下行阶段，仍然可以保持充裕的现金流用于大比例分红和回购股票，这绝对是对股票市场最大的支撑，而积累的大量资金还可以继续用于新技术的研发，为未来形成更高的竞争门槛。

无论是从经济价值的角度还是从估值的角度来看，美国上市的跨国企业的高管和股东都可以从全球范围内获取最大的利益。

相比之下，新兴市场国家的投资大多数都是政府驱动型投资，更容易造成投资和产能的过剩，最终形成充分的竞争和内卷。全球化分工下的"宿主"企业将会背负产业链上沉重的生产性负债。在全球经济周期波动和泡沫破裂的背景下，这些重负债企业对应的股票市场更容易受到周期性压力的影响，甚至某些科技产业的国际分工也是如此，如果不掌握核心技术，依旧是一个高级生产者的"宿主"角色。这些债务可能会产生较大的系统性风险，冲击整体的投资回报率，因此这些结构较为单一和脆弱的国家的股市投资回报率明显低于美国市场。

第 9 章 收入与贫富：K 型之殇

"在我曾祖父的时代，第一地球 60% 的财富掌握在 1000 万人手中；在爷爷的时代，世界财富的 80% 掌握在 1 万人手中；在爸爸的时代，财富的 90% 掌握在 42 人手中；在我出生时，第一地球的资本主义达到了顶峰上的顶峰，创造了令人难以置信的资本奇迹：99% 的世界财富掌握在一个人的手中，这个人被称作终产者。"作家刘慈欣在他的短篇科幻小说《赡养人类》中曾有这样一段描述。科幻小说中的场景虽然距离现实很遥远，但关于财富的分配问题伴随着人类文明的产生一直存在着。从原始社会、农耕社会到工业社会，再到信息社会，财富分配的不平等可能是人类社会的基本特征之一。《21 世纪资本论》的作者皮凯蒂研究发现，从工业革命至今，只有一战到冷战结束之间的几十年里，发达国家的财富差距与收入差距经历了持续的下降，其他阶段这些差距都在持续上升。

社会组织复杂化、技术发展和垄断，以及金融自由化、产业空心化都在一定程度上导致了财富不均等的加剧。自现代信用货币体系产生以来，金融自由化和债务杠杆在加速全社会财富增长的同时，也加速了贫富的分化。财富分配的不平等导致有效需求不足，甚至导致经济危机或社会危机爆发。危机冲击下各国决策层形成了宽松刺激政策托底需求的路径依赖，但依靠利率曲线下移推动的需求是以推高杠杆和债务累积为代价的。举债终究是要还的，负债是以未来的收入为基础的。杠杆和信贷刺激了市场的虚假繁荣，金融体系自身也有顺周期性的特点，资本家又受利益驱使盲目扩大生产，但长期来看，没有有效需求支撑的生产最终会过剩。刺激政策本身不能够根本解决收入和分配的问题，在新的经济增长点出现或以危机的形式完成出清之前，经济增长和通胀预期的中枢仍然趋于下行。近百年来的两次大危机——1929年经济大萧条、2008年金融危机——背后都有分配矛盾累积的影子。历史上战争的爆发和王朝、政权的更迭背后，也大多是贫富分化、社会阶层撕裂达到不可调和的程度。

从亚当·斯密开始，经济学家试图解释一种自由市场模型下市场起主导作用的分工和分配的体系——理想化下的实现自我再平衡的机制。凯恩斯认为市场经济无法实现充分就业和收入的平等分配。但当经济出现结构性问题时，凯恩斯主义无法解决债务扩张和分配失衡等核心矛盾，只能延缓问题的爆发。对于经济危机的爆发，有两种对立的观点：一种认为市场失灵，因此主张强化政府干预；另一种认为危机是由政府不当干预造成的，因此应当减少政府干预，让经济自动恢复，政府应当采取放任的经济政策。经济学派先后有古典自由主义、凯恩斯主义、主张恢复古典自由主义的新自由主义。

库兹涅茨认为，随着经济的发展，收入分配的不平等性先是上升，继而下降，收入分配不平等性与经济发展水平之间的关系呈"倒U"形状。然而近年来，库兹涅茨的理论在欧美等发达国家陆续遭遇挑战。即便在劳动收入分配相对公平的国家，财富水平差异所导致的收入差距扩大造成的贫富不均，也在逐步加剧。历史的经验告诉我们，没有神秘的经济力量或市场力量会自动降低收入的不平等程度，必须依靠政策的干预。

从强调自由竞争和效率，奉行"大市场、小政府"的自由经济模式，到强调二次分配作用，实行"高税收、高福利"的福利国家模式，全世界各国由于具备不同资源禀赋、政治体制，处在不同发展阶段，在调节国内的分配矛盾、平衡市场和政府在资源配置中的角色时探索着各自不同的道路。共同富裕是社会主义的根本原则，从消灭绝对贫困到实现共同富裕，从推动改革降低住房、教育、医疗等方面的民生支出，到反互联网垄断防止资本无序扩张，我们在共同富裕方面的探索，也为世界解决收入不平等、实现包容性增长等难题贡献了中国的思想和智慧。

9.1 财富积累与分化，推动历史进程

如果通读历史会发现，古今中外已消亡的帝国王朝都有着生命周期的循环。"其兴也勃焉，其亡也忽焉。"国家经历的兴衰治乱，都是由于极端的不公导致上一个周期的崩溃，进而在新周期达到相对的公平，周而复始。"天下熙熙，皆为利来；天下攘攘，皆为利往。"家族、朝代的兴衰荣辱和更替起落的背后都是利益使然。《帝国的终结》一书中概括道，过去人类全部的政治制度史，就是凭借与依仗某种力量来支配资源和分配财富的历史，也是人类转化依仗力量，调整分配方案的历史。财富积累在朝代生命周期的初期和末期，具有完全不同的形态。

在朝代振兴初期，社会结构重塑，国家刚从动荡中平息，需要重建。此时，政通人和，百废待兴。一方面，社会公平程度大幅增加，耕者有其田，居者有其屋，勤者有其业；另一方面，有各类宽政明策来支持生产生活。土地作为最重要的社会生产要素，同时也是最重要的财富资源，能够在前一轮洗牌中得到重新分配。生产要素的适配也使得社会生产力高企，社会财富总量大幅增长。因此，在朝代建设初期，人口通常能呈现爆炸式的增长，百姓可以劳有所得、安居乐业。

开明盛世往往只是昙花一现，全社会的富足和统治亦难以持久。朝代的寿命长不过数百年，短则仅如秦隋二朝。究其本质，一旦财富分配不公，资源过度集中，贫富矛盾加剧，距改朝换代和江山易主就不远了。政治权力是影响利益分配和资源配置最重要的力量，随着统治阶层的权力逐渐集中，其利用权力攫取的利益和财富一并集中。可是，利益集团在维护并扩大自身利益时，通常会以降低普通百姓的生活质量作为代价，而权力往往在利益分配失衡中为虎作伥，推动财富逆向失衡流动，其中最为典型的就是严苛的税赋。从《卖炭翁》的"一车炭，千余斤，宫使驱将惜不得。半匹红绡一丈绫，系向牛头充炭直"，到《山中寡妇》的"夫因兵死守蓬茅，麻苎衣衫鬓发焦……任是深山更深处，也应无计避征徭"，无不在哭诉着"苛政猛于虎"。底层百姓财富无法积累，甚至还要忍饥挨饿，"四海无闲田，农夫犹饿死"的最终结局只会导致"大楚兴，陈胜王"，由新的革命力量来替前朝完成开仓济粮、均田免赋，前朝也就被淘汰了。

9.2 K型宿命：失衡

"天下之患，莫大于不知其然而然。"正如英国历史学家汤因比所言，帝国衰落的共同特点，都在于对外的过度扩张和社会内部扭曲的扩大。经济增长需要适当的激励以提供动力，但在其极速扩张的过程中，无序的增长却容易产生结构性失衡，引发巨大的贫富差距和经济危机，最终招致社会秩序洗牌。事实上，为了应对资本主义固有的周期性经济危机，西方社会的财政货币宏观调控无不竭尽所能地避免经济"硬着陆"，代价则是历次危机后贫富差距不仅未能有效缩小，反倒进一步加大。"尔曹身与名俱灭，不废江河万古流。"失衡的增长最终将迎来历史铁律的清算。

9.2.1 外部失衡：全球化的负外部性

9.2.1.1 资本主义经济危机循环

关于资本主义经济危机，马克思在《资本论》中早已给出了明确且精彩的定义和分析。经济危机的一般定义是，经济发展过程中周期性爆发的社会经济的大混乱。经济危机通常表现为：众多生产资料处于闲置状态，巨量商品因缺少需求而滞销，大批工业企业、零售商店、银行破产，大量从业人员失业，经济体的产出水平下降，信用关系破裂，整个社会秩序和生产生活环境陷入混乱。

马克思认为，只有在市场经济条件下，市场经济基本矛盾即社会化生产与财产私有之间的矛盾才使这种可能变为现实。市场经济的基本矛盾直接表现为个别企业生产的有组织性、有计划性和整个社会生产无序之间的矛盾；厂商生产无限扩大的趋势与消费者有效需求相对缩小之间的矛盾，即生产和消费之间的矛盾。这两个矛盾激化，必然引起经济危机爆发。

需要特别指出的是，经济产能过剩，是指相对过剩，即生产相对于消费者的支付能力而言，过于超前。典型的资本主义经济危机具有自我循环的特征，也就是所谓的周期性。在马克思看来，资本主义的再生产循环，是经济危机周期性的最终来源。再生产循环是经济增长的标志，只有不断地实现投入—产出、生产—消费，经济才能增长，社会才能借此实现发展与繁荣。但是，再生产循环必然伴随着货币流通与金融化，需求将经历从不足到释放到过度再到收缩的过程，其间伴随着再生产循环的自我加速，而这将导致危机的最终到来。在经典的西方经济学理论中，一个完整的经济周期通常可以被划分为四个阶段，分别是萧条、复苏、过热、危机。萧条是上一个经济周期的终结，又是下一个经济周期的起点。经济规律如同大自然四季一般循环往复，不断在各大经济体间体现出它的作用。

（1）在萧条阶段，经济体的产出在遭受了重大打击后持续下滑，需求不足伴随投资和消费下滑，供需关系自然出清。尽管经济运行不稳定，增长出现了较大的倒退，但随着错位的供需结构得到修正，经济复苏的基础在此阶段被夯实。

（2）在复苏阶段，此前的萧条时期缓和了产需矛盾，需求在经历长时期的收缩后见底回升，拉动社会生产从底部恢复，就业率逐渐上升，经济增速止跌回升，开始了新一轮实物资本积累和技术创新，但也为经济过热埋下伏笔。

（3）在过热阶段，经济体内部的需求大于潜在产出，并且偏离程度较大，这部分超额需求既来自对未来需求的透支，也来自非理性的扩张，这就使得供需矛盾持续积累，经济体的结构性矛盾陆续深化，最终引发新一轮危机。

（4）在危机爆发时，产出开始高位回落，需求见顶后进入漫长的收缩阶段，为此前的过度透支和非理性生产还债，失业率在危机阶段也大幅攀升，直至经济增速下滑至萧条区间。

工业时代的资本主义经济危机的根源在于固定资产投资积累的滞后性。大规模的固定资产投资和设备更新，在增强经济体生产能力的同时，也削弱了产出的弹性，容易导致物质资本的相对过剩。信息时代的资本主义经济危机根源在于过度金融化的经济系统的脆弱性。万物资本化势必会带来需求的透支，但透支并不是没有代价的。

回顾历史，世界上最早的资本主义经济危机发生在1825年的老牌资本主义强国——英国。随着英国的综合国力不断增强并持续开拓海外市场，产品需求日益高涨，但债务问题也如影随形。1821—1825年，伦交所对欧洲和南美洲合计发放了价值约4900万英镑的债务融资，而这些融资又转化为外需，生成了对英国产品的超额需求，最终在经济过热的背景下引爆了货币危机。1825年7月，英国长久以来积累的债务和超发的货币终于超过了临界点，经济秩序在到达繁荣的顶点后陷入了混乱。民众开始失去信心，股票市场遭遇重挫，半年时间内就蒸发了约1400万英镑的财富，尽管此前这些都只是纸面财富。股票市场的崩溃影响了间接融资体系，英国的大银行在经历了挤兑和期限结构错配导致的偿付能力不足后，纷纷陷入困境甚至倒闭，不到一年时间，英国全境共有超过70家银行宣布破产。1825年底，英格兰央行的兑付能力出现了问题，黄金储备流失超过80%，债务损失超过1000万英镑。金融系统的危机最终向实体经济传导，大量的英国工商企业开始破产，民众失业率上升，收入水平大幅下降。据统计，1825年10月—1826年10月，破产的工商企业达3500多家。实体经济和信贷双收缩重创了英国当时的优势产业——轻工棉纺业。在危机时期，英国的棉纺织机械价格平均下跌75%~80%，棉纺织品出口数量减少了23%，机械制造业、建筑业和其他行业均发生了严重的倒退。危机使得整个经济和社会运行失序，民众处于极度的恐慌之中。

资本主义经济史上最持久、最深刻、最严重的周期性世界经济危机是1929年发源于美国的"大萧条"，又称"1929—1933年资本主义世界经济危机"或"1930年代大危机"。这次危机从美国逐步蔓延到欧洲和除苏联以外的其他发达经济体，是迄今为止人类社会遭遇的规模最大、经济损失最惨重、波及范围最广的商品经济生产性危机。大萧条的爆发和美国此前的"柯立芝繁荣"息息相关，旺盛的经济增长带来了需求的大幅增长乃至超额增长，使得供需失衡、生产过剩，进而酿成巨大的危机。从危机的影响程度看，主要资本主义国家的工业生产增加值平均下降37.2%，其中美国下降40.6%，法国下降28.4%，英国下降16%，工业生产能力基本倒退回10年之前。失业和破产从来不会缺席任何一次经济危机。据不完全统计，美国共有约14万个实体经济企业破产，金融系统中则有接近1万家银行陷入偿付能力不足危机直至破产。在欧洲，英国有3.2万个制造业企业破产，德国的破产企业数约为同期英国的两倍。从失业数据看，经济危机伊始，在世界范围内就造成了超过3000万人失业，在3年后即1932年，美国失业率突破了30%，英国失业率也高达22%，德国失业率更是触及43.8%。失业和收入降低导致民众的生活纷纷陷入困境，社会矛盾迅速激化，各国政府纷纷试图对外转移国内矛盾，于是开始相互指责是因为别国的"贸易倾销"导致本国的生产陷入麻烦，贸易保护主义和各国间相互敌对仇视的情绪在此期间兴起。美国在危机发生一年后（1930 年）就将进口平均关税提高到 50% 以上，英国自 1932 年起实行帝国特惠制，德法则进行进口工业品管制，实行进口配额制，这些或许也是后来爆发的世界性战争的基础。

2008 年美国爆发的国际金融危机，是资本主义国家又一次经济供需矛盾突出的表现。危机初期的信号是次级房屋信贷出现偿付压力，投资者逐渐对按揭证券的价值失去信心，而后引发了流动性危机。至 2008 年 9 月，流动性危机开始失控，与房地产无关的普通信贷同样承压，受信用衍生性产品冲击的大型金融机构迅速增多，包括雷曼兄弟、美国国际集团和美林证券等。旧金山联储的一份研究报告显示，2008 年房地产市场崩盘和随之而来的经济衰退使每个美国人的终生收入平均损失 7 万美元。

2020 年发生的新冠疫情导致的危机是离我们最近，也是我们感受最为直观的一次全球经济深度衰退的危机。全球许多企业受到重创，甚至倒闭，数百万个雇员也因此失业。摩根大通经济学家认为，到 2021 年底，全球因疫情而损失的产出达到 5.5 万亿美元，几乎相当于全球 GDP 的 8%，仅发达经济体的损失就与 2008 年国际金融危机时期的损失相似。

9.2.1.2　国家之间的贫富失衡

全球化的产生就是国际分工的结果，从早期阶段来解释，全球化更多的是需求的全球化、产品的差异性和互补关系。但是随着全球化的不断深化，以及知识的扩散和对培训及技术的资金投入，成本和资源禀赋优势占到了主导的地位。

在全球化背景下，由于各自资源分配的不均衡、生产要素的不均衡、发展阶段的不同、技术水平和富裕程度的不同，自由市场下理想的分工分配模式在实际运作中遇到问题。逆全球化的一个主要诉求其实就是要求重新分配。

在国际分工下的各个国家依托不同的优势，来获取不同的收入分配，这种不同的优势我们可以理解成不同的经济效率，它导致收入的分配并不是均衡的，在不同的生产函数斜率下，单位时间获得的收入是不同的，这也就造成了国家和国家之间收入的差异性。

根据本书前面章节的内容，按照分工的不同，我们把世界上的国家分为以下几类。

（1）负债国（下文中有时也称作消费国）。这类国家掌握着负债的权利，拥有完善的教育体系和研发人才储备，具备较高的科技水平，是全球金融体系的领导者，是全球化国际分工的主导者，同时其经济产出中具有较大的消费比重，如美国、英国等。

（2）生产国。这类国家拥有较大的劳动力优势，其收入依赖全球化分工赋予的生产、加工、制造环节，并具备较高的生产优势，如中国等。

（3）资源国。这类国家拥有先天的资源禀赋优势，但其经济结构通常较为简单，且其劳动力和资本优势不明显，如俄罗斯、沙特阿拉伯、澳大利亚等。

基于以上的国家分类和不同的国家优势，我们可以大概作出如下判断：负债国的收入主要表现为资本项目的流动，生产国的收入更多地表现为经常项目的顺差，而资源国的收入则集中在原材料的出口上。

在全球经济发展，也就是全球总收入增长的大背景下，只要能够进入这个全球分工和分配的体系中，国家与国家之间的贫富差距就不会被过度拉大。我们甚至可以观察到，一些新进入该体系的贫穷国家，因为其经济总量基数低，其经济增速会更高。这一阶段普遍的表现是全球贫富差距缩小。正如索罗斯在评价全球一体化带来的好处的时候所说的："全球经济一体化带来了各国收入的增长，缩小了国家和国家之间的贫富差距。"自改革开放以来，中美之间的经济总量和社会净财富的差距日益缩小就是最好的例子。根据李扬等人的测算，2018年中国的GDP是美国GDP的65%，社会净财富是美国的80%，而在21世纪初，这两个比值都仅仅在10%左右。2001—2018年，中国GDP增速平均高达13.0%，社会净财富更是以16.6%的速度增长，显著高于发达国家美国的4.0%和4.8%、德国的2.6%和3.5%，以及日本的0.3%和-0.3%。类似地，根据皮凯蒂团队在WID数据库中的估算，中国个人净财富与美国个人净财富之比从2000年的1∶4上升到

2015 年的 3∶4。

我们把全球作为一个整体来看，全球生产函数中的技术水平的变化也就意味着有跨时代意义的技术革命。新的技术能够对各行各业产生重大的影响，从教育、研发、应用到产业化再到全球产业化分工，无论从规模、影响范围还是复杂性来看，这种改变全球生产函数的技术革命能够彻底改变我们生活、工作和社交的方式，这样的质变并不容易发生。

第一次工业革命采用水蒸气为动力，实现了生产的机械化。第二次工业革命通过电力实现了大规模生产。第三次工业革命则使用电子和信息技术，实现了生产的自动化。我们并不知道下一次改变全球生产函数的革命会何时何地以何种形式发生，但是我们知道的是，这需要足够长的历史时间的演变。

在全球总收入增长遇到了瓶颈且生产函数无法获得实质性的改变的时期，各个国家为了保证各自的债务能够延续，风险能够降低，对于自身收入的保护会大幅度加强。在这一阶段，全球经济一体化必然会陷入停滞状态。

A 国如果选择通过发展自身的优势侵占 B 国原有的优势来获取收入的增长，A 国的收入增长则会延缓其负债带来的问题；而 B 国的"蛋糕"受到冲击后，收入的下降则会直接暴露出其本身的债务问题。

9.2.1.3 全球化带来的国内分配失衡

全球化下的国际分工和分配加剧了各个国家内部收入分配和贫富的矛盾。斯托尔帕和萨缪尔森是最早直接把国际贸易与国内收入分配关系联系起来进行单独研究的经济学家。1941 年他们以 H-O 模型为基础提出了斯托尔帕-萨缪尔森定理（Stolper-Samuelson Theorem，SS 定理）。SS 定理在赫克歇尔-俄林模型的假设条件下证明了当一国实行自由贸易时，贸易会导致丰裕生产要素的实际收入提高，稀缺生产要素的实际收入下降。1948 年萨缪尔森在对 H-O 模型进行进一步研究后，得出一个新的命题：在长期内所有的生产要素可以自由流动的条件下，自由贸易会使商品和生产要素价格均等化。如果贸易是在发达国家和发展中国家进行的，自由贸易可能会使发达国家非熟练劳动者的工资水平下降，相当数量的非熟练劳动者可能会失业；发展中国家非熟练劳动者的工资水平可能会上升，其生活状况可能会得到改善。

国际分工和分配及其相应的收入方式会加剧各个国家内部收入分配和贫富的矛盾。生产型国家对内分配的机制更多的是自下而上的，大量的经常项目的顺差推动生产者获得收入的增长，顶层通过税收以及资源分配的方式对收入进行再分配。这种类型的收入分配方式更多地偏向重税负。

依靠技术研发储备和金融市场的消费国的对内分配机制是自上而下的，大量的资本项目的流动推动金融寡头通过垄断等获取大量的收入增长，顶层通过消费以及社会福利保障的方式对收入进行再分配。这种类型的收入分配方式更多地偏向重福利。

对于生产国而言，海外居民部门债务的激增开始抑制其总需求的外扩，外需开始放缓增速。而同时实际利率下降又导致海外资金疯狂涌向生产国追求投资回报，这进一步地加剧生产国的投资过剩。这一切传导回来就会导致企业部门投资增速大大超过需求增速，产能进一步过剩，企业利润大幅度下降，生产部门开始呈现产业链自上而下的逐层过剩状态。

中美的全球化发展路径的起点在 1979 年之后。改革开放初期，中国经济过热，投资和产能严重过剩。1997 年在亚洲金融危机的冲击下，海外需求迅速不足，我们依赖外部需求的产能出现快速过剩，企业利润下滑，银行金融部门债务激增，坏账率高企，同时房地产泡沫（海南）也出现了破裂。1998 年前后形成了中国经济的第一轮去产能、去杠杆（主要是解除金融机构债务和企业债务杠杆），设立了四大资产管理公司，启动了供给侧结构性改革等。

而 1997 年的亚洲金融危机也给了中国非常好的机会，抓住了承接亚洲四小龙的生产转移而打开的窗口机会，中美之间也进入了一个更为紧密的全球化分工与合作的阶段。

在中国顺利地承接大部分生产加工制造的同时，美国也完成了从工业时代向信息技术时代的重要转折。2000 年互联网泡沫破裂，但同时也终结了产业生命周期初创期的泡沫阶段，优秀企业脱颖而出。

海外需求中的居民部门的债务问题，其根源是企业部门投资分工转移带来的对内的收入分配失衡导致债务杠杆问题，而单纯降低利率虽然看似暂时缓解了债务的支出压力，但它并不能改善收入分配的结构性失衡问题，没有从根本上解决问题。

在这个全球化的合作过程中所有的正反馈开始，但正反馈产生的同时，也在不断地积累弊端，尤其是美国。中国成为这个大维度生产革命环节中最大的受益者，而生产环节的转移迁出让美国的产业开始逐步出现空心化。由于互联网信息技术的研发环节对于劳动力的素质要求比较高，美国的中产阶级和中产阶级偏下的人群更多地被挤到服务业。这种结构性变化虽然使得美国失业率达到几十年来最低点，但是其居民部门整体的薪资上涨速度仍然缓慢。

2005—2006年，我们曾经参与了中国上汽和南汽对英国的罗孚的收购。18世纪发源于英国的工业革命使英国第一个成为现代工业国家。从时间上讲，汽车的发明期属于第二次工业革命时期，汽车行业的制造水平一直是一个国家工业水平的标志。当中国的公司完成了收购后，安排团队进厂拆除生产线的时候，那些已经工作几十年的劳动工人都泪流满面。对于他们而言，这种全球化分工的变化意味着他们失去了赖以生存的企业，而转型对于他们哪有那么简单，几百公里外的伦敦金融城与他们又有什么关系呢？

在国际分工中一部分非熟练劳动者和熟练劳动者会随着产业转移而失业。越是分配失衡，越会导致居民部门债务杠杆率激增，此时货币政策和财政政策只能延缓问题的爆发而无法解决核心矛盾。对于整个系统而言，一味地通过更低的利率和更大的财政支出来维持其稳定，反倒可能埋下更大的隐患。

如果没有差异性，生产的高速发展及技术的高度融合，会使得分工的原本优势减少；如果有差异性，也会使得全球经济一体化的分工模式无法继续下去。

全球化的分工转移带来的产业空心化直接导致的结果就是内部分工和分配的失衡。全球化的好处大多由跨国企业和精英阶层享受，而底层民众承担了绝大多数的成本。大部分居民部门尤其是社会中下层随着收入的增速放缓，出现债务杠杆率增加，贫富矛盾、储蓄失衡、过度消费、过度负债等问题伴生，这时的外部需求是非常脆弱的。

对于发达经济体而言，这种由于国家和国家之间的分工导致的对内分配的失衡，在"总蛋糕"增长的情况下，虽然收入和分配的问题依然存在，但是总量的增长会掩盖问题。一旦"总蛋糕"不增长，这种因分工而导致的内在贫富差距加大的问题就会暴露出来，相当数量的非熟练劳动者就会处在愤怒的边缘。而这些人虽然只掌握着少量财富，却是拥有多数选票的人，整个社会更容易充斥着索罗斯所说的"民粹主义"，美国的底特律以及英国的长桥工厂，都出现了这样的现象。

民粹主义者推动着政府满足他们的诉求，进而导致民粹政府上台。在分配时所有人都致力于维护自己的利益，即便从长期角度来看这有可能是损害所有人的利益的。全球经济一体化最终在国家和国家之间分配失衡，国家内部贫富差距拉大，进而一步步走向推倒原有的国际分工的逆全球化。

9.2.2 内部失衡：经济结构过度依赖服务业的陷阱

全球化是资本的选择，而这又反过来招致产业空心化，经济结构转向以服务业为主。研究表明，在经济转型中过快地提升服务业比重，并非为最优选择，而过早地去工业化往往是发展中经济体掉入"中等收入陷阱"的重要原因。同时，过于依赖服务业的经济结构，较转型前依赖工业生产的情形，宏观上会丧失收入增长能力，微观上会使得社会超前消费盛行以及债务金融化，不断促使贫富分化并自我强化，最终损害经济的长期增长潜力。

9.2.2.1 服务业比重增加，转向用消费来支撑经济增长

发展是人类社会演进中永恒的主题。为什么部分国家和地区能够由穷变富？怎样防止富国由盛转衰？长期趋势性地增长并非历史的必然规律，各国的发展原因时常让人困惑，经济增长的结果也往往出乎意料。研究部分实际案例，我们看到，在经济增长达到特定阶段时，相应的结构转型是实现持续发展和超常规增长的重要特征。

在经济体的发展初期，高投资通常是牵动经济增长的引擎。以中国为例，改革开放以来，中国投资总额呈现出增长快、持续期长、稳定性强这三大特征。在

中国经济增长速度最快的1992—2012年，全社会固定资产投资的平均增速达到了22.3%，而同期发达国家的投资增速则相对较低。例如，英国在此期间投资的平均增速为5.5%，美国为5.3%，德国仅为2.4%。即使与同处东亚且都创造了经济奇迹的亚洲四小龙相比，中国的投资增速也毫不逊色。在1970年代经济黄金增长期，韩国的年均复合投资增速达到了21.3%，位居第一；中国台湾第二，达到了20.1%。此外，在经济高速增长期，日本、中国香港与新加坡的平均投资增速也维持在15%。创造了经济奇迹的亚洲经济体GDP增速和投资增速如表9-1所示。

表9-1

国家或地区	增速（%）	1960—1969年	1970—1979年	1980—1989年	1990—1999年	2000—2010年
日本	GDP增速	10.4	4.1	4.4	1.5	1.0
	投资增速	19.2	12.5	10.6	1.1	1.1
韩国	GDP增速	8.3	8.3	7.7	6.3	4.6
	投资增速	21.2	22.4	16.2	7.9	6.1
台湾	GDP增速	6.0	7.8	6.4	5.3	4.7
	投资增速	17.9	22.5	13.0	9.0	4.1
香港	GDP增速	7.1	9.0	7.1	3.7	4.5
	投资增速	9.3	20.7	10.9	6.3	6.5
新加坡	GDP增速	7.4	9.5	7.8	7.3	6.1
	投资增速	9.2	19.2	11.4	9.8	9.7

数据来源：万得数据库

但是，高投资驱动的经济增长，在经济体基础设施逐渐完善、人均收入大幅提升至中等收入国家水平时会陷入瓶颈，具体表现为缺乏产业支撑，粗放式投资带来的环境污染和社会治理问题难以继续通过经济发展来解决，内生增长动力不足，经济结构转型的重要性日益凸显。

参考发达经济体成功的转型经验，服务业比重上升，是扩大内需、实现经济内循环的关键，其中尤以教育、医疗两大产业更为重要。在就业结构转型方面，服务业逐渐取代制造业，成为吸纳就业人口的核心。构建以服务业增长驱动为主的经济发展模式，其前提条件是服务业所覆盖的领域足够全面，能够满足各类生活需求；服务消费能够成为基础性生活生产要素，而且工业品制造和服务业的收入分配结构更为均衡，服务业者劳有所得。

但服务业比重的上升和制造业的空心化也同时带来了收入差距的进一步加大。以美国为例，伴随着1980年代全球化的开展，美国传统的制造业生产和就业受到了严重的打击，跨国企业收获了全球化带来的成本和市场优势，但传统制造业的工薪阶层承受了全球化带来的就业机会流失和薪资下降。

全球化的浪潮让美国制造业大范围外迁，减少了制造业的就业机会。原有的制造业工人要么去学习新的就业技能，要么只能更换行业。但转型说起来容易做起来难，在一个新的领域或行业学习、适应、达到熟练水平的成本对于已经工作多年的人来说并不低。比如在英国纽卡斯尔和曼城以及美国中部地区，制造业和工业受到全球化的冲击，大部分40岁左右的人难以完成转型，全球化对于这些微观个体有着致命性的伤害，这些人只能涌入低端服务业。

在不同的产业之间，收入水平会有较大差异。以制造业和服务业为例，制造业提供的收入其实可以理解为劳有所得。当产业结构以制造业为主时，中产阶级和中产阶级以下的人相对来说收入是有所增长的，生活水平较高。因为随着劳动积累和时间积累，劳动生产率会越来越高，熟练工的收入水平一定会随之提高。

但在服务业中，大部分岗位的收入水平增速非常缓慢。服务业内部有巨大的区分，如金融业、科技业等高端服务业与制造业属性相似，劳动者从业的年限越长，时间价值则越能够在收入中得到体现。而低端的服务业却有着巨大的反差，美国沃尔玛超市、快餐店、便利店等吸纳了大量的就业人口，这些廉价劳动力的收入增长极其缓慢，甚至还需要依靠工会的力量或劳工部以提高最低收入的方式实现收入的增长。如果大部分人口从事的是服务行业，收入差距会迅速拉大，而居民部门整体平均收入水平则不会有快速增长。在这种就业结构下要通过消费增长拉动经济增长，一般来说不大可能，但人们看到了消费的增长，这是居民部门以及金融部门通过加杠杆实现的。

所以我们看到从1980年代以后，美国的劳动力收入增速有所放缓，收入高增速转变成收入低增速，利率降低，居民部门杠杆率攀升。

中国澳门在发展的过程中就呈现出以服务业为主导，经济结构相对单一的特征。澳门在回归以后的20余年间，在中央支持下，长期稳居在亚洲最富裕的城市行列之中。它努力摆脱对博彩业的依赖，逐步进行多元化发展。成功的经济结构转型是澳门长期保持繁荣的关键。目前澳门经济结构的多元化转型成效初步显现，会展、中医药、文化创意、特色金融等新经济动能逐渐加大。

澳门回归以来的经济增长史，也是一部经济结构转型史。回归前，澳门GDP连续4年负增长，经济发展一度陷入停滞状态，1999年澳门GDP同比下降2.4%；回归后，在开放博彩业等措施的带动下，澳门经济以点带面呈现普遍增长态势，本地生产总值稳步恢复，居民就业和收入水平双升，财政储备持续增长。但澳门经济结构相对单一，2011年前后博彩业的产值占澳门GDP的60%以上。对博彩、服务业出口依赖程度偏高的特性，使得澳门经济的稳健性稍显不足，抵抗外部风险的能力相对偏弱，经济增长呈现高波动性。

9.2.2.2 过度依赖服务业的弊端

过去我们曾经陷入这样一种思潮，即美国、欧洲等发达国家和地区以消费作为经济的主要驱动因素，实现了持续性增长，因此大力促进消费是保持经济增长的良策。如果消费在经济中的占比需要提升，而实体物品的消费因为存在折旧和更新期限而具有天然增长瓶颈，那么属于无形类消费的服务业就应该担当起促增长的重任。但是，从欧美各经济体发展中暴露出的一系列问题看，由服务业主导的增长对经济弊大于利。换言之，过分强调服务业发展，或许会成为经济发展的阶段性"陷阱"。

1. 去工业化导致收入增速下降

工业化（Industrialization）一般定义是，工业生产，特别是制造业或第二产业产值在国民总收入中占比持续提升。这一过程通常伴随着工业从业人数在总就业人数中占比不断上升。与之相对的去工业化（De-industrialization），是指制造业在国民总收入中占比不断下降，工业从业人数在总就业人数中占比不断下降。去工业化的问题在于，随着服务业就业人数占比的上升，服务类要素供给无法推动收入持续性增长，从而无法形成社会性广泛收入增长。大量群体的低速收入增长,对总需求增长形成抑制,造成有效需求相对不足,从而直接降低了经济体的发展速度。

制造业的以下三大特征,使得工业化成为各个经济体提升国民总收入的重要手段。

(1) 传统制造业的从业门槛相对较低,为流水线而招收的工人所需的培训相对简单,因此能迅速吸收大量劳动力,尤其是低端劳动力。

(2) 工业品能通过国际贸易向外拓展市场,生产不再受限于国内市场容量和内需增长情况,产能扩张可以根据全球需求情况确定,同时比较优势会使得一国工业品制造优势持续自我强化。

(3) 初级工业品生产所需的技术的学习和迁移难度较小,先进技术较易被发展中国家所掌握,其生产率较易得到提高。因此,即便一国的技术创新没有突破,第二产业也可以凭借吸收海外发达国家的技术外溢,不断地扩大产能,吸收本国人口就业并实现出口创汇。这就是制造业成为发展中国家工业化初期驱动经济高速增长的引擎的秘密。各国经济发展历史阶段见表9-2。

表9-2

年代		西汉	北宋	明朝		清朝			近代	
		0	1000	1500	1600	1700	1820	1870	1913	1950
各国GDP占全世界的份额(%)	中国	26.2	22.7	25	29.2	22.3	32.9	17.2	8.9	4.5
	美国	—	—	0.3	0.2	0.1	1.8	8.9	19.1	27.3
	英国	—	—	1.1	1.8	2.9	5.2	9.1	8.3	6.5
	印度	32.9	28.9	24.5	22.6	24.4	16	12.2	7.6	4.2
各国人均GDP(1990年国际元)	中国	450	450	600	600	600	600	530	552	439
	美国	—	—	400	400	527	1257	2445	5301	9561
	英国			714	974	1250	1707	3191	4921	6907
	印度	450	450	550	550	550	533	533	673	619
	世界	444	435	565	593	615	667	867	1510	2114

数据来源:世界银行

去工业化最直接的影响是造成永久性效率损失。对于没有形成垄断或不能依靠知识产权而拥有全球定价权的国家来说,发展服务业而摒弃制造业实质上是低效率部门替代高效率部门的过程。以中国为例，我国目前第二产业的每单位劳动力创造的年产出约为 12.9 万元人民币，而服务业每单位劳动力的年产出为 10.3 万元，不到前者的 80%。如果过急过快地推动服务业替代制造业，则会导致巨大的效率损失。同时，当服务业在经济结构中的占比不断提升时，其本身的生产效率也服从边际递减规律，从而使得其拉动经济增长的边际贡献更小。

去工业化的另一个缺陷在于服务业要素价格不具备足够的刚性，议价能力相对较弱。工业品由于可贸易性较强，能够在全球范围内流动并定价，因此多数时候其价格是其价值的合理反映。服务业，尤其是低端服务业，几乎不具备可贸易性，属地性较强，导致其议价能力受限，要素价格增长无法成为普遍的现象。要素价格增长受限，又进一步限制了从业人员长期收入的增长。经济学家罗德里克曾指出，几乎所有顺利完成工业化的发达经济体，在工业化阶段，其制造业吸纳的就业人口在巅峰期都高达劳动力市场总数的三成到四成；而大多数过早去工业化的发展中国家，人均收入水平都长期处于低位，陷入"中等收入陷阱"。

去工业化造成的恶果之一，便是劳动性收入增速无法超过资本性收入增速，从而加剧贫富分化。在以服务业为主导的经济体中，多数人被固定在服务业中，工资增长幅度和速度均受限于行业要素所获得的分配。资本在这个阶段成为相对稀缺的要素，资本投向决定了特定行业的发展方向，因此资本性收入的超额回报要大于劳动性收入。然而，掌握了大量资本的恰恰是少数社会精英，这就使得整个经济体的基尼系数不断增大。

2. 低端制造业在当下依旧重要

经济学家普雷维什和辛格曾经从结构性视角，分析了因国际分工差异造成的以出口初级工业品为主的新兴市场，人均收入水平大幅落后于出口高端制造业产品的成熟市场的现象。但是，在全球价值链业已形成的当下，主要问题转化为在国际分工中处于价值链高端还是低端、对核心技术是控制还是依附的问题。在如今的国际环境中，低端制造业对于一国的发展仍然重要。

解决就业问题仍然是第一要义。以中国为例，首先，虽然适龄劳动人口的绝对数量呈现长期下行的趋势，但是农村人口进城和每年大学毕业生的就业压力仍然较大。在"十四五"规划中,未来常住人口城镇化率将进一步提升至65%,而2020年高校毕业生达874万人,同比增加40万人。若要维护社会稳定和经济发展,保障就业就成了核心目标。实际上,国内服务业的就业承接能力目前有边际下滑的态势,国家统计局发布的非制造业PMI就业指数自2018年9月起已经连续32个月低于50%的枯荣线,服务业吸纳就业人口的能力已现疲态。

其次,中国的工业化聚集具有明显的区域性,东北三省等过去较早实现工业化地区的就业人口数量庞大,同时这些地区的经济增速也较为缓慢。2019年辽宁的GDP增长率只有5.5%,黑龙江和吉林的GDP增长率分别为4.2%和3.0%,明显低于全国水平(6.0%)。在此情况下,一旦过急过快地推进去工业化和服务业替代战略,东北三省出现失业潮的可能性将大幅上升。

低端制造业是产业升级的重要基础,高端制造业需要低端制造业作为支撑。技术与经验的积累也是产业升级的重要环节,简单的产业转移并不利于技术的积累和进步。我国高度重视工业体系的建设,经过多年的发展,已经拥有41个工业大类、207个工业中类、666个工业小类,是全世界唯一拥有联合国产业分类中所列全部工业门类的国家。在此基础上,我国工业实现了历史性跨越。世界银行研究显示,按现价美元测算,2010年我国制造业增加值首次超过美国,成为全球制造业第一大国,我国的经济增速也实现了质的飞跃。全面工业体系建设的战略意义在于,一国如果在发展的初始阶段较为贫困,但通过工业生产不断积累和提升其技术能力,国家终将富裕;而一国如果仅靠自然资源或者服务性劳动换取收益,尽管"蓄积财富"或"经济剩余"暂时可能很多,但无法积累和提升技术能力,国家最终将陷入贫困,就像许多自然资源丰富的拉丁美洲国家陷入发展瓶颈一样。

3. 以消费为主的经济会不断地透支未来

由去工业化话题延伸出来,由消费驱动的经济体,经济就一定能实现长期稳健增长吗?答案似乎并不是肯定的。发达国家的居民部门消费率长期贡献了较大的经济增长占比,但经济总量增速却并不高,因此依靠消费并不能获得经济高增长。表9-3为1970—2010年发达国家或组织居民部门消费率和GDP增长率。

表 9-3

国家或组织	美国	法国	德国	英国	加拿大	OECD
消费率（%）	66.6	57.1	57.8	62.1	55.9	61.0
GDP 增长率（%）	2.8	2.4	2.1	2.3	2.9	2.7

数据来源：世界银行

消费借贷化、债务金融化是一个不可持续的过程。依赖消费驱动经济的主要问题在于，仅仅依靠当期收入所支撑的支出增幅是非常有限的，商业利益最大化的方式在于通过借贷推升消费，这相当于让居民部门加杠杆进行消费。从短期看这是一个多赢的局面，即消费者（特别是年轻人）满足了需求和欲望；商业资本实现了实物产品销售，利润回流；金融资本通过放贷获取了利息等超额收益；地方政府通过放松金融监管促进了信贷增长和经济发展。然而，这一看似多赢的局面，长期的代价相当高，最终获益的只有资本方，因为一个人负的债必然是另一个人的资产，消费者的负债成为放贷方的长期超额收益来源。一旦形成持续的超前消费支撑经济增长的结构，"富者恒富，贫者恒贫"的分化格局则会被大大强化，穷人消费能力受债务和收入问题制约，富人的边际消费倾向随着收入增长而递减，经济体整体的有效需求便会下降，增速放缓。居民部门杠杆率的攀升叠加经济增速放缓，势必加大全社会的债务风险和信用风险，最终将压力传导至金融机构和政府。

债务营造的超前消费，除在金融层面影响稳定之外，还会侵蚀社会风气。数据显示，2011 年我国"90 后"人口总数大约有 1.7 亿人，开通花呗的人数超过了 4500 万人，即平均每 4 个"90 后"就有 1 人在用花呗进行信用消费；人均负债 12.79 万元，负债总额接近 22 万亿元，债务金融化在吞噬着年轻人的未来收入。信贷催生的超前消费，会刺激年轻人对物质生活的极致追求，过度追求物质享受将使得拜金主义盛行，扭曲年轻人的价值观，甚至产生具有破坏性的享乐主义和浪费文化，这是精神层面极其负面的效果。

9.2.2.3 逐渐极端化的负反馈

上述负反馈不仅危害巨大，还具有自我强化的特征，即金融领域中常常提及的"反身性"。

阶层间不平等情况的加重是其主要表现。历次金融危机都以央行降息和政府救助为危机的终结点，然而，在以服务业为主导的经济体中，央行降息和政府救助所注入的资金，多数流向了企业主和金融机构，这就增加了资本经营的道德风险，使得少数掌握了大量财富的精英风险偏好度愈发上升，最终使得下一次危机的潜在破坏程度不断加深，倒逼政府不断兜底（所谓的央行的"看跌期权"）。底层民众在危机中获得的救助性收入，被其日常积累的债务所消耗，无法在危机中形成资本积累，从而在下一轮经济繁荣中继续保持贫困状态。同时，由于服务业主导的经济体易陷入有效需求不足的状态，统计意义上的长期通货膨胀率下降同样意味着收入增长停滞。危机对贫富阶层的影响程度并不相同，历次危机后出现的金融资产通胀、工业品通缩现象，意味着"穷人通胀，富人通缩"。当底层民众被债务和低增长的收入剥削压迫后，由于相对收入发生变化，社会结构将进一步继续吸食中产阶级，金字塔变得越来越极端。

阿尔弗雷德等多名学者的研究证实，过去的50年间，全球财富不平等现象激增。最引人注目的一点是，占全球总人口数不到0.01%的极高收入人群的财富份额飙升。学术界的研究表明，金融资产的投资收益差异是导致财富分化的重要原因。正如皮凯蒂在《21世纪资本论》中提到的，投资回报率是激化财富分配不公的重要原因——"有钱人比别人获得更高的平均回报是完全有可能的。"概括地说，压榨底层人的手段是掠夺劳动价值（服务业的陷阱），压榨中产阶级的手段是税收和经济泡沫破裂（金融化推动的资产价格暴跌）。

"金舆不返倾城色，玉殿犹分下苑波。"如果没有政府的产业政策配合和行政指导的及时调控，过早地去工业化和过快地发展服务业，无异于纵风止燎，其代价是任何一个转型中的经济体都难以承受的。

9.3 K型社会的演化简史——日本、中国香港和美国

9.3.1 日本——格差社会

东亚文化圈具有相似的文化内核，在其漫长的历史上均深受儒家文化的影

响，因而学术界将东亚各国称为"儒家文化圈"，各国的民族传统和经济、政治、文化等有一定的同源性。其中，日本是东亚各国中最早实现全面工业化和最早进入发达经济体行列的国家，我国当代的制度改革和经济政策或多或少均能找到日本当年的影子，研究日本经济在二战后的兴衰以及造成日本社会 K 型分化的原因，对我国未来的发展具有积极的意义。本章的这部分将梳理日本二战后数十年的发展，以及总结造成日本社会 K 型分化的原因，力图将日本经济政策调整和社会改革中的得失一一呈现出来。

9.3.1.1 日本经济的发展历程

1945 年 8 月 15 日，日本裕仁天皇向世界宣布，接受波茨坦公告并无条件投降。9 月 2 日，日本政府正式签署无条件投降书，从而结束了旷日持久的第二次世界大战。随着战争的结束，日本的战时经济政策和生产方式均告以结束。战争经济结束的代价是沉重且残酷的：日本全境陷入供应短缺的泥潭，日用必需消费品大量短缺，粮荒问题因为当年的水稻生产歉收和战局恶化导致的渔业萧条而被无限放大。通货膨胀的魅影也与短缺经济相伴：与二战初期相比，日本官方物价平均上涨 150%，地下经济的流通物价平均上涨 2900%，流通中的国库券金额激增 24 倍。根据日本政府公布的数据，日本约 42% 的财富都在战争中被毁灭，大多数民众陷入贫困。

战后的日本，唯一免遭巨额损失的，是军工类企业及相应的垄断性资本。数据显示，仅仅在 1945 年 8 月和 9 月两个月内，日本当局的军工复合体及其垄断资本，就从当时被称为"军需订货特别预算"和"复员津贴"两项国家财政预算中攫取了高达 340 亿日元的天量货币资金。这笔资金在当时具有重大意义，因为大量的货币资金代表了偿债能力的保障，军工复合体企业得以继续从银行获得信贷资源，避免了因偿付能力不足而无法续贷导致的破产可能性。从这里我们可以看出，日本战后经济修复早期，最具生命力的企业，是那些依靠侵吞国有资产从而增强自身生命力的公司。当然，这些举动并不是没有代价的——军工复合体的这些举动，成为未来日本将经历的恶性通货膨胀的滥觞。战后初期，日本信贷资源的扭曲程度一度达到了前无古人、后无来者的顶峰：日本银行业贷款总额近

50% 投向了军工类企业,其中"战前六大行"(第一、三井、三和、三菱、安田和住友银行)向军工类企业投放的贷款总量占其全部贷款总额的 90%。

一业兴的代价是百业废。随着美军完成对日本的进驻,相应的军需市场陆续受到管制直至完全废除,日本国民经济几乎完全陷入停滞。从日本国民经济研究协会发布的生产指数看,1935—1937 年,剔除军工业后日本的国民生产指数平均值为 100,受战争影响,该指数在 1945 年 7 月降到 12.8,8 月进一步下滑至 8.5,生产能力已不足此前的 10%。受负面影响最重的是钢铁行业,1945 年 10 月日本普钢产量约为 5000 吨,生产能力约合战前的 1.4%;11 月煤炭产量为 53 万吨,仅相当于战前水平的 14%。煤钢是近现代工业的基石,其产能的大幅下降,意味着日本的工业生产能力严重倒退,人民生活水平大大下降。以上经济数据也侧面印证了当时日本经济结构失衡的严重程度,即当国民生产不包含军工业订单和供应后,其余部门的供需的衰弱度达到了历史性的极值,这样的经济结构显然是不可持续的,并且也为战后日本经济的重建带来了极大的困难。厚生劳动省估计,从日本宣布无条件投降到当年 10 月的两个月时间里,日本失业人数达到了 1300 万人,燃料和粮食价格在 1946 年一季度环比上涨 100%~200%,北海道在 1946 年 5 月发生了 104 天无粮食主食分配的情况。失业并且生活困苦的民众产生了极度的不满,各地陆续发生了抗议政府的游行活动,其中名为"给我大米"的游行队伍一度冲进了位于东京的日本皇宫。至 1946 年 12 月,日本基于各类诉求而自发组织形成的工会总数达到了 17 613 个,参加人数达 441 万人。

转折点首先来自外部力量,即当时驻日美军的占领政策的大幅调整。客观地说,日本战后经济恢复初期,驻日美军对于社会秩序的修复还是起到了积极的作用,具体表现在平息各地的示威行动和重建经济秩序。从本质上来说,美国对日本的占领政策调整,是为了增强其在二战后的全球霸权,日本是其在远东一个极为重要的战略据点。自 1947 年伊始,美国对日本的改造方针逐渐从原先的"全方位削弱日本",转变为"强化战后日本的经济、军事和政治能力,并加以利用"。贯穿美国对日本的改造行动始末的,是三条纲领,即①军事上增强日本的实力,让日本成为美国牵制远东的重要力量;②政治上扩大日本的影响力,让日本作为资本主义阵营在亚洲的样板，影响他国政策，并成为美国泛亚政策的起始点和终点；③经济上打开日本国内市场，让日本承接美国商品的出口并接受美国投资，成为美国工业产能和资本溢出的接收方。

美国改造战后日本的初期政策，可以概括为"两支柱，三基点"。两支柱就是日本的去军事化和民主化；三基点为清算财阀、农地确权和劳动再生。其去军事化就是全面解除日本的武装力量，禁止日本制订军事武器生产计划；民主化则涉及政治体制和经济生产的方方面面，均需要对照资本主义生产关系进行调整。清算财阀类似于现代的反垄断政策，具体表现在对日本大财团及其控股子公司进行分拆，以及废止家族传承式经营方式；农地确权的原型是当年英国在联合国对日理事会提出的农地改革方案，主要方式是政府出资收购原土地所有人的地产，分割产权后低价出售给农民，可以理解为日本版的"耕者有其地"；劳动再生则是基于美国"瓦格纳法案"制定的新劳动法，在保护劳工权益的基础上有序开展恢复性生产。这些对当时千疮百孔的日本经济来说无疑是具有极大正面意义的。

当然，"两支柱、三基点"作为整体，是美国改造日本密不可分、互相依存的政策体系，但其中清算财阀的意义对后世而言，显然更为重要。一个垄断程度被大幅削弱的竞争性市场，为日本日后的资源配置和生产力增长，打下了良好的基础。数据显示，日本战前的十大财阀在战后初期的资本总量仍然占据全国资本总量的 35.2%，其中前四大财阀更是控制了全日本 24.5% 的资本。对这些财团的清算，为日本市场经济的建立打下了基础，令日本的经济初步恢复了生机。

日本战后经济初步重回正轨，还得益于日本政府的一项产业政策，即"倾斜生产对策"。该产业政策的核心是，重点扶持重工业中的煤钢生产环节，通过煤炭和钢铁行业的大发展，以点带面，恢复国民经济运行。但是，有一点不得不承认，即日本政府的倾斜性政策是简单而粗暴的，但简单往往也意味着高效：原始生产资料积累完全依靠外部的美国援助（铁矿、焦煤、原油等）和内部的工农业产品价格剪刀差。

为了竭力扶持本国重工业的国际比较优势，从 1947 年 7 月起日本政府制定了一系列改革政策，包括：

（1）依靠政府威权，强制降低劳动力成本，进而重构物价体系。在经历了恶性通货膨胀后，日本全新的物价体系以1800日元的劳动者月工资为基准，工人的劳动性收入被大幅压降，从而降低了企业人力成本。在基准工资的基础上，日本政府规定新政后的物价标准为战前的64倍。形成鲜明对比的是，基准工资仅为战前的24倍。日本政府通过降低劳动性收入和提高平均物价，以稀释日本民众财富为代价，控制了通胀趋势的蔓延。

（2）大幅提高税收，通过征收重税来充实已经空虚的国库。

（3）以官方强制性收储价格，用极低的成本从分到田地的农户手中购买农产品，以工农业产品的高额价差刺激工业发展。

当然，仅仅依靠价格体系变革，是不足以刺激工业，尤其是较为依赖原始资本推动的重工业快速发展的。日本当局在完成了清算旧有财团后，在金融资源上也采取了倾斜性政策，确保工业发展能及时获得所需资金。日本政府将产业扶持专项信贷资金命名为"复兴金融金库"，1947年当年复兴金融金库对外提供的融资额为私人部门融资额的200%，而专项资金对彼时日本工业的发展起到了非常大的正面作用。仅在1947至1948两年时间内，煤钢行业从复兴金融金库里就获得了高达1259亿日元的授信支持，煤炭、钢铁两大部门融资额占全工业部门融资总额的40%以上。1947—1948年专项信贷对各工业部门投放的资金总额如表9-4所示。

表9-4

单位：100万日元

部门	矿业	金属工业	化工	电力	其他	合计
金额	54 484	4 889	10 059	22 400	25 444	117 276

数据来源：日本复兴金融金库

除信贷支持外，财政政策也对产业政策的实施起到了积极作用。日本政府每年在国家预算中支出850亿以上的日元，以价格补贴的方式发放给参与工业生产的企业，这部分财政资金约占日本政府财政预算总额的12%。

事实上，任何产业政策的成功，都离不开三大要素：稳定的物价环境（包括低廉的劳动力成本）、宽松的信贷支持和强有力的财政补贴。战后的日本政府也确实做到了这三点。"倾斜生产对策"为后来日本重工业的腾飞奠定了良好的基础，部分日本历史学家也将这一揽子政策称为"起死回生的转折"。

产业政策的成效是显著的。首先，巨额的信贷资金使得重工业产业迅速扩张，同时因为通胀的消退具有时滞性，较高的通胀部分实现了债务货币化，起到了为企业债务减负的作用。自1948年起，日本的煤钢行业迅速发展，并且带动了其他工业部门的发展。特别是，仅仅用了两年时间，在1948年末，日本的工业生产除纺织业外，基本都恢复到了战前平均水平，不可不谓一次漂亮的翻身。1946—1948年日本工业生产情况如表9-5所示。

表9-5

单位：千吨

时间	钢材生产	煤炭生产	工业用煤	生产指数
1946	296	20 310	6 104	39.2
1947	480	27 170	8 467	46.2
1948	1 027	33 722	12 184	61.8

数据来源：Kokugakuin University

高额的财政补贴和巨量的信贷，为当时的日本企业和政府官员的腐败行为提供了温床，其中较有代表性的大案为"昭和电工事件"。事件的大致经过是，日本昭和电气工业公司为了能在复兴金融金库的融资行动中取得价值30亿日元的贷款，向首相、议员、官僚行贿7000万日元。在经济高速发展初期，对反腐和提高效率的权衡，是任何经济体都必须考虑的重大难题，日本当然也不例外。

日本的生产在1948年已基本恢复元气，下一步就是要稳住发展局面并开始全面建设，而这一步同样面临一个堪称两难的选择。一种观点认为稳定是复兴的前提，另一种观点则提出稳定要让位于复兴，扩大再生产才是当务之急。当时的日本政府考虑再三后，决定采取折中的方案，即所谓的"中间稳定论"。但是事与愿违，一方面，此前的高通货膨胀率虽然初步得到了控制，但绝对水平仍然不低；另一方面，1948年美国也遭遇了生产能力下滑的困扰，美国国内对于减少对日援助的呼声越来越高。此时的日本面临内外交困的境地。

为了使日本摆脱当时无法凭借自身力量克服困难的困境，美国政府采取直接指令的形式在1948年12月提出了"稳定日本经济的九项原则"，这九项原则分别是：①财政上必须采取平衡预算制；②税务征管方式和税率必须改变；③强化价格管制，优先稳定物价；④改进对外贸易政策；⑤部分重工业要采取重点保障政策，原材料供应优先保障核心部门；⑥重要的原材料和工业品要全面国产化，增强自主供应能力；⑦改善农产品征收制度和征收方式；⑧限制劳动力成本膨胀，控制工资增长幅度；⑨管控信贷投放，禁止金融资源过度扩张。由此我们可以看出，美国提出的九项原则尽管具有较明显的针对性，但也较为抽象，在落地执行上存在一定困难。并且，这些原则过于强调保障工业生产，忽视了对民众生活水平的改善，这对扩大生产力并不是完全有利的。道奇路线对这些问题进行了纠偏和改良。

所谓"道奇路线"，是指由美国人约瑟夫·道奇（Joseph Dodge, 1890—1964）根据此前"稳定日本经济的九项原则"所制订的具体执行计划。道奇认为，经济的发展依赖人民对政治生态和社会治理的认可度。在混乱的政治秩序和较低的社会认同度的环境下，经济是无法健康发展的。为此，在保持名义工资稳定的情况下，实际工资（购买力）必须得到增长，本质就是要求放开农产品管制和纺织品配额制度。只有轻工业获得了足够的利润积累，重工业才有可能进一步发展，否则一切将是空中楼阁。道奇一针见血地指出了当时日本经济的主要问题：生产力没有内生增长的持续动力。日本经济此前的大发展完全来自外部帮助（美援）和内部财政赤字的扩大，一旦这两个有任何一个不能保持平稳增长，那么日本经济将重新衰退。为此，必须提前进行金融紧缩，控制债务和通胀。

道奇路线的核心在于重建日本财税体系，特别是要求日本政府实行平衡预算制，控制政府债务的过度增长。当时日本政府由于前期对债务风险缺乏足够认识，1948年的财政预算赤字达到1500亿日元的惊人水平。而在道奇路线指导下制订的1949年财政预算，不仅在当年就消除了政府过度举债问题，还实现了小幅盈余。当然，道奇设计的平衡预算制并不是没有代价的，在政府节流的基础上，收入来源仍然是征收重税。1949年日本国民宏观税负率几乎是1946年的两倍，这极大地压制了日本普通民众的购买力。1950 年，尽管宏观税负率有所下降，但整体水平仍然是战后的高位（见表 9-6）。同时，还应该注意到，道奇路线中的政府节流措施也是结构性的，对重工业生产的支持依然得到了保障，主要的支出削减方向是教育和文化等社会福利事业，这降低了日本民众生活的幸福感。此前在支持经济重启方面起到了积极作用的复兴金融金库也被勒令停业，尽管这项措施成功控制了政府债务规模继续膨胀，但为经济结构的良性发展埋下了祸根——前期大企业获得了大量信贷资源，中小企业尚未能够参与国家金融支持计划便失去了复兴金融金库这一重要资金来源，从而与大企业的发展差距越来越大。道奇路线实行前后日本税收占国民收入的比重如表 9-6 所示。

表 9-6

时间	国税（%）	地税（%）	合计（%）
1934—1936	8.5	4.5	13.0
1946	10.4	1.0	11.4
1947	19.5	2.1	21.6
1948	22.7	4.0	26.7
1949	23.3	5.2	28.5
1950	17.0	5.6	22.6

数据来源：日本经济企划厅

1949 年发生的另一个决定日本未来发展路径的重大事件，是汇率制度改革。具体来说，1949 年 4 月 25 日，日本政府根据美国此前为其制定的行动规划，将美元和日元的官方兑换价格定为 1:360，即 1 美元兑 360 日元。尽管在后世看来，固定汇率制度有诸多不足，甚至有引发金融风险的可能，但对当时的日本来说，无疑还是有巨大的进步意义和促进经济发展的作用的。从国际贸易角度看，稳定的货币汇率为日本商品进入国际市场铺平了道路，也为日本从其他国家进口原材料打开了大门，日本在若干年后得以通过"贸易立国"方针迎来大发展，基础正是在此刻打下的。

道奇路线还为日本制定了资金回流制度。简单来说，资金回流制度就是要求日本政府在获得美援物资后，在销售相应产品时，将获得的营业收入按照一定比例予以冻结，限定被冻结的资金用途为偿债或投资重大项目。按照现代经济学的观点，资金回流制度主要目的在于控制日本政府的债务杠杆率，与当代的去杠杆理论不谋而合，总体上对于促进日本经济平衡、良性发展起到了积极的作用。

道奇路线的三大方针（平衡预算、固定汇率和资金回流），本质上来说是宏观意义上的财政货币双紧缩政策。日本的通货膨胀直到道奇路线全面推行后，才真正意义上被遏制，代价是日本出现了一波中小企业破产潮和失业潮。据当时日媒的不完全估算，仅 1949 年一年，日本新增失业人数就接近百万人，其中被裁员的公务人员约 20 万人，民营企业裁员约 80 万人。道奇路线的另一个贡献是促使日本政府基本废除了价格统一制的管理思路，将价格机制全面引入日本的资源配置和贸易体系，自由市场在此期间初步建成。道奇路线本身是一项有利有弊的经济建设举措，虽然大部分政策都有利于当年的日本经济秩序重构，但紧缩政策下"茶杯中的风暴"对日本人民的生活形成较大的打击，日本的普通民众并未享受到经济发展的红利。而改变这一切的，是一场战争，即 1950 年爆发的朝鲜战争。

1950 年 6 月 25 日，朝鲜战争全面爆发。按照美国的估计，当时的南朝鲜军队可以轻易战胜北朝鲜军队。然而战争初期形势便急转直下，北朝鲜军队的战斗力远远超过了战前美国的预测。由于战事的日渐扩大，驻日美军的军需采购量大幅上升，其中纺织品和工业金属的需求更是一飞冲天。在 1950 年 6 月至 12 月这半年时间里，日本物价指数上涨 23%，其中生活资料指数上涨 11%，生产资料指数上涨 34%，后者中又以棉花和钢材的涨幅最大，钢材价格在 10 月末时较 6 月末上涨 100%，棉花棉纱及其制成品价格在 8 月末时较 6 月末更是暴涨 150%。

生产的高景气也推动了资本市场的繁荣。日本东证指数自 1950 年 7 月至 1951 年 7 月暴涨 50%，其间虽然因为联合部队的战事失利而短暂遭受打击，但很快便因为纷至沓来的新订单和高盈利而重新恢复上涨。尽管军需物资从长期看并非一项稳定的需求（因为任何现代化大规模战争均不可能持续太久，而小规模热战的军需物资量显然远不如前者），但带给日本军工企业的盈利却是极大的，订单范围也较历史上其他战争期间更大，从棉纺布料、麻袋到重型卡车、火炮、汽油弹等装备均由日本就地生产供应。此外，武器修理和通信保障也是一大笔收入，这对当时的日本无疑是及时甘霖。根据日本通商产业省事后的整理记录，朝鲜战争爆发后一年内的军需订单合同的累计金额达到3.3816亿美元，并且全部以美元支付，这为日本积累了庞大的外汇储备。至1953年，军需合同的累计金额已达13亿美元，其中11.170亿美元以美元支付，剩余部分以日元支付，仅1953年一年通过军需订单支付流入日本的美元就占其外汇收入的38%。同时，除军用物资外，随军前来日本的美国人，特别是大量的军人家属在日的消费也十分可观。据通商产业省的不完全统计，这部分消费开支约合23亿美元。

1953年7月27日，随着"朝鲜停战协定"的正式签署，日本经济因朝鲜战争而掀起的景气狂潮，也暂告平息。从朝鲜战争爆发到结束的这段时间里，最大的赢家无疑是日本的大型公司。从日本经济安定总部的资料看，1951年日本的资本积累为1949年的4倍，轻工业特别是棉纺工业的前十大企业利润平均增长9～19倍，钢铁、化工等行业均有类似的利润涨幅。与此同时，朝鲜战争为日本带来的另一个意想不到的利好是其军事力量得到了极大的扩充，原本在二战后作为战败国被解除了军事力量的日本，被美国重新允许建立武装力量并重新自供武器，而这距离二战结束还不满10年，间接导致了日本军国主义势力并未得到完全清除。不过，越过山顶后就是下坡路，沉浸在朝鲜战争带来的发展景气中的日本政府和日本民众还不知道，一场经济危机正在等待着他们。

自朝鲜战争中后期起，日本的棉纺织品价格和钢铁制品价格已经开始高位回落，但得益于源源不断的军需订单，工业产能仍然在上升，因此生产仍然维持着欣欣向荣的态势，尽管表面的繁荣下早已暗流涌动。潜在威胁之一就是日本工业生产高层在利润暴增期为了抢夺订单和市场份额，盲目地上项目和扩大产能，新设备投资和固定资产更新不断加速，甚至一度出现了部分行业产能同比扩大50%的奇观。迅速扩大的生产能力显然超出了下游的承接能力，库存开始缓慢爬升。然而，这在当时的日本工业高层和银行家看来，却是扩大再生产的良机：库存可以作为抵押品进行融资，融资意味着可以继续扩大生产，制造更多库存。产能大幅扩大的背后，是对工业品，特别是军需物资的需求只增不减的信心，毕竟许多人都认为,战事是最大的基本面。然而,过于一致的预期往往会将事物引导至完全相反的结局。

至1953年初,朝鲜战局前景已经基本明朗,日本工业此前大幅扩大的产能一时间成为过剩产能。日本政府本应在此时迅速作出决断,让市场自发出清,终结工业生产的过度无序扩张。然而,日本政府的高层并没有选择这么做。或许是因为对战火重燃心存幻想,又或许是为了维持民众心中"日本经济将长期保持高增长"的幻觉,日本政府决定扩张财政赤字并降息,通过财政货币双宽松的政策刺激生产并稳定工业品价格。在这个阶段,支撑日本工业产能扩大的不再是以需求为主的实体经济,而是金融杠杆。1953年,日本生产指数同比再度增长24%,一切看似繁荣依旧。但是,出口增速大幅放缓却不断地告诉人们一个事实:需求,特别是外需,已经不是高景气时的状态了。日本在1952年时的巅峰期外汇储备接近12亿美元,而在1953年末则降至9.76亿美元,外汇储备的收缩来自贸易顺差的大幅减少。不过,即便如此,在朝鲜战争时期,日本仍然是资本主义世界的最大赢家,其经济增速远远超过同期其他老牌资本主义强国。如果仅仅是外汇储备收缩,倘若给予足够的时间,也许日本仍有机会消化潜在的风险,只是历史并没有如果。

雪上加霜的是,1954年3月"日美共同防御援助协定"签署后,美国利用政治和军事优势向日本政府施压,要求其重新恢复财政货币双紧缩的经济状态。12月,世界银行调查团访日,告诫日本政府要采取金融紧缩以防止通货膨胀。迫于各方压力,日本政府决定压缩1954年的财政预算至原先计划的80%,即削减20%的财政支出,同时取消所有的基建项目。

紧缩政策的威力是巨大的。自1954年3月起,日本工业生产环比不断收缩,失业率和失业人数超过了此前"道奇路线"时期的顶峰,达到了二战以来日本国内失业率的极值。同时,企业开始出现大规模破产。由于此前积累的高库存,流通中的商品价格水平呈现通缩状态,平均跌幅达到4.5%。由于经济状况的不断恶化,加之同期海外西欧和美国经济蒸蒸日上,时任日本首相吉田被迫宣布下台。1954年12月,鸠山一郎正式出任日本首相,开启了日本二战后的第二次大繁荣。

鸠山内阁的组建带有明显的想摆脱美国人为其制定的经济政策的意图，同时也想借美苏冷战的大背景以及亚洲特殊的情况，左右逢源，拓宽外交空间，将发展经济作为第一要务。鸠山内阁的口号是"完成独立"，取得"独立自主的外交"，并于 1955 年加入关税贸易总协定（国际贸易组织 WTO 的前身）。得益于此前经济危机带来的市场出清，日本积累的过剩产能被初步消化，工业品特别是纺织品价格触底回升。其间，鸠山内阁秉持"完成独立"原则，多次拒绝美国的产品输入，为稳定国内物价作出了贡献。

以经济建设为首要目标的执政思路落地见效，1955 年当年日本贸易顺差再度扩大，实现了约合 4 亿美元的贸易盈余，外汇储备连年下降的趋势得到了扭转。同期，生产指数增长 8.2%，其中约有 1/4 的增长来自出口，国民经济收入增长 12%，而物价水平保持平稳。在 1956 年的《日本经济白皮书》中，日本政府将这段时期的经济成就称为"数量景气"，并正式宣布现在的日本"已经不再是战后状态了"，向世界宣示日本已经完成经济重建，并迈入了追求现代化建设的新时代。1955 年日本各经济指标（1935 年 =100）如表 9-7 所示。

表 9-7

指标	数值	指标	数值
人口	129.7	劳动生产率	131.3
就业人数	133.5	农业生产指数	133.7
国民总收入	139.0	固定资产投资	154.2
人均收入	107.1	生产设备总量	200.0
综合产业活动	187.9	制造业生产指数	189.4

数据来源：日本经济白皮书 (1955)

1956 年，日本的经济继续高歌猛进。全年国民经济收入增长 13.9%，工业生产增长 23.4%，几乎是年初政府计划值的两倍多，日本的工业生产能力再次冠绝资本主义阵营。从分项看，日本船舶制造产值同比增长 63%，电视机产值激增 52%，汽车产量扩张 40%，机械生产指数大涨 45%，全年固定资产投资达 1.2 万亿日元，同比增长 65%，这为后来日本的相关工业部门取得技术优势打下了坚实的基础。日本民众对未来的信心达到了前所未有的高度，民族优越感和乐观的氛围弥漫整个日本,人们将这一年取得的经济成就称为"神武景气"。

在任期内取得了巨大成功的鸠山一郎因病卸任,其继任者不久也因病离任,岸信介就任日本首相并组建内阁。由于错误地估计了世界经济形势,日本央行在"神武景气"后立即宣布提高法定利率,加息政策拉开了金融紧缩的帷幕。1958年日本的固定资产投资下降接近 10%,工业生产指数自 1957 年二季度开始转为下降。尽管 1957 年的经济活动收缩和此前相比,并不算一次较大的经济危机,但也中断了"神武景气"期间日本连年高增长的经济态势。

从 1959 年起,受益于世界经济形势的再度改善,外需成为拉动日本经济增长的新引擎,部分抵消了错误的金融紧缩政策给日本经济带来的负面影响。随着欧美各国家庭消费升级进程的到来,电视机、冰箱、洗衣机和汽车等消费品需求与日俱增,而日本工业在此前"神武景气"中积累的技术优势和设备升级发挥了关键作用,为日本赢得了许多海外订单。从日本通商产业省的统计数据看,1959年日本制造业综合指数同比增长 26%,其中电气工业同比大增 72%,机械制造增长 44%,彻底打响了"日本制造"良好的国际名声。

1960 年日本内阁再次换届,池田勇人担任日本首相,并顺势提出了"收入倍增计划",以 10 年为维度,计划将国民总收入翻番。在金融方面,日本政府深入执行"金融自由化",外资自 1961 年开始大量流入日本。至 1961 年末,外国资本对日投资总额达到 25 亿美元,其中私人资本为 19 亿美元(包括约 8 亿美元的技术援助),政府投资约 6 亿美元。从各工业类别看,矿业、石油、机械和电信业等部门引进的外资较多。至 1970 年,日本国内经济收入和国民总收入成功实现翻一番的目标,人均工资增长 65%,工业生产增长接近 200%,"贸易立国"和"金融自由化"无疑起到了重要的作用。特别是,私人部门的固定资产投资在 1967、1968 和 1969 年连续三年增长超过 20%(分别是 27%、27% 和 22%),同期出口增速也保持在 20% 以上。进入 1970 年代后,除 1975 和 1979 两个年份外,贸易增速每年仍在 20% 左右,而巅峰的 1974 年更是达到 50%。

日本于 1964 年加入 OECD(Organization for Economic Co-operation and Development,经济合作与发展组织),开始大力实施商品的国际化,将国内生产

力向世界各国输出。其成果是显而易见的，1970年代，日本的GDP增速除1979年的8.4%外，其余全部在10%以上，1973年增速达到峰值，为21.8%，遥遥领先同期的欧美各国。1978年日本人均收入水平约为美国同期水平的3/4，进入1980年代后，日本的人均经济实力更是空前接近美国。尽管日美经贸摩擦时有发生，但在当时这并不是一个大问题，因为日本对外输出的工业品足够物美价廉，贸易政策和关税并不足以抵消"日本制造"的全面优势。在取得了世界瞩目的经济成就和相应的经济地位后，日本开始谋求经济结构优化和产业转型，试图进一步增强经济实力，并与美国在经济领域争夺霸主地位。至少在1980年初，这一切看起来并不是那么遥不可及的。在经济层面达到甚至超越美国，借着世界经济逐步融合的东风，日本有望成为最先进的经济体。这似乎是当时日本人心中认为理所当然的事情。

9.3.1.2　日本经济泡沫破裂始末及其影响

在正式开始讲述日本经济泡沫破裂始末前，我们需要厘清几个关键的概念，比如，什么是泡沫经济。我们所说的泡沫经济，指的是日本在1980年中后期至1990年代的资产价格暴涨暴跌的异常波动的经济发展阶段。在这一时期，日经指数从初期到巅峰时曾暴涨3倍多，妖股更是横行于世；土地价格同步涨超300%，地价最高时日本仅东京都的住宅用地市值就达到同年日本GDP的1.5倍，地产价格膨胀速度前所未有。

这里就引出了"泡沫"的初步含义，即资产价格的膨胀并未对应实体经济产出的增长，或者又可以表示为"金融资产高通胀，实体经济低通胀"的经济形态。当然，泡沫之所以被称为泡沫，那是因为这些虚无缥缈的资产价格来得快，去得也快。在价格到达谷底的一年内，日经指数暴跌超过40%，东京都地价下跌15.1%。至1992年中，日本股市共计蒸发了超过300万亿日元的市值，东京都土地市场损失了约100万亿日元的市值，日本居民的财富遭到了洗劫，日本彻底告别了高增长，陷入了漫长的"失去的二十年"。这一切究竟是怎么发生的呢？这还要从泡沫经济的本源——"泡沫"说起。

学术界对"泡沫"这个词的精确定义语焉不详，但大致的意思可以归纳为以下几个：

（1）短时间内资产价格全面上涨，资产类别可以多种多样，但一定具有金融属性（可以作为抵押品）。

（2）资产价格的上涨完全来自估值拔高，资产本身带来的现金流，如房租、股息等并未明显增长。

（3）资产价格的涨幅超越了基本面，即价格增速大幅偏离经济增速。

无论在定义上如何有分歧，学术界一致认为，泡沫只有在破裂后才被叫作泡沫，在资产价格没有出现暴跌前，轻易地将某种资产价格的快速上涨定义为泡沫，是不合适的。因为资产价格反映的不仅仅是过去和现在的基本面，还包括对未来的预期。如果预期发生变化，并且资产定价是完全有效的，那么资产价格在短时间内迅速被重估也是合理的。泡沫的这个特性决定了资产价格泡沫在破裂前，是不能够被人们察觉的。以日本为例，1989年全日本报刊有关泡沫的议论文仅仅11篇，而在1992年则迅速飙升至3475篇，不得不说这个变化正好完美地契合了经济学理论。

其实，在日本经济泡沫产生前，历史上已经有数次非常著名的经济泡沫可以借鉴，如1635年左右的荷兰郁金香泡沫、18世纪的英国南海泡沫和1929年美国经济大萧条前的虚假繁荣。这些泡沫的产生和破裂都有一个共同的特点，即人性的疯狂在金钱膨胀阶段被放大到极致，投机、狂热和恐慌贯穿了事件的全过程。跳动的数字其实并不足以触动人心，真正刺激人们神经的，是身边的一个个财富神话和暴富传奇。接下来，我们将详细介绍日本泡沫经济形成的全过程，以及它是如何最终将日本拖入深渊，陷入现在的K型分化的境地的。

首先掀起价格飙涨狂潮的，是权益类资产，即人们所熟悉的股票。1983年，日经225指数大致在8000点左右徘徊，3年后即1986年，指数达到13 000点附近，较1983年涨幅过半。然而，在下一个3年——1986—1989年，日经225指数涨了2倍，最高点曾达到38 957.44点，创下了惊人的涨速和涨幅。值得一提的是，直到2021年，日经225指数也没有能力再回到这一历史高点，这也意味着如果是在1989年进场的日本股市投资者，可能至今也没有实现回本，创收更是无从谈起。

另一个价格飙升的资产是土地。日本统计局数据显示，东京都核心区（千代田、中央区、港区）不到两年时间（1986—1987年），地价就实现了3倍增长。值得一提的是，如果按照套内面积为75平方米的房屋购买价格与当时的日本人均年收入之比来看，在1982年以前，一个普通的工薪族日本人大约花8年时间就可以购置一套位于东京都核心区的房产。在1987年，这一数字小幅上升到10年，而3年后这一数字跳至20年。大幅攀升的股价和房价，让许多日本人再也无心工作。毕竟，只需要将资产倒手，就能获取巨额的利润，谁还愿意踏踏实实地挣工资呢？

以上只是日本泡沫经济时期的具象化表现。其实，任何资产价格的上涨，都离不开廉价资金的推动。学界在复盘日本经济的泡沫化进程时，最易联想到的，还是1980年代初期的财政货币双宽松的大放水政策。

1980年初，日本央行的官方贴现率为9%。此后考虑到日美贸易摩擦对日本企业的出口影响，以及1970年代石油危机引发的大宗商品输入性通胀对中小企业生产成本的压力，日本央行选择连续降息，以降低制造业的融资成本，对冲生产端面临的成本上涨且需求下降的不利局面。出于审慎考虑，当时的日本央行在1980年至1985年的5年多时间里把官方贴现率降低到5%，日本的制造业得以在这5年时间内以较低的资金成本取得了发展，制造业的工业生产指数长期保持在70以上，1985年一度突破了90。"日本制造"强大的全球竞争力对其他工业化国家形成了较大的冲击和挤出效应。然而，这一良性循环在1985三季度被彻底打破。

1985年，日本首次取代美国，成为世界上最大的债权国，日本的冰箱、彩电和汽车等工业品大量涌入美国市场，部分美国报纸刊登出《日本即将和平占领美国！》等耸人听闻的标题。美联储统计测算，1985年的日本财政累计盈余和外汇储备合计约545亿美元，日本人民在二战后40年间创造了惊人的财富，迅速完成了过去老牌资本主义国家数百年才能做到的原始资本积累，创造了令人惊叹的经济奇迹。从日本大藏省发布的数据看，截至1985年末，日本银行业的储备金达到 100 兆日元，全日本的海外净资产规模达 1298 亿美元，而同期美国的外债规模为 1114 亿美元。有鉴于此，1985 年 9 月 22 日，美国、日本、西德、法国以及英国的财政部部长和中央银行行长在纽约广场饭店举行会议，一致同意将干预外汇市场，通过官方指引有序地实现美元贬值，通过货币化手段解决美国连年的巨额贸易赤字问题。这份协议因签署地点在广场饭店，被称为"广场协议"。

在广场协议签署后不久，随着各联盟国对外汇市场出手，美元兑日元的官方挂牌汇率从 1 美元兑 260 日元，快速变为 1 美元兑 121 日元，日元在短短时间内迅速升值。然而，改变汇率是把双刃剑，一方面货币购买力上升意味着日本制造业可以享受更为低廉的原材料，另一方面也意味着其产成品的价格提升，国际竞争力下降。为了阻止出口优势的下滑，日本央行故技重施，再度举起了宽松政策的大旗。1986 年日本央行连续 4 次降息，将官方贴现率从此前的 5% 降至 3%，至 1987 年更进一步降低至 2.5%。低成本的资金意味着热钱泛滥，据不完全统计，仅在 1986—1988 年这 3 年间，日本银行业合计向私营部门发放了 67.5 兆日元的贷款，巨量廉价的信贷资金与相对有限的资产形成了鲜明的对比，日本资本市场一度出现了"资产荒"，即资金多到没有可匹配对应风险的资产，只好不断地做风险下沉，这为日本金融体系的稳定埋下了巨大的隐患，久期错配和过度风险下沉对银行业而言是致命的。

伴随货币宽松的，还有大规模的财政支出刺激，具体表现为基建投资的大幅增长。日本的基建项目大致可以归为三类：一是公共道路和桥梁建设，二是港口和海湾建设，三是公共文旅休闲场所等国民福利性设施建设。从投资总额看，1980 年代的日本共计进行了总额为 291.343 9 兆日元的公共基础设施投资，1990 年代则进一步扩张至 460.286 9 兆日元。基建链条具有极强的货币传导效应，原理在于基础设施建设上游连接玻璃、水泥、钢铁、化工等工业品原材料生产，中游连接机械制造、设备制造等，下游连接房地产、交通运输等终端需求，可以说具有牵一发而动全身的作用。基建链条的货币充盈，意味着全产业链上中下游及其附带的相关行业，均获得了增长动力。从业人员的收入提高也进一步发挥了基建投资的正面作用，更何况，基建支出符合经济学原理中最基本的财政乘数效应，政府支出的增加的的确确带动了国民经济增长。只不过，任何事物都有其两面性，扩张性财政政策也不例外。从1980年代起，尽管大规模基建投资为日本经济提供了支撑，但跨越式的基建投资支出令日本政府的债务负担更加沉重，至1990年代初其负面效果逐步显现，基建投资占日本GDP的比重已经达到6.4%，是同期美国的4倍左右。从债务角度看，1986年日本国债余额占GDP的比重约为43%，至1990年代末方才下降到38%。过于依赖投资驱动的经济增长显然无法走得更远，因为债务规模存在融资付息约束。

另一个值得深入研究的问题是泡沫经济前的日本舆论和学术研究观点。对1980年代后期迅速上涨的土地价格，尤其是东京都的住宅地价，彼时的日本媒体和学术界的主流观点都给出了"有一定泡沫，但泡沫占比不大，地价总体是由基本面驱动的，风险可控"的结论。例如，在日本政府官方发布的《昭和63年国土利用白皮书》中提到，东京都土地价格上涨的原因有三个：一是宽松的货币政策刺激了总需求扩张，同时国民收入水平提高，购买力增强；二是市中心老旧住宅占比较大，市民改善需求较大，资产置换推动了价格上涨；三是以东京圈为中心的城市群较早地实现了城镇化、产业集群，就业机会和平均薪酬相比其他城市更有吸引力，人口流入和产业集中造成的供需缺口推动土地价格上升。在白皮书的总结段落中，日本政府的官方结论是"实体经济的繁荣推动了土地市场的繁荣"，这一点在平成元年的白皮书中才得到一定修正，后者的官方表述中新增了投机性买卖的概念，不过这已经是在住宅价格翻两番之后的事情了。

另一个生动的例子，是日本经济企划厅高级官员兼早稻田大学政治经济学教授原田泰（Harada Yutaka）在1988年发表的题为《东京的高地价对策》讲话。原田泰认为，1985年后的东京住宅价格飙升，是基于东京圈经济实力和经济地位而产生的土地价值重估，因而不存在泡沫问题。即便有泡沫，也是"非常微小的"。原田泰的论据有二个：①东京圈的GDP和就业率大幅领先全国其他城市，产业集中意味着人口持续流入，土地必然是稀缺资源；②从购买力角度看，东京的人均收入大幅领先全国其他城市，而住宅的价格取决于日本精英阶层的支付意愿和支付能力，因此并不是 1985 年后土地价格上涨过快，而是 1980 年前土地价格被低估了，目前只是土地的价值修复和价格回归。在 1990 年的政策构想论坛上，日本经济学家进一步提出，以租售比判断日本住宅价格是否存在泡沫是"不正确的"，并提出"住宅价格泡沫论存在极大的误导性，将妨碍日本未来的财富积累"，否认了金融宽松和杠杆是土地价格暴涨的原因，坚持供需关系才决定住宅价格。

对于股市的认识同样如此，从政府、学界、业界到民众，当时很少有人认为日本股市存在泡沫。一般来说，市盈率是衡量股票市场泡沫水平的良好指标。市盈率就是用股价除以每股盈利，这个指标更类似于投资回收期的理念，即买入股票后大致多少年可以收回投资金额，年限越短则回收速度越快，股票越被低估，内在价值也就越高；反之，投资回收期越长，股票越被高估，内在价值就越低。主流经济学教科书认为，以欧美市场的投资者风险偏好为基准，平均市盈率在 15 是一个相对合理的水平。从市盈率指标看，1987 年后的日本股市平均市盈率长期保持在 50 以上，远高于同期欧美股市的平均市盈率。但是，日本朝野似乎对这一现象不屑一顾。1989 年，前日本央行货币政策委员会的决策官员植田和男发文指出，由于日本大型企业间存在交叉持股现象，在特殊的资产负债结构下当前的股票估值是合理的；并且由于日本企业的高成长性，较高的盈利增速预期使得日本企业未来可以通过盈利的增长消化当前的市场高估值，因此目前的股票市场是安全并合理的。由于日本多数企业投资了房地产，土地价格的提升助推了企业的资产价格，因此股票价格的上涨也反映了投资者对日本企业所持有的房地产价格继续上涨的信心。

上述论断在事后看，未免有些滑稽。事实上，我们不难发现，当时的日本企业股价和土地价格，玩了一个"左脚踩右脚平地登天"的游戏。日本企业购买土地，土地价格上涨；土地价格上涨，日本企业的股价上涨，从而通过增发股票获得更多资金；企业获得更多资金后，继续购买土地，推动土地价格进一步上涨。这就形成了一个自我强化且闭环的正反馈循环，土地和股票不断互相推升彼此的价格。由此也不难看出，当年日本的资本市场已经陷入了一个非理性的境地，但在这个非理性的时刻，更多人选择相信泡沫，并不断为泡沫的生成找借口以及合理性，试图说服自己参与到这场狂欢中。

具体量化地来看，在 1985 年至 1990 年期间，日本非金融企业从银行获得贷款合计 185 万亿日元，通过债券发行和股票增发获得资金 91 万亿日元，从其他渠道筹资约 120 万亿日元，总共获得约 396 万亿日元的资金。然而，在资金运用方面，大约有 65% 的资金（约 258 万亿日元）被投向了金融资产，仅不到 35% 的资金流向了实体经济。造成这一怪象的部分原因是当时的日本在金融自由化后，出现了利率倒挂的情况。根据日本开发银行的统计，1980 年代后期日本企业发行商票的平均融资成本低于 5%，然而由于各家银行高息揽存的行为，大额储蓄订单的利息高于企业商票利率，这就导致资金出现了在金融体系内空转的现象——企业发行商票，低成本融资，再将这些钱存到存款利率较高的银行，从而无风险地获取息差收入。这在当时看来是一笔绝妙的生意：银行获得了存款，企业获得了无风险收益，投资者赚到了商票利息。然而，这一切并不是没有代价的，利差在最终兑现时，要么牺牲金融稳定（银行无法找到匹配高成本负债的资产，最终破产），要么牺牲广大日本民众的利益（央行放水救市，通胀稀释了债务，但也稀释了民众的财富）。当然，这些长期后果并不会立即显现出来。对于 1980 年代后期的日本人来说，只要是能赚钱的生意，就没有不能做的。

从学术的角度看，企业的资产等于负债加所有者权益，所有者权益通常也被称为净资产。如果一个企业的净资产没有任何变化，仅仅依靠借贷获得资产，那么这个企业就进入了依靠杠杆实现扩张的阶段。1984 年，借助杠杆实现扩张的企业占日本全国企业数量的 60% 不到，而到了 1987 年后，则长期保持在 80% 左右。

另一个现象更加令人侧目，即日本的银行业贷款投向持续脱实向虚。在资金流向方面，1985—1990 年，证券市场投资大幅上升，导致这一现象的一大驱动力是机构投资者，特别是人寿保险类具有超长资金久期的投资方携带大量资金进入资本市场，主动巨量购买日本国债、企业债和股票等资产，快速推升了资产价格。同时，从银行业的融资结构看，第一大突出特征是信贷资金的异常性风险下沉，即将贷款投向本不该获得相应资产的中小企业。银行经营的原则之一是安全性，风险和收益应当匹配。中小企业天然具有更高的经营风险和财务风险，因此从银行获得贷款的总量和利率都应当有所限制。然而，在 1985 年初至 1990 年初的这段时间里，日本银行业对日本中小企业的贷款余额暴增到 2 倍以上，从 105 万亿日元增长至 247 万亿日元，而同期大型企业获得的信贷资金不足 3 万亿日元。1985 年初，日本银行业对中小企业的累计贷款余额约为大型企业贷款余额的 1.5 倍，而在 1990 年初这一数据迅速上升至 3.5 倍。这一现象其实也不难理解：一是大企业可以通过增发股票和发行企业债来更为廉价地融资；二是中小企业的贷款利率能为银行创造更多息差收入，在当时日本经济形势一片大好的背景下，中小企业破产的可能性很小，银行乐意去赚取这一部分在它们看来是"几乎无风险"的收益。值得一提的是，在经济泡沫破裂初期，日本银行业对中小企业的贷款增速迅速下降，这被彼时的日本舆论界批评为"惜贷""不支持中小企业发展"，然而事实上 1980 年代才是经济史的特例，1990 年代后的日本银行业只是恢复了正常的风控标准而已。

日本泡沫经济时期的房地产业对金融资源，尤其是信贷资源的虹吸效应，则是另一个增加日本经济运行脆弱性的重要因素。截至 1984 年末，日本银行业对房地产业的贷款余额约合 16.7 万亿日元，而到 1989 年末，这一数据飞升至 41.5 万亿元，5 年间累计增长 24.8 万亿日元。这也就意味着，仅仅在 1980 年代中后期的 5 年时间里，日本房地产行业从银行获取的贷款量，就已经超过了此前数十年的积累。其中，对房地产行业贷款最积极的，要数日本的城市银行，5 年时间内新增贷款累计约达 13 万亿日元，贡献了房地产行业新增贷款中 52.4% 的资金，这也和日本各地房价以东京都为中心，向四周扩散并逐步抬升有一定关系。

与此同时，影子银行在这波贷款放量增长中，也起到了关键的作用。所谓"影子银行"，是指游离于银行监管体系之外、不具备银行资质但同样从事信用创造业务的机构。影子银行在当时的日本主要以民间借贷、信用租赁和金融合作社等方式出现，主要运作原理是先从正规银行取得贷款，再以更高的利息向用户发放相应资金，从中赚取息差收入。因为影子银行受监管规制较少，同时经营活动具有一定的隐蔽性,所以很难对其进行完整的统计和监管。根据大藏省的不完全统计,1980年代中后期日本银行业向非金融机构发放的贷款中,大约有40%通过影子银行绕道进入了房地产市场,加剧了金融资源向房地产业集聚,推升了房价。从资金运用的角度看,日本企业在1980年代前期每年购置土地的费用不足1万亿日元,而在1985年后的5年时间内却斥资40万亿日元用于购买土地,显然这不是正常的生产经营需求,而是包含了极大的投机性,企业不再专心于主业的生产经营,而是热衷于参与房地产市场的投机活动。

针对房地产市场和股票市场过度火热的情况,日本政府决定采取一些措施来为市场降温,一方面是为了防止过快上涨的资产价格造成贫富分化,另一方面也是为了防止日后资产价格失衡导致金融体系动荡。于是,自1987年开始,一系列调控政策陆续出台。

从整体看,日本政府对于宏观调控还是比较慎重的。针对股票市场的过度投机,主要采取的手段有:①金融紧缩,包括适当加息(货币紧缩)和控制财政赤字(财政紧缩);②税率上调,包括自1989年起开征消费税。针对房地产市场的火热,采用的手段有:①控制交易活跃度,即适当降低二手房的流通换手率。由此引入了地价监视制度,即当某一区域的土地交易超过一定规模时,就被纳入管制范围,在管制范围内的土地交易必须经过当地政府的批准。②严控涉及房地产行业的新增信贷。其间出台了房地产关联融资的总量控制政策,通过行政手段控制房地产企业从银行获得的融资规模上限。③开征地价税,即通过对房地产土地所有者进行征税,弱化土地持有者的财富效应。

组合拳政策的实施速度是非常快的。自1989年5月31日起,日本央行开始了连续加息的进程,至1990年8月30日,日本央行的官方贴现率从此前2.5%的低位一路上升至6.0%,加息的速度和幅度之巨超出了许多人的意料,日本的金融从业者由此明白,金融宽松的日子已经结束了。

组合拳政策的实施效果是非常显著的。代表日本股市整体水平的日经225指数在1989年(注意,这是加息的起始点)触及38 957.44的历史高位——顺便说一句,这是至今也没有被突破的高位,之后,至1990年9月迅速暴跌至20

983.50 点，在不到一年的时间内日本股市投资者的财富蒸发掉将近一半。

地价税的出台则被视为日本政府对房地产市场的重拳出击。首先，为了确保征收地价税具有法律依据，在经过此前多年的论证和反复修改讨论后，1989 年 12 月 22 日日本《土地基本法》颁布并正式实施。法律条文明确表示要"对土地采取适宜的税制"，通过征收存量财产税来抑制房地产交易的投机性。日本政府认为，征收地价税是"解决房地产问题的极为重要的手段之一"。形成这一共识的背景是，当时的社会舆论认为，由于日本富人持有固定资产，尤其是房地产的成本过低，如果不对持有的存量财产征税，则不能打击囤房囤地的行为。而征收地价税可以有效地抑制房产空置，迫使大量持有房产的人抛售资产，从而促进土地流转，抑制房价上涨。

日本地价税的正式开征，则是进入 1990 年代的事情了。地价税以房地产所有人持有的土地价值为计税依据，年税率定为 0.2%，一年后则提升至 0.3%。同时，为了不影响日本刚性的购房需求，地价税设置了非常多的免征条件，例如，自住房免征地价税（自住房的定义是个人名下只有一套房产），每平方米单位地价低于特定标准以及租赁住宅的免于征税，教育、医疗、公路、农地等具有一定公益性质的土地也不用交税，可以说在最大范围内避免了对日本普通民众的"误伤"，精准打击了囤房群体。

地价税对于房地产市场整顿的效果是立竿见影的。自 1991 年起，日本全国范围内土地价格开始快速下跌，自 1991 年中至 1992 年中，东京都住宅用地价格下跌 27.5%，大阪地价下跌约 24%，东京地价下跌 15%。

伴随股价和地价下跌的，是企业的破产倒闭潮。1990 年日本负债 1000 万日元以上的企业破产 6468 家，债务总额达 2 万亿日元；房地产企业破产 364 家，债务总额约占所有破产企业的 33%，而至 1992 年这一数字进一步上升至 37.5%。日本的金融体系开始出现系统性风险。

土地价格的崩溃无疑是导致系统性金融风险发生的重要原因。在间接融资体系中，信用创造的基础是抵押品，只有抵押品足够优质，银行才会进行放贷操作。而在当时的日本，房地产是最优抵押资产，大量的贷款产品背后的底层资产都是土地或相应的房产。这也就意味着，如果房地产市场出现波动，那么抵押品价值就会大幅下降，银行发放的贷款价值就会超过抵押品本身，贷款就存在变成坏账的风险。同时，除会计学意义上的抵押品价值下跌影响外，暴跌的房价也使得背上房贷的人断供倾向增多，从而进一步加剧坏账发生率。最后，从国民经济恒等式看，一个人的支出便是另一个人的收入，在地价下跌引发的企业破产潮中，大量的人失业从而失去收入来源，这会导致更多原本与其业务间接相关的企业和个人收入下降，增加全经济系统的负担和压力。从日本大藏省公布的数据看，至1992年末，日本城市银行、长期信用银行和信托银行的不良债权规模已达12.3万亿日元，潜在坏账率约32.5%，大量已经发放的贷款无法回收。

股价和地价泡沫的破裂也不可避免地影响到实体经济。从宏观上看，日本国民支出增速从1990年的5.7%下降到1991年的3.5%，同期民间设备投资增速从12.1%下降至3.0%，住宅投资增速从4.9%降至-11.3%；从微观上看，日本民众的经济压力迅速增大，自杀事件从1990年初的16.4起/10万人，增加到1999年初的25.0起/10万人。

日本经济泡沫的形成与破裂，对日本的社会分层和长期经济衰退的影响都是深远的，其警示意义值得重视。

（1）金融政策的调整需要充分讨论，审慎执行。从日本经济泡沫破裂的始末情况看，金融自由化是导致资产价格飞涨的核心因素，而过急过快地加息是导致资产价格泡沫破裂的重要诱因。几乎可以这样认定：日本全国的资产价格波动与日本央行的金融政策调整波动，几乎是同步且一致的。金融政策应当具备连续性和稳定性，大起大落的政策调整极易催生或刺破泡沫。审慎的政策调整和稳定的金融环境，对于一国的金融体系的安全与稳定来说，是更为重要的因素。

（2）应当充分认识到房地产和基建在拉动经济发展中的重要意义，但不能过度依赖基建和地产驱动经济增长，也不能污名化房地产和基建投资的意义。宽松的财政政策和连年增加的基建投资预算，无疑是催生日本地价泡沫的重要原因，而房地产投资的快速增长则直接拉动了日本全国的土地价格增长。但是，应当看到基建和地产链较长，涉及的民生项目较多、较宽泛，过度地打压基建和地产投资，只会对国民收入增长起到负面影响。同时，土地和住宅仍然是间接融资体系下重要的信用创造工具，保持其价格稳定和适度增长，能够起到稳定金融体系的作用。

（3）经济增长推动了人民生活水平的提高，同时也会导致生育率的下降和老龄化的加重。根据日本厚生省的统计，1990 年日本 65 岁以上人口占比约为 12%，到 2050 年日本总人口数将下降至 9500 万人，成为世界上人口自然萎缩速度最快的国家之一。老龄化意味着社保负担加剧和社会生产力持续下滑，这对经济发展而言是致命的。同时，老龄化也会加剧日本社会的阶层固化。日本经济进入存量发展时代后，资产从老一辈人传承给年轻一代人成为财富转移的主要方式，经济低增速意味着年轻人几乎无法凭借自身力量创造并积累更多财富，继承财富是他们得到资产的客观选择。先天如果没有足够的财富积累，后天将很难获得财富，这就是财富的代际固化。

9.3.1.3　K 型分化的日本社会

日本在经济泡沫破裂后，伴随着财富蒸发而失去的，还有社会公平。进入 2000 年后，日本社会发生了奇特的现象：子女的收入和父母的收入正相关，子女的职业和父母的职业高度相似，子女所处的社会阶层和父母的阶层基本一致。阶层间存在差距对社会运行来说并不是一个问题，对美好生活的追求是经济发展的根本动力，但社会阶层间缺乏流动性是大问题，无法实现阶层流动的社会是暮气沉沉的。同时，由于"宽松世代"教育政策的不断推进，日本的教育界出现了极端分层，原本属于社会公共福利领域的教育成为阶层固化的助推器：底层民众的子女普遍学历不高，权贵的子女轻松获得了精英教育。日本社会阶层出现严重分化和撕裂，富者恒富、贫者恒贫。日本东京学艺大学教授山田昌弘用了一个非常形象的词来形容经济泡沫破裂后的日本社会 K 型分化——格差社会（かくさしゃかい）。

日本收入分配格局在泡沫经济前后发生了翻天覆地的变化。从初次收入分配的基尼系数看，1972 年基尼系数为 0.354，其后基本保持小幅波动，直至 1981 年该系数仍为 0.349，整体变化并不大。但是，在经历了 1980 年代后期的资产价格暴涨和 1990 年代的经济泡沫破裂后，日本 2002 年的初次收入分配基尼系数达到了 0.498，较 1980 年代初大幅上升 42.7%。从初次收入分配的角度看，经济危机具有强烈的收入和财富再分配效应，在资产价格泡沫生成和破裂前后，日本的收入不平等情况迅速扩大并严重化。

即便日本政府采取了税收调节和激励机制，情况也并没有太多好转。从日本二次收入分配基尼系数看，在将政府税收和转移支付收入纳入统计后，1972 年日本国民的二次收入分配基尼系数约为 0.314，在经历了小幅上升和回落后，1981 年该系数仍保持在 0.314 的水平。但是，形成鲜明对比的是，2002 年该系数上升到 0.381。尽管日本政府对收入分化的干预起到了一定作用，日本国民二次收入分配后的 K 型分化并不如初次分配后般严重，但不平等程度仍然较泡沫经济前大大加重了。

从国际比较视角看，日本的不平等程度也确确实实因为泡沫经济而迅速恶化。研究表明，当基尼系数低于 0.3 时，经济体收入分配属于较平等，系数为 0.3~0.4 属于合理范围，系数为 0.4~0.5 属于不平等较严重，系数为 0.5 以上则被认为极度不平等。2000 年初，OECD 全体国家的平均基尼系数为 0.309，其中丹麦、瑞典和荷兰的基尼系数分别为 0.225、0.243 和 0.251，收入分配的平等性较好；即便是不平等程度较高的葡萄牙、意大利和美国，基尼系数也分别是 0.356、0.347 和 0.337。在这个意义上，进入新千年后的日本社会和普通民众，面临的是收入大分化和社会阶层大分化的局面，这无疑是不利于重建社会信心并鼓励劳动者持续奋斗的。

另一个惊人的事实是，尽管日本已经成为高度发达的国家，但社会绝对贫困率却不断攀升。这也意味着，日本社会阶层的 K 型分化和撕裂程度并没有随着综合国力的提升而得到减轻，富裕群体的人口总数和绝对贫困群体的人口总数都在增加。日本政府统计的最低生活收入标准为年化 150 万日元（约合人民币 8.8 万元），收入低于该标准的群体属于日本统计标准下的"绝对贫困"。用这个标准去衡量，日本 2000 年初的贫困率为 15.3%，在 OECD 国家中排名第 5，在发达国家中排名第 3，仅美国和爱尔兰的贫困率高于日本，分别为 17.1% 和 15.4%，而丹麦的贫困率为4.3%，全球最低。日本一线城市的绝对贫困率在2002年达到15.7%，而在6年前这一数字仅为11.2%；二三线城市2002年的绝对贫困率略低于一线城市，约为11%，而这一数字在6年前仅为7.5%。千禧年后的日本民众生活水平不但没有得到改善，反倒更加恶化了。有意思的现象是，日本一线城市的绝对贫困率要高于二三线城市，这从侧面反映了一个情况，即日本打工族尤其是年轻人，宁可在一线城市拿着较为微薄的收入，也不愿回到二三线城市工作，日本都市圈间的产业集群分化情况和就业机会的不平衡是导致此现象的重要原因。

需要指出的是，日本零储蓄家庭在1980年代初期占比仅在5%左右，但在2005年却达到了22.8%，也就是说超过1/5的日本家庭每年的收入全部用于生活开支，即便考虑到政府给予的转移支付现金收入，仍然无法留下任何积蓄，因而这部分日本家庭的抗风险能力较弱，一旦任何一位参与工作的家庭成员出现收入波动或者失业，则家庭经济状况将很快陷入困境。与之对应的是，日本个人破产和流浪的人数激增。1995年日本个人破产案件数量为4万件，至2003年则达到24万件，在东京的流浪人数也从1990年代的3000多人增长至2000年初的6000多人。需要指出的是，统计数据是存在一定误差的，例如那些居无定所并且跨市域流动的人，大部分统计调查都难以将其纳入统计中。

日本政府对于社会阶层的K型分化似乎并不持悲观态度，在某种程度上甚至鼓励收入分配的分化。"格差社会"是社会分化和阶层固化的日本本土称谓。2001年初，时任日本首相小泉纯一郎及其内阁成员认为，"格差社会"只是表面现象，平均主义的收入分配无法激起经济泡沫破裂后日本劳动者的工作欲望。只有一定程度的收入差距，才能促使人们努力工作，参与日本经济社会的重塑。小泉内阁鼓励企业削减员工福利支出，赞成"不劳者不得食"的理念，终身雇佣、年功序列制等被视为创造了日本经济奇迹的制度被一一打破，社会福利支出也在小泉执政期间被不断压降，取而代之的是鼓励民营经济发展和市场充分竞争。

曾经的发达程度和平等程度令全世界瞩目的日本，是如何在经济泡沫破裂后走到社会剧烈K型分化和阶层固化这一步的呢？

首要因素是失业率的攀升。2000年3月，日本统计局公布的失业率达到

5.2%，这是日本失业率自 1950 年起有数据以来的最高值。然而这并不是最高点，在 3 年后的 2003 年 4 月，日本失业率进一步攀升至 5.8%。值得一提的是，失业率这一统计指标，并不是民间一般理解的失业人数占工作年龄总人数的比例，而是指"有工作意愿但尚未找到工作的人"占"就业市场总人数"的比例。对"有工作意愿但尚未找到工作的人"，日本政府的官方定义为：在一个自然周内完全没有任何工作（包括全职、兼职）并且在认真求职的人。言下之意是，如果自愿放弃参与工作，或者被迫失业但求职时长超过一周没有结果，随后放弃继续找工作的人，是不被算进失业人数中的，也就是说人数较为庞大的"宅家族"和流浪者等并不算失业人口。

根据日本经济学家大前研一的计算，如果将上述未被纳入统计的潜在失业人口算入失业人口的话，2000 年初的日本总体失业率超过 10%；在已失业人群中，失业在 3 个月以内的男性占比为 34.2%，1 年以上的占比为 31.1%，两者合计为 65.3%。这表明，男性失业群体呈现"M"形结构，中短期的摩擦性失业和长期失业并存，两者占据失业总数的大多数；而失业在 3 个月以内的女性占比为 47.2%，1 年以上的占比为 17.6%，两者合计为 64.8%，与男性的情况相似。但从具体结构看，女性失业群体更多的是短期的摩擦性失业，长期的失业率相比男性而言更低一些。

导致日本就业市场 K 型分化的重要原因，是如前文所述的日本政府对企业雇佣制度的改革。在年功序列和终身雇佣制被打破后，兼职类受雇人数和非正式受雇员工数量迅速增长。这两类群体的特点是雇用时间不固定，签约时间短且单位劳动时间的工资报酬低于一般企业的正式员工。企业更愿意选择这些灵活的雇用方式：一方面，做着同样的工作，却只需要支付更低的薪酬；另一方面，非正式雇用和兼职雇用的临时工数量可以跟着项目走，当项目完工后即不再与他们续约，在保障企业生产高峰时人力资源充足的前提下，又可以确保在闲时不为冗余人员支付额外的薪水。同时，为了规避日本劳动法等针对企业解雇人员需要给予足量补偿的法律，日本企业诞生了"劳务外包"的生产模式，通过与派遣劳务的公司合作来获取劳动力，而不是直接与劳动者签约。据不完全统计，日本企业在

1990年代中期至2000年初，正式雇用的员工数量下降约400万人，灵活雇用的员工数量增加630万人。

雇佣制度的变化加剧了日本社会的K型分化。一是参与灵活用工的劳动者不再享受企业为其支付的社会保险，在失去了医疗保险、养老金等保障后，生活中一次意外受伤或生病即可让此前的积蓄清零，甚至陷入债务困境。二是参与灵活用工的劳动者收入通常只有同样职位的正式员工的70%左右，同工不同酬使得他们收入差距不断扩大。三是参与灵活用工的劳动者面临极大的工作不稳定性，上一份工作结束后，下一份工作到来的时间短则数周，长则一年以上，没有稳定的预期现金流收入，这使得他们储蓄和消费能力都受到了极大的制约。四是日本盛行加班文化，无偿加班使得单人工作量上升，在企业工作的员工总数不变的情况下，员工的无偿加班使得企业只需要雇用较少的人去完成同样的工作，这就导致原本并不充裕的就业岗位变得更少，长期失业人数进一步增加。

薪酬分配制度改革的停滞不前是使得日本社会K型分化的又一重要原因。在日本经济高速发展时期，劳动者工资调整的方式被称为"春斗模式"，即每年春天由工人集体或其代表（通常是工会组织或劳动者代表等）与用人企业进行商讨，根据上一会计年度企业的营收增长情况，劳资双方共同决定本年度的薪酬涨幅。然而，在经济泡沫破裂后，"春斗模式"逐渐瓦解，随着小泉内阁对工会的抑制政策出台，企业不再忌惮工会的力量，取而代之的新工资决定方式为"一人一议"制。在这个制度下，企业与每个试图涨薪的劳动者进行单独谈判，薪酬涨幅由企业和劳动者个人商议。同时，由于密薪制的普遍推行，劳动者内部之间形成了信息隔离，互相不知道同僚的工资水平，因而无法对自己的劳动价值客观定价。"一人一议"和密薪制的实行，使得劳动者再也无法以整体的形式对企业要求涨薪，同僚之间的薪酬涨幅也出现了较大的分化，这对改善收入分配格局起到了负面作用。

税收制度缺乏突破加重了收入分配不均的情况。税收的意义在于调节初次收入分配中巨大的不平等，并通过配套的转移支付机制进行"削峰填谷"，努力实现社会公平。然而，在经济泡沫破裂后，为了调动劳动者的积极性，日本政府不断地降低税率，使得税收在二次收入分配中的作用与效能持续下降。以所得税为例，日本的所得税采取全球通行的累进税制，收入越高的人群税收负担也越大。从边际税率来看，1986 年日本的所得税最高边际税率为 70%，2000 年后逐步下降至 37%。边际税率的下调固然激励了高收入人群更加努力地从事创造性工作，但同时也使得社会各阶层的收入分化失去了制约，最终导致二次收入分配机制僵化，社会各阶层出现撕裂。

日本社会的 K 型分化，不仅体现在收入分配这样的流量指标的差距上，在家庭财富和社会阶层占比等存量指标上，也无处不体现了日本社会整体看似祥和、实则内部严重失衡的状况。

（1）日本的年轻人和老年人更容易陷入贫困状态。从 OECD 调查的日本各个年龄段的贫困率来看，18 至 25 岁的日本年轻人贫困率为 16.6%，75 岁以上的老年人贫困率为 23.8%，年轻人和老年人是最容易遭受贫穷问题困扰的人群，这也与前文所述的日本对于灵活雇用人员并没有完善的社会保障体系有关。其中，老年一人户的贫困率为 43%，这也意味着在日本独居的老年人中，有近一半的人长期在贫困线下挣扎，生活水平难以得到保障。年轻人的日子也并不是特别好过，统计显示，户主为 29 岁以下的家庭贫困率为 25.9%，即日本年轻人家庭超过 1/4 生活水平低于贫困线，无力支撑除饮食和日常消费以外的任何开销。

造成日本年轻人和老年人容易陷入贫困的原因是迥异的。如前文所述，灵活雇佣制和废宅文化造成了年轻人工作机会不稳定，收入连续性缺乏保障，以及在失业后容易放弃进一步寻求新工作，进入彻底自暴自弃的状态。同时，日本的最低薪酬标准与社会平均工资的比例在 OECD 国家中排名倒数第一，这意味着日本社会对于劳动者兜底性质的收入保障较弱，社会阶层分化较明显。社会保障体系的不完善使得高龄老人没有得到应有的保护，同时低生育率使得日本人在进入老年期后，失去家庭内部的转移支付赡养收入，老年生活的财务风险较大。

（2）日本富裕阶层板结固化。甲南大学经济系教授森刚志在《日本的富豪研究》中采用了如下的方法定义日本的"富裕阶层"：日本国税厅将年综合缴税额超过 3000 万日元的群体定义为大额纳税人，那么根据综合加权税率倒推，年综合收入在 1 亿日元以上的群体可以被认定为日本的富裕阶层。森刚志的研究显示，日本的富裕阶层职业分布是较为集中的，其中 31.7% 的富人是企业主，15.4% 的富人是医生，11.6% 的富人是企业高管，三者合计占比达 58.7%。以上数据表明，日本富裕阶层有超过一半的人的职业与企业主、企业高管和医生有关。

企业主和企业高管长期维持其财富显赫地位，在日本并不是一件稀奇的事情。自二战后经济重建以来，尽管财团和财阀一度被解散、拆分甚至清算，但只要经济从萧条中恢复，财富增速最快的依然是大企业家和大财阀家族。当然，随着科技进步，1980 年代后日本也涌现了一批以 IT 成名的企业家新贵，如日本知名门户网站活力门（Livedoor）的创始人堀江贵文，其身家最高时曾达到百亿美元。

医生是另一个富人频出的职业。在日本，医生的供给数是被严格控制的，1990 年全日本医疗从业人数约为 20.3 万人，而到 2000 年初，从业人数仅仅增长至 24 万人，10 年间增长 18.2%，年化复合增速约为 1.7%，远远低于其他国家的医护人员增长情况。有趣的是，10 年间日本儿科和产科医生人数分别负增长 5.5% 和 38.9%，精神科和整形外科医生人数却分别增长 40.9% 和 80.1%。我们甚至可以从日本的医学生选择职业路径这样的微观数据上，看出日本社会在经济泡沫破裂后的阶层分化，以及社会整体风气的变迁。

除工作职业导致的社会阶层分化外，地域间经济增长的不平衡也是日本社会问题的痼疾。

首先是就业机会的严重分化。1980 年东京失业率为 2.7%，关西地区的失业率为 2.9%，差异并不明显。然而到了 2000 年，尽管日本全国范围内的失业率都有所上升，但东京的失业率保持在 5% 以下，为 4.8%；关西地区的失业率则上升至 5.8%。地域间就业不平衡的现象较泡沫经济前明显恶化。

其次是收入增长的不平衡。在经历了经济泡沫的破裂后，各个地区的收入恢复速度也是存在较大差异的。仍以东京和关西地区为例，1990 年东京人均年收入为 414 万日元，2000 年为 432 万日元，10 年间增长 4.3%，基本回到了泡沫经济期的收入水平，并实现了小幅增长；关西地区人均年收入 1990 年为 305 万日元，

2000 年为 303 万日元，在经历了 10 年的修复期后，人均年收入不仅没有恢复，反倒负增长 0.7%。地域差异使得选择在不同地区就业的劳动者收入高度分化，最终演变为家庭财富的分化和社会阶层的分化。

最后是固定资产投资的分层。从传统基建项目数量来看，进入 2000 年后，关东地区 2001 年基建项目数量负增长 4.7%，中部地区负增长 7%，九州地区负增长 6.9%。至 2004 年，情况则进一步发生变化，关东地区基建项目数量同比增长转正，为 0.7%；中部和九州地区仍然保持了负增长，分别下降 6.5% 和 10%。日本全国性的基建投资收缩，固然和小泉内阁的政策导向有关，但地域间经济发展的高度不平衡导致了日本社会的阶层分化更加严重。之所以这么说，是因为在经济学理论中，财政支出是缓解收入分配不均的重要手段。公共资源的分布不均，将使得获得公共投资少的地区的民众收入更低，区域经济发展落后于获得更多公共投资的地方。

（3）日本社会的代际 K 型分化也是增加社会不公平性的来源。学术界通常认为，如果子女和父母的职业相关度越低，那么这个社会的阶层流动性就越大，也越容易激发人们奋斗的力量；反之，如果子女和父母的职业相关度越高，就意味着职业的家庭传承性越大，社会阶层越固化且高度分化，人们越容易丧失奋斗的动力。从这个角度来看，日本在经济泡沫破裂前，社会阶层流动性长期保持较高的水平，底层民众的子女成为白领的可能性较高，白领阶层的子女阶层滑落，成为蓝领阶层的可能性也同样不低。根据日本学者佐藤俊树的研究，日本泡沫经济时期高级白领家庭职业的代际相关系数约为 0.4，也就是说白领阶层的孩子较大概率不再继续从事白领工作；蓝领家庭职业的代际相关系数约为 0.5，虽然略高于白领阶层，但整体向上流动的机会仍然较多。但是，进入 2000 年后，日本社会的代际固化现象愈演愈烈，政治家大多具有家学传承，而医生群体中有超过 40% 的家庭子女职业仍然为医生。这就意味着子承父业成为当代日本社会的一个普遍现象，人的出身大概率决定了其职业前途和终身命运。阶层代际固化的恶果就是社会阶层流动性的丧失，唯出身论在某些职业领域中起到了更大的作用，同时社会顶层和社会底层的分化无法弥合。

日本社会在进入千禧年后剧烈的 K 型分化，和小泉内阁奉行的经济政策和社会改革有密切的关系。小泉认为，在经济泡沫破裂后，当务之急是优先发展经济，提升经济发展的效率，社会公平的优先级要让位于经济发展。用小泉政府发言人的原话说，"格差扩大只是表象，格差有何不好"。在日本政府当局看来，如果强调社会分配的公平性，只会养出许多懒汉。只有充分竞争以及给予竞争中的优胜者足够多的经济物质奖励，才能彻底激发日本民众的工作动力。为此，小泉政府推行的一系列经济政策和社会改革措施，都朝着这个方向努力，包括降低边际所得税率、压降公共事业投资支出和削减社会福利支出等。

然而，这些激进的改革措施和施政理念似乎有些过犹不及。正如老子所说的，过刚者易折，刻意寻求扩大贫富差距和社会阶层收入差距的经济政策，并没有为日本带来有效的经济增长。2000 年日本 GDP 增速为 1.4%，到了 2001 年则变成 -0.7%，而在 2002 年进一步恶化为 -1.3%，格差看起来似乎并没有如预想的那样有力刺激经济增长，反倒使得经济出现倒退。同时，社会阶层的 K 型分化和撕裂，为社会治安增添了许多不稳定因素。例如，日本每 10 万人的谋杀犯罪率 2000 年为 0.53 人次，至 2004 年小幅上升至 0.55 人次，看似提升幅度不大，然而背后的代价是警察经费支出较 1990 年代同期大幅增长 30.6%，也就是说日本将更多的财政经费用在了治安维护上，才勉强控制了国内治安环境不至于因为社会阶层分化而出现动荡。

另外，社会的 K 型分化也降低了年轻人的发展欲望。日本在 2000 年度开始流行一个词，叫作"啃老族"，后来发展为"尼特族"（尼特为日语对英语缩写词 NEET 的发音，NEET 的全称为 Not Currently Engaged in Employment, Education or Training）。尼特族和宅家族是同一个含义，用来指代那些不出家门、不参加工作、不接受教育的年轻人，后来也泛指全年龄中具有上述特征的人。日本统计局数据显示，2000 年日本 20~29 岁的年轻人中，共有 105 万人处于无业状态，而仅仅在 10 年前，也就是 1990 年，这一数为 41 万人，10 年间日本的尼特族人数暴增 156.1%。同时，根据日本厚生劳动省的统计，2000 年全日本约有 200 万个自由职业者，这里面也有相当一部分人的收入是不连续并且不稳定的。根据厚生劳动省发布的《工资结构基本调查》白皮书的估算，每名日本企业的正式员工全生命周期的综合性收入约为 20 791 万日元，非正式雇员约为 10 426 万日元，而自由职业人员约为 4637 万日元。也就是说，是否成为企业正式员工，对于一个普通日本人来说，其终身收入将天差地别：非正式员工的收入仅为正式员工的一半，而自由职业人员的收入仅为正式员工的 22% 左右。巨大的收入差距不仅显示出雇佣制造成的收入不平等，也反映出过大的收入分配差距下，年轻员工对于未来不抱希望的心态的来源。

也许正如小泉内阁所称，"格差是全世界范围内的共同现象"。K 型分化的经济结构和社会阶层，不仅仅是日本独有的现象，英美等老牌发达资本主义强国，也存在着内部收入分配不均和代际阶层固化的现象。但是，这并不是小泉政府放纵日本社会阶层撕裂的借口。多劳多得、不劳者不得食的理念，尽管在经济学意义上有其天然的合理性，但是放到社会层面，却显得过于无情。一个运行合理的社会，不应该是冷冰冰的，而应该具有一些人道主义温情；一个现代化国家，不应当只鼓励强者恒强、全民丛林法则式的开拓进取，而应该对弱者伸出援手、施以同情。

《旧唐书·魏徵传》中这样写道："夫以铜为镜，可以正衣冠；以史为镜，可以知兴替；以人为镜，可以明得失。"鉴往知来，日本社会二战后数十年的发展，以及最近几十年的社会阶层 K 型分化与撕裂，给了我们怎样的启示？我们应该寻求怎样的发展道路，才能力争避免日本踩过的坑？我们认为，主要可以概括为六大方面。

（1）效率和公平两手都要抓，两手都要硬，不能厚此薄彼，更不能顾此失彼。从日本的经验看，从二战后重建到经济泡沫兴起，日本政府对社会公平的建设还是比较成功的，较高的边际税率和稳健的公共基础设施建设支出，使得日本社会各个阶层均衡发展。然而，在经济泡沫破裂后，为了快速使经济重新繁荣，日本政府放弃了公平性建设，转而采取追求经济增长的施政方针。从 2000 年开始的一系列经济政策和社会改革，最终促成日本今天的阶层分化和社会撕裂。事实上，我们从欧洲，尤其是北欧诸国的发展经验看，效率和公平并非完全的取舍关系，二者在某些阶段是可以共存的。从日本自身的历史情况看，曾经的终身雇佣制度和相对的高社会福利支出，并未拖垮日本财政，反倒激发了经济活力。从某种意义上来说，给人以稳定和信心的社会氛围，要比充斥着社会达尔文主义的环境，更有利于发挥人的主观能动性。试想，如果一个普通人，对自己的收入稳定性都没有信心，又如何全力以赴地参与工作呢？

（2）确保教育公平，人人都有机会享受优质教育。我国古代先哲曾经提出"有教无类"的理念，认为无论家境和资质如何，学生都应当受到同等的教育。从日本泡沫经济后期至今的教育政策看，日本教育的突出特点是"公立教育精英化，私立教育贵族化"。自从实施宽松世代的教育政策后，日本的课外补习班和学历崇拜等现象较泡沫经济前有所改善，平民子弟也看似有更多机会进入优质的公立学校。然而，后来的实际情况却与官方最初的施政理念背道而驰。在激烈竞争的年代，日本的阶层流动性在历史上是相对较高的，而在宽松教育政策实施后，尼特族和宅家族等反倒大量出现。2000年后，日本政府对于公共支出预算的削减，其中大幅压降的是教育经费投入。日本公立学校教育经费占国民总收入的比重约为4%，同期这一比重英国为5.0%，法国为5.9%，丹麦为8.2%。"再穷不能穷教育"并非只是一句口号，而是实实在在的一项关乎社会公平的措施。只有将对教育的投入落到实处，才能保持社会各阶层间的流动性。

（3）保障就业优先，缩小职业收入差距。有一份正当且稳定的工作，是获得良好教育的年轻人的共同愿望。如果社会上存在大量失业的年轻人，社会各个阶层就会出现分化及固化，整个社会将变得死气沉沉，进而陷入动荡。无论在哪个国家，创造一切有利条件保障就业，是维护社会安定与发展的必然选择。要做到这一点，首先，要消除就业歧视，让各种人都能有机会获得适合自己的工作；其次，要做到同工同酬，在法律的意义上保障相似的工种收入大致相同，同时要打击企业利用劳务派遣和外包等方式绕开法律管制，人为扩大收入差距的行为；最后，还要完善工作时间分配和最低工资制度，避免少数人的无偿加班行为抢占其他人的就业机会，也要让以灵活方式就业或兼职的人有最低收入保障。

（4）强化政府的二次收入分配功能。从欧洲各国的经验看，由于个人能力和受教育程度的差异，社会成员个体间的初次收入分配差距较大实际上是不可避免的，重要的在于政府如何做好二次收入分配，以促进社会公平。以德国、瑞典和丹麦为例，其初次收入分配的基尼系数分别为 0.436、0.487 和 0.42，各阶层的收入差距较大，然而经过政府的税收调节和转移支付作用后，二次收入分配的基尼系数分别为 0.282、0.230 和 0.217，成功地将基尼系数控制在较低的区域。如前文所述，日本政府在经济泡沫破裂后的一系列税制改革，将所得税边际税率从 70% 降低至 37% 左右，实际上是不利于实现社会公平的。这一点，后发国家，特别是发展中国家在经济改革中应当引以为戒。

（5）构建社会安全网，增强群体安全感。在前文中，我们看到日本的小泉内阁为了刺激经济增长，大幅压降社会福利支出，人为制造"格差社会"。其实，从现代政治学意义上说，政府存在的一大作用便是为社会底层民众提供兜底性质的社会保障，让一部分因为意外、天灾或其他原因而陷入贫困的人生活得不至于太过悲惨。完善的社会保障体系不仅不是经济发展的拖累，反而可能是促进经济增长的有力工具。当创业者知道即便自己创业失败，也不至于陷入一穷二白的无保障生活中时，他会有更强的动力从事创造性活动。同时，最低生活保障水平的提高，也有利于全社会安全感的增强，减少社会矛盾，尤其是贫富阶层之间的矛盾。稳定的社会环境，是经济繁荣的起点。

（6）弥合地域性差异，做到全国一盘棋，经济全面协调并可持续发展。从日本的经济发展历程看，在二战后的经济修复期、神武景气期以及后来的泡沫经济期等经济总量飞速发展期，各个地方的经济发展速度其实并没有太大差别，各地民众都享受到了经济高速增长释放的红利。然而，在经济泡沫破裂后的经济低增长甚至负增长时期，日本各地域间不平衡、不充分发展的问题便一一暴露出来。日本巨大的区域性经济差异，与三大都市圈的虹吸效应以及日本政府有意压减公共事业特别是基建投资支出，是有密切关系的。大都市圈会吸引产业和人口聚集，而就业机会和人力资源的过度集中，又会反过来加速小地方经济的落后与衰退。基于公共事业的财政支出具有福利性和再分配性质，压降此类支出等于变相削弱了经济体内部的平衡能力，最终使得社会 K 型分化日益严峻。

9.3.2 中国香港——人一世，物一世

9.3.2.1 被高房价绑架的香港社会

提到香港，人们最先想到的就是高房价。香港是房价痛苦指数最高的城市之一，无论是房价的绝对水平还是房价收入比，香港均位于国际大都市的前列。根据 Numbeo 的数据，截至 2021 年 6 月，香港房价收入比达到 45.7∶1，在全部统计的 480 个城市中位列第四，仅次于叙利亚的大马士革、加纳的阿克拉、伊朗的德黑兰。香港的房屋租售比也高达 62.4∶1，位列全球第八。

香港经济以服务业为主，第一产业和第二产业占比很低，服务业占本地生产总值的比重超过 90%。香港的四个传统主要行业，包括金融、旅游、贸易和物流，以及专业及工商业支援服务业。房地产行业占香港 GDP 的比重大约为 5%，而房地产相关行业的投资与消费占香港 GDP 的比重超过 20%，房地产相关投资在固定资产投资中的占比高达 40% 以上。香港特区政府收入严重依赖土地交易和房地产相关税收，2016 年这些收入占财政收入的 32%，其中土地出让金占财政收入 22%，持有环节税收约占 5%，交易环节印花税占 3%。当前最支撑香港经济的就是金融业和房地产这两个行业，而金融业又是高度捆绑于房地产业的，超过三成的贷款与地产有关。香港几大富豪——李嘉诚、郭得胜、李兆基、郑裕彤、刘銮雄也全部以地产发家。由此可见房地产业对于香港经济的重要性。

冯邦彦在其著作《香港地产业百年》中将香港房地产发展从 1841 年到现在的百余年历史划分为以下几个阶段：从 1841 年到二战前是香港地产业的萌芽起步阶段，当时英国占领香港后即开始拍卖土地，逐步形成香港的地权制度和土地批租制度。二战至 1980 年代，香港人口急剧增长，在战后长达半个世纪的人口增长期内，香港人口从 60 万人增长到 600 万人。伴随着人口迅速增长，香港的经济欣欣向荣，推动了香港房地产业的持续发展。1984 年 12 月，中英联合声明签订，1997 年香港进入回归祖国的历史性过渡时期，随着市区内土地资源日渐短缺，地价、楼价不断上涨，同时产业集中度不断提高，经过不断的竞争、兼并、收购，数十个实力雄厚的地产集团慢慢主导了香港的房地产市场，寡头垄断局面逐渐形成。香港回归后，为平抑房价泡沫和改善居民居住条件，特区政府提

出"十年内令自置居所比例达到 70%，年均提供不少于 85 000 个新住宅单位"的"八万五"计划，目标是将公屋的轮候期由 7 年降至 3 年。但随着亚洲金融风暴袭来，香港经济和楼市陷入低迷，扩大住房供给的"八万五"计划使得楼市加速下跌，引起香港民众不满，最终"八万五"计划被放弃。香港楼市自 2003 年开始回暖，房价急剧上涨（见图 9-1 和图 9-2）。

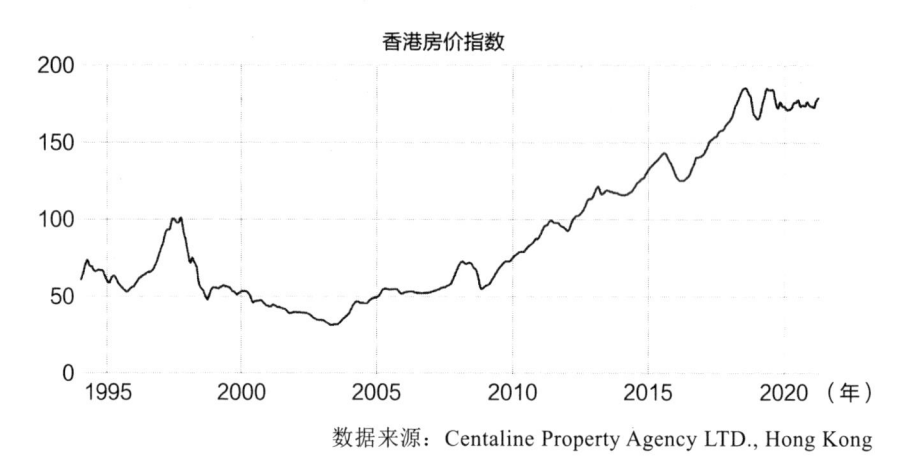

香港房价指数

数据来源：Centaline Property Agency LTD., Hong Kong

图 9-1

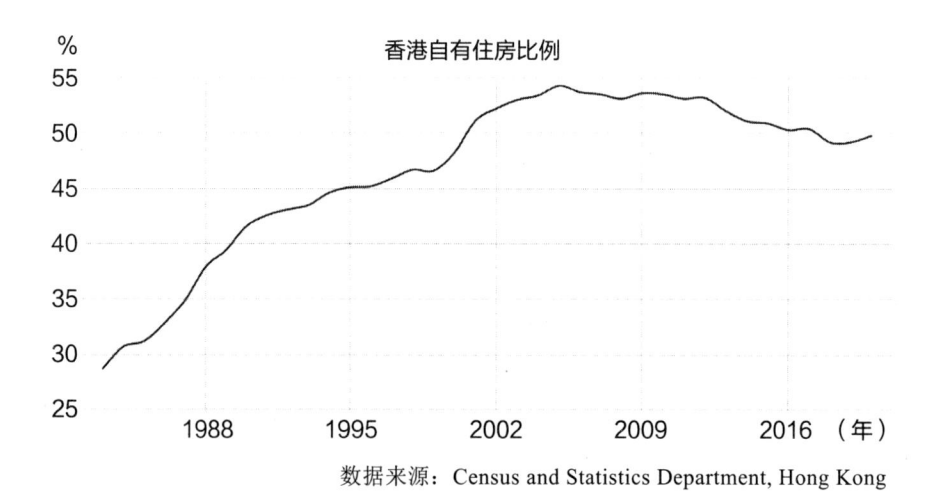

香港自有住房比例

数据来源：Census and Statistics Department, Hong Kong

图 9-2

香港高房价的背后有很多因素，包括二战后人口和经济的增长，1997 年回归后作为中国对外开放重要的窗口和桥头堡，继续保持着动力和活力。但除此之外，高房价也是资本高度垄断整个行业的产物，同时也绑架了大多数的香港人。从特区政府"八万五"计划的破产中我们看到，除了资本不愿看到房价泡沫破裂，大部分有产阶级也难以承受房价下跌带来的资不抵债的窘境。

因此香港土地供给长期严重不足，2002—2010 年仅出让住宅用地 5 万平方米/年，但实际上我们看到香港郊区仍有很多可以开发的土地。对比新加坡，香港土地面积约 1100 平方公里，人口 750 万人，而新加坡土地面积约 700 平方公里，人口 560 万人。无论是面积还是人口，香港都多于新加坡，人口密度则低于新加坡。一方面香港平原少，山地多，开发难度大，同时香港对生态用地的管理非常严格，2018 年香港的土地面积为 1111 平方公里，其中已建设土地面积为 24.8%，其余 75.2% 为郊野公园和农地。根据香港地政总署统计，1985—2000 年，香港的平均供地面积为 31.56 万平方米，而在 2003 年之后，特区政府几乎冻结了土地供应，从 2003 年到 2009 年每年的新增土地供应只有 5.6 万平方米，每年新增的住房供应只有 3 万套，而且其中一半以上都是不可买卖的公租房，可以买卖的私人住房供应年均只有 1 万套。另一方面，地产商囤积了大量土地不开发，坐等地价升值，同时控制供应，捂盘惜售，将房价维持在高位，尤其是当香港房地产业集中度提高后更是如此。

供给不足带来的，一面是高昂的房价和住房条件越来越差，另一面是贫富差距越来越大，经济失去活力。香港人均住房面积仅 16 平方米，"笼屋""棺材房"屡见不鲜；房价持续多年上涨，居民买房背负巨大压力。1986 至今，香港的私人房屋均价上涨了 20 倍之多，远远超过居民部门的工资上涨幅度，而底层民众的收入增速实则更慢。

一方面，大部分香港人终其一生都在为一套房产打拼，人生中最好的时光都背负着债务，为偿还债务尽可能压缩支出；而另一方面，香港经济有结构性问题，又错失了互联网时代新兴产业大发展对本地经济和就业的带动。所以很有意思，我们看到香港的二手市场（中古物件）其实很发达，这和香港收入增速多年赶不上房价上涨的基本面是有很大关系的。香港曾经有首歌唱的是"爱拼才会赢"，反映的是当时的时代背景下鼓励努力获得成功的故事，当时白手起家的创一代们也确实证明了爱拼能够赢。但随着高房价拉大社会贫富差距，阶层的固化和资本的垄断逐渐形成，又有首歌叫《人一世物一世》，唱的是任何万物都是有寿命的，要珍惜当下，这其实也反映了底层民众在高房价下心境的转变和缺少选择的无奈。

香港特区政府对此也并非毫无意识，但每一次的计划都被各种利益集团反对或叫停，如董建华的"八万五"计划、郑月娥的"明日大屿"计划等。当存量房地产资产盘子越来越大时，后续的改革就更加困难。或许在最开始的时候，是开发商出于利益的考虑希望房价上涨，但当房地产泡沫越来越大，越来越多的居民被裹挟到房价上涨的旋涡中后，有产阶级也就自然站到了希望房价继续上涨的一边。当房子作为资产在居民的财富中占比越来越高时，房地产价格的大幅修正将会很大程度上影响已购置房产居民的利益，有产和无产阶级之间就会形成冲突，进而引起社会动荡。但在房地产的上行周期中，房价永远上涨且政府无法承受房地产泡沫破裂后果的预期一旦形成，就会助长房地产加杠杆的行为并形成预期的自我强化和反馈，对于稳定房地产的价格极为不利。

9.3.2.2　资本的高度垄断

资本的垄断属性在香港体现得更加极致。香港的面积相对小，是全球重要的金融港、自由港。香港产业高度集中，金融、旅游、贸易和物流、专业及工商业支援服务业四大支柱产业，创造了香港大约 177 万个就业岗位。贸易和物流业占 GDP 的 21.6%，吸收了香港 25% 的就业人口。香港是全球重要的金融中心，是人民币重要的离岸市场，金融业占香港 GDP 的 17.7%，但仅吸收了 5.5% 的就业人口。而香港制造业的占比连年降低，从 1980 年代占 GDP 的 23% 下降到如今的 2% 以下。在第 4 章中，我们已经探讨过，由于产业空心化和高收入服务业能够吸纳的劳动力尤其是本地劳动力有限，低端服务业能够提供大量的就业机会，但薪资上涨的空间受到限制，因此社会贫富差距和阶级撕裂的程度进一步加大。

四大家族基本垄断了香港人从出生到死亡的大部分产业。李嘉诚的家族产业涉足港口、电信、酒店、制造、零售等多个领域，控制的民生项目包括电信、水利、港口以及电力等；郭得胜家族在香港也同样拥有多个产业，包括酒店、百货业等；李兆基家族控制着香港的天然气市场以及轮渡等行业；郑裕彤家族不仅布局了多个地产项目，还是中国最大的珠宝商之一，并经营着香港的公共出行业务。

垄断的营商环境会抑制年轻人的创业热情。新生的企业想要分得一杯羹很困难，唯一的可能就是不断深挖细分领域，形成竞争优势，但也面临最终可能被行业巨头半途杀入或兼并收购的命运。垄断也会抑制创新和新的业态发展。事实上香港特区政府在20多年前也发现了香港经济过度依赖房地产和金融的问题，工业和科技产业几乎为零、产业空心化和脱实向虚促使时任特首提出了香港数码港计划，希望把香港建成亚洲硅谷。但由于庞大的数码港计划需要巨量的资金支持，香港在金融风暴后财政出现了危机，最终李泽楷接手了香港数码港计划，但提出资金通过项目配套的房地产项目来筹措。香港数码港本被视作发展新经济的里程碑，是一个需要长期经营的项目，但在李泽楷的经营下，成为一个利用科技包装地产的项目，建成的住宅面积占建筑用地70%，和最初的设计大不一样，数码港计划自然最终没有能够成功，但李泽楷从中获利不菲。

9.3.2.3　香港社会的贫富分化和"内卷"

房地产价格暴涨、经济结构单一、产业空心化和资本高度垄断等都使得香港贫富差距的问题日益严重。香港的基尼系数不断攀升，达到0.54，且不断向公认的贫富差距极大的0.6的警戒线靠近。香港的贫困人口超过130万人，同时香港也是全世界生活成本最高的城市之一。资源高度集中在金融、房地产等领域，社会发展的红利被少数人享受，大多数底层香港人失去生产资料，穷人通缩，富人通胀，贫富差距被不断拉大。

香港的底层民众想要实现阶层跃升变得愈加困难，高薪的医疗、金融、律师行业只提供少数就业岗位，雇用劳动力最多的零售、旅游等行业往往收入微薄，无法为年轻人创造更多机会。香港本地市场体量小，也错失了这一轮互联网的发展红利，缺乏新的经济增长点，在存量经济下，香港社会的"内卷"之风愈加盛行。香港的毕业生都想从事金融师、律师、医生这些职业，导致竞争越来越激烈，甚至已经提前到了幼儿园。香港的补习文化也很疯狂，据估计，香港学生一年交的补习费就超过 20 亿港元，而知名的补习班老师每年能赚近千万港元。在香港，各式各样的补习机构加起来有近千家。1996 年，香港有补习经历的学生还只有 34.1%，十几年后这个数字变成了 72.5%。

另外，香港的很多老人坚持在就业岗位上。香港 65 岁或以上者的劳动人口由 2007 年的 5.2% 升至 2017 年的 11%，其中"少老"（65~74 岁者）的增幅尤为明显，由 8.3% 升至 17.7%，65~69 岁的劳动人口达到 22.6%。一方面，为减少人口老龄化和劳动人口下降预期对劳动力市场的影响，香港特区政府近年推出多项鼓励长者继续就业的措施，包括提高部分公务员退休年龄、把乙类保安人员许可证的年龄上限由 65 岁放宽至 70 岁等。另一方面，虽然对于经济上无法自足的贫穷市民，特区政府推出综合保障援助计划等保障制度，此外还有针对老年人的生活津贴等多种补助，但香港仍有 49.5 万个老年人被界定为贫穷人口。由于缺乏生活资料和生活成本较高，他们面临着"手停口停"的困境，65 岁以上长者的贫困率更是高达 44.4%。受生计所迫，很多人退休后不得不重返劳动力市场。

疯狂的补习文化和年长者贫穷，都是香港存量经济困境加剧和贫富差距加大背景下的一个社会缩影。受制于高昂的地价，香港推动再工业化的努力受阻，经济增长停滞不前。而内地自改革开放以来，创造了 40 多年经济高速增长的奇迹，内地城市和香港之间 GDP 的差距不断缩小。1994 年，香港的 GDP 曾经达到了内地的 1/4。1997 年，香港的 GDP 达到 1.37 万亿港元，超过了同年的北京、上海、广州以及深圳的 GDP 总和，而如今香港 GDP 却被上海、北京、深圳、广州、重庆等相继超越。在宏观环境不断变化的背景下，香港社会的方方面面和个体的心理都被打上了特有的时代烙印。在文化层面上，香港电影界曾经被称为"东方荷里活（好莱坞）"，在 1980 年代初到 1990 年代中后期最辉煌的时期，香港电视广播有限公司（TVB）风靡整个亚洲，"港风"引领了当时的潮流。香港也为内地城市初期的市场经济改革提供了宝贵的经验以及对外开放的窗口，但现在的香港的经济活力已经不及对岸的深圳，昔日的"东方之珠"似乎不再那么闪耀了。

9.3.3 美国——"梦"过百年

9.3.3.1 百年"美国梦"

1915 年，威斯康星大学的一位统计学家威尔福德·金（Willford King）出版了当时对于社会财富分配最全面的研究《美国人民的财富和收入》（*The Wealth and Income of the People of the United States*）。在那个年代，老一代欧洲列强的影响力逐渐被美国超过，而且美国也取代英国成为世界上最富有的国家。然而，美国联邦政府直到 20 世纪 30 年代才开始系统地收集经济数据，如美国 GDP 就是美国经济分析局（BEA）从 1929 年开始统计的，此前详细的社会经济情况不能便捷地得到。尽管面对着重重困难，威尔福德仍然排除万难写成了这本书，最初的目的就是想向公众表示，所有的美国人都在分享着这个国家新创造的财富。

然而，让威尔福德感到不安的是，美国当时最富有的 1% 的人口，却占据了整个国家 15% 的财富，之后一项更权威的数据显示，这个比例实际上是 18%。在当时，社会共产主义运动正处于历史性的巅峰时刻，1917 年俄国发生十月革命，无产阶级在以列宁为首的布尔什维克的领导下，组织广大农民、士兵推翻了资产阶级统治，成功建立起世界上第一个无产阶级专政的社会主义国家，是人类历史上的一次革命，是无产阶级打碎旧世界、建立新世界的一次创举。在中国，辛亥革命推翻了统治中国几千年的君主专制制度，新文化思想激发了中国人，尤其是中国青年的爱国救国热情。1921 年中国共产党成立，确立了新民主主义革命的道路，让灾难深重的中国人民看到了新的希望、有了新的依靠。共产主义的浪潮也蔓延到了美国，一波无政府主义运动在美国兴起，影响了美国的企业主们。1919 年底，伍德罗·威尔逊政府的司法部部长亚历山大·米切尔·帕尔默开始了对各阶层左翼激进分子的大清洗，在其指导下，美国司法部在全国各地对无政府主义者采取了逮捕和驱逐行动。

按照 WID（世界不平等数据库）的统计口径，那时美国最富有的 1% 的人占据了接近 20% 的总财富；而现在，最富有的 1% 的人依然持有 19% 的总财富，但最贫穷的那部分人与他们的差距要远高于过去。这也就让人不难理解美国"占领华尔街"运动后，社会的撕裂、分层和对立越来越严重。纵观过去百年，美国社会财富的不平等情况发生了非常大的波动，整体呈一个锅形。在 1940 年代前，不平等情况有所加剧，在之后的 40 年中，不平等情况好转，直到 1980 年代后不平等情况又开始变得严重。每一次经济危机过后，财富都会往头部聚集，当下的不平等已经达到了过去半个多世纪的峰值（见图 9-3～图 9-5）。这 100 年，美国发生了什么？

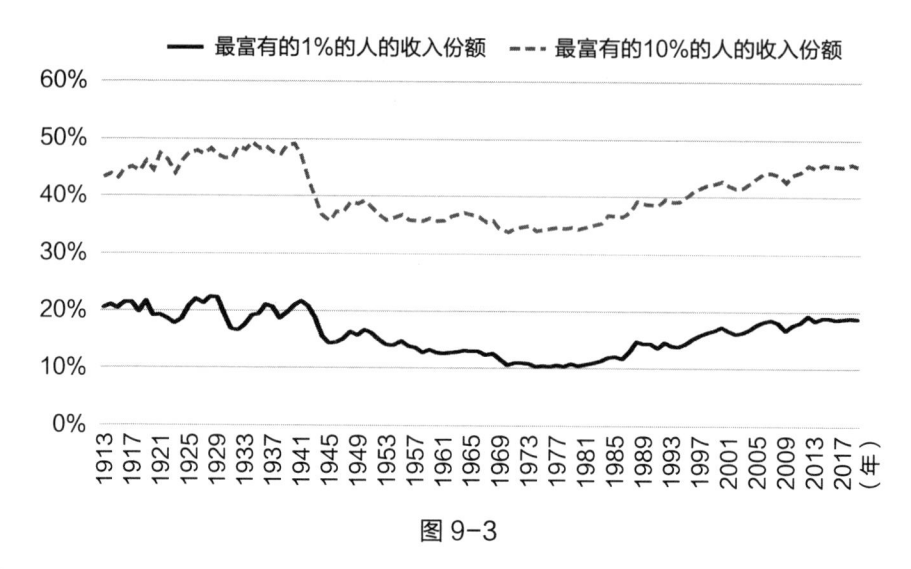

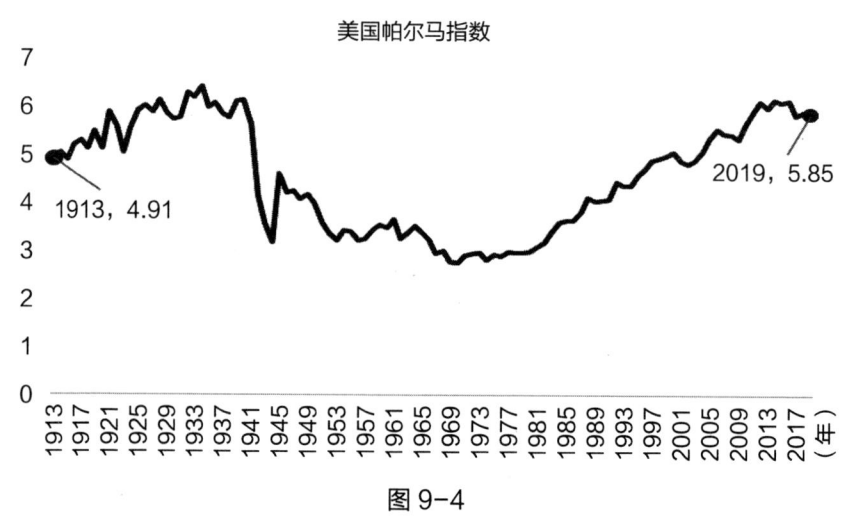

图 9-3

图 9-4

美国收入基尼系数

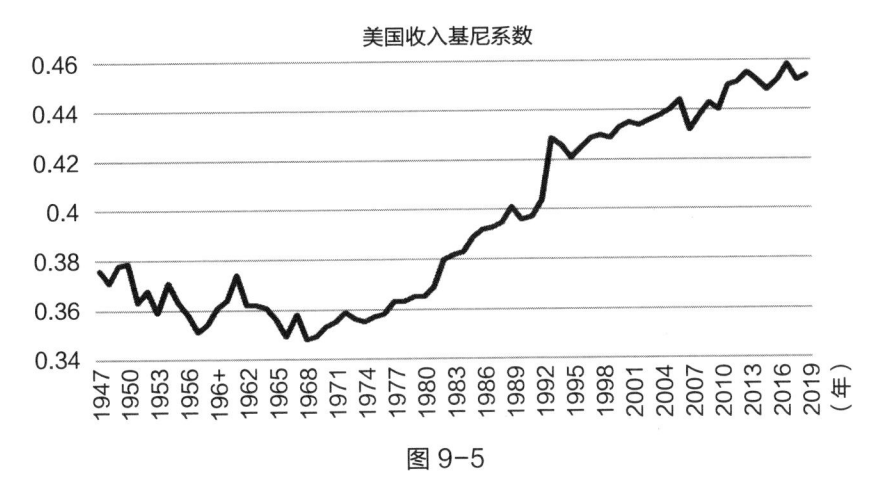

图 9-5

1. 一战至二战期间（1913—1940）

美国无疑是两次世界大战的受益者。在一战前后，飞速发展的城镇化进程带动了工业的发展，美国一跃进入繁荣的大基建时代。1900 年，美国城镇化率是 39.6%，而在 1920 年，美国城镇人口占比突破 50%，城镇化的步伐明显加快（见图 9-6）。城镇化与工业化同步进行，工业成为美国的经济命脉。在 1920 年代表现最佳的 50 只股票中，第二产业占据了半壁江山，钢铁、能源、化工、机械设备和交通运输行业拥有最佳 50 只股票中的 31 只。

■ 美国城镇人口比重（%）　■ 美国乡村人口比重（%）

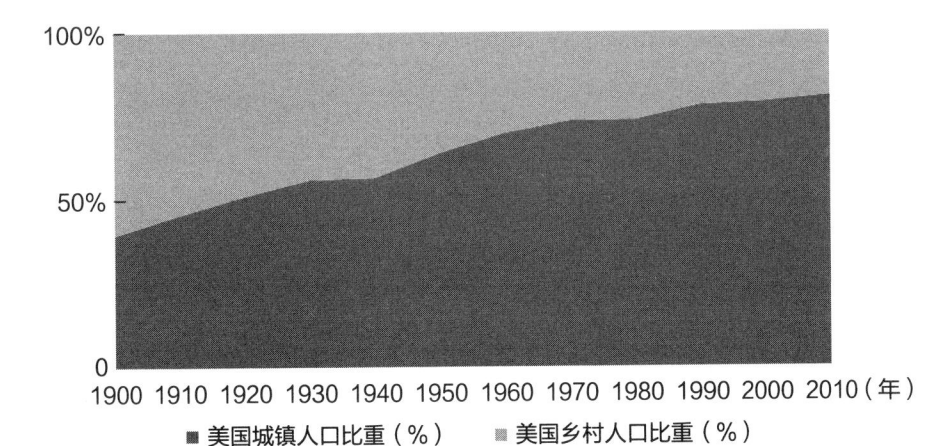

图 9-6

1913 年，美国宪法修正案重新恢复开征所得税，标志着美国税制从以商品课税为主转向以所得课税为主。这一举措略微缓和了阶层的分化，并且及时地填补了一战期间资金的缺口。当时，所得税的纳税户仅占全国纳税总户数的1%，其收入占联邦税收的比重也仅为5%。但数年过去后，所得税作为良好的军备和财政筹资工具开始发挥作用，1913年所得税收入仅0.35亿美元，到1920年就达到49亿美元，7年间增加了百余倍。

进入1920年代后，美国时任共和党总统沃伦·哈定提出"回归常态"政策，给战时的高税率画上了句号。在他的领导下，财政部部长安德鲁·梅隆开始提高关税、降低其他税率，在1920至1930年间用大量的政府盈余偿还了超过1/3的联邦贷款，美国未偿国债余额从1919年的273.91亿美元削减至1930年的161.85亿美元（见图9-7）。当时的商务部部长、后来的美国总统赫伯特·胡佛致力于通过规范商业惯例和标准来提高行业效率，这段繁荣时期连同当时的文化被称为"咆哮的20年代"（Roaring Twenties）。1928年，时任总统柯立芝在国会发表国情咨文时说道："美国从未遇到比现在更加鼓舞人心的繁荣景象。在国内，人民安居乐业；在国际上，和平是主流。"对美国来说，一战后的时光是幸福的，汽车工业的快速发展刺激了石油、玻璃、道路建设等行业，大小城市繁荣昌盛，工厂和住宅建设蓬勃发展，电力行业改变了人们的日常生活和商业习惯，数百万人迁移到城市生活，许多巨头也在这个时代发家，搭上了"时代的便车"。

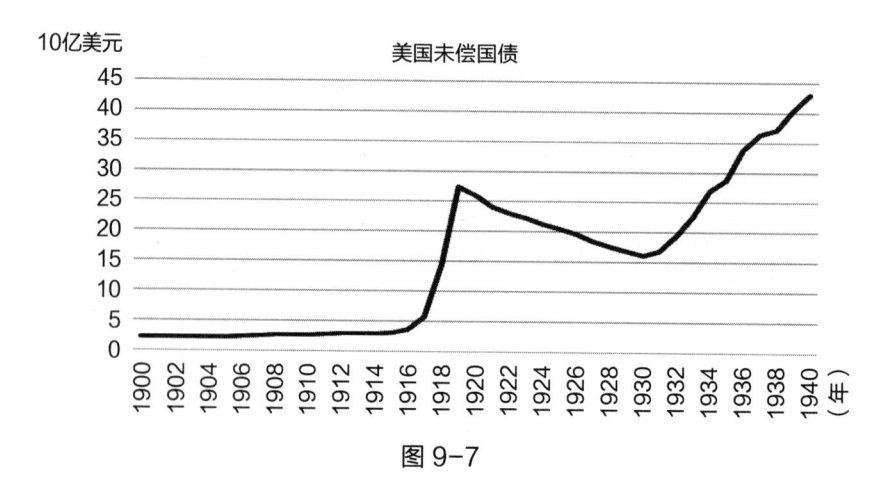

图9-7

但繁荣的另一面是泡沫，之前 10 多年宽松的信贷政策导致货币供应膨胀，催生出信贷驱动的繁荣。美国国家经济研究局的哈利·杰罗姆于 1934 年在《工业机械化》（*Mechanization in Industry*）里写道："在这个国家，之前可能从未有过如此大量的资金以如此低的利率在如此长的时间内可用。"正是这样的条件带来了大量的投资和生产，也允许第一次世界大战后美国的工业剧烈扩张。根据美国经济分析局的数据，在大萧条时期前，美国总债务与 GDP 的比重达到了 300% 的高位，房地产泡沫与资产价格泡沫双双显现，不断上涨的股市价格创造了巨额财富，进而鼓励借贷购买更多的股票。然而，1929 年 10 月底，股市因对繁荣市场的错误预期而崩盘，恐慌性抛售让资产价格迅速下跌，银行因投资失败和挤兑大量破产。10 月 29 日，美国股市单日下跌 140 亿美元，此前一周跌幅超过 300 亿美元，蒸发的市值达美国在第一次世界大战中花费的全部资金额。1930 年，股票价值下降了 90%。自此，美国进入通货紧缩时期，债务人因压力无法偿还负债，杠杆链条断裂，债权人也受牵连而破产。经济的紧缩让社会生产活力下降，抑制了投资行为，人们持有现金的意愿增加，进一步削弱了消费和需求，信奉自由资本主义的胡佛政府也无力改变民众既不愿借钱又不敢花钱的困境。这一次经济危机也传导至欧洲各国，给第二次世界大战埋下伏笔。

最终是凯恩斯主义帮美国摆脱了这一困境。罗斯福政府的做法是，使用财政政策刺激经济，利用政府投资基建项目以工代赈、增加就业，政府部门的消费和投资在经济中的比重不断提升（见图 9-8）。除此之外，罗斯福新政还包括提高社会保障水平，进行银行改革，暂停金本位制等，从而推动总需求扩张。罗斯福新政很重要的一个作用，便是在危机期间重新建立起经济复苏的前景，给予公众结束大萧条的希望和信心。在第一个新政措施出台前，人们预计经济衰退、通货紧缩将持续存在，但罗斯福的扩张财政政策实施和货币政策调整让经济的扩张性发展变得可信，对更高收入和更高通胀的预期进一步刺激了需求和投资，让新政事半功倍。

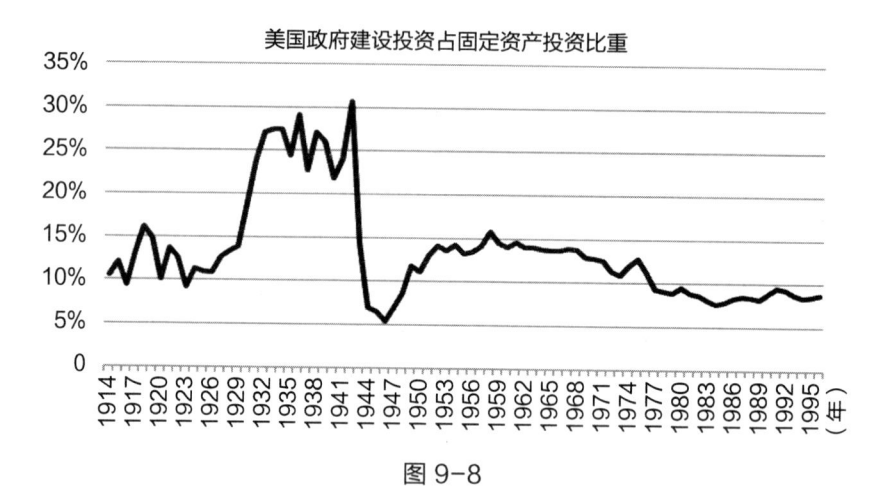

美国政府建设投资占固定资产投资比重

图 9-8

自 20 世纪初以来，美国的收入不平等持续处于恶化通道中，其间（1921—1923 年）曾有过一定的反弹。1918 年的家庭基尼系数（不包括资本收益）为 0.408，1921 年的帕尔马指数达到了冠绝前后十几年的 5.88，1928 年的基尼系数则达到了前后几年的峰值 0.489。1929 年的大萧条曾短暂地改变了不平等变严重的趋势，资产价格泡沫的破裂打击了中产阶级和富裕阶层，中低层受影响程度较中上阶层小，因此实现了被动的"不平等改善"，这种改善是以减少高收入群体的收入和财富来实现的，而非低收入群体拥有高速的收入增长。

大萧条时期度过后，不平等情况依然在加剧，到 1930 年代中期达到顶峰。按照 WID 的统计，美国最富有的 1% 的人在 1936 年获得了总收入的 21%，最富有的 10% 的人在 1934 年获得了将近总收入的 50%，帕尔马指数同样在 1934 年达到了 6.403 的阶段性高点（见图 9-9 和图 9-10）。经济在大萧条后稳定下来，富人获取收入的能力依然比穷人高。在二战前几个时期，洛克菲勒家族和卡内基家族主导了美国工业。战争也成就了造富运动。1936 年，美国基尼系数达到 0.455，而在 5 年后的 1941 年，基尼系数仍为 0.431。正是从这时开始，美国不平等情况开始出现反转。

2. "大压缩"时代（1940—1980）

在人类的历史中，战争在任何时代都没有缺席过，残酷的斗争与流血带来了毁灭，把家园捣成了废墟。但是，每次战争过后便是资源重新分配的过程，毁灭

美国帕尔马指数

图 9-9

--- 最富有的1%的人的收入份额　── 最富有的10%的人的收入份额

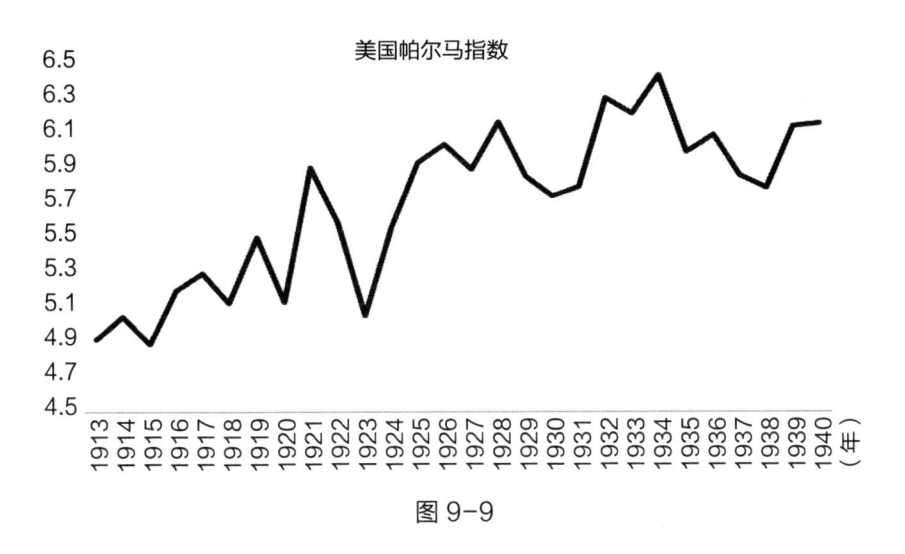

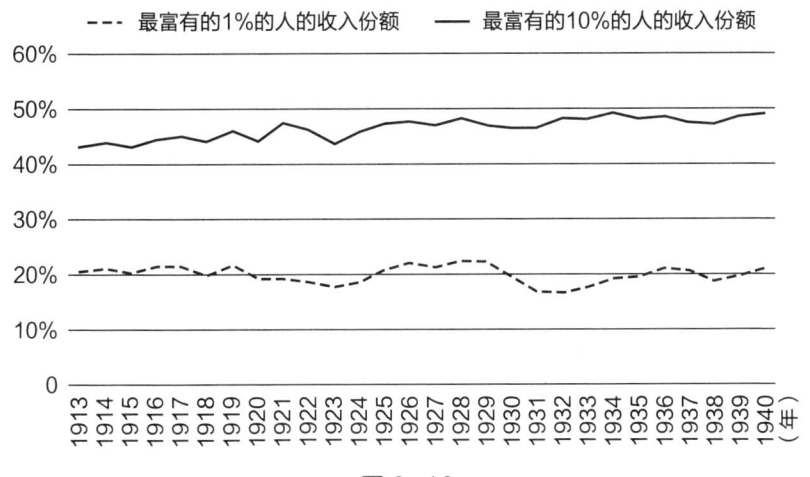

图 9-10

的同时创造了巨大的需求，重生的过程也使得机遇再次出现。二战后，全球格局重塑，美国成为全球新的分工和分配的主导者。

二战后东西方的分裂促使资本主义经济体之间加强利益协调，当历史赋予了美国这样的契机的时候，美国利用马歇尔计划向欧洲提供了大量的援助，通过和全球其他国家之间的合作建立起一体化发展模式。

在这个框架下，美国毫无疑问成为全球的重心，1944年建立起的以美元为中心的布雷顿森林货币体系，促进了二战后资本主义世界经济的恢复和发展，也将美元在全球的重要性推到了前所未有的高度，其黄金储备一度超过全球总储备的70%（见图9-11）。美国完整地保留了二战前所有的工业体系，军转民也给各产业带来了巨大的发展机会，1940年代至1950年代是电子、有色金属和交通运输业大力发展的年代，而1950年代至1960年代开始转向汽车及零部件生产，1960年代后是化工、轻工业的兴起。与之前几十年不同，传统的基建需求逐渐饱和，钢铁、机械等重工业进入了去产能周期。

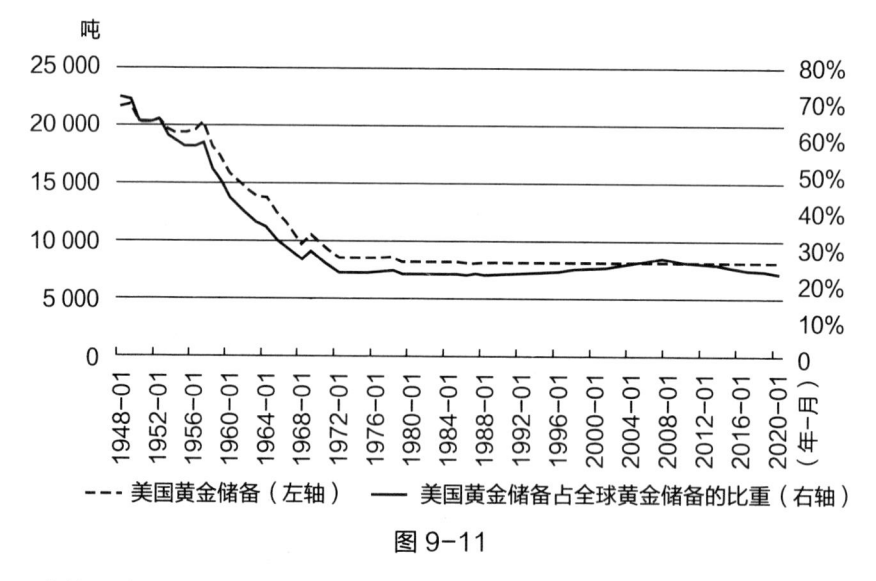

图 9-11

在这一阶段，美国城镇化率继续提升，1940年为56.5%，1960年为69.9%，1970年为73.6%。居民生活的条件不断改善，美国也经历了最好的"大压缩"（Great Compression）时代。"大压缩"这个词由美国经济学家克劳迪亚·戈尔丁和罗伯特·马戈在其1992年发表的论文中创造的，指的是大萧条时代结束后的经济腾飞阶段，是从1940年代开始的"数十年不平凡的工资扁平化时代"。

渐进式的新政和税收、更强大的工会、强劲的战后经济增长和国家战争劳工委员会的监管广泛提高了普通民众的收入并降低了高收入者的税后收入。除了工会给工人带来了更高的工资，放眼世界，彼时没有其他竞争者能够撼动美国产业，特别是其制造业的地位，其初次收入分配更加平均，产业的利润能够留在国内进行再分配，有利于不平等差距的进一步缩小。美国家庭收入基尼系数仅在

1950 年达到 0.379，其余大部分年份都在 0.35~0.37 波动，相比 1940 年代前收入基尼系数动辄 0.4 以上的状况，收入不平等状况在这一阶段有了极大的好转（见图 9-12）。最富有的前 1% 的人的收入占比从 20% 下降至 10%，最富有的前 10% 的人的收入占比从 50% 下降至不到 35%（见图 9-13），中低层群体收入大幅改善，帕尔马指数从 1940 年的 6.13 断崖式下降至 3.5 附近，1970 年后进一步下降至 3.0 以下（见图 9-14）。

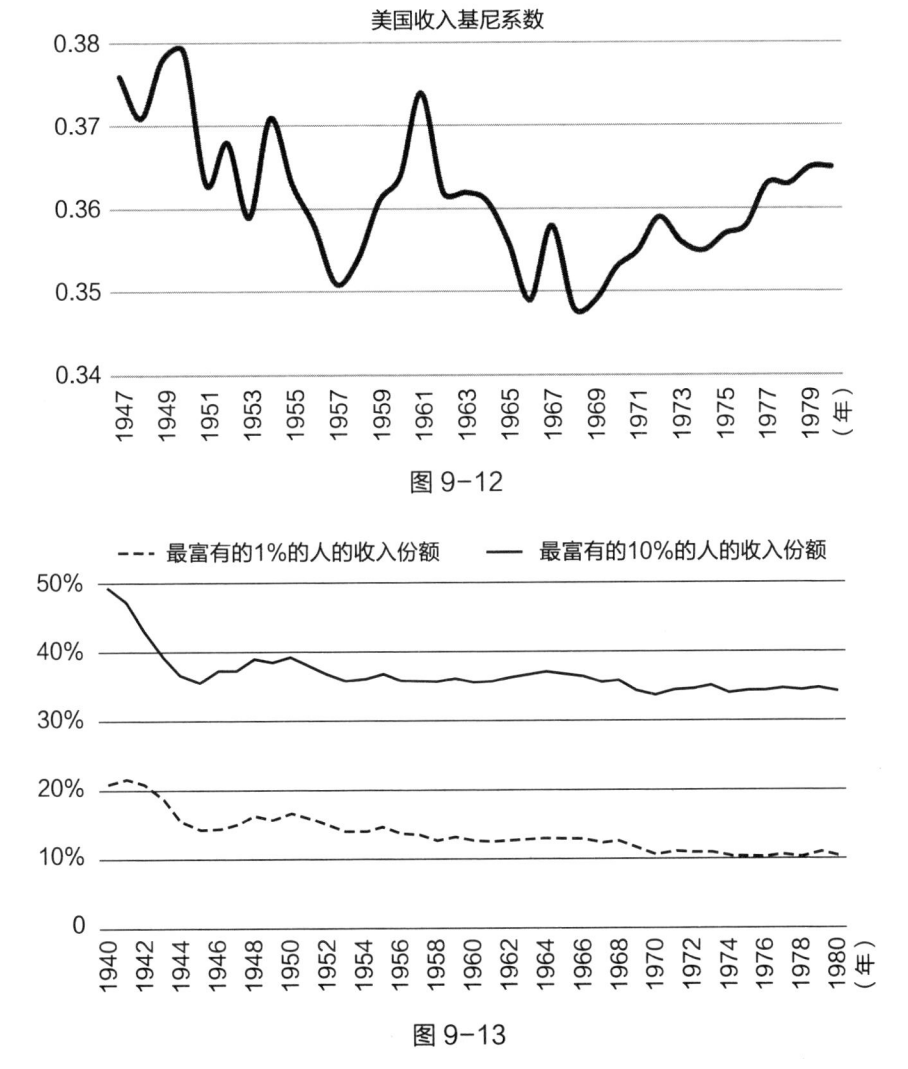

美国收入基尼系数

图 9-12

图 9-13

美国帕尔马指数

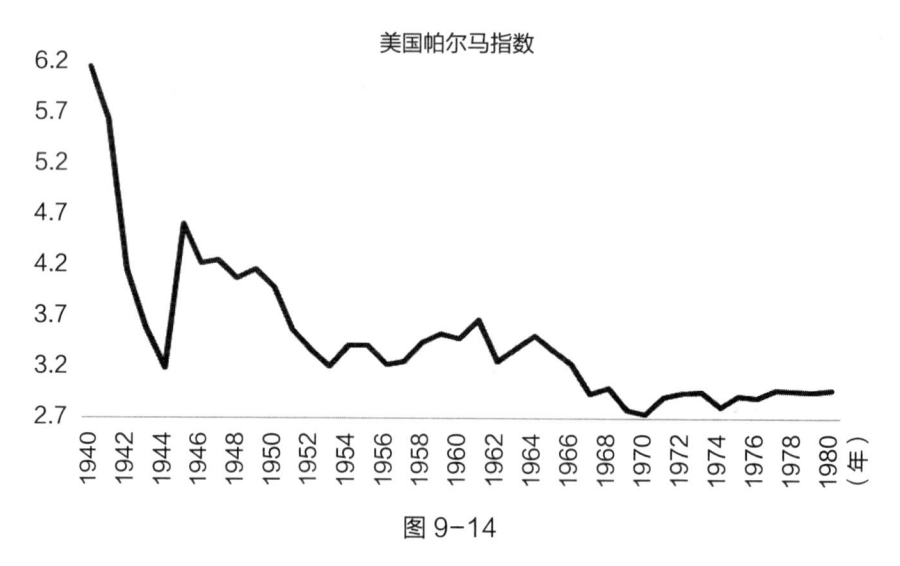

图 9-14

二战后的美国以全球 6% 的人口消费了全球 30% 的石油。1949 年，美国每天石油消费量为 249.7 万桶；到 1960 年，美国每天消费石油 442.1 万桶，占全球日产量的 21%（见图 9-15）。在廉价能源的支撑下，美国重资产、高耗能的产业得以繁荣，掩盖了企业债务高杠杆、能源结构对外依存度高等问题。

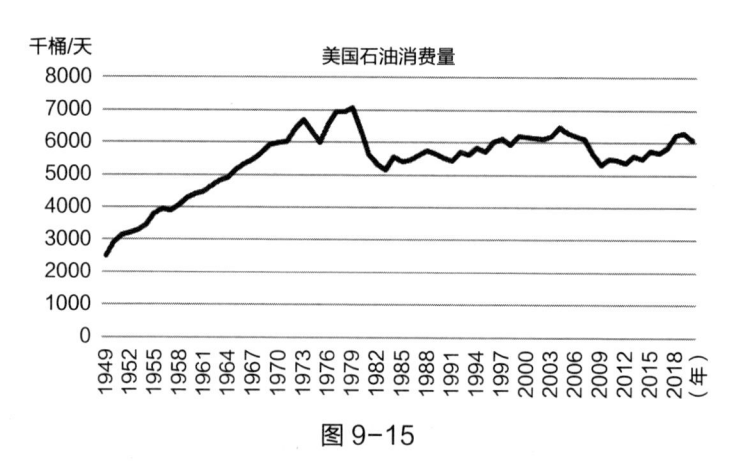

美国石油消费量

图 9-15

供给敞口在外就注定要受人制约，当时美国遇到的问题和现在的某些场景非常相似。1973 年第四次中东战争爆发，石油输出国组织为了打击以色列，宣布石油禁运，暂停出口石油。当年 12 月宣布收回原油标价权，将基准原油价格从每桶 3.011 美元提高到 10.651 美元。暴涨的油价让西方世界"休克"，直接导致以美国为首的西方发达国家陷入二战后最严重的经济衰退。严重依赖中东廉价石油的美国在这次石油危机中首当其冲,美国政府宣布全国处于"紧急状态",并且采取一系列措施,包括减少班机航次、限制车速、对取暖用油实行配给、星期天关闭全国加油站、禁止和限制户外灯光广告等,甚至连白宫顶上和联合国大厦周围的电灯也限时关闭。时任总统尼克松还下令降低总统专机的飞行速度,取消周末旅行的护航军机。这场突如其来的石油危机导致美国工业生产指数下降14%(见图9-16)。

图 9-16

第一次石油危机后5年,第二次石油危机接踵而至。1978年底,世界第二大石油出口国伊朗的政局发生剧烈变化,石油产量受到影响,从每天600万桶骤降至100万桶,原油供需平衡被打破,价格从每桶13美元猛增至34美元。两次石油危机导致美国"大滞胀",通胀和失业率双双走高,菲利普斯曲线失效,新自由主义经济学再次从凯恩斯主义下翻身。1979年保罗·沃尔克走马上任,不顾一切地打压通胀,采用紧缩货币政策大幅度提高利率。在政策实施的初期,美国经济遭受的打击有所加剧,沃尔克"先治通胀,再治经济"的做法也遭受到质疑,但事后证明沃尔克是对的。当价格趋于稳定时,市场秩序才能逐渐恢复,消费者、投资者才能作出相对合理的决策,市场自愈、自我调节的机制才能启动。此前尼克松、卡特政府采用宽松的货币政策来扩大投资、刺激经济的做法根本于事无补。为应对石油危机与滞胀,经济学家们都有突出的研究与贡献,但国际关系依然得靠政治家们来维护,时任国务卿基辛格的"穿梭外交"功不可没。通过缓和中东局势，美国控制了石油供应端的风险；通过政治力量的角逐，美国为石油美元结算体系的建立打下了基础，进一步夯实了美元全球货币的地位，利用石油这"工业的血液"，美国将全球的利益绑在了其货币体系中。

通过石油美元体系，美国将对石油的需求作为美元币值之锚，和产油国的利益绑定在一起。当美元由于发行过多而贬值的时候，则要求产油国增加原油的产量，这样看起来美元的购买力没有下降；同样，当美元过度升值的时候，则要求产油国适当降低原油产量，以石油来锚定美元的币值。而通过石油与美元再循环机制，沙特、伊朗等产油国的资产投资到英国、美国的银行机构，美国的货币利益就是沙特、伊朗等国的石油利益，从而实现利益捆绑。伊朗1965—2019年原油日产量见图9-17。从经济层面来看，美元完成了信用来源的转换，即由"金本位"转为"需求本位"，意味着货币印刷的规则由工业社会的"有多少黄金就按一定比例印多少钱"，转变为后工业社会的"未来有多少交换需求就印多少钱"的经济逻辑。

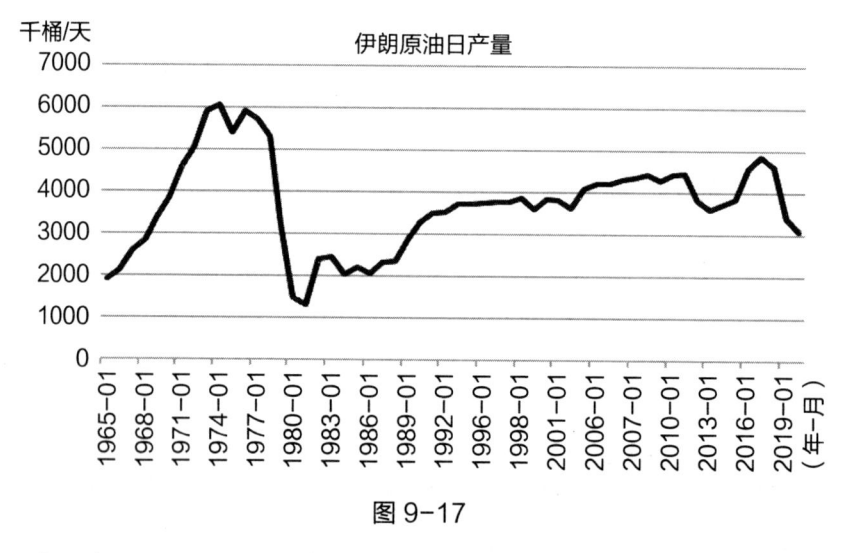

图 9-17

"大压缩"时代代表着美国经济最好的年代。诺贝尔经济学奖得主保罗·克鲁格曼在其2007年的著作《自由主义者的良心》（*The Conscience of a Liberal*）中谈到，"大压缩"时代在1970年就结束了，整个1970年代都被石油危机带来的通胀加剧和经济停滞所困扰，工人工资停滞不涨，贫富差距已无法再缩小。石油危机结束后，收入分配的黄金时段也随之逝去，收入不平等从1980年代开始加剧。克鲁格曼给1979年后的时代取了个名字，叫"大分歧"（Great Divergence）时代。

3. 全球经济一体化的"大分歧"时代（1980至今）

全球曾经发生过四次大规模的产业转移。第一次产业转移发生在19世纪末至20世纪初，工业革命的诞生地英国成为第一个世界工厂。随着生产饱和，英国开始向外输出工业革命的科技成果，而美国与英国拥有类似的价值观，成为第一轮产业转移的最大受益者。第二次产业转移发生在第二次世界大战后，德国和日本作为战败国接受美国的改造，这个阶段的美国将大量的资源、劳动密集型产业向德国和日本迁移，而这些产业资本则是让这两个国家在战后能快速重建、经济恢复乃至迅速腾飞的关键所在。第三次产业转移发生在1980年代，德国和日本的产业结构调整与升级让亚洲"四小龙"和部分南美国家承接了轻工、纺织等劳动密集、出口加工型产业，而美国的信息技术革命更是进一步让传统产业外迁，加速了"铁锈地带"的出现。第四次产业转移则惠及了中国。改革开放后的中国万象更新，利用彼时劳动力、土地等生产要素的显著成本优势，承接了全球大量迁入的各类制造业，加上历史遗留的工业基础，中国加快了工业化进程，也建立了全球最为完备的产业体系。

"大分歧"时代的来临，与美国向外进行的产业转移浪潮密不可分。自1980年代以来，收入不平等加剧的趋势是由经济结构性的因素导致的，美国的产业向外转移造成的结果是产业空心化，这引发了一系列社会问题，也为贫富分化埋下了隐患。

（1）美国大企业不断合并扩张，小规模生产者逐步被淘汰。其后果是农业人口减少，制造业蓝领工人不断流向服务业，美国资本转向资本密集型产业，劳动密集型产业被迁往城郊、南方各州乃至海外。美国汽车和钢铁制造业纷纷撤出传统工业城市，旧金山、费城等城市驱逐工厂，改建租金更高的办公楼。税收提高和工会活动增多也令资本主动撤退，美国部分企业开始在国外直接投资建厂。低劳动生产率和高劳动密集型产业被转移到亚洲、墨西哥、南美，高劳动生产率产业被留下，金融、房地产、商业服务的产出占比稳步上升，制造业产出占比进一步萎缩，造成的直接结果便是第二产业劳动人口加速下降，释放的劳动力加速进入第三产业。

（2）美国产业结构的变化深刻影响薪资收入的增速。美国制造业空心化出现后即难以逆转，里根政府和供给学派平抑了经济衰退，但制造业企业随着产业链全球化继续逃离美国。新自由主义经济加剧了企业的金融化，致使企业进一步脱实向虚。里根政府也并未对陷入困境的劳工阶层进行有效疏导和救助。从产业结构来看，制造业总产值占比从1950年代的50%下降至当前的30%；从就业人口占比来看，制造业就业人口占比从1950年代的约30%下降至目前的10%以下，其中"铁锈地带"就业人口占比从1950年代的54%下降至目前的30%以下。一个制造业技术领域的熟练工，通过学习、培训、工作积累，达到熟练程度需要多年时间，产业的衰落对这类微观个体有着致命性的伤害，转型、换行成本高，因此美国中部的"铁锈地带"、英国的纽卡斯尔和曼城曾经都出现过大批失业者，他们大部分转向了无门槛但薪资几乎无增速的低端服务业。

（3）美国经济增长动能很早就发生了切换，消费占据了经济的绝大部分，美国个人消费支出对GDP的贡献接近70%。技术进步提高了生产效率和收入水平，带来了生活品质的提升和消费力的升级。劳动效率的提升则带来了工作时间的缩短和休闲时间的延长，在过去几十年中都有利于消费的扩张。为维持高消费水平，美国居民只能采取两种办法：一是将收入中更多的钱用来消费，表现为美国居民消费倾向的提高；二是通过借贷来消费，表现为美国居民部门杠杆率的激增（见图9-18和图9-19）。当经济增长中枢下行时，美联储往往通过货币宽松政策来刺激经济，而低利率水平更容易形成高借贷，继续推高居民部门债务水平。收入没有增长，消费越低迷，则经济增速越低；经济增速越低，则利率越低。结构性问题无法通过总量政策解决，低利率环境刺激了金融资产升值，从而增加了高收入者的财产性收入，进一步扩大了贫富差距。

图 9-18

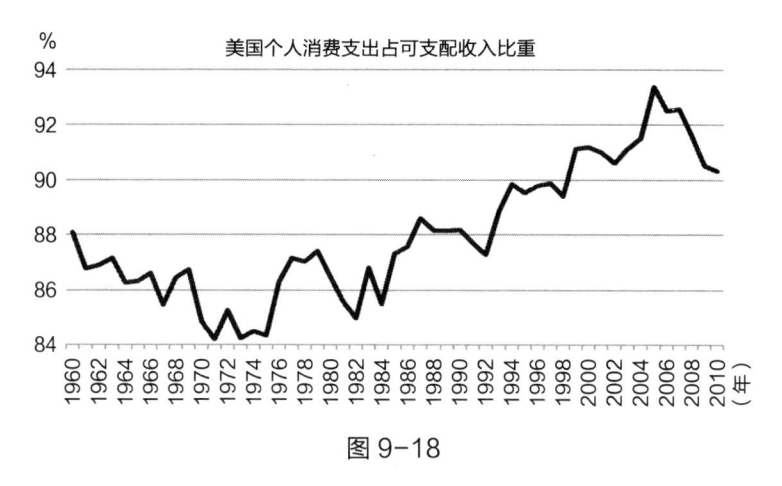

图 9-19

自 1980 年代开始，美国的不平等情况一路恶化，头部高收入群体占有的收入份额连年上升（见图 9-20），帕尔马指数和基尼系数也不断高攀，帕尔马指数回到了大萧条前的高点，而基尼系数亦是如此，2019 年美国收入基尼系数为 0.454（见图 9-21 和图 9-22）。在 40 余年中，美国经历了互联网泡沫、全球金融危机、新冠疫情等风险性事件，每次危机会因富者收入下降，不平等情况稍有改善，但在危机的后半段或结束之后，K 型分化反而愈演愈烈。2017 年，《福布斯》发现，美国最有钱的三个人拥有的财富超过了整个国家后 50% 的人的财富之和，这三个人就是亚马逊的创始人杰夫·贝佐斯、股神沃伦·巴菲特以及微软创始人比尔·盖茨。根据 2019 年的一项研究，美国历史上第一次出现亿万富翁支付的有效税率低于工人阶级的情况。经济学家伊曼纽尔·赛斯和加布里埃尔·祖克曼指出，2018年，美国最富有的400人支付的平均有效税率为23%，比美国底层的50%的人群所支付的有效税率24.2%低了1个多百分点。相比之下，1980年最富有的400人的有效税率为47%，1960年这一税率高达56%，而后50%人群的有效税率基本没有发生变化。

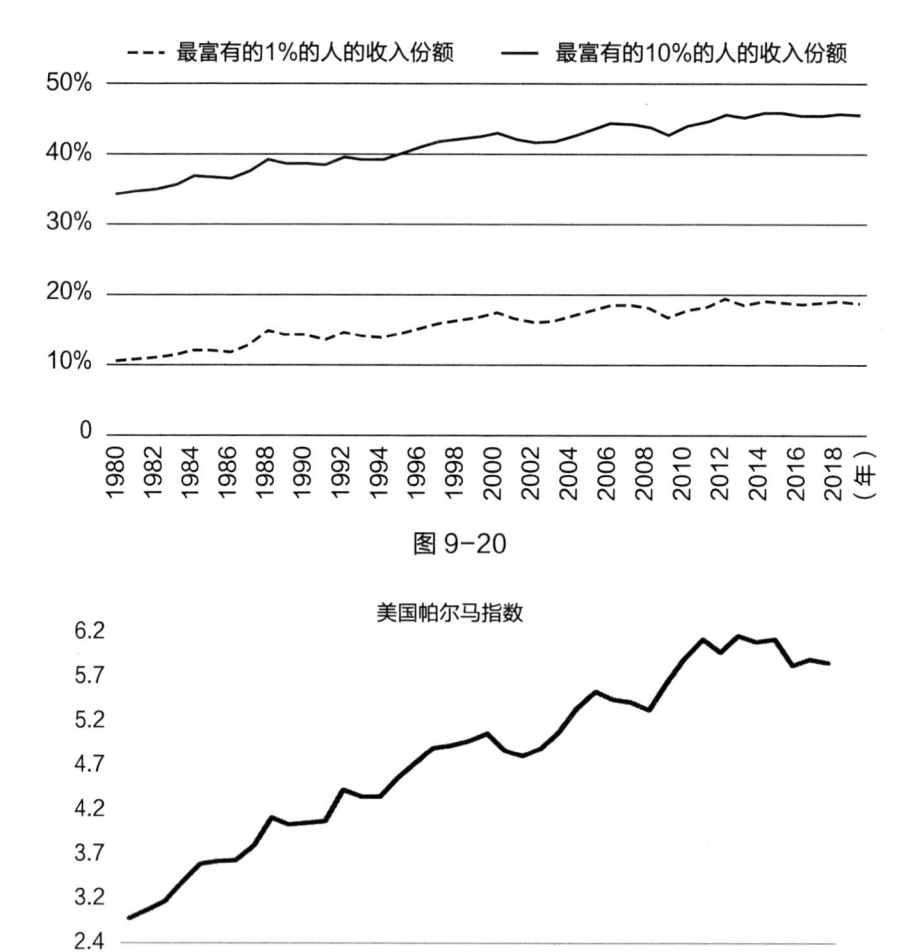

图9-20

图9-21

美国收入基尼系数

图 9-22

回到产业空心化的问题，相比资本、技术密集型产业，传统制造业能提供更多就业岗位，对维护社会稳定有着重要的非经济意义。对于年龄较大、受教育水平较低的工人而言，产业升级可能意味着结构性失业，市场本身难以自发解决此类问题。与劳工失业同时出现的是城市萧条。在奉行自由市场原则的美国，许多传统制造业城镇在支柱产业被淘汰后出现逆城市化。而随着大城市科技产业、金融产业的发展，贫富矛盾、地域差距不断加大，这为右翼民粹运动埋下伏笔。

美国前任总统特朗普很大程度上就是依靠"铁锈地带"劳工阶层选民的支持上台的，传统制造业、化石能源行业也对其表示支持。他上台后推行了一些重振制造业政策，同时大打贸易战，为本国制造业争取市场。这些政策在其任期的前两年显著改善了制造业情况，但从 2019 年中期以来，制造业再次陷入衰退，"铁锈地带"就业率重现负增长，劳工对特朗普的支持也因而动摇。拜登及美国政府是否能重新让制造业回流，将很大程度上影响美国未来的贫富分化情况。

4. 美国不同社会阶层在新冠疫情下的画像：一切都没有什么改变

K 字形上面的这部分群体，在新冠疫情期间的情况是：疫情封锁—在家转为线上上班或者享受工作保留计划—收入并不受影响—耐用消费品支出—因为疫情消费行为被限—依旧累积超额储蓄率—充分利用更低的房贷利率生成大量的非循环贷款（房贷）—金融机构对于此类"优质客户"敞口—顺带炒炒股票。

K 字形下面的这部分群体，即美国大部分普通居民在疫情期间的情况是：疫情封锁—大规模服务业就业人群失业—无收入—获得失业救济金和财政补贴支票—偿还消费贷款—生活刚需品支出—金融机构压缩循环类贷款敞口—储蓄率增长基本和自己没啥关系—好不容易熬到疫情逐步"无所谓",就业开始恢复,意味着劳动收入开始恢复,财政补贴开始逐步停止—没有储蓄—不得不出门工作—劳动收入恢复—金融机构恢复信用额度,意味着美国居民部门重新回到负债消费的节奏。

美国1994—2022年居民部门个人储蓄率见图9-23。不同阶层的具体表现为:

图 9-23

（1）储蓄端K型分化。这次疫情期间,美国人储蓄了约3.7万亿美元,其中的80%都属于最富有的20%的人。对于大部分K字形上面的这部分群体而言,他们累积的储蓄回归正常水平是支撑消费增长的主力,并且他们的消费也从非循环贷款的房贷上能看出端倪;而对于K字形下面的这部分群体而言,他们不但要压缩循环贷款的规模（简单理解是还债）,还要满足自己生活的刚性消费。没有了收入,靠补贴和救济金还怎么会有剩余储蓄?自然,储蓄端的严重分化就非常好理解了。

（2）消费端的K型分化。新冠疫情封锁期间累积的家庭储蓄资金,K字形上面的这部分群体目前从数字上看,似乎大多数已经花掉了,超额的储蓄正在逐步恢复正常。前期在储蓄率激增状态下，现金需求激增，流动性吃紧，需要美联储紧急购买资产去满足社会资金需求。而这部分储蓄率的逐步下降与回归，带来了需求的恢复和消费的增长。

这部分群体对资产的需求也成为吸纳超额储蓄的重要的"消费"行为，包括土地、房产和金融市场。不受影响的收入和高额储蓄，这些资产本身也是优质的抵押物，无论从哪个角度来看，放款给他们都比给 K 字形下面的这部分群体更为有利。

而大多数 K 字形下面的这部分群体基本没有什么太多的应急性存款，当收入不够时大都会刷信用卡，各种消费性金融行为（循环类分期贷款）建立在透支的基础上，先消费后存款，甚至不存款的行为带来的是发达的信用卡业务及透支消费行为。此次疫情期间美国人偿还了 1000 多亿美元的各类循环分期贷款，当然这也许是不得不偿还的（金融机构压缩风险敞口行为）。2020 年 4 月，美国人偿还了总计 630 亿美元的各类贷款，其中包括 580 亿美元的信用卡贷款（美国有史以来最高信用卡还款纪录），但这种无论是被迫压缩债务规模，还是主动压缩债务规模情况，按照经验来看，并不会是一种可以延续的常态，这一点在 2021 年 4 月后逐步得到证伪。随着就业与收入的恢复，这部分居民部门的抵押物（劳动所得）得到了恢复，金融机构也逐步再次放开了各类循环分期贷款的规模。从 2021 年 5 月开始，信用卡消费的规模再次开始大幅度增长。

两个阶层虽然都恢复了消费行为，但不同的是：

- K 字形上面的这部分群体仅仅消耗了超额储蓄来进行消费支出，并且还收获了大量增值的金融资产；
- K 字形下面的这部分群体重回到"获得劳动收入—负债消费"的循环。

如果没有更为广泛的收入分配，每次这样的危机之后，都会进一步压低全社会的需求，这就是每次危机后需求和通胀增速并不高的原因。因为广泛的群体都沦落成 K 字形下面的部分，他们的债务增加、收入增速缓慢，只靠那些越来越少的富人，终究是无法拉动全社会的需求与收入的增速的。

现在美国基本重返正常的经济消费模式，尽管各种新冠病毒变体仍持续扰乱着人们的生活，但是富者更富，中产阶级拼命保护着自己的资产水平不滑下去，穷者依旧无储蓄、负债消费，一切都没有什么改变。

9.3.3.2 美国不平等情况演化原因

1. 全球化与产业空心化：从比较优势说起

英国古典政治经济学家大卫·李嘉图在其代表作《政治经济学及赋税原理》中提出了"比较优势理论"，认为国际贸易的基础是生产技术的相对差别而非绝对差别，每个国家都应根据"两利相权取其重，两害相权取其轻"原则，集中生产并出口具有比较优势的产品，进口具有比较劣势的产品。比较优势理论在更普遍的基础上解释了贸易产生的基础和贸易利得，大大发展了绝对优势理论，为自由贸易政策提供了理论基础，推动了当时英国的资本积累和生产力的发展。

中国的"田忌赛马"故事也反映了这一比较优势原理，资本自然深谙"田忌赛马"的道理。全球一体化分工并不是一个自然发展的结果，资本的本质就是汲取利润，分工和分配的目的也是在全球寻找生产要素成本的洼地以汲取利润。国际贸易和全球化是在整个世界范围中追求效率，但站在国家角度来看，过度追求效率则显失公平。上文提到里根政府对美国制造业外迁无能为力，克林顿政府依然回天乏术，制造业空心化的趋势仍未得到有效遏制。更何况，克林顿政府签订的"北美自由贸易协定"等促进了跨国贸易和海外投资，促使新兴产业获益，传统产业面临更加严峻的产品低价竞争。

美国的比较优势不再是传统制造业，信息革命后的美国不断进行从传统制造业到高端制造业、从制造业到服务业的产业置换。从具体的工业门类来看，美国继续借助产业链国际化脱离生产，将工厂外包，仅在美国保留研发和运营环节。由于传统工业区的居民陷入结构性失业，信息革命事实上加大了贫富差距，造成东西海岸与传统工业区、劳工与城市知识分子之间的对立。劳工阶级快速转向保守主义，与支持本土企业、反对外来移民的共和党越走越近，正是贫富分化的直接政治后果。

在全球化下，美元和美国债务成为资本收割全球财富的工具。1929—1933年，由美国开始的资本主义世界经济危机导致金本位体系崩溃，大萧条也是第二次世界大战的背后推手。这次世界经济危机摧毁了西方国家的金本位制与金汇兑本位制，统一的国际金本位货币体系也随之瓦解。二战末的1944年，以美元为中心的布雷顿森林货币体系的建立，促进了二战后资本主义世界经济的恢复和发展。然而因美元危机与美国经济危机频繁爆发，以及该体系本身存在的固有矛盾性，布雷顿森林货币体系最终于1971年8月15日被尼克松政府宣告结束。此后，世界便正式迎来信用货币时代——以国家的信用为担保发行货币，理论上想印多少钞票就印多少，国库里没有黄金也照样印。多印的美元自然也有它的去处，原油的交易和国际贸易大多以美元结算，各国央行或多或少都持有美元。持有美元无息，用美元购买美国国债便成了常态。

美国经济学家罗伯特·特里芬在《黄金与美元的危机：自由兑换的未来》一书里提到美元特里芬难题。当美元成为国际核心货币时就自然具备了清算和储备的功能，这样必然会导致美元在海外不断地沉淀，美国就会发生长期的经常项目逆差。而美元作为国际货币核心的前提是必须保持美元币值的稳定和坚挺，这就要求美国必须是长期的贸易顺差国。这些看似是矛盾的。在全球三级分工架构下，美国作为最终需求消费国，其经常账户的国际收支保持逆差，铸币税特权保证了美元向全球输送来满足国际结算需求。另外，美国债务信用的稳定也有赖于美元货币体系的稳定，而美元在全球的负债权力并不仅仅依靠美国的经济。除了历史机遇，更为现实的是美国在当前整个世界秩序下扮演的角色。美国从安全、军事实力、国际金融体系、科学技术、人才甚至教育等诸多方面都有软硬优势，这些都是全球对于美国负债权力的信心来源。美国依靠着资本项目的流动来维持着整个债务体系的闭环，其本身的财政赤字是一个常态。对内的财政政策起到平衡分配的作用，而对外则更多地采用财政赤字的方式来维持军事震慑力，这也是维持债务体系的关键闭环。美国的双赤字（经常项目赤字和财政赤字）就是整个正反馈的内燃机，由此通过全球经济一体化来和所有其他分工的国家进行衔接。

经济的全球化分工与美国的产业结构变更还引申出"巨星假设"，这一假设是由埃里克·波斯纳和格伦·威尔在2014年提出的。传统产业的更替让传统能源、工业行业的"老贵族"逐渐没落，而随着信息革命和互联网技术的发展，以硅谷为代表的"新兴贵族"阶层正在崛起。比尔·盖茨、杰夫·贝佐斯、马克·祖克伯格、史蒂夫·乔布斯等作为"新贵"企业主成为《财富》或《福布斯》榜单上的常客，而传统"老贵"的财富继承人在榜单上则越来越少。互联网企业通过其所在领域的寡头垄断或实质性垄断攫取了巨量的超额利润，也为这些企业主积攒了巨额财富，这些财富传统企业主往往需要几代或数十代才能积累起来。这些"超级巨星"的出现，也加速了美国21世纪后的收入和财富不平等。

2. 无可奈何的央行

经济增长提高了民众生活水平，使处境不利的家庭摆脱了贫困。从历史来看，持续的经济增长是全世界贫困率大幅且持久下降的主要原因。但从1980年后，央行也被迫加入这个"极端造富运动"和不平等加剧的场景中来，其原因是经济全球化、美国产业转型、技术变革等结构性因素塑造了美国货币政策的运作环境，而央行和货币政策在短期内对其他不平等的决定因素起着关键作用。

1）经济衰退不利于底层群体

经济衰退对处境较差的群体危害更大，因为失业往往对无技能的人的打击更大，持续时间也更长。在新冠疫情期间，低收入者最先被解雇，其次才是中高收入者，因为低收入者在企业中的可替代性往往也最高。疫情些许好转后，这些低收入者在试图重新进入劳动力市场时往往面临重大困难，即使成功，也可能被迫接受工资较低的工作，而这些工作提供的晋升机会往往较少。相比于资产价格泡沫破裂更多地影响富人阶层，经济衰退对穷人的影响显然更大。

疲软的经济活动对收入不平等的影响虽然最初很小，但往往会随着时间的推移而增加，失业率的上升就能说明这一点。短期内收入不平等只有轻微加重，但随着时间的推移会大大加重，这在经济衰退期间通常会出现。

如果没有政策的外力作用，经济衰退和不平等加剧会相互反馈和加强。当收入分配更加两极化时，即当最高收入者在总收入中占较大份额且以最低收入者受损为代价时，经济衰退期间的总需求短缺似乎更大。如果在经济衰退中处于分配底层的人失去了收入，那么总消费就会出现较大幅度的收缩，进一步延长经济衰退的时间，加剧不景气程度。

不平等可能不仅仅放大了经济衰退，还为下次经济衰退播下种子。美国的债务性消费已成惯例。当家庭收入停滞不前和不太稳定时，往往有较大的借款需求。如果信贷供应充足，可能会形成过度负债，而负担过重的居民部门很大概率引发银行坏账的风险和现金流断裂，这也是 2008 年次贷危机的诱因之一。

2）通胀侵蚀穷人的收入和财富

过去几十年来，通胀中枢持续下移并且相对稳定。通胀会将收入和财富从弱势阶层的手中转移出去，而富人阶层往往具有抗通胀的财富保值手段，通胀仿佛是一种累退的税收形式。这种情况也被称为"通胀税"，削弱了以名义价值固定的金融资产和合同的价值。

现金和银行储蓄是低收入群体持有财富的典型方式，他们只能获得有限的投资选择来保护他们的储蓄。相比之下，较富裕的群体不仅可以利用更复杂的通胀对冲工具，还可以很容易地将资产转移到国外，从而使他们的财富免受国内货币贬值的影响。劳动薪资是美国大多数家庭的主要收入来源，而工资通常是以名义价值固定的，因此也容易受到通胀的影响。将失控的通胀控制住，不仅可以改善经济前景，在其他条件相同的情况下，还可以减轻财富和收入不平等。

3）央行——资产价格上升的幕后推手

由于经济衰退，资产价格大幅下跌，市场终究无法抵御阵痛而呼唤美联储注射"杜冷丁"，即以超低利率和资产负债表扩张政策来支持经济活动并降低失业率。但以上所讲的通胀往往不包含资产价格，金融性资产与房产并没有纳入传统意义的通胀之中，而家庭之间的不平等可能会削弱货币政策的传导。不同阶层的人群对利率的敏感性不同，收入分配底层的群体可能由于严格的借贷限制而无法利用宽松的信贷政策，而收入分配顶层的群体则能利用低利率扩张其家庭资产负债表，购入更多的金融性资产和房产，进而出现"富人通胀，穷人通缩"的现象。

2000 年互联网泡沫破裂，美联储降低利率刺激经济恢复，小布什也同步放松了对于金融的监管。在低利率和宽松监管环境的双重刺激下，美国居民部门通过金融工具加大杠杆率，房地产企业得到了迅速发展。同时，质量参差不齐的贷款在金融系统中通过衍生品迅速蔓延,为2008年金融危机的爆发埋下了祸根。一旦利率开始抬升,居民的未来现金流无法覆盖杠杆和债务,贷款链条断裂,消费马上会受到重创,中低收入群体饱受打击。

在2008年次贷危机期间,美联储采用量化宽松的货币政策,并部署所有必要的工具来保持低借贷成本,防止经济衰退进一步加剧。反过来,虽然低利率大大缓解了收入不平等,但同样推高了资产价格,特别是股票价格,在短期内增加了财富不平等。受新冠疫情冲击的2020年亦是如此,低实际利率下充足的流动性让各类资产价格大幅攀升,贫富之间更加撕裂。

3. 不涨的劳动薪资,高高在上的资产,挣扎求生的底层

换个角度来看总消费曲线。整体来说,人口总数是社会总消费水平的变量,而在微观层面,居民消费能力函数可以分解为收入和杠杆两部分。收入主要包括三类:一是劳动性收入,是劳动者通过劳动获得的各种报酬,也是经济数据统计中收入的一般口径;二是财产性收入,是居民的资本参与社会生产和生活活动所产生的收入,一般是家庭通过拥有的动产和不动产所获得的收入;三是财政性收入,主要来自政府财政的转移支付,包括补贴、救济金等。另外,居民消费能力也受到杠杆的影响。与杠杆相关的变量包括两个:一个是储蓄,高储蓄能够支撑起高消费水平;另一个是借贷,是居民通过透支未来现金流用于当前消费,一般通过金融杠杆来实现(见图9-24)。

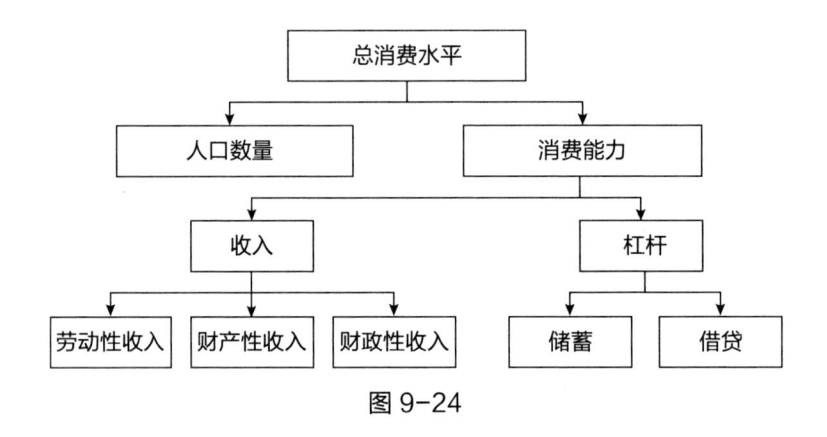

图 9-24

劳动性收入增长是消费良性发展的基石。只有劳动性收入增长才能持续改善整个社会的总需求，而财产性收入增长并不一定能推动总需求曲线的扩张。劳动性收入和财产性收入之间的关系类似于基尼系数，因为主要依靠财产性收入获利的人群以富人阶层为主。如果社会收入结构中财产性收入较高，则意味着少部分人通过金融性资产获得了高额收益，而大部分人通过辛勤的劳动并没有改善生活状态，这对全社会来说不是好事情。

财产性收入本质上来自零和博弈，小部分人的财产性收入来自其他大部分人的储蓄甚至债务，因此财产性收入的增加相当于剥夺了其他人的基础消费能力。可以看到，贫富差距和基尼系数加大、整体消费受到抑制、资产价格上升往往是相伴出现的。

财政性收入则是政府对社会资源的二次或三次分配，是从外部对居民的资产负债表进行兜底。如果政府财政上具有一定的财政盈余，能够为全社会创造良好的社会福利体系，则对扩张需求曲线是一个加分项。大部分居民敢于降低储蓄水平、加大杠杆规模，就在于社会福利体系的托底保障。社会福利支出相当于补贴了收入增长缓慢的缺口，降低了居民未来的不确定性。当医疗、养老、基础教育等福利支出越高，社保体系越健全，储蓄的必要性就越小，居民便可以进一步透支未来的收入。

美国在1980年代后储蓄率大幅下降，劳动性收入增速减缓，金融杠杆水平快速抬升，大部分人开始因为某一项核心资产背上巨额债务。背后的缘由便是美国在全球化下将制造业外迁，居民收入增速被大大放缓。由于劳动性收入增速慢于财产性收入增速，便有了储蓄率下降、杠杆水平上升的结果，进而推高了资产价格，财产性收入增速进一步加快，形成了负反馈。同时，虚拟经济增速过快对实体经济产生明显的"吸血"效应，社会生产力不足、技术性研发投入不足，整个社会劳动性收入增长再一次被放缓，基尼系数进一步拉大，严重地破坏了消费的良性循环。1979年，后90%的家庭收入的86.9%来自工资或与工资有关；到了2015年，该比例略有下降，至84.0%（见图9-25）。在此期间，大多数家庭的收入增长主要来自工作时间的增加，而不是其他的财产性收入。

劳动性收入占比

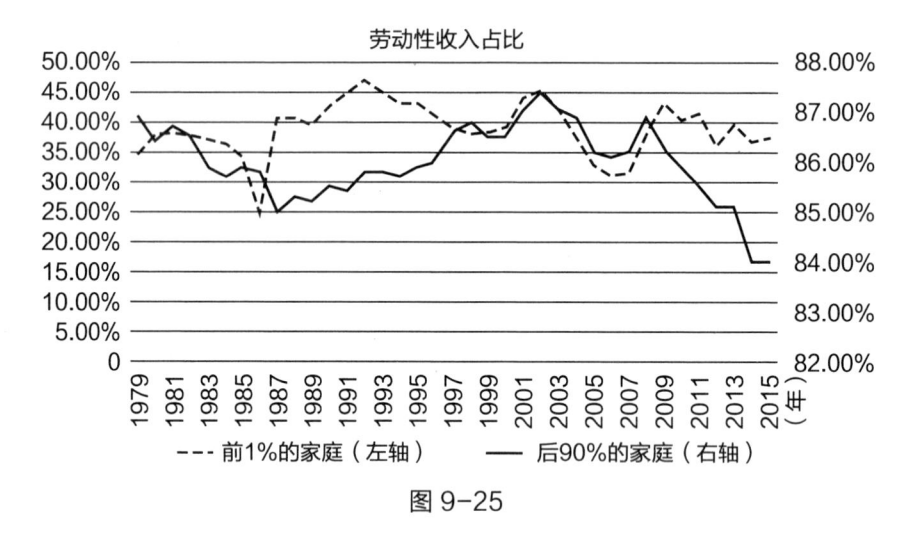

- - - 前1%的家庭（左轴）　　—— 后90%的家庭（右轴）

图 9-25

伴随着经济的发展，劳动性收入理应随着生产率的增加而增加，换句话说就是，如果员工生产得更多，他们应该得到更多的报酬。如果工资的提高落后于生产率的提高，收入不平等就会加剧，因为劳动在产出中的份额正在下降，而资本的份额则在上升，资本的所有者又通常是高收入群体，因此劳动性收入增长的放缓不仅影响总需求曲线的扩张，还会影响资源在高低收入者之间的分配，加剧不平等程度。根据美国劳工统计局（BLS）2017年6月的报告，从1940年代到1970年代，生产率随着员工薪资（包括工资和社保等福利）的上升而上升。但在那之后生产率的增长速度超过了薪资增速，更确切地说是薪资增速有了很大的放缓，美国劳工统计局称这个差异为"生产率－薪资差距"。这一问题引起了政策制定者的广泛关注。大多数行业都存在着这种差距。美国劳工统计局研究了从1987年至2015年的183个行业，并对这些行业进行了详细调查。结果显示，有83%的行业在这一期间生产率的年均变化幅度超过薪资的变化幅度。在信息技术行业，生产率在1987—2015年保持了5.0%的速度增长，而薪资的同比年化增速仅为1.5%，导致"生产率－薪资差距"为3.5个百分点。同期制造业为2.7个百分点，零售业为2.6个百分点，运输和仓储业为1.3个百分点。从1979年至2017年，美国生产率增长了70.3%，而工人的时薪仅增长了11.1%（见图9-26），生产率的增长速度是工人时薪增速的6倍，"生产率－薪资差距"产生企业利润，增加了资本和企业主的收入。

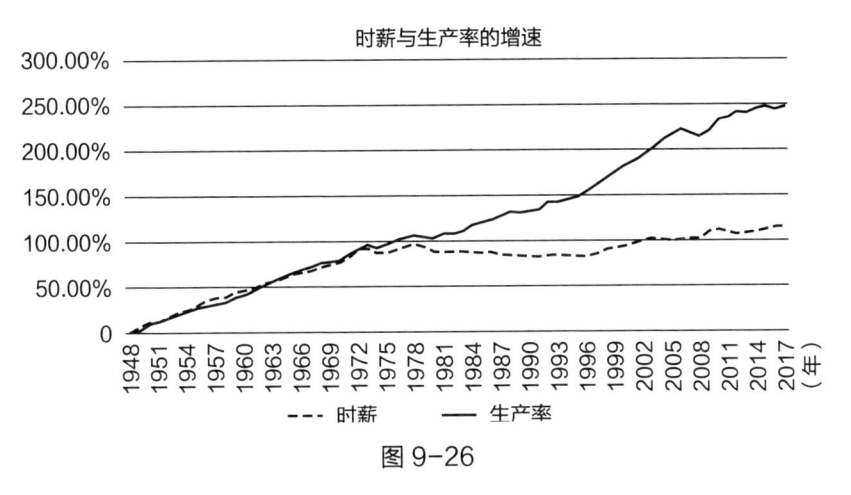

时薪与生产率的增速

图 9-26

低收入者与高收入者贫富差距加大，劳动薪资的增速缓慢只是一部分原因，更重要的原因则是资产价格的不断攀升。美国的产业空心化有很大一部分原因是大资本家通过产业的"海外殖民"来满足自己的产业转移和低成本需求，同时用美元和金融的手段来薅羊毛，实现周期性的财富收割，填充自己的口袋，对应着的是不断买入的金融、房地产等资产价格飙升，金融终究是富人的游戏。

在新冠疫情暴发之前，美国已经处于 K 型社会中，而疫情则将其伪装的面具完全撕下。21 世纪以来，美国宏观杠杆率大幅攀升，财政转移支付迅速扩张，居民加杠杆撑起了消费、支持了经济。在这场疫情中支撑消费的主要动力来自财政补贴下的收入增长，政府的转移支付支撑起了短期收入和消费。但由于疫情的存在，就业和收入问题并没有解决，房贷违约率在金融危机之后也久违地出现了探头的态势（见图 9-27）。

央行的低利率也催生了金融资产的价格泡沫。超低的利率让金融圈人士财富增值，推动中心城市房价上涨。互联网、科技新贵大多数在旧金山硅谷，新贵随着互联网科技企业崛起而购买力上升，"铁锈地带"的薪资和购买力却明显趋弱，旧金山和芝加哥房价的价差随着标准普尔指数的上升而上升。由于底层民众没有资产、收入、抵押物，加杠杆的能力弱，信贷资源便向富人倾斜，财富也加速向富人集中。

图 9-27

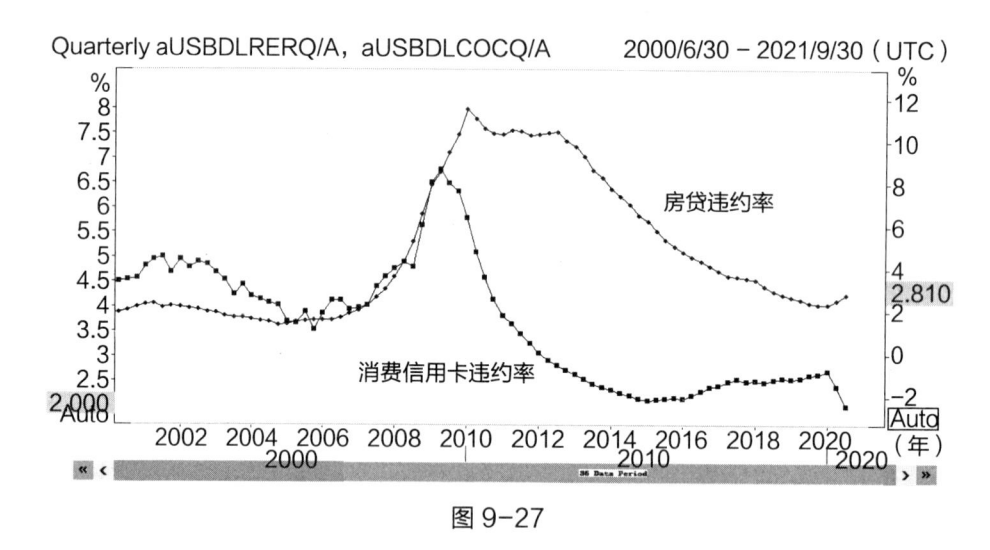

低收入、贫富差距和过于依赖杠杆支撑不起通胀，通胀和利率之间的关系也因收入的结构性问题及债务杠杆而发生变化。服务业比重过高，居民部门整体收入增长缓慢，低利率无法在这种情况下刺激需求，提高居民收入，推升通胀，反而推动了杠杆率的增加和填充了富人的腰包，催生了房地产、金融资产价格的泡沫。收入没有增长，消费越低迷，则经济增速越低；经济增速越低，则利率越低。经济的结构性问题，无法通过总量政策来解决，这也是让包括美联储在内的全球各国央行头疼之处。全球化的发展使效率得到了提升，可效率提升带来的红利被少数富人群体和资产价格吃掉，公平分配方面没有被兼顾到。贫富 K 型分化加剧和社会矛盾激化，就是之前行为带来的恶果。

4. 税收政策上的转移支付

20 世纪初期，美国有几大富裕的家族，如拥有石油帝国的洛克菲勒家族、经营铁路和航运的范德比尔特家族、钢铁大王卡内基家族等，因为他们，美国建立了现代的所得税制度，以避免财富上的差异将美国这些大家族变成欧洲式的古典贵族，防止社会因他们而被撕裂。美国同时也颁布了多个反托拉斯法案，来阻止这些大企业的垄断行为。

税收政策是对市场收入进行二次分配的机制，一战期间的所得税收入支撑起了美国战时的财政支出。战后，所得税没有削减，反而呈上升趋势，至 1927 年美国所得税收入占税收总收入的比重达 64%。1943 年，美国又立法确立了"有收入必纳税"的原则，所得税税基不断扩大。尽管历史上不少执政者都进行了大规模的减税或其他税收调整政策，但所得税在美国联邦收入中依然占据着主要位置。美国 1929—2019 年所得税收入如图 9-28 所示。

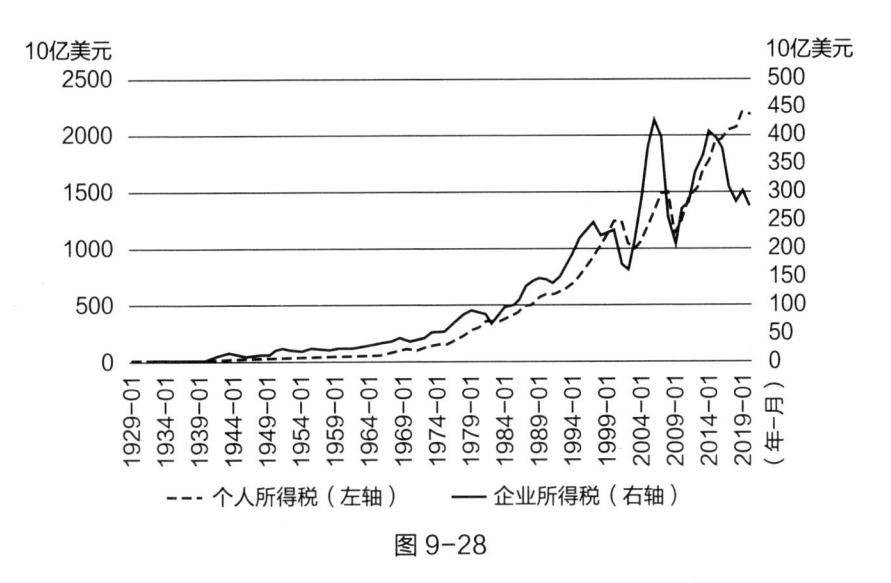

图 9-28

除初次分配之外，一整套合理的税收公共机制有利于使资本为整体利益服务，有利于各个行业发展和参与性治理，也有利于缩小贫富阶层之间的收入和财富差距。累进税制的理想形式是对所有收入和资产征税，没有免除或例外，收入和资产水平越高，税率就越高。其优点是：

（1）累进税制能以最公平的方式为公共服务、社会保险和教育机构筹资，确保知识和技能等传播过程和谐顺畅，通过微观个体来改善社会经济发展。

（2）累进税制能缩小市场和私有财产制所带来的贫富差距，特别是限制社会阶层顶端群体的收入，避免资产过度集中。

（3）有效的累进税制的建立，能够使收入和资产变化透明化、公开化。税收除了筹资和再分配的作用，还可用以区分各种统计类别，让社会更好地认识自身，并依照经济和社会现实的演变来采取相应的政策。

美国在过去的百年历史中，不同政府在不同时期推出了关于税收的不同政策，也造就了社会不平等的相应变化。经济学家保罗·克鲁格曼将"大压缩"时代部分归功于罗斯福总统的新政、二战时期的累进所得税制度。从 1937 年至 1947 年，高度累进的税收、新政工会的加强以及二战期间国家战争劳工委员会对工资和战时价格的控制，提高了穷人和工人阶级的收入，降低了高收入者的收入，这也是"大压缩"时代开启的主要原因之一。同样，"大压缩"时代的结束也与税收相关。经济学家托马斯·皮凯蒂和伊曼纽尔·赛斯研究发现，自 1960 年之后，美国累进税率的大幅下降发生在两个时期，分别是 1980 年代的里根政府时期与 2000 年代初的布什政府时期。里根总统采纳了供给学派观点，在减税的同时减少监管，激发了企业和市场活力。在其执政期间，最低边际税率从 14% 下降到 11%，而最高边际税率从 70% 以上大幅下降到只有 28%。保罗·克鲁格曼的研究数据也形成支持，高收入家庭的整体实际税率从 1980 年的 36.5%，下降至 1989 年的 26.7%。

除所得税外，美国还有资本利得税，课税主体为拥有绝大多数资本的高收入群体，课税对象为持有的金融资产、财产或企业。由于高收入纳税人的资本收益，即财产性收入占其总收入的比重很大，因此提高资本利得税有助于降低收入不平等。"大压缩"时代之后，收入不平等现象在 1980 年后再次加剧，资本利得税却一降再降。1978 年卡特总统执政期间，最高资本利得税率从 49% 降至 28%。作为整体经济增长战略的一部分，里根总统在 1981 年将非劳动收入的最高税率下调至仅 20%，达到了自胡佛政府以来的最低水平。1997 年，克林顿政府继续降低资本利得税率，从卡特时期的 28% 下降至 20%。在其之后，小布什总统将资本收益和股息的税率从 20% 降至 15%，不及收入所得税最高税率的一半。

由此，美国富人群体持有金融资产的比重越来越大，我们也就不难理解前文所说的，金融资产价格上升后钱都进了富人的口袋，而由于信息不对称，富人转手卖出金融资产获利后主要由中低收入群体接盘买单。财富不平等的加剧从金融资产可见一斑。蒂莫西·诺亚在其 2012 年出版的《大分歧》中谈到，2010 年，大约 81% 的股票由最富有的 10% 的人持有，而 69% 的股票由最富有的 5% 的人持有。只有大约 1/3 的美国家庭持有超过 7000 美元的股票。根据美联储对居民家庭资产负债表的统计，自1989年以来，最富有的那批人持有的金融资产比重不断提高，最富有的1%的人在1989年底持有近20%的金融资产，到2021年初，这个比重上升到29.1%；最富有的20%的人在1989年持有居民部门资产负债表中全部金融资产的64.2%，到2021年第一季度则持有73.6%，近3/4的金融资产掌握在前20%的人手里（见图9-29）。如果用好资本利得税，对改善不平等状况的二次分配和社会保障等转移支付有巨大帮助。

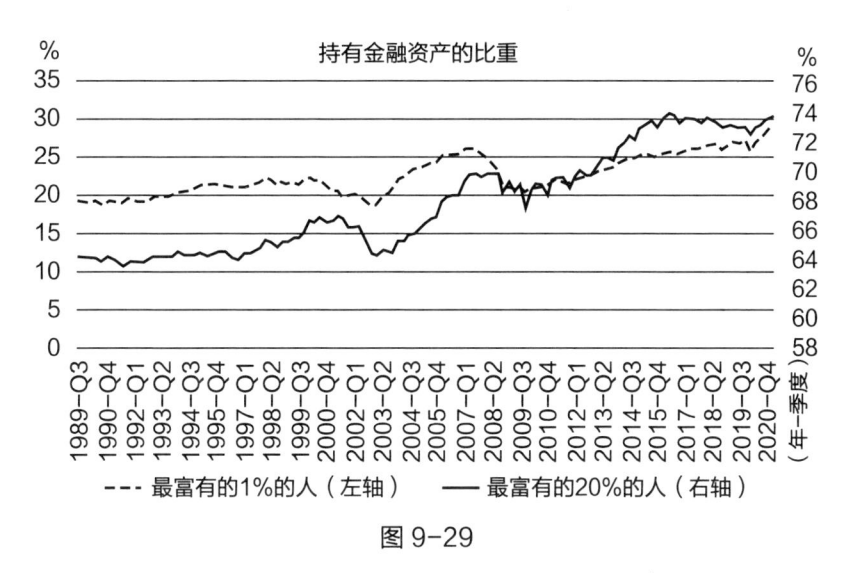

图9-29

目前，美国总统拜登正在推行近些年来最大的加税计划，包括将美国国内公司税率从21%提高到28%，将个人所得税最高税率从37%提高到39.6%，还希望将年收入超过100万美元的人的资本利得税税率从目前的20%提高到39.6%。向富人征收"富人税"势必会遭到很多阻碍，但议案若能顺利通过，将在一定程度上改善不平等情况，并缓解美国新冠疫情后庞大的财政赤字压力。

5. 技能导向的技术进步与教育的分化

美国传统经济结构的劳动生产率无法提高，而滞胀期间，美国研究开发投入的比重不断增加，新经济的机会正在孕育，为之后的信息科技的蓬勃发展做好了准备。自1971年至1981年，美国研究开发支出有了快速提升，在1970年代的后半段，研发支出持续保持两位数的增长速度（见图9-30）。

美国GDP中研究和开发支出同比变动

图 9-30

那么,随之即来的计算机和信息技术进步加剧了美国的社会不平等吗?比尔·克林顿在其担任总统时多次说道:"你能学多少,你就能挣多少。(What you earn, is a function of what you can learn.)"在其任期中,计算机逐渐改变了世界,原本以制造业为主的经济逐渐让位给知识型经济。而知识型经济的特点是有些岗位对技术提出了更高的要求,并非人人都能胜任,于是也就有了上层岗位与下层岗位之分。克林顿政府的第一任劳工部部长罗伯特·莱西称上层岗位是"很有代表性的分析学家",能使用"数学算法、法律论证、金融知识、科学原理、心理洞见"等技巧和工具来完成工作的岗位,而这些岗位没有学士或硕士学位的人很难胜任。底层岗位依然是"现场服务(in-person-services)"的提供者,如服务员、保姆、保安等。然而,中间岗位发生了极大的变化,这部分岗位原先被工人、速记员和其他中等熟练工占据,但现在随着技术进步,这部分岗位正逐渐消失。

技术进步使得高技能工作者的生产力比低技能工作者的生产力提高得更多,放大了这两个群体之间的收入差距。同时,技术进步倾向于消除的工作,是那些不需要多少思考便能完成的工作,这些工作曾经吸纳了美国20世纪下半叶的中产阶级劳动者,如工业生产流水线上的工人。人的主观能动性在这些岗位上无法发挥,相比之下,某些底层服务型岗位对工作者的主观能动性要求反而更高,因此那些岗位没有被取代。关于新技术取代旧工作岗位的讨论从1960年代便开始出现。低技能岗位在被取代的同时，高技能岗位往往会同时出现，倒逼劳动者提高自身受教育程度和技能水平，否则只能被淘汰。"铁锈地带"的出现让大量没办法自我升级的劳动者由第二产业转向第三产业中的底层岗位，激烈的竞争也限制了这些底层岗位的薪资增幅。再后来，收入增速下降限制了消费增长，经济内生动力因而下滑。居民部门背上更高的负债和杠杆率，增加了经济结构的不稳定性。危机爆发，只能用货币总量政策进行刺激，最终造就低利率、低增长、低通胀的"三低时代"，就业的两极分化也影响、助长了美国社会K型的撕裂。雪崩的时候，没有一片雪花是无辜的。

改变这种状况的方式是接受教育或再教育。读书改变命运从来都不是一句空话，教育也是实现阶层流动最好的方式之一。随着美国发展成后工业社会，越来越多的工作岗位需要上一代人所没有的专业知识，因而雇主对招聘的员工提出了更高的要求。另外，不需要专业知识、仅依靠技能熟练度的岗位随着制造业规模的减小而减少，在由此产生的就业市场中，普通工人和拥有较高学历的工作者之间的"教育溢价"在不断加大。

1989年，拥有学士及以上学历的人持有的净财富占全部国民净财富的49.3%，本科肄业/在读的人持有的净财富占比为19.2%，拥有高中学历的人持有的净财富占比为20.5%，而没有高中学历的人持有的净财富占比为11%。随着教育的普及，越来越多的人接受了更高的教育，拥有学士及以上学历的人持有的净财富占比不断上升，而拥有低学历的人持有的净财富占比不断下降（见图9-31）。教育的分化也容易使得收入阶层固化，低收入群体往往难以获取优质的教育资源，只能进入条件一般的公立学校。另外，低收入群体对于改善自身条件而进行学习的意愿和动力不强，也限制了其收入水平的提升。在全球范围内，美国拥有最优质的高等教育资源，2021年QS（Quacquarelli Symonds，英国的一家国际教育市场咨询公司）世界排名前100的大学中，美国有28所，因而能够吸引全球的优质人才为其服务，进一步推高了"精英阶层"的门槛，拉大了其与其他阶层的差距。"大学溢价"让拥有高学历的人比低学历的人能拿到更高的工资，失业率也相对较低。

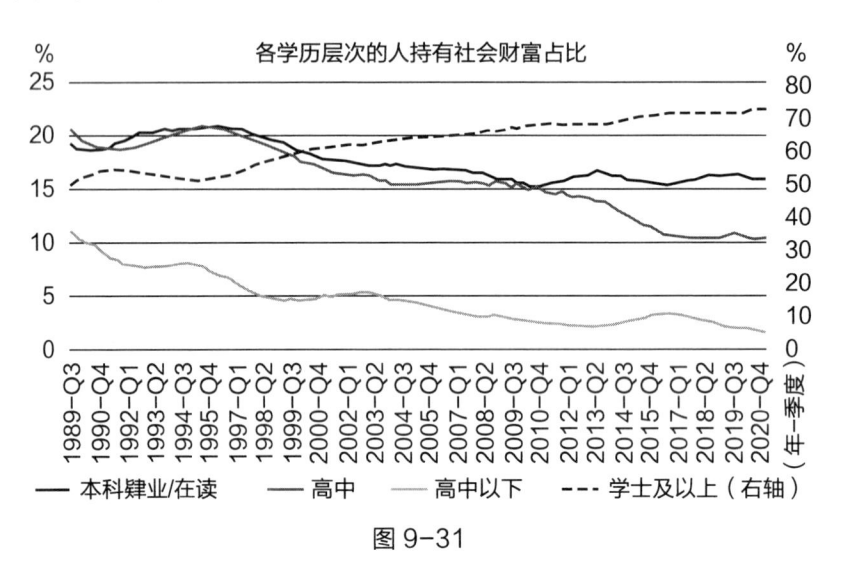

各学历层次的人持有社会财富占比

图 9-31

本科肄业/在读 ——— 高中 ——— 高中以下 --- 学士及以上（右轴）

6. 工会的衰落

美国的工会是自 1935 年《国家劳工关系法》颁布以后被美国劳工法承认的工人联合组织，主要就其成员的工资、福利和工作条件进行集体谈判，并代表其成员与管理层就违反合同规定的纠纷进行洽谈。1947 年，美国超过 1/3 的非农工人是工会会员。工会提高了其会员的平均工资，并间接地提高了类似职业非工会会员的工资。保罗·克鲁格曼称，工会投票活动的高投票率，以及第二次世界大战的大规模动员和战争胜利所带来的民族情绪，为政府制定平均化收入政策提供了支持。

工会集体谈判的权利与工资和收入密切相关。随着 1935 年《国家劳工关系法》的通过，工会集体谈判大规模发生，带来了数十年更快、更公平的经济增长和收入增长，这种增长一直持续到 1970 年代后期。但自 1970 年代以来，工会化程度下降使不平等加剧，并阻碍了广大美国中下产阶级的收入增长。当工会薄弱时，最富有的人的收入增加得更多；但当工会强大时，底层的 90% 的人的收入增长得更多。美国 1917—2013 年工会会员与最富有的 10% 的人的收入占比如图 9-32 所示。

图 9-32

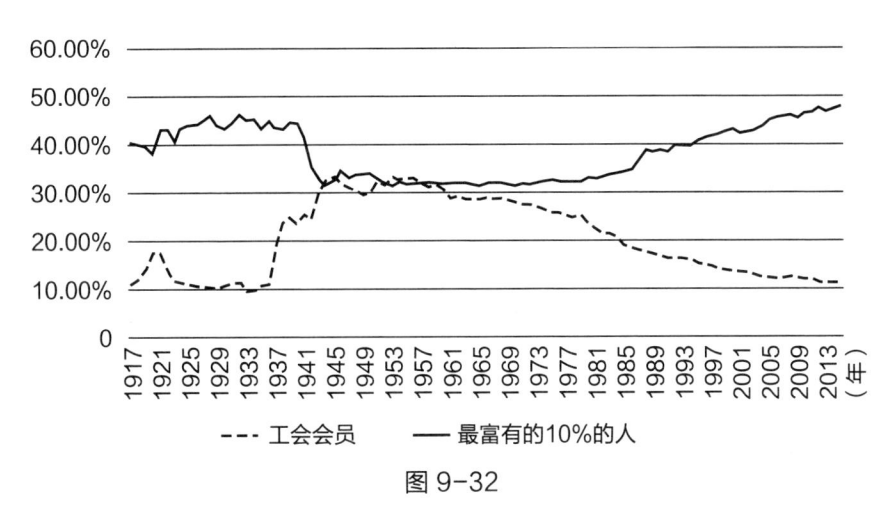

2019 年，美国工会有 1460 万名会员，约占全美工人的 10.3%，工会人数低于 1983 年的 1770 万人。超过一半的工会会员居住在加利福尼亚州、纽约州、伊利诺伊州、宾夕法尼亚州、新泽西州、俄亥俄州和华盛顿州。工会工人报酬历年的变化情况见图 9-33 和图 9-34。2019 年的一项研究显示，1930 年代和 1940 年代工会的兴起导致了收入不平等的改善；当下，在工会化率较高的地区，国会代表对穷人的利益反应更快。《美国政治学杂志》2020 年的一项研究表明，当白人获得工会会员资格时，他们的种族怨恨情绪会减少。

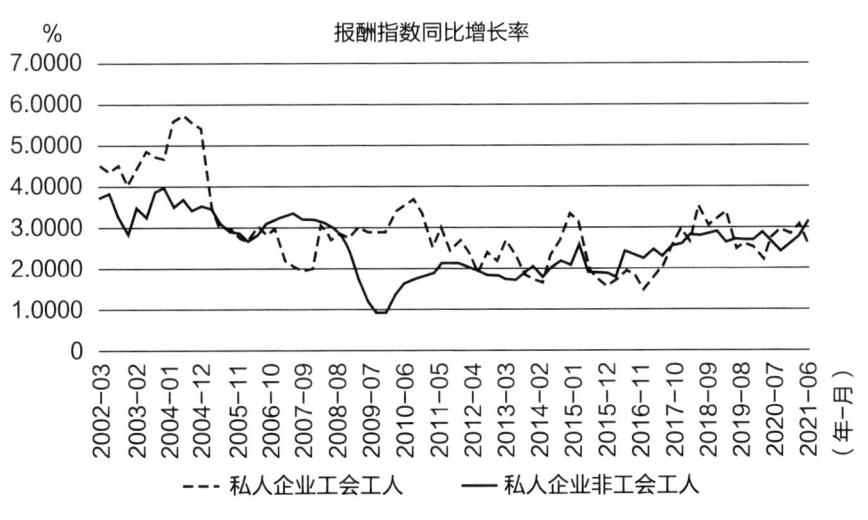

图 9-33

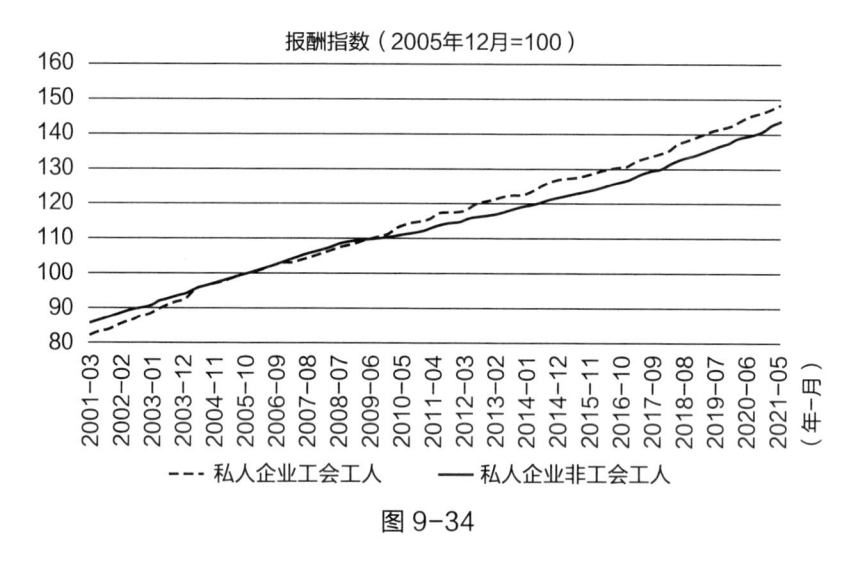

报酬指数（2005年12月=100）

```
160
150
140
130
120
110
100
 90
 80
```
横轴：2001-03 至 2021-05（年-月）

- - - 私人企业工会工人　　—— 私人企业非工会工人

图 9-34

现在美国工会的力量远不如当年强大。受到所推行的新自由主义政策和供给学派的影响，里根像撒切尔夫人一样用强力的手段来打压工人和工会运动。自 1980 年之后美国工会成员覆盖率开始急剧下滑，工会会员人数从 1983 年占劳动力的 20% 急剧下降至目前的 10% 左右。也是自那时起，美国的产业结构发生巨大变化，资本主义全球化进程下的国际产业转移也使得美国逐渐去工业产业，制造业产业工人在就业人口中所占的比例逐年下降，服务业工人逐渐崛起，这使得旧有的工人运动组织方式面临调整。关于美国工人的现状和工会的现状，我们能够从美国纪录片《美国工厂》中得窥一斑。工人消极的工作态度和工作效率有目共睹，放任工会运动会最终害了企业自身，通用等大企业有例在先。另外，工会也逐渐违背了其"初心"，工会自身退化成官僚机构；工会领导层最终脱离了工会成员，成为"工人贵族"。工人大众的利益不再是最优先的目标，工会这个组织的利益被排到了第一位，"工人贵族"也可以从中获得经济和政治力量。

劳工权利的制约性能有效改善雇主与雇员之间的收入分配关系，强大的工会力量也贯穿了整个"大压缩"时代。诺贝尔奖得主约瑟夫·斯蒂格利兹认为，强大的工会有助于减少不平等，而较弱的工会使得雇主更容易与市场力量合作加剧不平等。随着工会的衰落式微和目的的变化，社会 K 型分化也在意料之中。

7. 美国社会 K 型分化的其他因素

美国的政党、总统和政治体制也对 K 型分化负有一定责任。政治学家拉里·巴特尔斯研究了 1948 年至 2005 年居民的收入增长，发现总统所在政党与美国收入不平等之间存在很强的相关性。在民主党执政期间，底层收入增长速度较快，穷人和中下阶层的税前收入每年增长 2.64%，中上阶层和富人的税前收入每年增长 2.12%。相比之下，共和党执政期间的收入增长集中在顶端，穷人和中下阶层的税前收入每年增长 0.43%，中上阶层和富人的税前收入每年增长 1.90%。

另外，美国政治体制也有碍社会的统一，容易造成阶级矛盾。

（1）美国两党制、联邦制注定其无法做到"全国一盘棋"，而两党的斗争和政治交替注定美国的长期财政计划难以制订和实施，不利于减小社会不公。从美国国会两党关于财政政策的推诿扯皮可以看到，执政一方的政策势力必遭到另一方的阻碍，不利于长期计划的制订和实施，如新冠疫情期间的财政刺激方案与拜登的基建方案。

（2）美国大选政治已经沦为金钱政治，让美国政客不再费尽心思为普通民众服务，而是成为资本的奴隶。天价竞选资金的背后是各个利益集团、企业财团试图通过政治捐款和献金影响大选结果，推选自己心仪的候选人。

（3）贫富差距、族裔问题等叠加交织，K 型分化的恶果反噬其政治体制。2021 年大选集中爆发了其政治、经济、社会的结构性问题，美国国会山也自 1814 年被英国军队袭击后首次被占领，社会的危机感、精英的焦虑感、底层的被剥夺感所造成的张力与外溢负面效应逐渐显现。

经济学家们对移民的影响有不同观点。1965 年美国的《移民和国籍法案》普遍放缓了对移民的限制，对非欧洲移民更加宽容。自 1970 年以来，美国移民比例从 4.8% 上升至 11.0%，目前一半以上的移民来自墨西哥等中美洲、南美洲国家。虽然有相当一部分移民具有较高的学历、技能和收入，但大多数移民的受教育程度明显偏低。诺贝尔奖得主保罗·萨缪尔森认为，限制移民会通过减少劳动力供应，使工资保持在高水平。而 1965 年移民法颁布后，收入平等趋势逆转，外来劳动力的大量涌入影响了美国就业市场，低端就业岗位竞争激烈，低收入群体薪资增速极大放缓。但是当经济学家观察迈阿密时却没看到这样的结果。1980年菲德尔·卡斯特罗执政时期，12.5 万个古巴移民到达了迈阿密，将其劳动市场的供给扩大了 7%，但迈阿密的薪资水平和失业率并未受到冲击。

在美国，K 型分化还受种族和性别差异的影响。随着女性受教育程度的提高，女性获得学士、硕士、博士学位的人数不少于男性，将近 2/3 的学士以上学位由女性获得。得益于女性的努力和受教育程度的提高，在过去 50 年里，女性收入中位数增加了 157.2%，而男性只增加了 36.2%。尽管如此，目前男性的收入中位数比女性中位数依然高达约 70%，性别的差异依然存在。种族差异亦是如此。尽管强调平等和人权，但美国对有色族裔的歧视和激进主义甚嚣尘上。亚裔美国人更容易成为 K 型分化上行的那部分。亚裔相对其他群体愿意在教育上投入更多时间，获得更高学历，也更有可能拥有高地位和高收入的岗位。相比之下，非裔美国人被雇佣的可能性较小。以房屋所有权为例，近 75% 的白人家庭拥有自己的房屋，而黑人家庭的这一比例仅为 44%。即使在新冠疫情之前 3.5% 的失业率历史低点，黑人和西班牙裔工人的失业率仍要远高于此。

9.4　K 型社会的失衡问题 —— 房地产、消费主义和资本垄断

9.4.1　全世界都头疼的问题 —— 房地产对社会的冲击和影响

超发的货币不会消失，货币政策放出的水大多都流向了金融资产而非实体经济，证券市场和房地产市场形成巨大的蓄水池。不同的国家，具体的表现不同。对于美国来说，1980 年代后伴随着利率一路下行的是美股价格在波动中不断创新高；对于中国来说，楼市尤其是核心城市的楼市成了超发货币的蓄水池；而对于低增长和低利率的日本和欧洲各国来说，宽松的货币政策推动了日元和欧元在全球范围内的套息交易。

房地产与其他金融资产不同的是，房子关乎国计民生，房地产不仅是最基本的生产要素，也是最基本的生活资料，是居民部门最重要的财富组成部分。在任何国家和城市，房地产业都占有极其重要的地位。中国人历来注重家庭观念，

讲求"先安身再立命",置业需求对于绝大多数中国人都可以说是刚需。从《汉书·元帝纪》中的"安土重迁,黎民之性;骨肉相附,人情所愿也"到孙中山先生的"居者有其屋,耕者有其田",再到现在的"坚持'房子是用来住的,不是用来炒的'定位",都体现了房地产对于民生的重要性。若房地产的价格过快上涨,超出大部分人可接受的程度,则可能引发一系列的社会问题。

9.4.1.1 中国房地产市场的飞速发展

中国内地房地产市场化始于 1980 年代,自 1998 年住房商品化改革步入飞速发展期,迄今已有 20 多年的上行历史。早在 1950 年代,香港就探索出以卖楼花、土地批租制、土地财政为特色的房地产发展模式,这一模式在 1990 年代被内地房地产业引入,包括土地 70 年产权、公摊面积、预售制、土地财政等借鉴的都是香港的经验。

其中土地批租制和土地财政的引入对中国内地房地产业以及经济的发展影响都是非常深远的。土地批租是国家土地使用权有偿使用的一种形式,即将若干年内的土地使用权一次性出让给土地使用(经营)单位。土地批租制对我国土地使用和管理制度改革乃至整个经济体制改革有着十分重要而深远的意义。

2020 年全国 100 多个城市的国有土地使用权出让收入加起来超过 8.4 万亿元,支出也达到 7.6 万亿元(见图 9-35)。根据财政部披露的 2019 年地方政府性基金收入和支出决算表,2019 年国有土地使用权出让收入 70 631.06 亿元、国有土地收益基金收入 1764.40 亿元、农业土地开发收入 185.02 亿元,构成国有土地使用权出让收入 72 580.48 亿元。2019 年国有土地使用权出让相关支出 74 316.64 亿元、国有土地收益基金相关支出 1 350.88 亿元、农业土地开发相关支出 86.11 亿元,构成国有土地使用权出让相关支出 75 753.63 亿元,主要用于征地和拆迁补偿、土地开发、城市和农村基础设施建设等支出,也就是我们常说的"三通一平"(水通、电通、道路通和场地平整)的相关支出。这组数据也意味着,政府的大部分土地出让收入都用于拆迁补偿、土地平整以及相关基础设施建设的支出。土地批租制度固然有其缺陷,但在早期,除对房地产业及其上下游产业链的发展至关重要外,也助力中国从改革开放初期的基础设施建设弱国发展成现在无可争议的世界基建强国,为中国经济的腾飞发挥了非常重要的作用。城镇化创造出大量的刚需购房需求,也衍生出大量的基建需求,使得地方政府更加依赖土地财政。在过去几轮经济下行周期中,房地产更是被当成托底经济的抓手,以防止经济增长失速带来严重的后果。

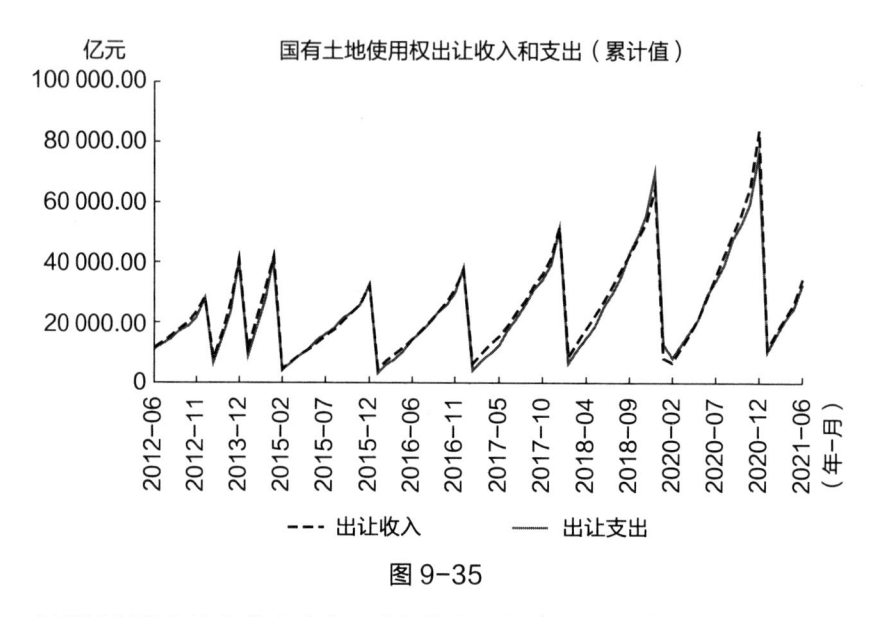

图 9-35 国有土地使用权出让收入和支出(累计值)

但通过刺激房地产带动需求、发挥其宏观经济稳定器作用的同时,也带来了副作用——房地产价格尤其是核心城市房产价格上涨过快。房地产市场泡沫形成的原因有很多,除上面提到的土地批租制度下土地供给的不足外,也有改革开放以来中国经济高速增长以及生活水平提高后人们对住房条件改善的需求激增这一因素。此外,经济下行周期中宽松的货币政策以及房地产保有环节较低的税率也助长了"炒房",甚至形成了房地产价格永远上涨的预期,最终导致中国居民家庭财富大量集中在房地产上。根据《2019年中国城镇居民家庭资产负债情况调查》,我国城镇居民家庭的实物资产中,74.2%为住房资产,户均住房资产187.8万元,住房资产占家庭总资产的比重为59.1%。和美国相比,我国居民家庭住房资产比重偏高,高于美国居民家庭28.5个百分点。我国城镇居民家庭的住房拥有率为96.0%,有一套住房的家庭占比为58.4%,有两套住房的家庭占比为31.0%,有三套及以上住房的家庭占比为10.5%,户均拥有住房1.5套。美国家庭总体的住房拥有率为 63.7%，低于我国 32.3 个百分点。按家庭收入从低到高排序，美国收入最低的 20% 的家庭的住房拥有率仅为 32.9%，而我国收入最低的 20% 的家庭的住房拥有率为 89.1%。

高房价给社会带来的负面影响是显而易见的，其中最严重的就是引起社会分配的不公，"躺平"和"躺赢"之间相差的可能就是几套房产。年轻人的上升通道变得更加困难，香港就是前车之鉴。房价如果相对于工资增速长期保持过快上涨，年轻人失去的不仅仅是安身之所，甚至可能还有对生活的希望。当年轻人一生都在为了一套房产而打工时，年轻人的职业取向和消费能力都会有很大变化。对梦想的追逐会让位于短期赚钱目标，年轻人的结婚意愿和生育意愿甚至都会降低，这对于整个社会的稳定和发展都会产生不利的影响。

此外，房地产业对于其他行业的挤出效应也会变得更加显著。在土地财政和房价上涨的预期下，政府、开发商和有产者的利益捆绑在一起，大量资金和资源流向房地产。尤其在整体广义流动性收缩时，资金依然向房地产集中，对其他实体企业融资的挤出效应明显，同时房地产与金融高度绑定也加大了社会面临的系统性风险。高租金成本使得实体经济的回报率进一步下降，一部分实体企业甚至不愿意专心做实业，而跨领域涉足回报率更高的房地产行业。对于居民消费而言，虽然房产增值具有财富效应，但在资产增值导致的财富再分配效应下，边际消费倾向是递减的，基尼系数的提高抑制了居民消费支出。高债务率下利息支出的上升也会对消费支出形成挤压。根据《2019 年中国金融稳定报告》，2018 年中国居民部门的债务收入比和房贷收入比（个人住房贷款余额/可支配收入）分别为 99.9% 和 47.4%，同比上一年分别增长 8.7 个和 6.5 个百分点。

9.4.1.2 "房住不炒"的决心——回归房子的基本属性

房地产不仅是一个经济工具和手段，也是各种社会、经济、政治问题的源头，是最为基础的民生产业。在此背景下，2016 年 12 月 14 日至 16 日，中央经济工作会议召开。会议明确指出，坚持"房子是用来住的，不是用来炒的"定位，即回归房子的基本属性——居住。2020 年以来，尽管受新冠疫情冲击，经济下行压力加大，但是中央始终没有放松房地产调控，仍坚持"不将房地产作为短期刺激经济的手段",个别地方刺激需求的政策也被叫停。

在过去房地产价格快速上涨的过程中,不可避免地出现了一些乱象。一部分房地产开发商盲目加杠杆扩大规模,无视国家"房住不炒"的决心,最终被杠杆反噬。房地产开发商和金融的联系越来越紧密,通过不断加杠杆提高利润、扩张规模,高溢价拿地对赌未来房价持续上涨。同时开发商为了加杠杆不断提高期房预售的比例,导致房价不断上涨的同时房子的质量问题频频被曝光。房子本身的品质本该是开发商的核心竞争力之一,却在房价上涨的过程中一再被忽视,房地产开发商越来越像一个金融公司,核心竞争力反而在于拿地和加杠杆的能力。2019年6月13日,中国银保监会、证监会高层在第十一届陆家嘴论坛上,直指目前房地产市场、房地产金融存在居民高杠杆率与房地产过度融资的风险与问题,新增储蓄资源一半左右被投入房地产领域。房地产金融领域的去杠杆、严监管仍在路上。

2020年8月,央行、住建部出台了重点房地产企业资金监测和融资管理的"三线四档"规则。三道红线是指剔除预收款后的资产负债率大于70%、净负债率大于100%、现金短债比小于1。按照踩线情况,房地产企业被分为红、橙、黄、绿四档,"红档"企业有息负债规模不能高于现有水平,"橙档"企业有息负债年增速不得超过5%,"黄档"企业不得超过10%,"绿档"企业不得超过15%。此外,据2021年媒体报道,重点房企还有第四道红线——被纳入"三道红线"试点的几十家重点房企,已被监管部门要求买地金额不得超年度销售额的40%。这项制度既是房地产长效机制的重要组成部分,也是金融宏观审慎政策框架的一项重要内容。自制度实施以来,银行业金融机构房地产贷款、个人住房贷款集中度稳步降低。

从土地侧来看,针对房地产开发商滚动拿地的模式,22个重点城市将实施"两集中"供地模式。第一个集中——集中发布出让公告,原则上每年不超过3次,时间间隔要相对均衡,地块梳理要科学合理。第二个集中——集中组织出让活动。同批次公告出让的土地以挂牌文件交易的,应当确定共同的挂牌起止日期;以拍卖方式交易的,应该连续集中完成拍卖活动。集中供地、集中拿地,势必会增加房企的资金压力，进一步考验其现金流运营以及融资能力，从而减少疯狂抢地的行为，使其更加理性与谨慎。土地集中分批次出让，也有利于避免房地产企业过度竞争。

2021年3月，银保监会、住建部、人民银行联合发布《关于防止经营用途贷款违规流入房地产领域的通知》，督促银行业金融机构进一步强化审慎合规经营，严防经营用途贷款违规流入房地产领域。

2021年以来房地产调控政策不断加码，从土地供应端的"集中供地"，到一线城市新房限购限贷，再到部分城市二手房价格调控，房地产市场受到全方位的严格监管。

住建部、国家发改委、国家市场监督管理总局等于2021年7月23日联合发布《住房和城乡建设部等8部门关于持续整治规范房地产市场秩序的通知》（以下简称《通知》），针对房地产开发、房屋买卖、住房租赁和物业服务四个领域，均提出了整治要求。

在房地产开发和房屋买卖领域，整治对象主要是房企违法违规开工建设，房屋未如期交付，开发商挪用交易监管资金、协助购房人套取"经营贷""消费贷"等非个人住房贷款用于购房等问题。

在住房租赁方面，违规开展住房租赁消费贷款业务、存在"高进低出""长收短付"等高风险经营行为、未按规定办理租金监管，也被重点整治。

在物业服务领域，整治对象包括企业未按规定公示收费、收益情况等行为。根据《通知》，对各类涉房企业的违法违规行为的惩处力度将持续加大。

住建部等六部门曾于2019年联合开展住房租赁中介机构乱象专项整治工作。从此次整治范围来看，前期的土地获取、开发、买卖、租赁以及后期的物业服务都被纳入整治范围；联合部门也由此前的六部门增至八部门，增加了自然资源部和国家税务总局。《通知》实行后，房地产秩序综合规范治理将形成完整闭环。基于上述种种措施，《通知》称，"力争用三年左右时间，实现房地产市场秩序明显好转"。

除了整治炒房等违规行为外，推进落实房地产长效机制是促进房地产市场平稳健康发展的关键。房地产长效机制具体包括哪些内容？2016 年的中央经济工作会议就已提出，主要从住房、金融、土地、财税、投资、立法等方面入手，具体包括全面落实城市政府主体责任，实施房地产金融审慎管理制度，加强市场监测，建立住宅用地市场监测指标体系，发挥财税政策调节作用，依法整治市场乱象，加强住房保障等。房地产长效管理调控机制内容逐渐清晰。

9.4.1.3 多主体供应，多渠道保障——新加坡和中国香港的经验

加快建立多主体供给、多渠道保障、租购并举的住房制度是房地产长效机制的重要组成部分。保障性住房是相对于商品房而言的，是指政府为中低收入住房困难家庭所提供的限定标准、限定价格或租金的住房，一般由廉租住房、经济适用住房、政策性租赁住房、定向安置房等构成。

公租房主要面向的对象是城镇住房、收入"双困难"家庭，符合条件的保障对象可以申请实物保障或货币补贴。其中，实物保障的公租房面积一般在 60 平方米以下，领取货币补贴的可自行在市场上租房以解决居住问题。公租房实物保障和货币补贴的申请条件，均由各市县人民政府制定相关政策规定。目前，国家层面要求各地对城镇户籍低保、低收入住房困难家庭要"应保尽保"。

保障性租赁住房重点面向新市民和年轻人，以建筑面积不超过 70 平方米的小户型为主，租金低于同地段同品质市场租赁住房租金，准入和退出的具体条件、小户型的具体面积由市人民政府按照保基本的原则合理确定。

共有产权住房则是在新市民、年轻人通过保障性租赁住房解决阶段性的住房困难后，随着结婚生子、家庭成员增加，在需要进一步改善住房条件但买不起商品房的情况下，由政府提供的住房保障产品。所谓"共有"，即政府和购房者共同拥有房屋的产权，通过让渡部分产权，购房者能够以较低的价格购买住房，解决改善居住条件的问题。

2021 年 7 月，《关于加快发展保障性租赁住房的意见》第一次明确了国家层面的住房保障体系顶层设计，即以公租房、保障性租赁住房和共有产权住房为主体的住房保障顶层设计。"十四五"规划期间，上海将新增住房供应约 100 万套，其中租赁住房 40 万套（包括间和床位），占到供应总量的 40%。此外，上海还将

建立保障性租赁住房租金定价机制，价格略低于市场价。"十四五"期间，广州计划筹建和供应城镇住房131万套。其中，筹建政策性住房66万套，包括公共租赁住房3万套、保障性租赁住房60万套和共有产权住房3万套。

新加坡的组屋制度存在已经60年，成功解决了新加坡独立自治后的"屋荒"问题，国民房屋拥有率达到90%左右。1960年新加坡建屋发展局（Housing and Development Board）设立，按照人口对住房的实际需求情况建造一定数量的公共住房以稳定房地产市场，组屋价格只相当于同等区域商品房的1/3。新加坡80%的人口住在政府组屋中，其中90%拥有产权，也就是七成的人通过公营房屋拥有产权，2017—2018财年政府开发的组屋交房达2.69万套。

香港公营（公屋和居屋）和私营住宅之比，按套数或居住在其中的人口计算，大概为2∶3，而新加坡的比例大约为4∶1。香港每年公营房屋的供应大致为2万套，但在这2万套公营房屋中，大部分为不具备产权的公屋，类似于中国内地的公租房，且需要符合条件才能入住，有严格的收入和资产上限。最新公布的要求是，一人家庭月收入低于1.18万港元，总资产低于25.7万港元；两人家庭月收入合计低于1.87万港元，总资产低于34.8万港元。香港的公屋都是蜗居，47%为30～40平方米，23%为20～30平方米，13%小于20平方米，只有17%大于40平方米。目前一般申请者的平均等候时间大约为5.5年，与政府3年的目标仍有一定差距。

香港居屋是可以买下产权的公营住宅，在过去很长的时间内供应量很有限。2002年香港特区政府的"八万五"计划失败后，居屋建设一度停滞十年，目前每年仅供应几千套。就房屋的面积来看，60平方米以下的居屋占到91.4%，50平方米以下的占到50%以上。居屋相对于市价的折价从6～7折下降至当前的5～6折，买到就能够获得巨大的经济利益。获得购房资格仍需要同时满足净资产和收入两个条件，但由于供给远小于需求，通过摇号摇到房屋的机会很小。由于香港的楼市在过去过快上涨的过程中，已经深度捆绑了各方的利益，政府想要大力发展房屋的计划总是会遭到各种各样人的反对，已经很难有实质性的发展。

9.4.1.4 低利率环境下的全球房价上涨

新冠疫情给各个国家的经济都造成了重创，但在经济和就业受到严重影响的情况下，全球楼市异常坚挺，世界大部分发达国家的房地产市场都处于持续繁荣之中。美国、加拿大、澳大利亚、英国等发达国家的房价都在疫情后迎来了次贷危机后的最大幅度上涨。以新西兰皇后镇为例，作为全球著名的旅游小镇，它仅有4万人的常住人口。整个小镇几乎全部依赖旅游业为生，经济和就业在疫情期间深受重创，但其房价却和经济情况有着相反的走势——一路上行。这一方面反映了在全球流动性宽松的背景下来自全球买家的需求；另一方面也反映了在这样的背景下，全球房地产市场豪宅销售更为火爆的结构性特征。

在新冠疫情后低利率的环境下，美国的豪宅销量暴增了50%，豪宅买卖的热度显著高于普通住宅，对第二套房的购买需求显著高于首套房，表明美国火热的房地产市场相当程度上是由有度假或投资需求的有房人群，而非刚需人群主要推动的。此外，疫情期间成交房屋的首付比例更高，房屋最终成交价的金额高于报价的比例也由疫情前的21.2%上升至34.4%。

低利率催生金融资产价格泡沫，2021年3月美国房屋销售总价的中值同比上升了17%。而在2000年后利率病环境下，越低的利率让金融圈人士财富越增值，推动纽约房价上涨，表现为纽约、芝加哥房价差和美债收益率的变化一致。从旧金山的房价和豪宅的价格可以看出，富人手上的资产在不断增值，直接加大了他们与中产和底层民众财富的差距。豪宅的销售增速显著快于普通住宅（见图9-36和图9-37）。

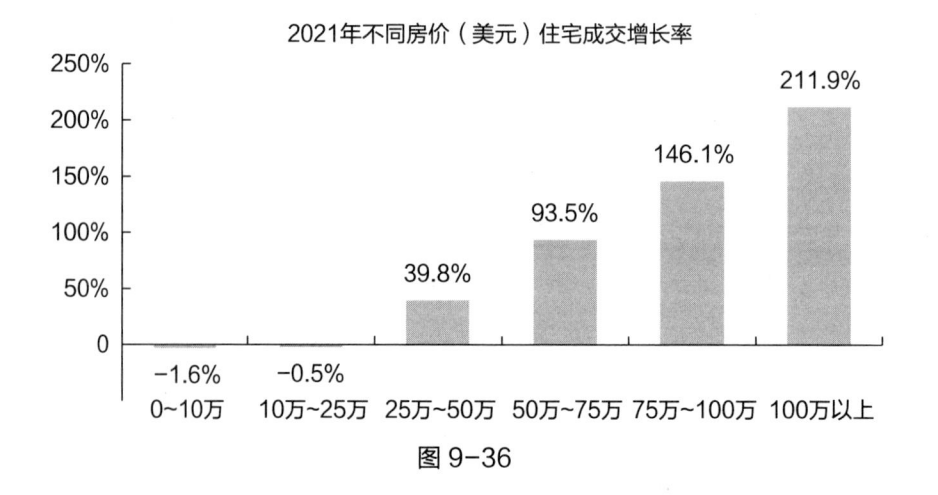

2021年不同房价（美元）住宅成交增长率

房价区间	增长率
0~10万	-1.6%
10万~25万	-0.5%
25万~50万	39.8%
50万~75万	93.5%
75万~100万	146.1%
100万以上	211.9%

图9-36

2021年不同成交价住宅占比

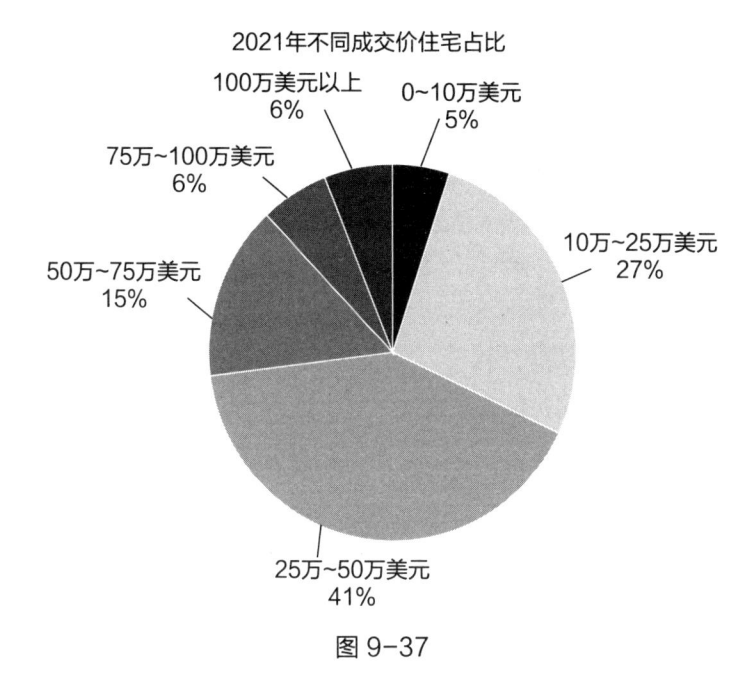

- 0~10万美元 5%
- 10万~25万美元 27%
- 25万~50万美元 41%
- 50万~75万美元 15%
- 75万~100万美元 6%
- 100万美元以上 6%

图 9-37

2021年5月加拿大平均房价比上一年同期上涨了38%。在西姆科湖（Lake Simcoe）——一个多伦多以北一个半小时路程的城市，房价涨幅巨大，因为在这里买家可以买到更大的房子或度假房产。澳大利亚2020年房价上涨13.5%，创近17年最大涨幅。中国核心城市的房价也经历了一轮新的上涨。

9.4.1.5 危机爆发后房地产泡沫破裂的影响

2008年金融危机的一个前兆就是居民部门杠杆率攀升。伴随着全球化带来的产业空心化，1980年代至2008年金融危机爆发前期是美国居民部门储蓄率降低、杠杆率抬高的时期，其在金融危机爆发临近期进一步加速，且低收入阶层杠杆率的攀升速度要显著高于高收入阶层。高收入阶层的杠杆率基本维持在20%～40%窄幅波动，而低收入阶层的杠杆率则从1980年的约40%提高到了2008年的140%。

美国次贷危机的爆发是因为房地产价格暴跌。事后看来，次贷危机爆发前并非没有征兆，其中一个最应该引起警惕的征兆就是居民部门负债规模的异常上升。在美国电影《大空头》中就讲述了当时的银行发放住房抵押贷款有多么疯狂。在调查借款人信息时，贝尔发现竟有一半的借款人是没有任何信息的，也就是说很多不符合贷款资质的人也能够得到贷款。而马克的做法是走访一线，他发现房屋贷款人的名字竟可以是主人的宠物狗的名字，当马克在询问银行房贷的员工是否曾拒绝过任何人的贷款申请时，得到的答案是"没有"这充分反映了当时美国居民加杠杆的疯狂，这样的疯狂使得后来美国次贷危机的爆发几乎是必然的。

金融危机爆发后，美国居民部门进入痛苦的去杠杆期。伴随着房价的下跌，金融危机前加杠杆购置房产的买房人陷入资不抵债的境地，叠加经济的萧条、失业率的上升，许多中低收入人群在一夜之间失去了抵押的房产和企业。伴随着断供潮，银行的坏账率也不断攀升。直至现在，我们依旧能看到十几年前的那场危机对现在美国年轻人的影响。在 2021 年初 WSB 论坛（Wall Street Bets，一个以股票交易和投资为主题的在线论坛）上抱团垃圾股占领华尔街事件中，我们看到，在有 200 万人聚集讨论的 WSB 论坛上，大范围地存在着一种反社会、反精英的情绪：为什么有产阶级可以享受泡沫带来的财富，华尔街的精英掌握着制定规则的权利？在金融危机中，华尔街是始作俑者，但承担失业和财富损失后果的却是广大的工薪阶层。因此我们看到在 WSB 论坛中，大量帖子都是控诉金融危机和华尔街的，底层想要打败华尔街、改变命运、改变社会阶层的口号不断出现，抱团垃圾股的行为表现出非常强的投机性和赌博性。

更早一些，1997 年亚洲金融危机爆发，香港股市和楼市遭受重创，同样出现不少加杠杆的置业者在一夜之间变成负资产者。据粗略统计，在亚洲金融危机中，香港人财富蒸发了 2.2 万亿港元，平均每个业主损失 267 万港元，负资产人数达到 17.5 万人。从 20 世纪的亚洲金融危机到 21 世纪的美国次贷危机，每一次危机爆发后我们都能看到漫长的去杠杆过程以及在这个过程中深受其害的普通工薪阶层，他们付出的代价可能是长达数十年的努力恢复。1997 年亚洲金融危机爆发后香港楼市一路下跌，从 1997 年到 2003 年房价下跌了 70%，退回到 10 年前的水平，在 2003 年顶峰时曾经出现过 10.6 万套住宅负资产，占总住房贷款的 22%，相当于每 5 个贷款买房的人中就有一个人是负资产，不少投资者因炒楼失败而破产甚至跳楼自杀。危机对在当时背景下成长起来的香港现在的年轻人仍有着巨大的影响。

9.4.2 警惕消费主义下的债务陷阱

一个人的支出即为另一个人的收入，消费是社会生产的目标和动力。但对于我们个人来说，应当树立正确的消费观，消费应该建立在理性的基础上，避免掉入消费主义下的债务陷阱。在消费主义的框架下，正如《消费社会》一书中所描述的，消费不再是为了满足实际需要，而是在不断追求被刺激和制造出来的欲望。

9.4.2.1 享乐主义"精致穷"，欲望被资本有意识地利用

资本主义经济危机的本质是生产的相对过剩。在充分竞争下，资本有扩大生产、追求更高利润的诉求。既然是供给端的相对过剩，解决途径无非是两个，要么是类似于我们看到的1929年经济危机爆发时资本家倒牛奶的行为，要么是从需求端想办法，或者通过全球化开发海外市场，或者提高国内市场的消费水平，它们都是从扩大需求的角度出发的。而在金融杠杆的加持下，资本将不满足于提高社会当期的消费能力，而会进一步透支未来的消费能力。金融杠杆的本质其实就是未来现金流的折现。

春晚小品《不差钱》中两句经典台词描述了两种不同的生活理念：人生中最悲哀的事是人死了，钱没花完；人还没死，没钱花了。用经济学的术语描述，前一句对应的是高储蓄率，后一句对应的是高负债率。前者更接近"60后""70后"的生活方式，一辈子勤俭节约，舍不得花钱；而后者则更接近现在"90后""00后"的生活方式，月光一族。我们常常听到年轻人抱怨工资刚发下来还完信用卡、花呗、借呗等各种消费贷就所剩无几了，描述的就是这样的一种生活状态。勤俭节约和消费主义两种不同的消费模式是不同经济发展阶段、不同文化背景等各种因素共同作用下的产物。此处我们不去探讨这两种生活方式孰优孰劣，这两种理念在当时时代背景下具有其合理性和必然性。但是，我们应当避免被欲望裹挟，过度加杠杆，掉入消费和杠杆的陷阱；应当树立起健康的消费观，

避免被资本创造的需求盲目吸引。

网络流行词"精致穷"描述了现代年轻人的一种生活方式——虽然收入不高，但追求精致的生活方式。而许多商家有意识地利用年轻人的这种心理，通过各种营销套路激起年轻人本不必要的消费欲望，资本和金融借贷的介入更成为快速放大消费欲望的催化剂。事实上，很多表面上的"精致"是商家定义出来的，资本通过流量宣传出一套"精致"的生活标准，吸引消费者趋之若鹜。这已经不是消费者主动满足自身的需求，而是商家创造出某种需求来吸引消费者为这种需求买单。在一种新技术或新产品从刚开始研发到上市再到升级换代的产品周期中，消费者对这种新产品的需求是"从无到有"的，在产品已经相对成熟的后期，商家为了吸引消费者不断买单，不断加快对产品升级换代的频率，但真正的技术创新已经很有限，甚至出现产品功能过剩的情况。例如，现在智能手机的迭代越来越快，手机厂家每年推出的产品款式越来越多，但比起早期的机型，实质性的创新越来越少。再例如，游戏画面渲染对显卡性能的要求越来越高，这也是商家通过创造需求来带动消费的例子。

除商家的消费诱导之外，消费模式的变化和经济社会的发展变迁以及消费者心态的变化也紧密相关。例如上面提到的，从消费变迁的趋势来看，新技术和经济从周期早期的高速发展逐渐过渡到周期末端，新产品的生产"从无到有"，全面普及的需求爆发阶段转变到存量产品升级迭代的阶段，人们的消费模式呈现出从追求品牌到追求品质、去品牌化。这从日本社会消费模式变迁可见一斑。

日本社会学家三浦展教授在其《第四消费时代》一书中，将日本社会消费的演变划分为四个时代：20世纪初到二战前是第一消费时代，人口向大城市流动，西方化的商业社会逐渐形成，人们崇尚西式文化，百货公司出现。第二消费时代（从二战后到1970年代）是伴随着日本经济高速增长的黄金时期，被少数人享受的特权消费时代随着经济发展迎来了大众化消费时代。这一时期的消费模式是大量生产、大量消费，以家庭为中心，包括私家车、电器在内的很多消费品都处于"从无到有"的阶段，因此消费品表现出同质化和标准化的特征。第三消费时代是从1970年代到1990年代，从大众消费转向个性化消费，人们追求个性化、高端化和品牌化，炫耀式消费、表达个性成为这一阶段的消费特征。第四消费时代是从 1990 年代至今，这一阶段伴随着日本地产泡沫的破裂和"失去的二十年"，日本经济增长低迷，老龄化严重，对奢侈品的消费退潮。这一阶段的消费特征呈现出简约化、本土化等趋势，从追求名牌到去品牌化，无印良品、优衣库、唐吉珂德等淡化品牌、强调高性价比的品牌迎来大发展。

从目前中国人均 GDP 的水平和人们的消费习惯来看，中国整体和三浦展教授定义的第三消费时代特征更加相似。这一阶段的中国基本的生活需求得到满足，家用电器已经普及，个性化和品质化的需求明显，消费升级的潜力巨大。聚焦不同城市的消费特征，一二线城市已经体现出逐渐从第三消费时代向第四消费时代过渡的特征，而三四线城市消费升级的潜力依然巨大，更接近第三消费时代的特征。

除了不同城市之间的差异，不同年龄段的群体的消费模式也表现出不同的特征。虽然年轻一代在整个社会财富中的占比较低，但显然已经成为消费的主力军，且体现出年龄逐渐低龄化的趋势。甚至许多尚不具备相应收入能力的年轻人通过借贷或挪用父母的积蓄去享受与自身收入水平并不匹配的消费，资本更是通过利用年轻人的炫耀心理或者放大焦虑感将他们的消费欲望进一步放大。

除商家诱导消费难辞其咎外，年轻人群体内流行的消费主义和享乐主义也是年轻人"精致穷"和入不敷出背后的主因。在收入水平较低时，温饱需求占主导，食品支出占总支出的比重高，即恩格尔系数高。但随着收入水平的持续提升，耐用消费品、娱乐消费等支出增加，通过消费彰显自我的需求也在上升，消费主义作为一种新的消费价值观流行起来。因此我们在进行比较时，认为"60后""70后"勤俭，"80后""90后"追求享受，这背后和经济的发展是密不可分的。

同样，美国历史上也经历过相似的发展过程。美国的消费主义大潮始于 1970 年代，经过二战后 20 多年的经济高速增长，消费主义已经在出生于 1970 年代繁荣时期的年轻人中盛行。但随着 1980 年代后全球化的浪潮导致美国产业空心化，美国社会的贫富差距拉大，底层民众收入增长开始放缓。由奢入俭难，同时经济繁荣时期对未来收入的乐观预期和信用卡业务的发展为加杠杆提供了便利，美国居民部门开始进入加杠杆支撑消费的阶段，从1970年代起，储蓄占个人可支配收入的比重持续下降，而杠杆率开始攀升。面对消费的狂欢，当时的美国社会出现一些批评的声音，批评以消费水平标志某种身份，并批评广告和媒体在其中起到推波助澜的作用。

消费观的改变是经济、社会、文化等种种因素共同作用的结果，是时代大背景变化的产物。需要注意的是，年轻人不应该被商家和资本营造的焦虑和消费欲望裹挟，也不应该通过加杠杆过度透支未来的现金流，甚至为了一时的快乐透支未来的生活，掉入消费和债务的陷阱。这也是中国现在加大对大学生借贷、校园借贷、医美贷等的监管的原因。

9.4.2.2 从消费陷阱、金融杠杆到债务陷阱

消费是可支配收入和储蓄率以及杠杆率的函数。人口的增长、收入水平的提高无疑会增加社会的总消费，对于经济增长多有裨益。在收入增长水平没有太大变化的情况下储蓄率下降，同样也能带来总需求的扩张。而储蓄率下降带来的消费增加有赖于内外因素共同作用。一方面人们的内在价值观念要发生改变。及时行乐或储蓄用处减少的想法占据多数，居民才会减少储蓄用于当期支出。另一方面，储蓄的下降需要依靠外部因素的扶持。根据莫迪利安尼的生命周期消费理论，人们在长时间跨度内计划他们的生活消费开支，以达到在整个生命周期内消费的最佳配置。而要达到平衡一生的收入和消费支出，则必须通过储蓄来完成。

由于储蓄具有跨周期性，能够平滑不同时期的收入和支出，因此储蓄的保障作用不容忽视。要让居民放弃储蓄带来的安全感以换取当期的消费支出，则需要外部力量来给予支撑，这就是政府的社会福利保障体系。当社会福利保障体系完善时，居民在整个生命周期中都能得到保障，储蓄的必要性下降，居民不安全感降低，从而能够推动消费曲线的扩张。

上面几种增加需求的方式都是属于良性的。如果人口基数和出生率减小、收入增速放缓，但消费支出却是增加的，便会出现巨大的问题。储蓄的消耗并不能长久地维持消费支出，此时加杠杆、透支未来便成为支撑消费的主要因素。通过

金融工具把未来的现金流折现到现在，使得未来消费行为前置，扩大了当下的消费支出。

但通过加杠杆的方式来刺激消费，极其容易超过合理范围进入过度消费的阶段，进而滋生巨大的债务风险。现时的消费若是由债务堆积出来的，则能看到消费和居民部门负债率双双上升，而这种"寅吃卯粮"、扩张消费的行为，必然是不可持续的。收入增长水平大幅下降，而消费杠杆则一直在增加，最终会落入消费陷阱，进一步恶化当下和未来的收入结构，形成负反馈。

当下滑的收入水平遇上并没有缩减的消费规模时，一定是杠杆在其中透支了未来经济增长的空间。低利率下居民部门加杠杆推动消费和经济增长，一旦利率大幅抬升，过高的债务就会引发系统性风险。在这种结构下政府的财政支出形成了支撑，大部分居民敢于减少储蓄水平、加大杠杆规模，就在于社会福利体系的托底保障。

消费支出增长具有一定的线性特征，一部分来源于消费意识的改善和福利水平的提升，例如对更高生活品质的追求；而另一部分，则来源于金融杠杆的增加。

加杠杆消费加剧贫富分化。如前文所述，超前消费所带来的消费陷阱，在短期内会形成一个三方共赢的局面：一是满足了消费者（尤其是年轻人）的消费欲望，尽管当前的支出超出了他们的负担能力；二是商业资本获取了消费者未来数年乃至数十年的现金流折现，赚取了超额收益；三是地方政府放松金融监管，通过信贷消费拉动了经济增长。

然而，加杠杆消费并不是没有代价的，贫富分化正是这一举措的高昂成本。加杠杆消费使得基尼系数加大的经济学原理在于，消费具有边际递减倾向。例如，A 收入 1 亿元，消费 1000 万元；B 收入 1000 元，消费 1 万元。A 的绝对消费额比 B 高，但消费与收入之比反而较小；而 B 超前消费，形成了负债而不是资本积累。

如此消费结构，会强化"富者恒富，贫者恒贫"的分化格局，因为每当面对新一轮需求刺激时，社会整体刚性支出（必选消费）保持稳定，低收入者的消费扩张受到债务约束而无法进行，高收入者额外的日常消费扩张有限。可选消费（如购买游艇、私人飞机等）的扩张，与绝大多数人无关，因高收入者占人口总数的比例相对有限。高收入者在每一轮刺激政策下所获得的收入增长远大于支出增长，这就进一步加剧了贫富分化的恶性循环。

债务营造的超前消费，除了在金融层面影响社会稳定，还会侵蚀社会风气。根据蚂蚁花呗发布的《2011年轻人消费生活报告》，2011年，我国"90后"人口总数大约有1.7亿人，开通花呗的人数超过了4500万人，即平均每4个"90后"就有1人在用花呗进行信用消费；人均负债12.79万元，负债总额接近22万亿元，债务金融化在吞噬着年轻人的未来收入。信贷催生的超前消费，会刺激年轻人对物质生活的极致追求，过度追求物质享受将使得拜金主义盛行，扭曲年轻人的价值观，甚至产生具有破坏性的享乐主义和浪费文化，这是精神层面效果极其负面的腐蚀剂。

在外生信用扩张因素既定的情况下，收入分配差距扩大也会在居民部门内部推动金融资产向收入中高层集中和金融负债向收入中低层集中，从而形成内生性的信用扩张。在这一过程中，储蓄率和利率下降，房价上涨，并且，如果只观察居民部门整体的资产负债质量，会大大低估实际存在的金融风险，因为收入中低层的杠杆率尤其是违约概率显著大于整体平均水平。

国际货币基金组织（IMF，2017）对80多个国家居民杠杆率与经济稳定增长的研究表明，居民部门负债和杠杆率上升确实会在短期内带来消费、就业和经济的增长，但过度借贷通常会在3～5年后严重影响经济，甚至引发危机。第二次世界大战后发达国家爆发的几次重大危机都与居民部门负债规模过快上升有关。我们以1990年和2009年为基期，统计了1990年经济危机中的日本和2009年欧债危机中的几个国家的情况，可以看到，在危机前5年，居民部门负债规模上升的幅度分别为：日本44%、希腊51%、西班牙37%。而次贷危机前5年到2007年，美国居民部门负债规模上升了39%（见图9-38）。

杠杆率衡量居民部门的绝对债务水平，另一个重要指标是当期所需偿还的债务本金和利息占当期收入的比重，是流量对流量的概念，能够更加反映当期的偿

美国不同收入群体负债水平

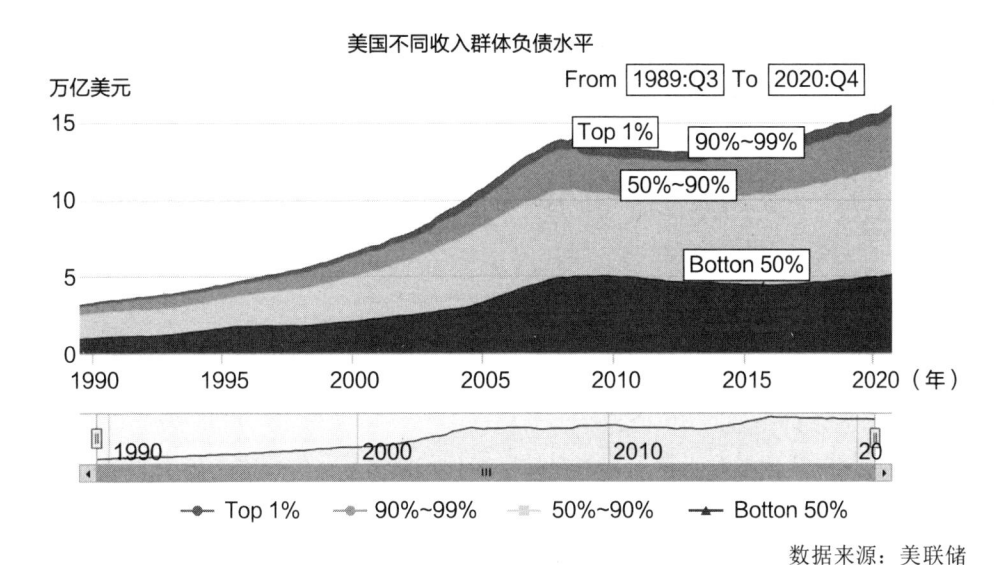

数据来源：美联储

图 9-38

债能力和债务的风险。国际清算银行公布的季度居民部门待偿还债务余额与可支配收入的比值反映了美国居民部门的财务健康状况，这一比值在金融危机前快速攀升，随着美国后危机时代的去杠杆进程出现下降，直到新冠疫情后美国房地产市场升温，再次回升到前期高点（见图 9-39）。

居民部门债务收入比

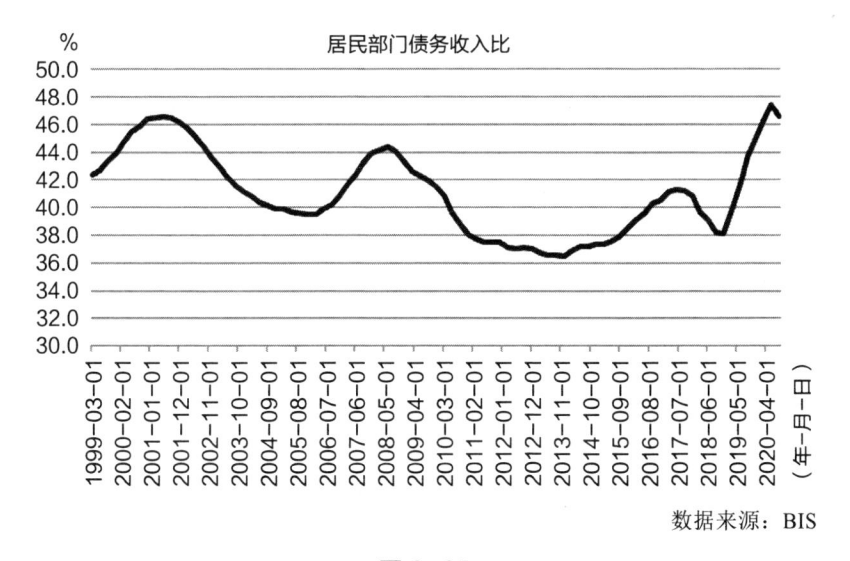

数据来源：BIS

图 9-39

近年来中国居民部门债务的绝对水平从国际比较来看虽然不高,但上升速度较快。居民资产负债率从 2008 年的 5.0% 上升到 2019 年的 10.8%,同期美国的该指标从 18.9% 下降至 12.4%。从居民债务占 GDP 的比重来看,中国居民部门的加杠杆行为更加显著,该指标从 2004 年的 20% 上升至 2019 年的 63%。根据中国人民银行的统计,2004—2018 年居民部门债务与可支配收入之比从 33% 升至 92%。

中国新一代消费群体借贷意愿增强,在互联网金融持续发展、银行零售业务加快转型的背景下,短期居民消费贷款仍会保持一定增速。从目前来看,个人贷款总体不良率特别是个人按揭贷款不良率保持较低水平,信用卡不良率和消费金融不良率相对较高,未来或许会持续上升。下一阶段要关注包括信用卡、基于互联网的信用类产品、消费金融类贷款、现金贷等在内的信用类消费贷款的负债与杠杆风险。此外,近年来校园贷、医美贷、租金贷、彩礼贷、培训贷、墓地贷等各种花式消费贷层出不穷,在不断挤压消费者未来现金流的同时,也给金融稳定带来隐患。

以医美贷为例,近年来,我国"美丽经济"和"颜值消费"等概念如雨后春笋般涌现,医疗美容行业呈现蓬勃发展态势。然而,旺盛的需求在带来市场急剧扩张的同时,也催生了行业乱象。新兴领域的商业实践通常走在监管政策前面,但不当逐利行为并不会因披上新业态的外衣而发生质变。千举万变,其道一也。医美行业关乎消费者生命健康安全,应及时整治乱象,决不能纵容其成为不法分子牟取暴利的温床。

清查乱象应扼住违规医美的七寸。恣意定价滋长行业暴利。随着科技进步,医疗美容已经从过去的以按摩保养为主变为以美颜手术为主,技术门槛的降低也使得医美不再是明星专属,相关服务走入寻常百姓家。2022 年中国整形市场规模达 3000 亿元。然而,巨大的市场背后潜藏着不透明的定价,部分医美项目存在浑水摸鱼、非法牟利的情况。例如,2020 年 2 月天津市红桥区人民检察院查处的一起非法医美案中,涉案机构跨越六省十地,销售额达数千万元,其牟利方法之一便是将成本不足一元的"保妥适"美容针标价上千元。《医美行业白皮书》显示，2018 年国内医美黑市规模达 1376 亿元，非法机构数 5 万～10 万家，这对消费者权益形成了较大威胁。

过度避税催生税务风险。医美行业中下游具有执业分散度高、交易隐蔽性强和人员流动性大等特征，销售追溯难度较大，因此不少医美机构选择以"不开票、少开票"等形式规避纳税义务。同时，在医疗医药领域，商业贿赂带动销售的情况也较普遍，不当营销侵蚀社会风气。爱美之心人皆有之，但对外貌的追求应建立在合理适度的基础上。时下部分医美从业人员为创造市场需求，以网络营销手段制造外貌焦虑、身材焦虑，甚至宣传"一针解千愁"，将外貌定位为生活评价标准和就业门槛，再配合"医美贷"等金融手段诱导用户过度消费，助长了不良价值观。对美丽外貌的欣赏如果变成狂热追求，任由浮躁的"颜值经济"蚕食朴素奋斗的风气，那么我国文化生态势必受到极大的污染。

整治乱象须供需两端同聚焦、齐发力。

（1）聚焦线索收集，强化问题摸排。随着部分医美龙头企业上市，特定产品的经销商价格和销售量得以透明化公示，监管层应以此为契机，结合日常督查、医疗平台监管、大数据分析和群众举报等多种途径，建立健全线索登记、分类、定期上报和存档等制度，全面清查医美市场存在的问题和风险。

（2）聚焦行动实效，强化专项整治。结合国内医美产业链长、潜在违法领域交叠等特点，工商、税务和金融等监管机构宜建立联动执法机制，明确违法案件移送程序，重点打击违规违法执业、医疗骗保和逃税行为；大力整治天价收费、诱导消费和过度医疗，查处违规广告、虚假宣传，扎实推进问题清整、对标自查，有效刹住行业歪风。

（3）聚焦成效巩固，强化建规立制。对于因标准缺失引发的问题，要加快完善规章制度建设和普及。特别是针对消费者关注度高、销售量大的美容类商品和服务，要尽快出台强制性标准和行业标准，以建规立制来确立监管标杆、指引行业发展、倒逼质量提升，营造常态化风清气正的行业发展氛围。

9.4.2.3 消费陷阱和刚性福利制度

伴随着储蓄率下降的是西方社会福利支出的大幅提高，因而呈现居民部门、政府部门杠杆率双双高企的局面。消费主义和社会福利之间，常常表现出相互强化的特征。既然政府转移收入是消费者预期收入中重要的一环，而公共政策需要顺应民意，因此政府的福利性支出就很难跟随财政收入以收定支，从而呈现"能上不能下"的棘轮效应。合理的福利制度应当既要织起社会安全网，起到托底的作用，也要能够激发劳动者的积极性，不至于使民众对于社会福利过度依赖。

从这个角度看，当下西方社会的K型阶层撕裂和社会动荡，与西方民众，尤其是年轻人过度依赖福利性收入以及整体的储蓄率较低有很大关系。

美国自2000年以来，联邦财政收入占GDP的比重阶梯式下降，但社会保障性支出占GDP的比重逐步上升，社会福利呈现过度化倾向，且具有刚性支出特征。1990年代后的欧洲也有类似现象。这样的福利支出结构，增强了民众的收入预期，加大了对政府的依赖，虽然短期内刺激了消费，但也放松了民众的自我要求和奋斗决心。

一旦后期福利性收入不及预期，便会使民众心理产生逆转，并形成拒绝社会变革、情绪极端化、仇视社会精英等危险氛围。同时，超出税收增长水平的财政赤字增长和过度福利支出在民间和政府间形成共识，长期相互强化，最终大大增加社会治理成本，使得政府运作难以为继，给未来的社会动荡埋下隐患。

美国2019年社会福利总支出2.70万亿美元，占财政支出超过60%，而军费支出仅仅只有15%（见图9-40）。连年的财政赤字砌出了27.39万亿美元的债务。希腊就是美国的前车之鉴。在2012年欧债危机中，希腊政府财政赤字占GDP比重过高，政府部门杠杆率更是达到130.2%的峰值。

前文提到，美国为了促进消费，实现利润最大化，商品在最终消费阶段常与金融产品结合，以期通过信贷消费的方式加速资金回笼，提升资本效率，并获得消费者未来数年乃至数十年的现金流折现。这样的促消费方式，就是通过透支消费者未来购买力，让消费者承担未来现金流风险，从而获得高额利润。相关数据见图9-41～图9-44。消费陷阱不仅通过信贷将风险转移给消费者，同时也将风险转给政府，因为福利收入是消费者预期收入的重要组成部分。这无疑加大了财政负担，而超额利润则被资本所攫取，是一种典型的负外部性行为。

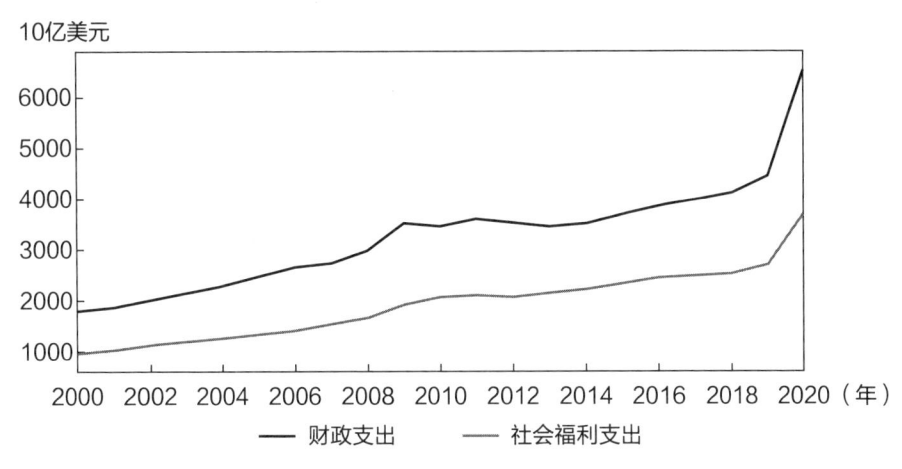

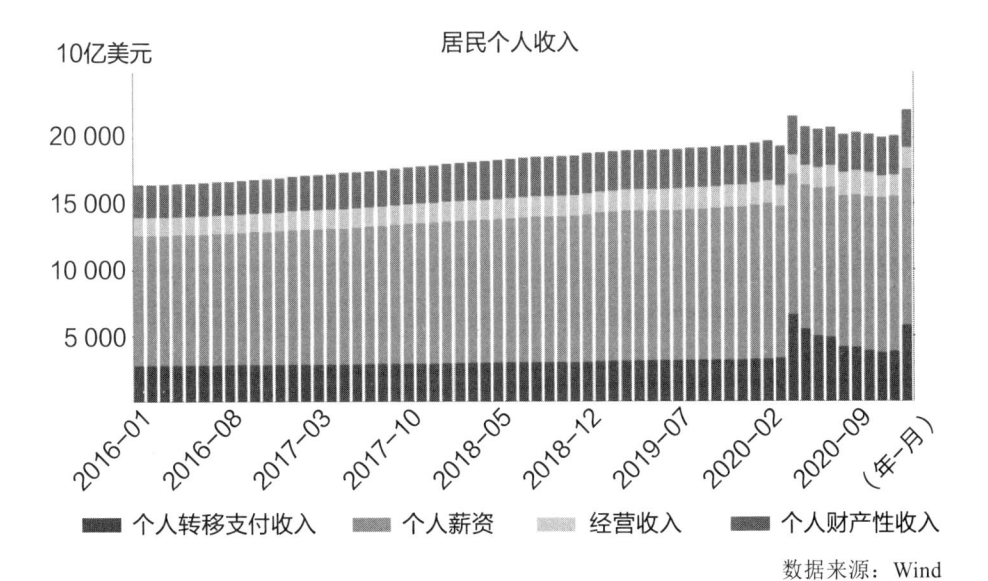

图 9-40

图 9-41

居民消费支出增长率

耐用品 —— 非耐用品 —— 服务

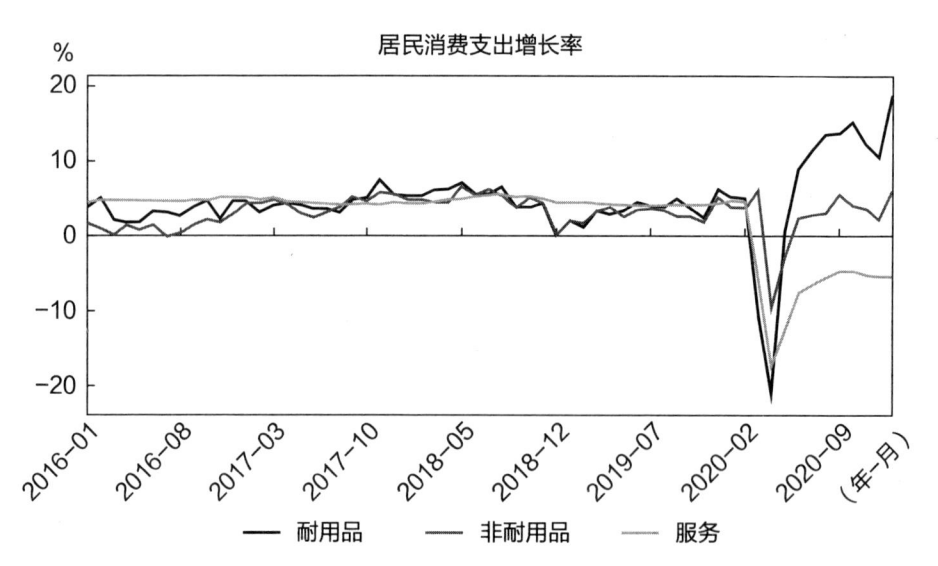

数据来源：Wind

图 9-42

个人储蓄存款与可支配收入之比

数据来源：Wind

图 9-43

居民部门杠杆率

数据来源：Wind

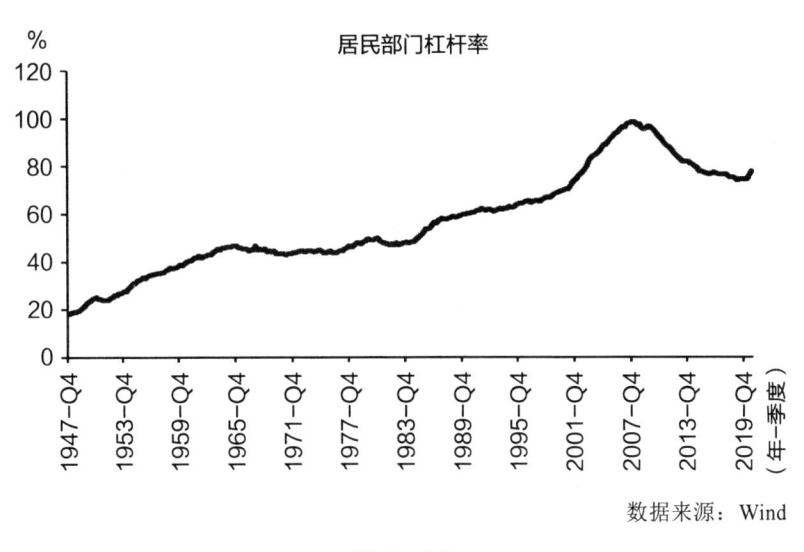

图 9-44

政府的资产来自税收，和经济增长高度关联，但支出却在民选中因不断地承诺以换取选票而不断地扩大（见图 9-45 和图 9-46）。西方国家的问题在于如果不强制约束政府负债的话，往往债务问题就会成为政治问题的导火索，导致政治选举动荡。政府债务最大的问题在于政治与利益的关系，任何执政党都不愿意主动点破债务问题，最终陷入"债务—选举"的恶性循环，例如欧债危机的爆发。

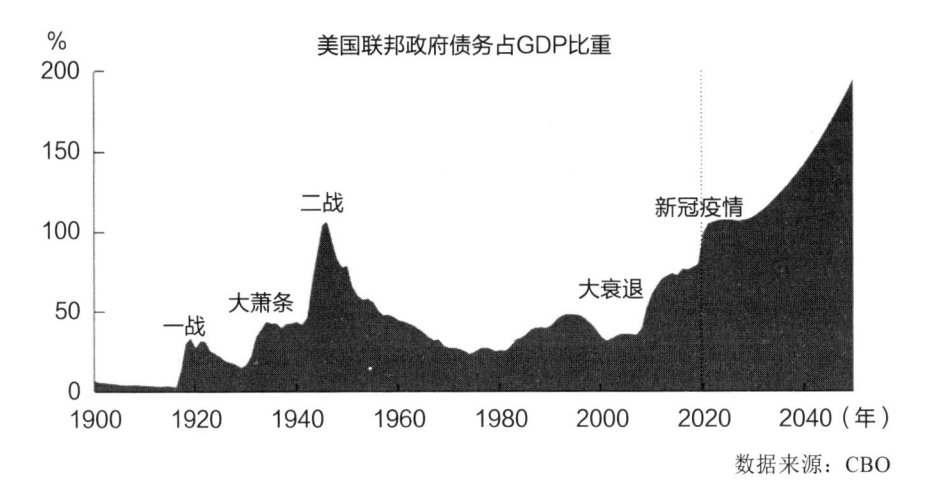

美国联邦政府债务占GDP比重

数据来源：CBO

图 9-45

美国政府部门杠杆率

数据来源：Wind

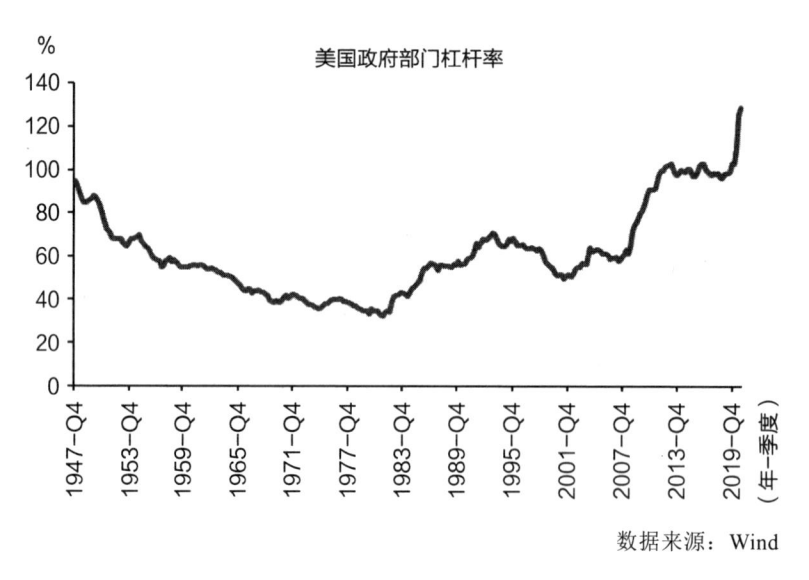

图 9-46

用后续的劳动力人口的税收来填补前面劳动力的社会支出，在老龄化和人口增长缓慢的背景下，这种维系债务的方法也就无法持续。

那么削减支出是否可行？勒紧裤腰带削减支出这种主张缺乏选民基础。"由俭入奢易，由奢入俭难。"民选政府为了赢得选票会忽略国家长期的利益，造成绝对狭隘的偏向，因为大众更多考虑的是自我的利益。

这意味着必须用满足大众自我利益的政治纲领和政策目标才能够赢得选票，大众的自我利益滋生的就是民粹主义的大幅度升温。除此之外，虽然福利收入能够满足底层民众的基本生活需求，但阶层的流通、奋斗精神是无法通过福利保障获得的。悬殊的贫富分化和阶层的固化会生成仇富的群体性认知。

在新冠疫情的背景下，美国宏观杠杆率大幅攀升、财政转移支付迅速增长。在这场疫情中支撑消费的主要动力来自财政补贴下收入的增长，政府的转移支付支撑起了短期收入和消费。对于目前的美国来讲，可能储蓄率不一定需要进一步提升，因为它有比较良好的社会福利保障体系去支撑，也不需要进一步提高居民部门的杠杆率，它需要的是尽快地增加它的实际收入，特别是底层民众的收入，缩小贫富差距。短期的总量刺激政策最终将提升社会治理成本，加剧阶层撕裂。

9.4.2.4 中国监管的变化

中国收入增速自 2007 年放缓后，贫富差距开始拉大，储蓄率不断下降，同时因为向金融机构加杠杆，透支情况进一步加重。中国要慎防消费陷阱，防止加杠杆进一步透支未来。目前监管层已经对金融机构、消费贷款等采取了约束管理和压缩的态度，年轻人的互联网借贷得到了一定的遏制。年轻人的心智尚不成熟，非常容易受到外界的影响。年轻人的价值取向决定了未来整个社会的价值取向，而年轻人又处在价值观形成和确立的时期，抓好这一时期的价值观培养十分重要。

另外，《商业银行互联网贷款管理暂行办法》已经正式实施，《网络小额贷款业务管理暂行办法（征求意见稿）》《关于进一步规范大学生互联网消费贷款监督管理工作的通知》已经发布，这些对未来主要劳动力群体的生产活力和杠杆水平都进行了保护。

央行 2020 年四季度货币政策执行报告中提到，应合理评估居民部门债务风险。我国居民杠杆率上升主要源自房贷、消费贷、信用卡透支增长，但有一部分实际上是个体工商户经营性贷款，对此要客观甄别，合理评估。同时，也要高度警惕居民杠杆率过快上升的透支效应和潜在风险，不宜依赖消费金融扩大消费。

无论债务是以信用卡、花呗还是以房贷的形式积累的，都有可能对一代甚至数代人形成财富掠夺。对于年轻人而言，更重要的是实现收入内生性增长——无论是通过技术进步，还是资本积累等其他拓展收入的方式。消费在其中应当扮演一个自主升级、主动改善的角色，而不是基于总量性大规模刺激形成的扩张。

同时，在经济进入新常态、人口越过刘易斯拐点的当下，中国经济难以接受消费领域的大规模刺激政策。这种刺激政策的结果，极可能是我国居民部门会像美国一样负债高企，在未来受到更大的负面影响和冲击。国内高层已经注意到这一问题，开始有意识地控制居民消费杠杆增加，提倡节约不浪费。

中国的收入增速和福利水平增长之间保持了一个合理的关系。当收入水平增长时福利相应跟进，但福利水平的提高幅度不会超过收入增长。

同时在收入分配问题上，避免收入结构失衡，提高中等收入群体占比，是当前政府顶层设计的最终目标。改革开放以来，我国已经逐步形成了一批稳定的中等收入阶层，但在仍有 6 亿人月均收入不足 1000 元的当下，中等收入群体比重还是偏低，消费内循环动力稍显不足。美国、英国等国家的经验也表明，建立相对公平的收入分配制度至关重要。

9.4.2.5 债务借贷"美国梦"

消费是美国经济的命脉，负债消费文化在美国很早便开始盛行。曾经有一个经典的故事来描述中美关于储蓄、消费和借贷的文化差异。一个中国老人，在 60 岁时终于攒够了钱买了属于自己的一套房子；一个美国老人，60 岁时终于还清了自己的房贷，而他已经在这房子里面住了 30 年了。中美对消费贷款的真实态度或许没有故事描述得这么夸张，然而美国低储蓄、高债务、高消费确是不争的事实。

最早的美国并不是如此。维多利亚时期的美国人生活节俭、支出有计划，严格遵循旧约或者新约里面各种伦理的戒律，在满足自己的基本消费之后，把剩下的钱用来储蓄或全部投入下一轮的生产里做投资和资本循环的工作，过度消费并不受到提倡。在当时的环境下，马克思·韦伯也写成了其著作《新教伦理与资本主义精神》。但南北战争和一战让借贷和负债占据了人们更多的视野，分期付款也在美国引领出新的消费革命，满足了大量美国人购房和购车的需求。有需求就有市场，对分期付款有利的思想基础、道德基础和法律基础开始建立。美国社会学大师贝尔在《资本主义文化矛盾》中断言，在破坏新教伦理过程中，起到最大作用的是分期付款方式的发明。

实际上分期付款起源于 19 世纪末政府出售土地、农民购买农具之时，第一次出现大规模的信贷使用是通过缝纫机实现的。1860 年左右，随着缝纫机已经在工业领域中的基本普及，缝纫机公司把目标顾客转变为家庭消费者，但即使缝纫机能增加工作便利性，其高昂的价格令大多数家庭望而兴叹。有一家名为 Singer 的缝纫机公司创新地使用分期付款方式来促进销售，让缝纫机迅速地进入了家家户户。当时分期付款是以缝纫机作为担保来实现的，因此分期付款推广与使用的领域也较少，在钢琴等耐用消费品中有所使用。

在一战前夕，零售业中的分期付款模式已经成为美国消费文化不可分割的一部分。而真正将美国的储蓄观转向消费观的是一战，其间15%～20%的通胀使储蓄快速缩水，因此人们的消费观发生极大的转变，"消费就是省钱"成为消费者信条。分期付款的信贷模式进一步扩张，并在汽车销售中全面普及。

汽车和分期付款的普及都发生在这个时候。当时新车价格高昂，分期付款最初源于二手车的销售，有专门提供汽车金融服务的第三方公司。随后汽车行业巨头挤入市场，逐渐成为市场主流。在1920年代前，福特汽车在美国市场份额最高，但由于公司CEO老福特(Henry Ford)长期以来对借贷行为的偏见，福特公司长期都没有涉足这一领域，导致销量逐渐下滑。与福特公司相反，通用汽车公司大规模采用分期付款方式售车，此举不仅帮助公司增加了汽车销量，同时缓解了冬季（淡季）的产能过剩。直到1927年，福特公司才不得不成立下属金融子公司，专门提供分期付款服务。其他行业也重复着类似的故事。1930年代，所有的耐用商品基本都可以使用分期付款。初期的消费金融业务整体坏账率很低，1927年仅有1.2%。到1930年，3/4的汽车都通过分期付款售出，绝大部分的家具、录音机、留声机等也都是分期付款售出的。

二战后，美国消费信贷更是随着经济快速发展，产生了更多的信贷产品、更多的获取渠道、更强的自主选择性，以及更大的风险（见图9-47）。信贷产品日渐渗透入各个领域，比如美国在1994年以前商业银行不能跨区域经营，酒店、加油站、旅游等行业纷纷推出自己的信贷产品和服务，以弥补商业银行在相关领域内的空缺。同时基础设施不断完善，如1950年代信用卡的发明、1970年代征信机构的整合和数据电子化、FICO（费埃哲公司）信用评分的创立。同时，信贷业务中的参与方逐渐趋向专业化分工，如住房抵押贷款最初由银行或信用社发起、服务和提供资金；而此后发起、服务、提供资金这三个环节则由不同的机构负责，住房抵押贷款的经销商引导发起一笔贷款，资金通过第三方打包证券化来获得，后续的服务则外包给其他方。此后，1985年出现了汽车贷款证券化产品，1986年出现了信用卡贷款证券化产品。

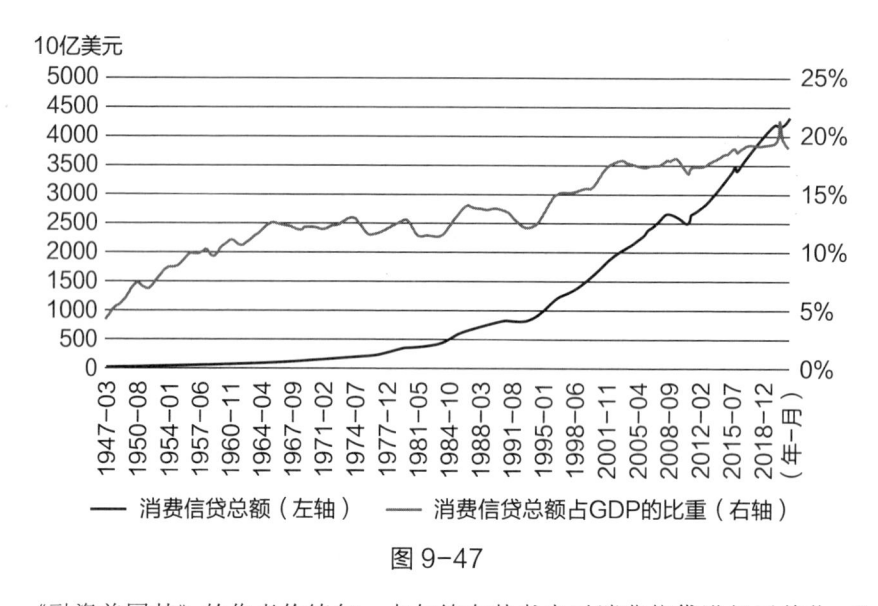

```
10亿美元
5000                                                      25%
4500
4000                                                      20%
3500
3000                                                      15%
2500
2000                                                      10%
1500
1000                                                      5%
 500
   0                                                      0%
```

──── 消费信贷总额（左轴）　　── 消费信贷总额占GDP的比重（右轴）

图 9-47

《融资美国梦》的作者伦德尔·卡尔德在其书中对消费信贷进行了美化："一旦消费者踏上每月定期还款的艰辛道路，显而易见的是，消费信贷的含义远远大于即时满足。它也涉及克制、勤奋工作以及将生产能力引向耐用消费品的行为。分期付款信贷的性质能够确保如果消费文化中存在享乐主义，它也是一种克制的享乐主义。如果说在消费文化中存在享乐主义者，他们不太可能在海岛沙滩上懒洋洋地躺着，而是在一个或更多就业场所拼命地工作。所以，我将消费信贷视为贪心和控制的工具。"这个观点与伏尔泰《论奢侈》何其相似！"纵情于价格高昂、声色犬马的消费并不总是错误的，追求高档商品的愿望启动了创新、资本和生产的轮转，从而最终将昨天的奢侈品变为今天的必需品。"

消费信贷的使用促进了消费和经济增长，反过来又刺激了社会的创新和进步，拉动总需求，降低失业率。然而，消费信贷的过度投放和过度金融化的危害不可小觑。首先，居民消费信贷规模的过度扩张对提升居民的消费水平的边际效用逐渐下降，而消费信贷的利息支出对当前消费造成的挤出效应不容忽视（见图9-48）。其次，消费信贷过度投放和金融化提高了贷款不良率。由于贷款总额与营业收入大幅上升，信贷机构在激烈竞争的环境下抬高风险偏好，使资金流向缺乏还款能力的贷款者，提高了消费信贷的风险。最后，消费信贷的过度投放会加大贫富差距。研究显示，银行向低不平等地区的低收入申请人提供的信贷要多于向高不平等地区提供的信贷。与此同时，那些申请信用卡资质不够的低收入群体多半向民间消费金融机构申请贷款，其所支付的消费信贷利率和手续费远高于商业银行的信用卡贷款利率。由于具有信用资质和利率挂钩这一消费金融业务特征，在消费信贷发展过程中通常出现越来越严重的"穷人借钱贵"现象，越是财务处境差的低收入人群，贷款利率越高，利息支出占家庭收入的比重也越大。消费信贷在低收入群体中的高利率在一定程度上助长了财富资源由贫者向富者转移，加快了美国社会由橄榄型变成哑铃型的速度。

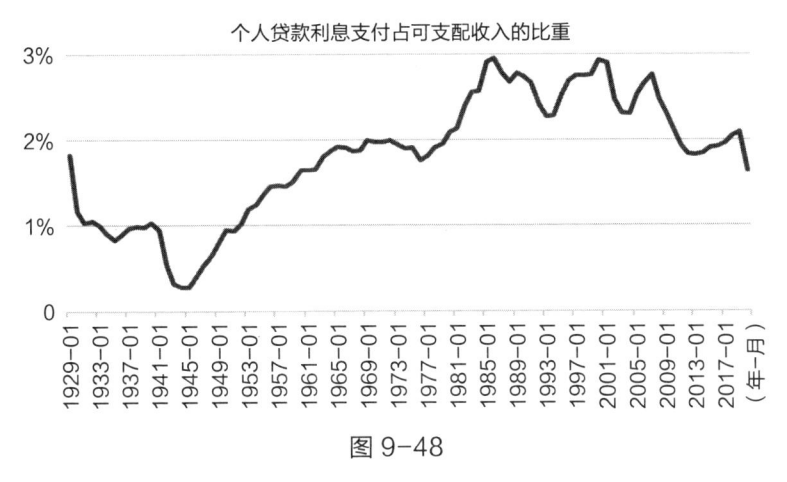

图 9-48

所谓的"美国梦"，是美国消费文化发展的结果，究其本质，是由巨额的债务所堆砌起来的危墙。美国企业和居民可以轻易得到廉价贷款进行投资和消费，加速了消费信贷经济的形成，人们的需求提前得到满足并进而成为一种占据主导地位的生活方式。然而，美国居民通过消费信贷享受到"美国梦"的红利，也必须承担"美国梦"的后果，信贷杠杆后果的堆积加速了系统走向危机的步伐。之所以债务、消费和经济的游戏还能持续下去，是以其主权信用作为最终保障的。如果市场经济下的主权危机来临，债务堆的戏台有多高，摔下来也就有多狠。不能否认金融和杠杆在经济增长中起到的作用，然而杠杆经济着实是潘多拉的魔盒，诱惑着人们进一步向它靠近，周遭的危险也同时越来越多。债务高攀危如累卵，消费信贷债务泡沫一旦被刺破，我们将"眼看他起朱楼，眼看他宴宾客，眼看他楼塌去了"。

"寅吃卯粮"极其容易使人陷入消费陷阱,导致整个经济金融系统性风险上升。当居民都想维持高消费水平时,在收入增速放缓、储蓄消耗殆尽的状况下,经济会加杠杆,直至杠杆空间耗尽。高额的债务是维持美国超额消费的主要原因,从1980年代到次贷危机爆发前,居民部门收入增速明显放缓,劳动性收入和财产性收入出现了劈叉,服务业获取劳动性收入非常缓慢,只能靠借贷来透支未来现金流。一旦金融杠杆达到极限开始收缩,消费就会崩溃坍塌,紧接着通过链条传导至金融市场乃至实体经济,劳动性收入问题更加突出,极有可能造成社会的全面崩溃。

敢于不断借钱花的不只是美国人,美国政府也是如此。截至2020年底,美国已累积了27.39万亿美元的总债务,平均每个美国人要背负8.29万美元的国家债务。政府的财政赤字政策在经济运行低谷期能有效刺激需求,赤字的出现不是一个不利因素。但美国财政赤字中出现了结构性问题,持续的结构性失衡扩张对经济的稳定性造成了极大的影响。在财政支出中,法定支出的占比迅速上升,而根据美国授权性法律产生的强制性支出,基本用于社保、医疗、收入保障等方面。2019年美国联邦政府在法定经常性项目上共支出2.73万亿美元,这一部分成为联邦政府最大的开支项目。法定支出的不可削减性导致财政赤字的结构不断向社会福利保障体系倾斜,财政失衡助长了债务泡沫的形成。

然而美国财政也被"民主"绑架。根据美国政治制度,选民无论贫富都有权投出自己的选票,因此如何争取到最多的选票一直是美国政治家面临的问题。相比于共和党,民主党历来都更倾向于扩大福利支出,但社保、医疗补助、退休金等福利的增长具有不可逆性,如果没有收入水平的明显提升,让居民百姓由奢入俭将极大地损害党派选举的票仓。为了牢牢抓住选民,防止他们流失,进一步提高福利水平是一个常见的选项,社保福利增速在过去绝大部分时间内都高于收入增速。美国军费支出较大,但刚性的社会福利保障体系支出的增长更为迅速,这也是美国历届总统和政府几乎无法缩减财政支出的重要原因。

财政支出受到社会福利保障支出的"裹挟",而财政收入则受到高收入阶层的"绑架"。美国个人所得税中最高档税率自1960年代开始一直下调,直到1990年代后才有明显上调,而美国近几十年也只有彼时的克林顿政府依靠增收减支实现过年度财政盈余(见图9-49和图9-50)。对美国富人阶层增税往往很难实现。一方面,美国大型资本集团与白宫有千丝万缕的联系,增税往往会受到其激烈的反对;另一方面,美国高收入群体相对来说具有更多的避税手段,大大降低了提高税率的实际效果。美国财政极难通过对富人增税的方式来实现转移支付和贫富均衡。

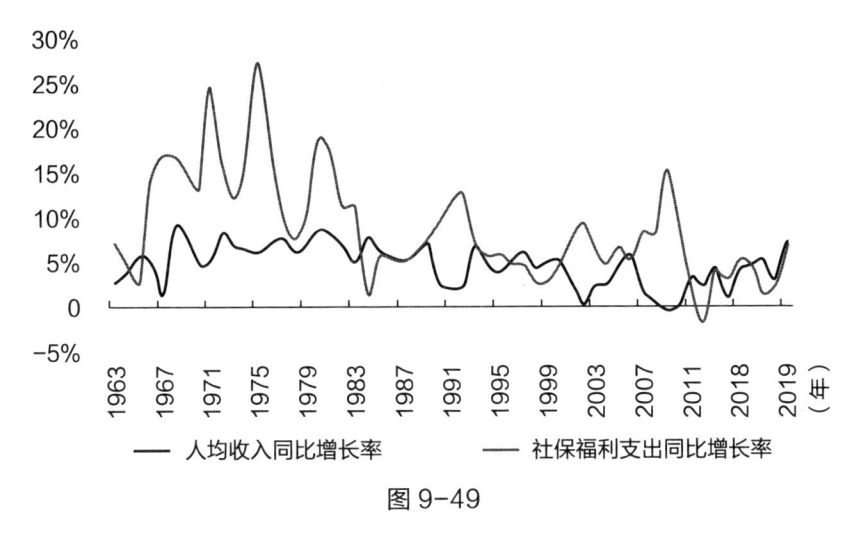

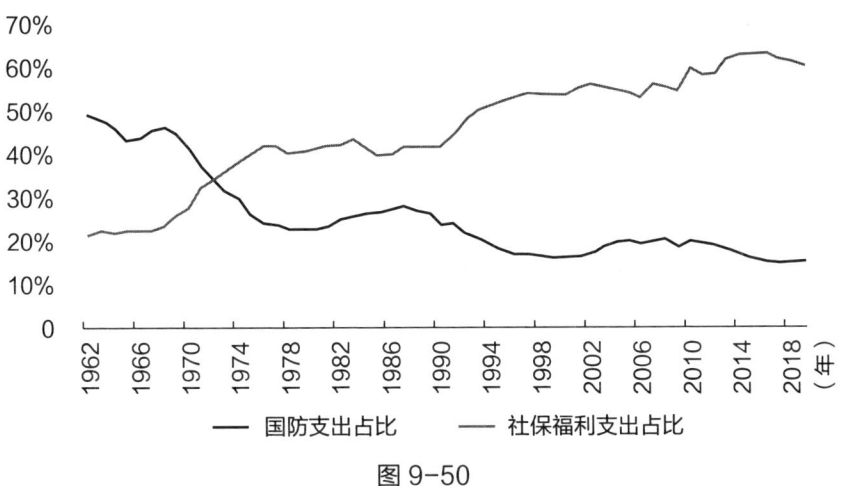

图 9-49

图 9-50

9.4.3 防止资本和技术过度结合的赢家通吃

9.4.3.1 赛博朋克 2077：高水平科技，低品质生活

技术的进步打开了更为广大的社会空间，带动了生产效率的提高，也带动了产业的发展。技术进步带来的好处是显而易见的，但与此同时，它也会带来一定负面影响。技术进步依赖资本，资本本身是逐利的，而资本的逐利又会阻挠技术进步带来的好处被全社会分享。

技术进步带来的好处在不同阶层中有不同的表现。资本和技术的过度结合会使纺锤型的社会结构愈加金字塔化，大规模的自动化会取代大量的工作机会。技术进步对于贫富差距的影响不是线性的，而更像一个 U 形的曲线。在社会发展的早期，技术进步带来了生产力的广泛提高；但在后期，技术和生产资料越来越集中在少数人手中，技术进步带来的好处不能惠及大部分人群，有相当一部分人因为不能掌握技术而被淘汰，失去原有的工作机会，贫富差距反而进一步加大。

随着技术进步，相当一部分底层民众的工作机会被取代，造成结构性失业和更大的贫富差距，进而演变为公众对社会和政府的不满意。此时政府更加需要发挥调节收入分配和安全网的作用。拜登政府出台的一系列财政政策，包括提供劳动者培训、社区大学免费等，目的都是致力于经济社会的平衡发展。如若不然，资本和技术进步在推动社会发展、提高生产效率的同时，也会导致社会的不均衡愈加明显，直至不同阶层之间的矛盾无法调和。

美国记者彼德·马丁与哈拉特·舒曼在《全球化陷阱》一书中第一次提出了"靠喂奶生活"，而美国前总统国家安全事务助理布热津斯基则提出了"奶头乐"理论，大意是随着生产力不断提升、竞争加剧，世界上 80% 的人口被边缘化，他们不必也无法参与生产和服务，80% 的财富被掌握在 20% 的人手中。为了安慰被社会"遗弃"的这部分人，避免阶层冲突，企业大批量地制造令人沉迷的消遣娱乐的产品来填满人们的生活，转移其注意力和不满情绪。

我们在诸多的科幻电影如《头号玩家》中看到，在未来的社会中严格按照社会阶层划分不同的生活空间。在科幻小说《北京折叠》中，掌握未来技术和绝大部分生产资料的上层人生活在第一空间，而被社会遗忘的大多数人生活在社会底

层，生活在不同空间的人享受的资源甚至时间都是不同的。顶层操控规则，而中层和底层高强度地工作供养着顶层。在电影《头号玩家》中的世界里，生产力高度发达，但资源极度紧缺，贫富差距极大，许多人不从事生产，沉迷于游戏。IOI 公司通过债务控制底层民众的人身自由，逼迫他们成为赚取游戏金币的工具。

贸易带来的分工细化和市场扩大带来的规模效应极大地促进了技术进步，并促进了生产力的提高和分工的进一步细化，从某种程度上来说，分工互换和技术进步是相辅相成的。技术进步是发展的动力，我们绝不是要抵制技术进步，而是应当思考技术进步如何能够使得人类社会更加美好，如互联网技术、人工智能等。

我们不是要阻挡滚滚向前的历史车轮，而是要防止技术与资本过度结合，以及披着技术创新的外衣，实则依靠垄断盈利的一些商业模式。一些平台通过互联网信息技术，依靠行业垄断地位获取利润，这种商业模式的创新其实并不是真正意义上的技术进步，对社会的贡献更多的是一种替代和存量分配，并没有新增需求或显著提高生产力。资本通过一次性的投资和低价倾销打掉竞争对手，形成市场垄断地位后一劳永逸；通过挤压上游供应商和下游消费者利润，两头获利。这并不是人们希望看到的。

需要肯定的是，新业态或者服务平台的产生，对于吸纳低端服务业的就业人口的贡献是不可忽视的。一些互联网企业解决了超过 1000 万人的就业问题，"互联网+"的蓬勃发展提高了人们生活和工作的效率，也降低了交易和信息获取的成本。但在互联网+快速发展的过程中，由于监管一定程度上的缺位，也导致了一些问题的出现，例如前几年一些 P2P 平台的野蛮生长正是钻了互联网和金融监管的漏洞。除在金融自由化的背景下催生出一批 P2P 黑平台外，由于资本的过度介入，互联网+行业垄断带来的负面影响也在逐渐显现。

2020 年 11 月，国家市场监督管理总局发布《关于平台经济领域的反垄断指南（征求意见稿）》，同年在第四季度的中央政治局会议和中央经济工作会议上强调"强化反垄断和防止资本无序扩张"，阿里巴巴因未根据反垄断法报告其过往并购交易被处以罚款。这一系列事件都说明互联网领域迎来了强监管，互联网企业野蛮发展的时代结束了。

9.4.3.2 互联网寡头的垄断

我们熟悉的《大富翁》游戏在 20 世纪初刚发明时有"反垄断"和"垄断"两种版本。第一种是鼓励众人创造财富，只要有人从土地上赚钱，所有人都获利。当最穷的人赚到初始资金的两倍时，游戏结束，所有人都胜利。而第二种玩法是使用买地收过路费的方式，最后只有一个赢家。现在流行的是第二种版本，其反映了地主通过土地垄断会变得更加富有。事实上早在经济学刚作为一门学科被系统性研究的时候，对于垄断，其实就是通过土地资源的获利方式而获得直接理解的。

资本的天性是逐利，而利益最大化的方式是垄断。扩大生产寻求利益的最大化是资本的天性，因此在监管缺位的情况下，资本通过横向和纵向吞并寻求垄断地位，再通过垄断地位获得更高的利润几乎是其必然选项。从美国 19 世纪后期和 20 世纪前期的反托拉斯运动，到欧盟推出《数字服务法案》和《数字市场法案》，再到中国强化对互联网行业的反垄断调查，无论是在传统行业还是在互联网行业，无论是在国内还是在海外，反垄断都一直在进行。

根据《中华人民共和国反垄断法》，垄断行为包括经营者滥用市场支配地位、经营者集中、经营者达成垄断协议等。市场垄断行为主要包括单家企业滥用市场支配地位、多家企业签订横向或纵向垄断协议两种情形。滥用市场支配地位主要指的是，单个企业在取得市场优势地位后出现的妨碍竞争的行为，如制定不合理的价格、限制其他企业生产以及要求消费者接受不合理附加条款等。举例来说，美国石油大亨洛克菲勒创办的标准石油公司曾经垄断了美国石油的生产与供应，若其坐地起价，故意抬高石油价格，就是滥用市场支配地位的行为。

签订垄断协议是指两家及以上的经营者签订的排除、限制竞争的协议。垄断协议分为两类：横向垄断协议和纵向垄断协议。

横向垄断协议是指互相之间具有竞争关系的经营者订立的垄断协议。举例来说，假如市场上两家规模最大的手机厂商占据了绝大多数的市场份额，有一天它们订立协议，同时推出最新款的手机，且价格都不低于一个很高的水平。消费者发现自己没有什么选择，只能在两款价格很高的手机中选其一，那么这两家企业的行为就是一种横向的垄断。

纵向垄断协议是指互相之间具有互补关系的经营者，通常是上下游的企业订立的垄断协议。如知名的汽车企业与4S店签订协议，要求后者出售的某款汽车价格不能低于某一个水平。于是消费者发现无论去多少家4S店，价格都非常高，那么这种行为就是一种纵向的垄断。

垄断具体的手段包括平台要求商家"二选一"，大数据杀熟（差异性定价获取利润的最大化），捆绑销售，低价补贴挤出竞争者，平台要求商家集体涨价，横向、纵向并购打通供应链以获取更高的利润分成等。但我们需要弄清楚的是，反垄断目的是限制企业利用不当手段进行垄断的行为，而不是限制企业的发展。

2015年后，中国互联网行业掀起了一股并购潮，在这一浪潮中，一些企业通过合并自己的竞争对手一举成为行业的巨头。除了并购自己的竞争对手，互联网巨头通过直接投资或吞并垂直领域的细分公司，成为整个垂直领域的巨头，其涉足的领域已经远超过其自身的社交或电商领域。事实上我们现在所熟知的互联网的每一个细分赛道，背后都有互联网巨头的身影。

以社区团购为例，互联网各个领域的巨头纷纷加入，它们或是直接推出自己的品牌，或是间接投资初创公司，市场上最有实力的玩家背后几乎都有这些巨头的身影。互联网巨头通过不断的扩张，致使小型的初创企业在成长的过程中想要绕开这些巨头变得愈加困难。借助巨头资源得到进一步发展或抓住时间窗口快速发展，然后卖给巨头套现已经成为很多创业者的出路。

资本在投资中很关注的一点就是企业的市场占有率和用户活跃度，有的互联网企业在早期不断地烧钱，不惜亏损，看中的就是后期带来的回报。从市场的角度来讲，交易双方的抽成或者交易佣金是由双方协商而定的，但如果交易双方市场地位相差较大，就可能带来交易关系的失衡，这在互联网行业中相当普遍。

一旦形成垄断地位后，平台通过对两端提价扩大盈利来弥补此前获取流量的成本。从视频软件需要付费的内容越来越多到共享单车、共享充电宝纷纷提价，从网约车、外卖平台提高抽成到出行平台利用大数据"杀熟"，都是企业在发展壮大到一定程度后压缩上下游利润以弥补自己前期为获取流量"烧钱"而造成的亏损。以外卖领域为例，个别具有一定垄断地位的外卖平台，一方面对商家不断提高佣金费率，甚至已经触及一些中小商户的盈亏线；另一方面，利用自己的规模优势要求商家二选一，商家选择其中一个平台则意味着会被另一个平台封杀。

而从下游来看，垄断同样会带来消费者成本的提高。在平台发展的初期，企业通常通过低价补贴获取流量挤压竞争对手，但一旦形成垄断后，商家和消费者面临没得选的局面，平台依靠其垄断地位向商家和大众两端提价，损害商家和大众的利益。个别互联网巨头利用大数据杀熟，早已不是什么新闻，一旦前期的低价导流完成，消费者的成本上升几乎是必然的。

互联网科技巨头掌控大量数据和市场份额，形成垄断抑制公平竞争。从事互联网服务行业的劳动者在分配中处于劣势，其劳动报酬的收入增长远低于资本的获利速度。

对垄断的监管已经在路上，对于行业寡头垄断行为应该进行约束，尤其是对大企业滥用市场支配地位侵害小企业和消费者的权益的行为更要进行监管。但同时值得注意的是，监管不是为了打压企业的发展，而是为了规范企业的行为，为了企业能长期健康地发展。企业在自身快速成长的过程中，也要承担一定的社会责任，包括对自己的员工、消费者、中小型的交易方等。我们应当认识到许多互联网企业给我们生活带来了便利，以及为更多的人提供了更多的谋生机会，但也要对互联网巨头利用垄断地位赢者通吃的行为进行规范。我们应当更好地利用技术赋能为更广泛的社会群体创造美好的生活，降低生活的成本。

9.4.3.3 互联网监管——网络安全和数据安全

2017年12月，习近平总书记在中共中央政治局就实施国家大数据战略进行的第二次集体学习时强调，要切实保障国家数据安全，要加强关键信息基础设施安全保护，强化国家关键数据资源保护能力，增强数据安全预警和溯源能力。大数据是国家基础性战略资源，没有数据安全就没有国家安全。我们必须把保障数据安全放在更突出的位置，着力解决数字平台领域突出存在的信息安全问题，全面贯彻落实总体国家安全观。

1. 开发利用大数据，信息安全渐成隐患

（1）过度索取权限威胁隐私安全。截至 2020 年末，我国网民数量已达 9.89 亿人，其中手机网民规模达 9.86 亿人，数字经济占我国 GDP 比重已接近 40%。大数据技术在促进信息流通、提升生活便利的同时，也产生了杀熟、滥用人脸识别、过度索取权限等行业乱象，直接损害了人民群众的隐私权。

（2）平台垄断形成"数据圈地"。在移动互联网时代，大数据不仅是创造价值的核心要素，也是聚合其他资源、提高生产效率的主心骨。我国大数据技术被滥用的原因之一，便是数据在采集、传输、存储、应用、交易等过程中权责不清，部分平台型企业利用数据优势上下通吃，攫取超额收益。数据垄断具有隐蔽性、轴辐性（以平台型企业为轴心，以平台内商家为辐条）和竞争非中性三大特征，云算法、推荐规则等更是强化了少数企业的市场支配地位，让网络成为资本的"数字领地"。

（3）信息安全失守或被"数字殖民"。如果说平台的数据垄断威胁了市场生态，那么数据泄露则会威胁国家安全。数字空间不是法外之地，数据是虚拟的，但运用数据的主体是现实的。全球化推动了世界各国经济一体化，大量数据频繁地跨境流动不仅带来了商业利益，也暗中影响了国家安全和竞争力。大数据可以被用于分析国家宏观经济形势、高端科技研发状况、军事装备分布情况，甚至制造舆论影响、改变社会思潮和政治生态等。于国家而言，数据安全直接关乎经济发展和社会稳定，信息安全失守意味着治理秩序失衡。根据 *Politico* 的报道，拜登团队早在 2020 年 8 月就已经悄悄布局网络安全计划，以加强美国对俄罗斯等国的网络安全防御。

2. 正视问题、强化监管，尽快补齐短板

（1）建立激励相容税收机制。大数据时代的个人隐私泄露和国家信息安全风险凸显，尽管面临诸多不确定性，也不能因噎废食，而应在大数据技术应用和信息保护间寻找平衡。方法之一便是尽快进行数据确权，开征数字税。大数据的运用为平台型企业创造了经济效益，却让整个社会承担了巨大风险，通过税收调节负外部性是治理此类市场失灵的必然选择。正如恩格斯所说的，"只有维护公共秩序、公共安全、公共利益，才能有自己的利益"。

（2）扎牢数据安全制度笼子。通过《中华人民共和国个人信息保护法》《中华人民共和国数据安全法》等的制定，我国有关大数据和信息安全的法律法规正在逐步完善，但也应看到，针对平台经济的制度设计和监管协同还需加强。平台经济的数据使用呈现隐匿化、链条化、产业化的倾向，相关部门要形成"治防并举，防范先行"的监管理念，充分界定个人信息合法采集和使用范围，明确平台相应的权利和义务，对数据的收集、流通、使用、储存和交易环节设计分级治理准则，形成覆盖数据全生命周期的安全保护机制。

（3）构筑一体多翼治理体系。面对日益严峻的信息安全形势，政府、行业和企业需要进行有效配合，共同保障数据安全。在政府层面，要加强信息安全政策制定和数据治理规则研究，强化顶层设计，由国家主导数据库安全建设；在行业层面，要加强自律建设，全面建立准入机制，规范数据安全评估标准；在企业层面，要完善内部控制与合规管理，做到"心中有戒，行有所止"。

9.4.3.4　防止资本和技术的过度结合，确定资本的边界

前面提到资本的天性是逐利，而垄断是使利益最大化的方式之一。但对于国家和民众来说，民众最根本的需求是不能够被资本垄断的，包括粮食、能源、教育等，一旦资本过多介入，将会产生诸多后果。人是一种社会性动物，财富的分配应该考虑社会性。

资本以利润的最大化为目标。资本本身没有好坏的区分，其本质是以逐利为目的。马克思的《资本论》中有这样的引述：一有适当的利润，资本就会非常胆壮起来。只要有10%的利润，它就会到处被人使用；有20%，就会活泼起来；有50%，就会引起积极的冒险；有100%，就会使人不顾一切法律；有300%，就会使人不怕犯罪，甚至不怕绞首的危险。如果动乱和纷争会带来利润，它就会鼓励它们（邓宁格，《工会与罢工》）。

万事皆有利弊。在平衡各种方式的利弊中不断地前行，是中国发展的道路。既要让国有资本逐渐退出非核心要素领域，同时又要让国有资本保持对核心要素的绝对控制；既要让私有资本发挥其效率和进步的一面，同时也要把资本约束

住，避免资本一味地追求利益最大化，导致危机的发生。

这条路虽然不好走，但也确实是经综合后一条最优的道路。从2014年开始，香港暴露出来的资本过度垄断带来的社会动荡和撕裂，以及从2016年开始，美国贫富分化加剧引发的社会K型大撕裂和民粹主义盛行，都是摆在我们面前的教训。

控制风险的第一步就是控制杠杆，掐住源头，坚持去杠杆，然后逐步地拆除炸弹，这是目前我国采取的化解风险的办法。

过去依赖房地产和土地财政的发展路径具有两面性。一方面，它确实解决了早期发展中政府资金的来源，也同时加速实现了改善居民生活的目的；但另一方面，它过度透支居民部门杠杆，高房价加速了贫富的分化，同时地方政府过度依赖土地财政，约束了社会生产力的解放。这些年依赖地产刺激经济的路径逐步地从利大于弊变成弊大于利，决策层对此已有很清晰的判断。

从2016年中央经济工作会议提出"房住不炒"到郭树清提出房地产是现阶段我国金融风险方面最大的"灰犀牛"，都体现了决策层对加大房地产政策调控的决心。但面对着房地产这样一个对政府、银行、居民部门都举足轻重的产业，只能慢慢地拆除炸弹，以时间换空间来化解风险，尽量缓解社会矛盾。

第二个灰犀牛是金融风险。从2017年金融工作会议强调金融安全是国家安全的重要组成部分，到将防范化解重大风险列为三大攻坚战之首，我们看到这些年金融去杠杆、金融反腐、加强监管金融"野蛮人"，金融风险的防范和化解逐步有序地在展开。

第三个灰犀牛是互联网+。从发展的路径来看，某些互联网企业在其发展早期促进了生产效率的提高，但后期不断走向了逐利和垄断。

放眼西方世界，无论是地产、金融还是互联网寡头，都具备完全相同的特征——最终都变成一个大而不能倒、绑架一切，追求利益最大化的巨兽。地产绑架居民部门、金融部门和地方政府的财政，金融巨头用金融体系的稳定来绑架全社会。2008年的金融危机就是最好的例证。某些互联网企业的"赢者通吃"行为若不加以管控也必将带来垄断，寡头通过垄断打掉下游端后，再用对平台和渠道的垄断倒过来打上游端，最终通过金融资本介入，交叉持股、控股形成一个庞大的，将金融、数据、民生捆绑在一起的，更大的，却不能倒、不能动的巨兽。

这也是资本主义危机爆发前最为典型的特征。凯恩斯学派对此开出的药方是主张国家采用扩张性的经济政策，通过增加总需求来促进经济增长，即便大部分的货币最终还将流向少部分群体。所以凯恩斯一开始就预言，此方法能解决当下问题，但化解不了根本性矛盾。

提高生产效率，以及更为广泛地应用技术，使得生活更加便捷，是社会需要的；而利用这些技术进行垄断，以实现利益最大化，是资本需要的。从资本角度来看它似乎没什么过错，但从社会发展的角度来看则充满了矛盾，这里有一个边界，边界一旦过了，那就是弊大于利，反之则是利大于弊。

金融、地产、互联网资本垄断的本质都是要获得资本利益的最大化，最终带来的结果是资本越来越富。但是如果这种富裕不是建立在生产力提高的基础上，而是建立在下一代、下 N 代的债务基础上，那么它对于社会就具有破坏性。当下一代没有希望，企业的垄断到了极致时，贫富分化也就到了极致，这时资本主义危机就会爆发。

公共资本在教育、健康医疗、基础设施等行业有着明显的优势，知识、技能传播以及社会经济发展有赖于此。教育、医疗、养老、房地产业等不应当被资本过多介入，政府初期的社会保障财政支出主要用于发展经济所必需的基础设施建设，后期的财政支出应该用于软性的基础投入来维持社会合理的结构，对于介入教育和民生领域的资本要做好监管。

资本凌驾于政府之上，凌驾于民众之上的结果，西方社会已经给了足够多的经验教训，中国的道路必须与之不同。制止资本的无序扩张，利用政府这双"看得见的手"把资本引导到该去的地方，这条路是不同于世界其他国家的中国之路。

第 10 章 逆潮时代：加速的全球分化

罗马不是一日建成的，贫富分化也同样并非一朝一夕形成的。在经济体的不同增长阶段，内部的收入分配失衡程度是迥然相异的；在全球化的不同发展阶段，各国结构性收入差距变化的速度也不尽相同。通过梳理各阶段贫富分化的典型表现形式，以及经济增长和贫富分化的交互关系，我们将能以一个更清晰的逻辑框架，分析全球性的基尼系数扩大这一现象。

10.1 2020 年前美国贫富分化已经到历史高位

20 世纪以来，全球财富不平等状况整体经历了 U 形变化，即财富的分配公平程度在高增长时期相对平稳，尔后在进入低增长时期开始恶化，并在新冠疫情期间加速恶化。

关于分配制度失衡的研究，历史相当悠久，诸多专家学者均给出过精彩论述。这里引用斯塔夫里阿诺斯在《全球通史》里关于人类社会不平等的起源的论述：

"由于墨守农业的种种仪式（如求雨的仪式）对新石器时期的农人来说，是至为重要的，所以巫师成为最有权势的人物。而现在新出现的祭司，不仅要对传统的各种超自然的现象负责，还要负起不断增加的管理社会的各种职责。这些职责对一个日益复杂化的社会来说，是必不可少的。"

从斯塔夫里阿诺斯的角度看，在人类文明的起源阶段，阶层的分化并非出于部分野心家对权利的追逐和再分配；相反，是由一部分较早承担了较多社会责任的人，接受了较多的职责和义务，对组织作出了较多贡献，因此获得了较高的位阶。

一个人对社会创造的贡献越大，他的收入就越多，这个理论在当今社会依然是成立的。在一个完备的社会组织体系下，部分人具有较出色的能力，承担了较重要的角色，为社会发展作出了较大的贡献，因此便自然占用较多资源，他们的收入是个体劳动和社会财富之间等价交换而得到的。但是，公平并不意味着平等。随着财富的积累，个体劳动付出在财富分配格局中的占比逐渐下降，由资产积累和增值形成的新收入分配方式，逐渐使得"富者恒富，贫者恒贫"，社会马太效应被以财富积累度为主的复利式分配制度放大。

纵观人类社会近百年来的财富不平等历史，我们可以发现，贫富分化并非一条笔直的道路，充满了曲折。以美国等发达国家为例，二战后各阶层的财富占有水平经历了从收敛到发散两大阶段，各个时期的经济增长水平和宏观管理政策在其中扮演了核心影响因素，同时全球化的深度推进也是重要推手。美国1949—2009年不同人群的财富份额如图10-1所示。

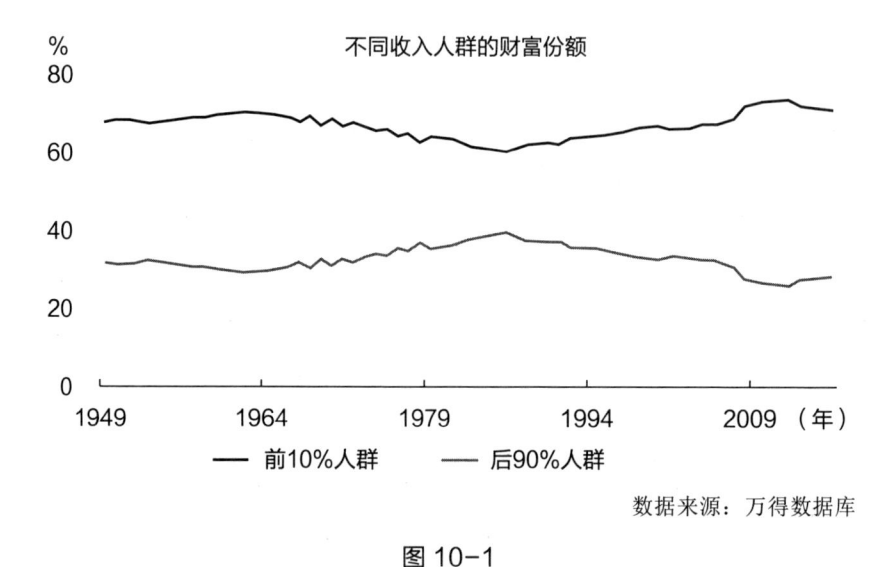

数据来源：万得数据库

图 10-1

1980年代前，美国的经济增速常年达到5%左右，叠加原本较高的基数和相对其他大国而言较少的人口，美国的人均收入增长较为可观。在全球化尚未兴起之时，美国的经济增长主要靠投资和国内消费推动，而在沃尔克采用供给派学说控制住通胀之前，凯恩斯的需求侧管理仍是宏观经济管理的主流，利率调控配合有限准备金制度是美国央行的货币政策核心，信贷政策对不同阶层的人均相对友好。在上述两大因素的共同作用下，美国各个阶层享受了比较公平的财富分配，富裕阶层相对贫困阶层的财富增长速度相对合理。

1980年代后，伴随着全球化的兴起，以及央行"通货膨胀目标制"的广泛实施，以生产制造和持有消费实物资产为主的中下阶层的财富增速普遍放缓，而大量持有金融资产的富裕阶层，则享受了近40年金融资产通胀的红利。

从全球化的角度看，全球经济的深度融合，是导致国家内部财富分配失衡的重要因素。海外需求和企业部门的分工转移形成了第一轮本国企业部门投资，这是第一轮供应曲线变动的外部主导力量。之后企业部门债务增加往往是因为投资加大，供给曲线进一步外移。此时经济发展主要依赖外部需求曲线和内部供应曲线的匹配，如果外部需求曲线无法跟进，本国就很容易形成产能过剩。

同时，海外需求的进一步扩大使得生产环节具备极高的利润率。随着收入的增加，本国储蓄得到积累，金融部门开始逐步发挥间接融资通道的职能。此时本国企业部门的投资力度进一步加大，同时，积累了财富的本国居民部门开始产生改善需求，这是对内需求曲线外扩的基础。随着全球化的推进，分工转移带来的海外产业空心化，直接导致其内部的分工分配失衡，大部分居民部门尤其是社会阶层的中下层收入的增速放缓。居民部门的收入分配失衡导致的结果就是收入增长放缓和债务杠杆率增加，出现相互反馈，贫富矛盾、储蓄失衡、过度消费、过度负债等问题相伴而生。

"通胀目标制"是加剧贫富分化的一大因素。通胀是央行观察经济金融状况的中间变量，控制通胀的目的在于平稳人民的生活成本，稳定产出，以实现经济增长的最优化。通胀水平衡量了跨时期的特定收入的购买力，因此物价指数常由一篮子的商品价格所构成。然而，在目前各国的通胀衡量尺度下，金融资产并不是通胀指标所衡量的对象，而较少包含资产价格会带来失真，特别是长周期下的价格失真。

金融资产价格的变动，并不仅仅代表金融资源稀缺程度变化，其对人民日常生活和生产的影响在逐步放大，因而在其重要性被低估的时期，贫富差距被迅速拉大。投资品价格和资产价格过去可以和生产资料价格分割核算，而在当下这一做法不再适宜。资产价格除了影响企业的扩大再生产，还涉及基础设施、环境保护等公众性消费问题。此外，养老金、医保覆盖范围等明显影响个人生活水准的项目也均与金融资产增值幅度相关，金融资产对社会阶层划分的意义已大大超越过去。

经济增速放缓、全球化推进及通胀目标制的广泛运用，共同使得在二战后一度缓和的全球财富不平等程度再次加剧，对经济的作用和反作用也日益凸显。

10.2 经济增长放缓加剧贫富分化

关于经济增长放缓会加剧贫富分化这一点，学界几乎已形成共识。皮凯蒂认为，在经济增长较快时贫富分化会得到减缓（二战后黄金30年）。经济增长有助于提高社会流动性，流动性的提高又有助于减缓收入的两极分化。而在经济增长较慢时，或在存量经济时代，贫富分化会加剧。经济增长的趋同性会减缓贫富分化。

低利率是经济增速放缓导致贫富分化的重要传导渠道，其核心逻辑在于，传统的无风险收益率约等于社会平均的边际投资报酬率。传统的经济理论认为，利率是对经济资源在时间方面的机会成本的补偿。在经济增长速度较快时，通常利率水平也相对较高，这意味着相对较高的跨期资源交换成本；反之，在经济增长速度较慢时，利率水平也相对较低，这意味着资源的跨期配置机会成本随着经济增速的下降而降低了。因此，当无风险利率下降，甚至达到零利率和负利率的水平时，当前的经济体运行便陷入低效状态，任何新增投资的边际收益趋近零或者负值。

低效的经济运行状态，以及无效的新增投资，对于阶层流动来说，都是非常严峻的考验。在一般意义上，当新增投资的回报率趋于零时，意味着当前的社会发展不再存在让个体具有积累资本和创造财富的机会，阶层间的流动变得困难。廉价的货币意味着极低的借贷成本，此前拥有大量资本的人将更容易取得相应的货币资源，以参与追逐金融资产升值的游戏，而这对于贫困阶层的人群来说，变得更加困难。此外，新增投资的边际报酬率趋近零，表明社会新增工作机会的数量将大幅下降，低阶层人群寻找一份合意的工作变得更为艰难。而收入增长甚至基本收入保障机会的丧失，同样会强化阶层固化，进一步限制阶层流动。最终，富者恒富、贫者恒贫，社会资源不断向富裕阶层汇集。

库兹涅茨认为，随着经济的发展，收入分配的不平等性先是上升，继而下降，收入分配不平等性与经济发展之间的关系呈"倒U"形状。然而近年来，库兹涅茨的理论在欧美等发达国家陆续遭遇挑战。即便在劳动收入分配相对公平的国家，财富水平差异所导致的收入差距扩大造成的贫富不均，也在逐步加剧。世界范围内的高收入者的财富增长都在加速。在 OECD 对 22 个国家的一项有关不平等的调查统计中，最近 30 年基尼系数降低的国家仅有 2 个，有 3 个国家基尼系数基本持平，而剩下的 17 个国家贫富差距都显著扩大。

10.3　贫富分化会拖累经济增长

经济增速的放缓，对社会贫富分化起到了推动的作用；但与此同时，社会贫富分化加剧，也会反向作用于经济增长，进一步拖累经济增长。

首先，贫富分化会冲击消费。从理论上讲，随着财富分配不平等的情况日益严峻，财富向头部的少数人集中，富裕阶层的人数总体占比在下降，更少的人掌握了更多的财富，但人口占比极少也意味着综合性消费支出存在明显的天花板。此外，富裕阶层从消费中所获得的效用满足度很高，而商品的边际效用存在递减规律，富裕阶层边际消费支出增加所带来的效用和满足感，远远低于贫困阶层同水平的边际消费支出效应。因此，从社会整体水平看，当贫富分化加剧时，社会总体边际消费趋于减少。

从统计数据看，低收入者虽然消费支出总额有限，但边际消费倾向比富裕阶层更高。美国劳工统计局的消费者支出调查显示，以收入由高到低进行分组排序，收入低于 80% 分位数的消费群体，收入占比约 3%，但消费支出占比却超过 8%，其消费意愿远大于自身收入水平；形成鲜明对比的是，收入在前 20% 分位数的富裕群体，收入占比超过 50%，但消费占比却仅仅约占 40%，显示富裕阶层整体的消费意愿低于其收入水平。由此可见，当贫富分化不断加剧时，消费对经济增长的贡献度会不断降低。这是因为，富裕阶层虽然理论上拥有更强的潜在消费能力，能够负担更大的消费支出项目，但富裕群体的人口总数占比较小，且其边际消费倾向偏低，致使这个群体的财富增长不能完全转化为有效消费。在贫富分化加剧之下，低收入阶层的收入增长预期和绝对数量均持续下降。尽管低收入阶层的人口绝对量更大，并且这一阶层的消费倾向远大于富裕阶层，但总财富的积累水平限制了这个阶层的总体消费能力，超前消费并不是一种可持续的行为，并且超前消费的债务杠杆给经济增长带来了债务风险，埋下了更多隐患。上述因素的综合，使得消费在贫富分化加剧的情况下，对经济的拉动逐渐乏力。

其次，贫富分化会阻碍资本的循环和再生产。此处的资本为广义资本概念，既包括生产经营性资本，也包括人力资本。如前所述，贫富分化加剧将会降低消费需求，而消费终端需求不足，意味着"蛋糕"整体缩小，企业的产出过剩，企业盈利能力普遍被削弱，最终投资利润下降并趋近零。与此同时，市场规模的缩减，意味着具备竞争优势的企业将更多地在存量市场中占优势，市场资源不断向少数行业龙头公司集中。强者恒强，大公司不断扩张，中小企业则面临破产出清。强者恒强的另一个负面影响是不断抬高行业壁垒，使得后来者更难介入存量市场，中低收入阶层更难获得阶层跃升的机会，不得不长期在少数大公司主导的经济秩序下进行生产和从事劳务工作。

贫富分化对人力资本的负面影响，具体表现为对人均教育程度的负向作用。OECD 的一项调查显示，低收入者的教育年限通常较短，并且伴随基尼系数的上升，在教育水平较低的家庭中，孩子的未来的预期收入水平也会快速下降。富裕阶层通常有更多的机会享受更好的教育。美国消费支出调查显示，2015 年美国收入前 20% 的群体教育消费的支出占全国教育消费支出的比重超过 50%；而低收入群体接受高等教育变得愈发"奢侈"。贫富差距的加大，使贫者接受教育的阻碍加大，这往往也是提高阶层壁垒、形成阶层固化的重要因素，导致人力资本积累放缓甚至出现倒退。

最后，贫富分化会使技术创新迟滞。从长期看，中低收入阶层和富裕阶层收入差距的扩大，使得普通人更难以获得生产投资所必需的要素积累，这将损害其长期增长潜力。同时，政治渠道也会将贫富差距的恶果扩大，从而阻碍技术创新。一方面，基尼系数的扩大以及财富分配格局的大幅失衡，极易在民众中酝酿出民粹情绪，提升底层群体的暴力倾向和对社会的不满程度，致使生产性活动停滞、投资环境恶化、社会治理成本大幅上升；另一方面，基于投票和选举制度的经济政策决策程序，在失衡的分配格局下，技术创新的经济激励会被扭曲。当贫富分化加剧到一定程度时，中低收入群体的绝对数量和相对占比均大幅上升，足以左右政策的制定和执行。此时政客为了迎合选民，更容易作出具有民粹色彩的施政纲领，例如向高收入者征收更重的税费，向底层提供更多的福利等。这些措施都将对技术创新应得的经济激励形成负向补贴。

10.4 经济危机与贫富分化

贫富差距是世界各国普遍存在的现象。在世界银行统计的 100 多个国家中，所有国家的初次分配居民收入基尼系数均大于 0.2。究其原因，市场机制可以平等地实现资源配置，却不能保证分配结果一定公平。同时，适度的贫富差距可从多个方面促进经济增长与社会稳定，过于强调绝对公平，将会使得经济丧失活力，陷入全员"吃大锅饭"、无人生产的境地。但是，也应注意到，过度极端化的贫富差距同样也会极大地损害经济，基尼系数过大会制约消费，从而抑制经济增长。经济危机具有强烈的再分配效应，危机期间往往各阶层收入均大幅下降，贫富差距扩大的矛盾得以暂时缓和，但危机后往往贫富分化会再度加速。

《资本论》对经济危机与贫富分化加剧的必然性有着极为深刻且精彩的论述。马克思认为，在市场经济中，一个经济体所有产出的货币价格，应当等于支付工人的全部工资加上企业所得的利润。由于工人的所得少于纯产量的总值，因此他们的消费永远不足以把纯生产所得的总值购买回来，工人的消费产生了需求缺口。利润与工资之比随着财富的增长越大，这种需求缺口也越大。尽管企业也消费其部分利润，有助于填补一部分缺口，但是更多利润不是被消费掉，而是被储备起来。从凯恩斯的理论来看，这些储备被看作需求的"渗漏"，依然会限制大众的收入和消费。最终，企业主和工人的收入差距将越来越大，贫富分化也将愈演愈烈，直至陷入不可调和的境地。

如果进行横向的国际对比，我们可以发现，尽管西方社会已经经历了数次重大经济危机，其初次分配的公平性仍然较低，社会公平的实现主要依赖基于政府调控的二次收入分配。各国收入的初次分配与二次分配的基尼系数如表 10-1 所示。

表 10-1

国家	初次分配	二次分配	调整幅度
美国	0.51	0.40	22.8%
英国	0.53	0.36	32.1%
德国	0.51	0.29	42.5%
法国	0.50	0.29	41.7%
加拿大	0.44	0.32	26.8%
丹麦	0.44	0.25	42.5%
芬兰	0.50	0.26	47.1%
挪威	0.41	0.25	38.8%
瑞典	0.44	0.28	36.6%
冰岛	0.39	0.30	23.8%

数据来源：OECD 数据库

在当今社会，贫富分化仍然具有自我强化的趋势，并且金融危机会进一步强化这个趋势。传统经济理论中的资本主义周期性危机的核心，是私人占有和社会化大生产之间的矛盾，表现形式是工业生产的产能过剩和有效需求不足。而当下的主要矛盾则转化为生产资料名义所有权和实质支配权分离，经济资源向极少数互联网科技巨头和精英群体集中。同时，贫富的加速分化不仅体现在同一国家的不同阶层间，也会反映在发达国家与发展中国家之间。生产的全球化和信息科技革命浪潮，使得全球形成了分工明确的上中下游产业链，资源国提供原材料，部分发展中国家进行低端制造和生产，发达国家通过高端制造、知识产权和品牌专利，获得了绝大部分利润，并通过铸币权和负债消费拉动发展中国家的产能。历次经济危机通常伴随着央行降息、信贷宽松等货币刺激政策，发达国家中掌握了生产资料、金融资源的少数精英群体享受着危机带来的财富再分配效应，而经济损失则由生产方承担。虽然全球化在繁荣时期做大了"蛋糕"，在危机时期分散了风险，但是不能改变贫富分化日趋严峻的事实。主要国家或地区的中产阶层人数占比情况如表10-2所示。

表10-2

国家/地区	占比（%）	国家/地区	占比（%）	国家/地区	占比（%）
澳大利亚	66.1	法国	49.2	马来西亚	16.7
新加坡	62.3	韩国	44.6	南非	13.7
比利时	62.1	瑞士	44.5	巴西	8.1
日本	59.5	香港	44.4	俄罗斯	4.1
台湾	59.4	德国	42.4	印度	3.0
英国	57.4	美国	37.7	全球	13.9

数据来源：世界财富报告

2020年暴发的新冠疫情使大量底层民众再度陷入困境。全球排行前1000的富人，仅花了9个月的时间，就使得他们的财富回到疫情前的水平，并创下新高；而底层民众则需富裕阶层14倍的时间（10年左右），才能恢复他们的财富。自疫情暴发始，世界最富有的前10人增长的财富，几乎能够让所有人免于因疫情返贫，且足以支付全球疫苗接种费用。

贫富差距的加大导致不同层级之间产生了巨大的隔阂和矛盾，美国民众在利益及政治生态上的撕裂程度达到空前。特朗普虽然输掉了大选，但他的总得票数却与拜登十分接近，尤其是特朗普的铁票仓数量相当可观。也就是在这样的情况下，才出现2021年初"占领国会山"的事件。

有一组数据表明，在2020年的美国大选中，在美国3100多个郡或与郡平级的行政区域中，支持拜登的有 400～500 个郡，而支持特朗普的有 2400～2500 个郡。支持拜登的郡虽然数量少，但是贡献了美国 70% 的 GDP。因为支持拜登的主要是经济比较发达、人口比较密集的地区，这些地区的选民的受教育程度、在全球化中获益的程度往往较高。而支持特朗普的是人口比较少的地区，这些地区的选民在全球化的过程中属于承担成本多于收益的那部分群体。这个大趋势相比于 2016 年是进一步上升的，也就是说支持拜登和特朗普的选民之间泾渭更加分明。

民主党的背后站着华尔街的利益拥护者，而社会的底层希望特朗普能成为改革者，为他们带来更大的利益。拜登政府希望能够弥合国内不断撕裂的富人和穷人阶层，对社会各个层面的分裂进行修复，但这无疑是困难的。或许最终，拜登政府的做法还是和他的前任们一样，将内部的矛盾向外部转移，以确保内部矛盾不会在自己任期内扩大和爆发。

"其兴也勃焉，其亡也忽焉。"极端的不公将引发社会崩溃，从而强力出清并构建新的相对公平，周而复始。

第 11 章 逆潮初痕

11.1 从新凯恩斯主义到长短利差交易

凯恩斯主义主张逆周期调节，在经济下行时采取扩张的财政政策和货币政策，提高就业率；反之，在经济过热时，则采取紧缩的财政政策和货币政策，降低通货膨胀率。然而随着石油危机的发生，全球主要经济体均面临着经济停滞和通货膨胀同时发生的困境，凯恩斯主义一度受到质疑。在 1970 年代后，为解决大滞胀时期的"凯恩斯主义理论危机"，在传统凯恩斯主义的基础上，主张政府干预经济的理念发展了新凯恩斯主义。

新凯恩斯主义在假设条件上与传统凯恩斯主义基本保持一致：①劳动力市场上存在超额劳动力供给；②经济存在显著的周期性波动；③经济政策在绝大多数年份里是重要的。但相对于传统凯恩斯主义，新凯恩斯主义认为，市场并不是迅速地达到充分的均衡的，而价格也不总是随货币供给的变化而自行调整的，即货币非中性论。传统凯恩斯主义认为短期内工资和价格是刚性的，即认为工资只能增加不能降低，且短期内无法调整；而新凯恩斯主义放松了这个严格的假定，认为工资和价格在短期内是可以变动的，但是调整是缓慢的，即二者存在黏性。

新凯恩斯主义主要的理论观点包括以下几个方面：

（1）利用菜单成本论、长期合同论、隐含合同论、不对称信息论、局内－局外利益论、效率工资论等来说明货币工资黏性。

（2）由于货币、工资和价格具有黏性，总需求的变动会引发摩擦性的非自愿失业，从而导致经济周期的出现。

（3）当经济出现需求扰动时，工资和价格并不能迅速调整到市场出清，经济可以处于非充分就业均衡状态。而从长期来看，经济将调整到充分就业状态。

（4）为了加速经济向充分就业调整，政府应采取需求管理政策。

从新凯恩斯主义指导的经济周期和货币政策行为周期来看，由于存在工资和物价黏性，从一个非充分就业的均衡状态恢复到充分就业状态，是一个缓慢过程，但给予经济刺激政策依旧是必要的。一方面，经济刺激政策能够促使总需求快速恢复至原有水平，让经济社会迅速地恢复到充分就业状态；另一方面，由于工资和价格具有黏性，而黏性来源于劳动合同签订的滞后性与对价格预期的变化。因此，快速采用货币政策能够先于形势改变之前稳定预期，保证总供给曲线的稳定，防止总供给曲线的收缩与需求恢复之间的不匹配而导致高物价的现象。

如图 11-1 所示，在长期均衡状态下，总需求曲线 AD_0 与总供给曲线 AS_K 构成长期均衡点 A，点 A 同时是长期供给曲线 AS_L 与总需求曲线 AD_0 的相交点，此时产出为 y_0，价格水平为 P_0，劳动合同签订的薪资水平保持稳态。

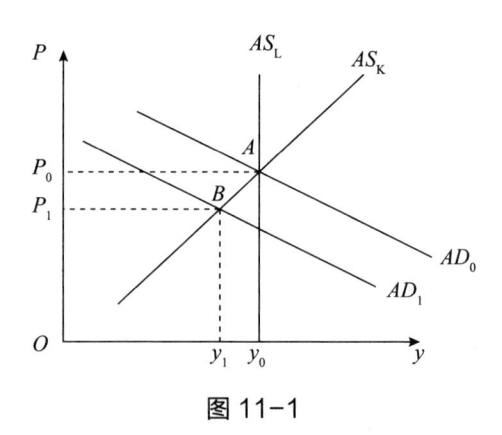

图 11-1

当总需求受到冲击时，总需求曲线由 AD_0 下移至 AD_1，新的短期均衡点为 B，对应的产出与价格水平为 y_1 和 P_1。如果央行不对经济变化作出反应和调整，在理性人假设下，总供给曲线也会相应收缩，但供给的变化会滞后于需求的变化。

在新凯恩斯主义的假设下，政府采取需求刺激政策，使得总需求曲线由 AD_1 快速回到 AD_0。同样，在理性人假设下，在劳动合同的存续期间内，市场预期总需求能够快速恢复，因此总供给曲线并不会相应收缩，均衡点依然在点 A，达到了原有的产出水平和价格水平。

尽管在大滞胀时期，传统凯恩斯主义受到了一定的挑战，但不可否认的是，传统凯恩斯主义逆周期政策调节理论，仍然是选择经济调控政策的重要指导。

对于市场交易者来说，根据情况判断货币政策的变化对资产配置具有重要意义。当经济过热时，央行利率水平抬升，资产配置以实体经济和企业盈利为主导；当经济衰退时，货币政策多以宽流动性与降息为主，充沛的流动性与低利率资金利好企业成长与估值，但同时也更易催生资产泡沫。提前感知或判断货币政策的方向变化，有利于资产配置的提前调整。

相比于在加息周期中挑选资产来说，在降息过程中普惠万物显然更具有吸引力。判断经济下行周期中何时降息始终是交易者的热点话题，而最合适的莫过于判断衰退时间点并做利差倒挂和扁平交易。

根据美国国家经济研究所（NBER）的定义，有六个重要指标需要关注：①扣除转移支付的实际个人收入；②机构调查非农就业；③工薪阶层调查就业；④实际个人消费支出；⑤批发与零售实际值；⑥工业生产指数。

考虑到部分指标的重复性（如②机构调查非农就业与③工薪阶层调查就业）与可回溯的最长时间（如④实际个人消费支出仅能回溯到 2002 年，⑤批发与零售实际值仅能回溯到 1997 年），美联储对 NBER 的六个指标进行了重新筛选，最终选用非农就业、工业生产指数、扣除转移支付的实际个人收入、实际生产与贸易额这四个指标。当这四个指标能够同时满足深度、广度、长度的条件时，即这四个指标显示出现了经济活动的明显放缓、放缓现象的范围增大、持续的时间跨度拉长，则此时的经济状况被定义为衰退。

通常用来判断经济衰退的高频指标是美国国债收益率的长短利差。由于美国国债长端利率代表经济预期，长短利差的倒挂则隐含了市场对于经济衰退的担忧。自大滞胀后，该指标对于经济衰退具有较好的先行指导意义。

从历史经验来看，常用的美国国债 10Y-2Y 长短利差对于 NBER 定义的经济衰退具有一定的领先性，领先时间在 6~18 个月不等，而最近一轮开始降息的时间点普遍晚于 10Y-2Y 长短利差指示的衰退起始时间。在新冠疫情暴发前，美国经济便已经出现下行迹象，美联储提前小幅降息以支撑经济。然而，由于作为外生变量的公共卫生事件的发生，NBER 定义的衰退期间为疫情最严重的初期。

11.2 利差的指引：深度倒挂

2022 年，美联储为控制近 40 年新高的通胀水平，连续召开四次会议大幅加息 75BP（基点）。激进的加息也增加了市场对于经济衰退的担忧。但本周期经济增长并非美联储政策框架的核心点，掣肘货币政策的是难以抑制并具有黏性的通胀。在这个背景下，市场持续会产生"经济可能崩溃"的预期，但这并非美联储所想，因此市场行情会始终在衰退和被美联储拨正之间摇摆。

自 2022 年 7 月以来，在美联储的强势加息下，美国国债 10Y-1Y 长短利差首次倒挂并持续加深，2023 年 5 月倒挂最深，超 150BP。这一水平已经远远超过了历史上的最大倒挂幅度，倒挂的时间也已超过过去历次周期（见图 11-2）。

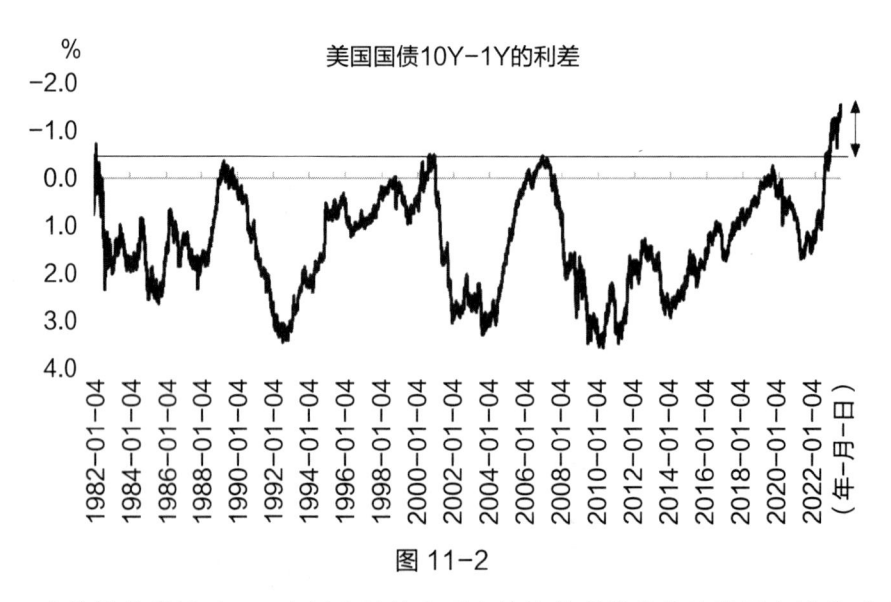

图 11-2

在这样的背景下，一直以来持续有观点认为美联储将快速转用宽松货币政策，预期会快速降息。然而，这种观点在当下依旧存在两类偏误。

（1）利差交易的性价比大幅降低。过去利差交易策略的实施在于长短利差首次倒挂隐含经济衰退预期，即未来有降息的可能性。此类策略以较低的亏损博取较高的未来收益，交易具备高性价比。然而，自 2022 年 7 月美债 10Y-1Y 长短利差首次倒挂以来，11 月倒挂幅度就已超过历史平均水平，并持续加深，利差交易的性价比已然大幅下降，即使未来重新扩开后能获得 350BP，交易性价比也大幅下降，远低于过去数轮周期中交易性价比的均值。

（2）忽略了时间跨度。在过去几轮周期中，长短利差倒挂的持续时间并不长久，持续时间达 3～9 个月倒挂幅度便开始收缩。然而，目前倒挂已超过 9 个月，倒挂幅度并没有收窄的迹象，并倾向于长期维持。在当下预期美联储将于短时间内降息的情况下，市场预期差会出现。另外，预期美联储将快速降息，也并不符合美联储近期表态的观点。

在这样的情况下，以传统的理念中长短利差倒挂来判断经济衰退，依据利差倒挂来交易的策略应当进行调整。而同时应当注意到，与利差交易挂钩的杠杆交易，在本轮周期中同样应当进行调整。

自 1982 年建立起来的利差交易机制，其基本原理就是借短买长的杠杆交易。如果把资金成本看成一种商品，那么债券收益率曲线其实就是商品期限的曲线，而通过商品期限曲线套利的基本逻辑就是借短买长。

通过在长时间维度内购买短期债券、卖出长期债券的套利组合，能够获得的收益就是长端债券收益率代表的未来长期资产平均回报，与短端债券收益率代表的资金成本之间的差，即长短债券收益率的差。只要长短利差在长时间周期维度内保持扩张水平，那么这类套利交易就能够获利。而拆借短期资金、获取长期回报的实质性表现就是加杠杆。

从图 11-3 和图 11-4 中可以看到，自 1980 年代以来，美国非金融部门、居民部门杠杆率持续提升。虽然有金融自由化的要素影响，但如果没有长短利差持续扩开的加杠杆条件存在，也不足以支持杠杆率的大幅提升。在过去 40 余年中，经济周期也就是加杠杆周期，资本追逐杠杆，因此就出现了利差扩开与杠杆率增加的同步和一致性。借入短期资金、买入长期资产，只要短期资金成本比长期资产回报低，利差和杠杆交易便可进行。利差越大，加杠杆的空间就越大；利差累积的时间越久，杠杆累积的时间也就越久。

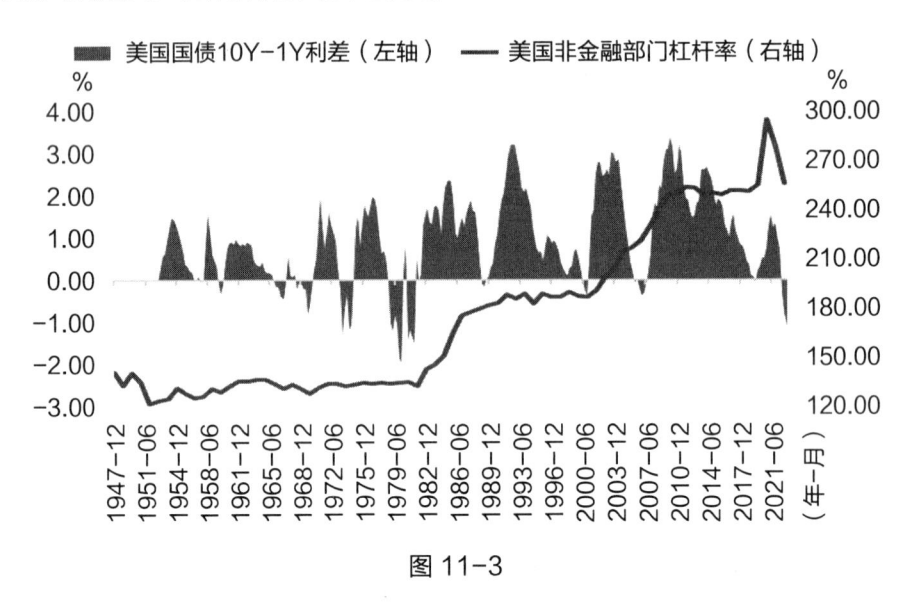

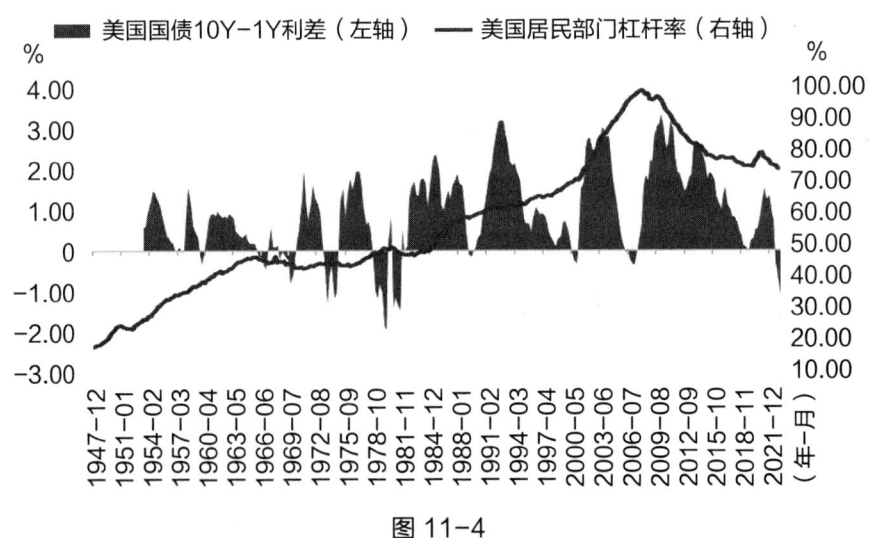

图 11-3

图 11-4

而这种套利和加杠杆方式能够进行下去的一个前提条件，就是凯恩斯主义的逆周期经济政策。当利差倒挂隐含经济衰退的可能性时，央行会倾向于根据经济状况前置货币宽松政策，以便在利差倒挂加深和经济陷入深度衰退之前加以支撑，因此利差倒挂幅度始终有限。

要理解，得以加杠杆的最终来源是央行对待经济的态度和相应的货币政策。在美国国债 10Y-1Y 利差倒挂持续加深到 150BP 的当下，美联储并未被经济衰退的呼声吓倒，反而坚持其控通胀逻辑。自然，深度倒挂下的利差交易也就没有了相应的基础。

11.3 重新理解利率曲线：从以长端利率为锚到以短端利率为锚

美国的本轮加息周期类似大滞胀时期，控制通胀的重要性远高于经济增长。尽管最初的通胀由需求快速恢复和宽松的流动性引发，因俄乌冲突导致的大宗商品价格飙升而加速，但大滞胀之后的通胀水平实属异常，美联储也不得不因此大跨步开启加息，在 14 个月的时间中已连续加息 500BP，当前政策利率为 5.00%~5.25%。尽管通胀水平已有大幅好转，但并未完成美联储的政策目标。若美联储松动其目标水平，或对压制通胀的态度含糊其词，在通胀压力并未遏制的情况下转向需求扩张，将给后续治理通胀带来更大的压力。而这一点，正是本轮周期与大滞胀后数轮周期不同的地方，也是利率曲线变化和利差交易最大的不同之处。美国 2019—2023 年 CPI 增长率和联邦基金目标利率见图 11-5。

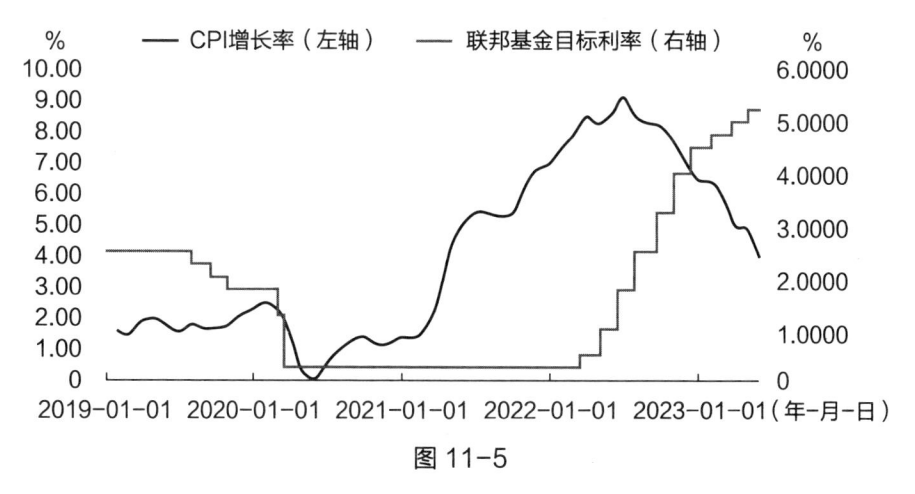

图 11-5

根据泰勒法则，央行在制定政策利率时应综合考虑通胀和失业率/经济产出。

$$i=i^*+\alpha(\pi-\pi^*)-\beta(U-U^*)$$
$$\alpha>0,\ \beta>0$$

式中，i 为政策利率，i^* 为名义目标利率，是经济处在潜在产出均衡状态下的真实利率；π 是通胀水平，π^* 是通胀目标水平，U 是失业率，U^* 是潜在产出均衡状态下的自然失业率，失业率可以采用经济产出替代。α 和 β 分别是通胀水平和失业率的系数。

对于央行来说，政策利率的设定可以参考泰勒法则来进行。

（1）当经济处于均衡状态时，通胀水平 $\pi=\pi^*$，失业率 $U=U^*$，此时央行能够将政策利率 i 设定为名义目标利率 i^*。

（2）如果经济下行甚至发生衰退，失业率提高导致 $U>U^*$，那么央行就很有必要降低政策利率 i。

（3）如果通胀水平提高，无论是经济过热还是受外部因素冲击，央行都很有必要将政策利率 i 提高，增加失业率，使等式达到新的平衡。

然而需要注意的是，泰勒法则给予了央行参考的目标，但等式中的变量并不只有通胀水平和失业率两个，对应的系数同样重要。通胀水平系数反映了央行对通货膨胀和经济增长关心的程度。通胀水平系数越大，表明央行对通胀越关注，面对高通胀就会将利率提得越高，因此通胀下降速度将加快，经济下行的速度也会加快。

在新冠疫情暴发后，美国加息步伐明显滞后于通胀水平的上升，而美联储 2022 年一年都在用行动向市场表达自己的态度，即通胀的顽疾必须消除，因此根据泰勒法则，给予通胀系数的权重相对较高。相比之下，美联储并没有刻意托底经济的想法，失业率/经济产出系数的权重有所下降。若是继续以经济衰退为由倒逼押注美联储降息，最终将带来巨大的预期差。

前文提到，本轮加息周期与过去 40 余年中的其他加息周期最大的不同之处在于，政策目标中经济增长与通胀治理的先后顺序发生了变化。在大滞胀之后的四轮经典的降息–加息周期中，市场交易者能够在美国国债长短利差稍微倒挂时就进场做下一轮降息的交易，并能够屡试不爽，核心就在于过去 40 余年中，短端利率和通胀水平从来不是问题。

因此可以这么理解，过去 40 余年金融市场交易的本质是锚定长端利率，即锚定经济状况。由于靠近短端利率的通胀水平基本没出现过极端化的情况，那么制约央行的"手"的枷锁并不存在，而央行需要专心面对的问题只有一个，即经济表现。如果出现了经济衰退的前兆，央行基本可以毫无顾忌地采取货币政策，也就相应构成了利差交易的默认前提。

在大滞胀后的 40 余年中，通胀基本只存在需求侧，其水平也就相应地跟随需求曲线的扩张和收缩而上升和下降。通胀位于供给侧的弹性没有受到约束，因此通过管理经济增长和需求曲线，也就能相应地调整通胀水平的变化。在过去 40 余年的交易中，基本以隐含经济增长的长端利率为锚，长端利率水平成为定价的基础和参考，资产表现也围绕长端利率水平而变化，而经济状况最终决定长端利率水平。

这一轮加息周期把以长端利率为锚转变为以短端利率为锚，主要是出于政策框架中指标权重的变化。不同于过去周期中以经济为主导、央行动态跟随调整，新冠疫情暴发后突出的通胀水平很大程度上由宽松流动性和外生供给冲击导致，因而通胀的变化脱离了过去的需求侧通胀的范畴，供给侧通胀的问题愈发突出，同时引发了通胀－薪资螺旋上升、服务性通胀具有黏性等现象。

而央行的角色也逐渐从跟随经济动态调整转变为主导控制通胀，角色的变化使得更靠近货币政策利率和通胀水平的短端利率取代长端利率成为新的锚，在长短利差的作用下，短端利率偏离长端利率转变为长端利率偏离短端利率。特别是在市场的预期与美联储背向而行的情况下，长端利率更容易隐含更加悲观的预期，这也是造成长短利差持续深度倒挂的重要原因。但应当认识到，美联储更多考虑短端通胀并不代表不考虑经济的真实情况，以短端利率为锚的重要性提高并不意味着长端利率对经济和资产的指引效果消失。

对于资产来说，以短端利率为锚的利差成为额外的分析角度。以黄金为例，传统的以 10 年期实际利率拟合黄金价格的方法在本轮加息周期的末期有所失效，主要原因在于长端利率水平计入了较多的经济衰退预期，导致二者发生了一定的偏差，同时异常的短端高通胀和短端低实际利率也对黄金价格造成了影响。

考虑到从以长端利率为锚到以短端利率为锚的变化，以短端利率为主导的长短利差能够为资产价格表现提供一定的积极意义。自 2022 年第二季度末以来，黄金价格与美国国债长短利差拟合度较高，拟合度明显高于 10 年期 TIPS（通货膨胀保护证券）收益率（见图 11-6）。

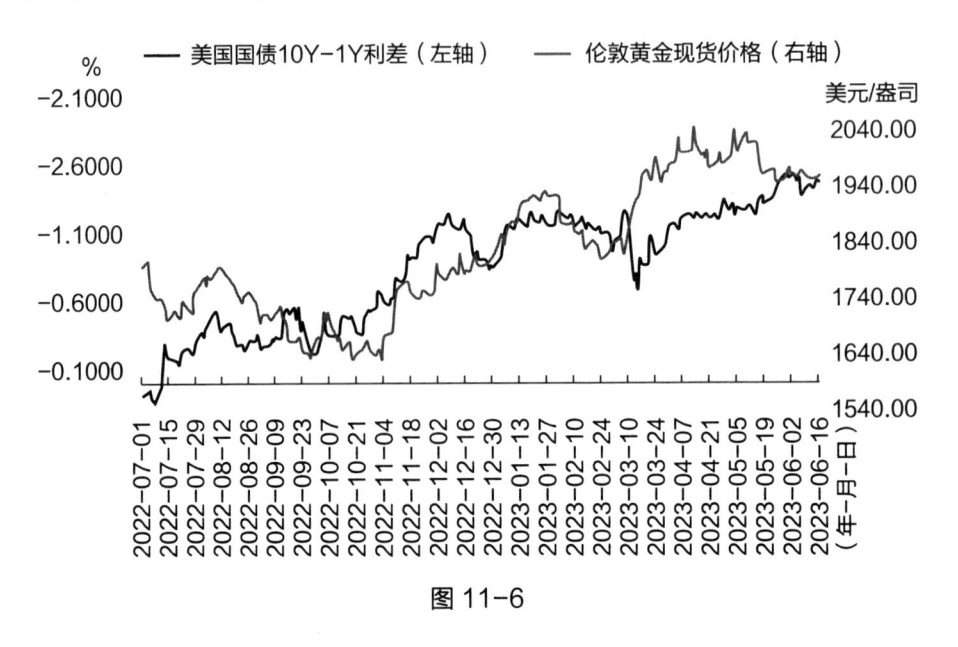

图 11-6

11.4 薪资增速与通胀黏性——逆全球化

前文提到，在过去 40 余年中货币政策能够专注于经济增长，不用受到通胀压力的约束，其实隐含了数个前提条件。第一，商品性通胀主要来源于需求侧通胀，供应端扰动带来的极端通胀事件并未出现，因此调节经济状况也就是在调节需求侧通胀；而容易让人忽略的第二点，则是没有高企的服务性通胀。

根据鲍威尔 2022 年底对通胀的划分，服务性通胀包含住宅服务通胀和除住宅外的其他核心服务通胀。无论是哪种类型的服务通胀，最终都受到薪资增速的影响，其中以除住宅服务外的其他核心服务通胀更甚。

大滞胀之后，美国私人非农企业部门平均时薪快速下台阶，时薪同比增幅的变化保持在 1%～4%。新冠疫情初期由于财政补贴的大量发放，薪资曾大幅增长。而自 2021 年中以来，随着美国劳动力的不断紧俏，超预期的就业数据和劳动力缺口再次将薪资增速提高至大滞胀以来的最高水平（见图 11-7）。而在 1980 年代到新冠疫情前的近 40 年时间跨度中，服务性通胀同样不会给央行带来过多的困扰。

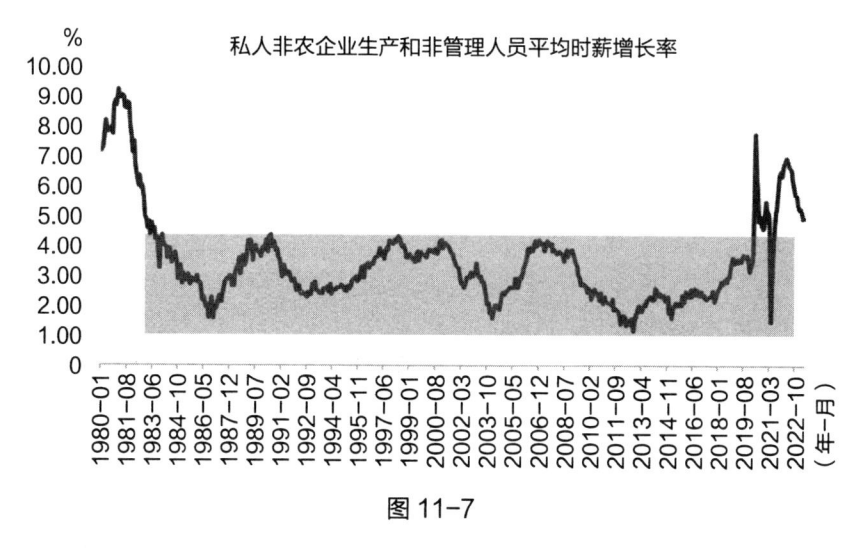

图 11-7

美国薪资增速能在 1982 年迅速下台阶，保证了服务性通胀的稳定，也让专注于经济增长的货币政策能够有效实行，背后的原因依旧是得益于美国的美元债务循环体系以及全球化红利。主要体现在以下几个方面。

（1）全球化和产业转移分工。自 1982 年以来，美国经常项目逐渐保持长期赤字化，经常项目差额占据 GDP 比重逐渐上升（见图 11-8）。依靠全球化获得大量进口商品和全球产业转移起到了双重作用。美国一方面通过 2.0 版本的布雷顿森林体系从全球获得了大量廉价商品，另一方面则通过美元的对外输出增大了海外美元债务的购买基础。

图 11-8

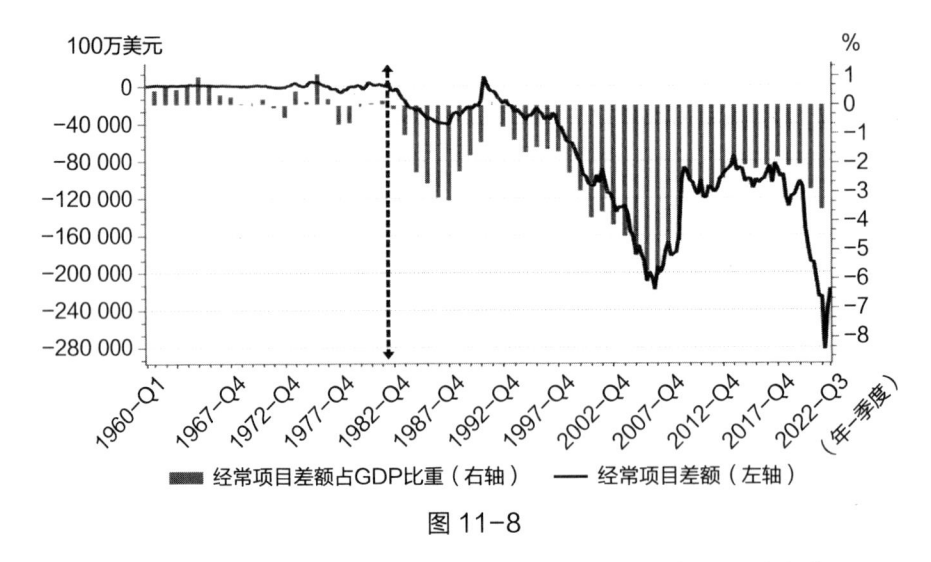

（2）实际购买力并未减弱。尽管薪资增幅水平在 1980 年之后稳定在 1%～4% 的低位区间，但依靠全球化和大量进口廉价商品和服务，美国薪资的实际购买力并未大打折扣，它依靠全球化输入通缩来对抗薪资增速的下降。

（3）社会福利保障体系的完善。通过美元债务的外部循环，美国政府增加的债务支撑了更高的社会保障支出，以贸易逆差获取了债务红利，这是美元全球化下海外美元购买美国国债的必然结果。对美国居民部门来说，社会保障体系的增加和完善，叠加并未削弱的实际购买力，成为薪资保持低增速的土壤。

而新冠疫情后美国凸显的薪资收入增长，主要是由于劳动力市场结构调整产生的压力，以及疫情加速的逆全球化进程而导致的。

美国劳动力市场的供需状态有所恶化，同时存在较大的结构性压力。由于新冠疫情的冲击，以及办公场景变化带来习惯的改变，大量劳动力永久退出劳动力市场。疫情初期服务行业受到的冲击远高于制造业，劳动力由服务业涌入制造业。随着疫情管控程度的降低，劳动力市场逐渐恢复，制造业就业人数下滑，服务业就业形势恢复。

然而，疫情后的劳动力市场整体缺乏供给弹性。按年龄段分类，美国 16～24 岁劳动人口的劳动参与率恢复最为迅速，2020 年底基本恢复至疫情前水平，这也得益于年轻人对疫情具有更高抵抗力。25～54 岁劳动人口为劳动主力军，其劳动参与率的恢复速度明显不及年轻人，自疫情初期呈断崖式下跌后，经过3年时间的逐步恢复，劳动参与率回升至83.4%，已超过疫情前的水平，劳动力回归情况最好。而55岁及以上的大龄劳动人口的劳动参与率为38.4%，较疫情前40%的平均水平下降了1.5个百分点。由于大龄劳动人口受疫情冲击影响最大，其回归劳动力市场的难度也相对最高。不论是哪个年龄段的劳动人口，其增量的劳动供给都缺乏弹性。

另外，劳动力市场缺乏弹性的供给，面对的却是需求的韧性。2023年5月，美国ISM（供应管理协会）制造业PMI（采购经理指数）为51.4，较之前有明显抬升；ISM服务业PMI为49.2，近期在荣枯线附近波动。供需缺口持续存在，4月职位空缺率反弹至4.6%，较前值上升0.8个百分点；职位空缺数增加35.8万个，劳动力市场缺口也增加54万~445万个。种种迹象表明，劳动力市场需求持续强劲，薪资增速尽管回落却将持续保持韧性。

除去中微观供需层面的因素，从长周期时间维度看，逆全球化进程的加速也助长了薪资的涨幅。全球化是过去40余年中低通胀的重要因素之一，而逆全球化风潮的加剧、地缘的撕裂与分化，毫无疑问将影响商品在全球的供给和分配格局，局部区域通胀中枢将上升，甚至可能出现"一边通胀，一边通缩"的情况（见图11-9）。对通胀更加敏感的底层群体，面对商品和服务价格的上涨便会产生涨薪的需求，进而强化了通胀-薪资螺旋式上升。

美国对外贸易量占GDP的比重

图 11-9

而通胀和薪资的变化对于不同收入群体的影响不同,在本轮周期中分化明显。持续的加息且通胀高企,对于杠杆率普遍较高的高收入群体来说并不友好,利率水平的抬升并不利于资产的保值增值,在高利率环境下,依赖杠杆的中产阶层及以上人群遭受的打击更大。根据纽约联储2023年一季度的统计调查,不论是未来一年的支出预期,还是未来一年的失业率预期,中高收入群体都更加悲观,将削减未来支出计划,认为失业率将继续增长。

低收入群体的表现和感受与中高收入群体大相径庭。低收入群体并不会明显减少未来一年的支出,对于失业率也较为乐观,不认为失业率会有所增长。这个差异正是高、低收入群体对利率和通胀的敏感程度不同所导致的。

亚特兰大联储统计的薪资增长率显示,自2014年底开始,收入后25%的群体的薪资增长速度开始超过收入前25%的群体,增速差在2022年7月达到3.6%这一顶峰。尽管现已有回落,但底层群体薪资增速依然较高层群体有1.2%增速的优势。

未来美国债券的长短利差会如何收缩?方法并不仅有短端降息,政策利率降低通过需求曲线外扩支撑长端利率这一种。还存在一种可能性,即长端利率主动抬升,这一变化主要是由技术进步与社会生产率提升产生的。

自2005年以来,美国劳动生产率持续低迷,年均增长1.4%,大幅低于二战后2.2%的平均水平。而劳动生产率的变化在不同区域和行业有所不同,自2007年以来,信息技术产业保持了劳动生产率提高的龙头地位,年均增长率达到5.5%。劳动生产率增速的放缓主要有以下几个原因。

(1)劳动力短缺与技能熟练度缺失。美国劳动力的劳动参与率从1990年代的67%降至目前的62.3%,部分原因是人口老龄化,还有部分原因是新冠疫情等使得劳动力主动退出劳动市场。同时,拥有熟练技能的人才对劳动生产率的提高至关重要。随着技术的发展,企业对于劳动力技能熟练度的要求越来越高,劳动力学习的周期拉长,从而拖累了劳动生产率的增速。

(2)数字化红利并未完全体现在劳动生产率上。根据美国BLS(劳工统计局)的研究,1989—2019年,美国各行业劳动生产率的提高与其数字化程度之间存在很强的相关性，信息技术对于劳动生产的效用非常显著。2005 年以来，信息、金融、批发贸易等行业的劳动生产率都实现了快速增长，也同时实现了高度数字化；而建筑业作为数字化程度第二低的行业，在过去 20 多年中几乎没有实现劳动生产率的增长；金融、科技、教育、互联网等行业集中的美国中西部地区，生产率增速明显高于其他区域。

（3）创新投资生命周期长，投资量大。初期的对创新的投资易出现投资不足的现象，且初期投资成果难以在短时间内商业化运用，并带来生产率的大幅提高。能够有长期的、稳定的创新研发资本，是生产率提高的必要条件。根据 BLS 统计，在过去 20 多年中，劳动生产率领先的公司，其研发创新支出远远高于其他公司。而劳动生产率符合"J 曲线"效应，投入初期效益极小甚至亏损，但长期价值与潜力巨大。

就目前来看，虽然技术进步与生产率提升导致经济增长似乎有些天方夜谭，但在新冠疫情期间美联储释放了天量流动性，在彼时极低利率的优渥环境下，信息技术和人工智能产业得到了蓬勃发展。尽管随着加息压力增大，互联网科技企业不断裁员，但这正是从群星闪耀到大浪淘沙的过程，经历过这一轮产业周期的调整，剩下的将是具有商业价值且具有长期研发前景的项目或公司。近期以人工智能、先进制造等为主题的各类 AI+ 场景和设计纷纷出炉，给市场带来了不小的冲击。或许在未来一段时间内，随着 AI 技术的成熟和完善，各行业都将迎来 AI 化进程，依靠先进生产力提高劳动生产率水平，促进经济正反馈和经济增长，从而带动长端利率上行。

11.5 财政开源节流之税收政策

11.5.1 资本的自由流动和国际税率的逐底竞争

由于资本的避税天性，如果无法避免全球各国的企业税率竞争，那么拜登政府的征收富人税的计划最终将变成空中楼阁。在资本自由流动的世界中，国家间的税收竞争开始激烈，这让许多国家不得不减免对资本的征税。后果就是对于很多国家的高收入人群而言，税收已经变为累退的。各种税收抵免、设立慈善基金、将企业注册在避税天堂等，也为企业提供了大量的合法避税途径。

拜登接受采访时提到，《财富》500强企业中有50多家企业过去三年里一分钱的税都没有交过。以亚马逊为例，通过研发税收抵免、资产减值一次性抵免等各种避税手段，亚马逊在2017和2018年连续两年没有缴纳任何联邦所得税，而在2019年该公司也只缴纳了1.62亿美元的联邦所得税。因此拜登提出向美国国税局投资800亿美元的计划，可能在未来10年带来7000亿美元的额外收入。据美国财政部统计，在过去10年里，致力于复杂逃税执法工作的国税局人员数量总体下降了35%。

资本收益避税漏洞的存在，使得最富裕阶层缴纳的税率反而低于中低收入阶层。根据Emmanuel Saez和Gabriel Zucman测算，2018年400个最富有家庭的平均有效缴税税率为23%，相比于收入水平位于50%分位数以下的家庭的平均有效缴税税率，低了1.2个百分点。因此，要真正使得加税政策能够发挥调节收入分配的作用，还需要堵上资本避税的漏洞，否则最终加税的成本将大部分由中产阶级来承担。

11.5.2 全球最低企业税率

耶伦称，美国10年少收7万亿美元税款，要让富人应缴尽缴。美国国税局官方估计，美国每年有4410亿美元的税收缺口。美国国税局研究人员和学者研究发现，最富有的1%的美国人向国税局瞒报了他们收入的1/4。对收入最高的0.1%的人群来说，少报的收入几乎是最富人群的两倍，这可能导致政府数十亿美元的税款未收到。

所以拜登的财政政策闭环里面的关键一环就是让全球都伴随着他一起抬高税率，防止美国单方面提高税率，导致一些企业和资本家开溜以合理避税。只有全球主要经济体一起提高税率，才能够让美国在提高税率、完成投资闭环的同时，还能避免资本外逃和去海外避税的风险，顺利地完成拜登的收税－弥补基建缺口计划（见图11-10）。

图 11-10

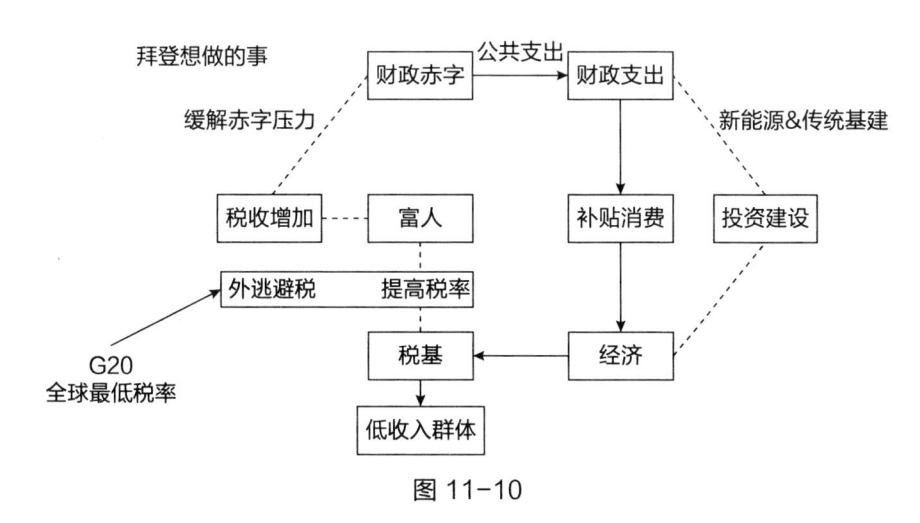

为此美国正在寻求与 G20 国家合作，制定公司最低税率，并对总部设在未采取最低税率的国家和地区的公司取消税收优惠，此外，把美国公司最低税率提高到 21%，并逐个国家进行计算，以减少外包和海外避税行为。

另外，各国税收体制不同。例如，中国是以间接税为主的，税收主要来自企业，而美国个人所得税为第一大税种；中国税收中占比最大的是增值税，而美国是世界上唯一没有增值税的大国，特朗普曾称美国因为没有增值税而在国际贸易中处于劣势。对于大型科技企业而言，欧盟国家和美国之间谈判的"数字税"征收与否仍是一大焦点。中国各个地方政府给予的税收优惠会被全球最低税率抵消掉，而在营商环境方面中国对比西方大国没有太大优势，这也是美国认为能用财政政策引导美国企业回流的原因之一。

11.6 日本逐渐重回全球资产配置

早在 2020 年 8 月 30 日，巴菲特便宣布伯克希尔·哈撒韦公司已经收购了 5 家日本主要贸易企业，在每家拥有超过 5% 的股份，这 5 家公司分别为三菱商事、三井物产、伊藤忠商事、丸红和住友商事。自 2023 年上半年以来，巴菲特持续加仓日本企业，将对日本五大商社的平均持股比例提高至 8.5%。

在巴菲特的名人效应助推下，外国投资者对日本股票的需求激增，东京证券交易所主要市场指数的股票交易额曾在 2023 年 5 月底达到了前所未有的近 7 万亿日元。同时，大量的外资涌入日本购买日本股票与日本债券，自 2023 年 3 月 31 日以来，日本几乎每周都处于外国资本净流入状态。截至 6 月 16 日，外国投资者连续 12 周净买入日本股票。自 6 月 30 日外资重回净流入后，三季度以来净流入资金量较二季度有明显下降。

得益于外资的大量涌入，日本股票市场自 2023 年以来表现良好，叠加有所改善的经济基本面，日经指数也创下 30 多年以来的新高。我们在《东北总量：上游资源行业的现金流交易——不一样的周期（系列三）》中提及，日本商社在日本国内形成金融财团的组合，其覆盖的领域从金融到产业和供应链。同时，在全球化路径的主导下，财团在全球构建起了商业网络，上游控制资源，中游控制物流和供应链体系，下游控制销售，在这样的模式下进行参股、控股、收购、并购等活动，依靠完整的商业版图来获得稳定的现金流，而这也是巴菲特和伯克希尔·哈萨维看中的要点。在巴菲特的带动下，现金流充沛、分红稳定的日本商社股票迎来一大波上涨，日本资产也得到了全球资产配置资金的青睐。

11.7 日本，失去了 30 年？

从日经指数来看，自 1990 年代初的经济泡沫破裂后，日本经济在 30 年的时间中从未走出桎梏，隐含的是多数人对日本的判断，即日本经济增长失去了 20 年，甚至 30 年（见图 11-11）。但这个说法并不适用日本的所有群体。在即将进入失落的时代前，能利用自身优势扩展至海外的那部分群体，将获得远高于在日本国内的回报。

二战后至 1970 年代以前，日本的经济处于最良性反馈的发展阶段。日本集中了国家力量，在空前的工业生产扩张和巨大的市场发展作用下，顺势采用了积极的出口贸易政策，使得经济能够长时间保持高位增长。

二战后的日本跟上了美国全球化和产业分工转移的浪潮，接受了工业化的初步改造；而朝鲜战争的爆发创造了对于商品的巨大需求，集中在东亚的纷争给了

图 11-11

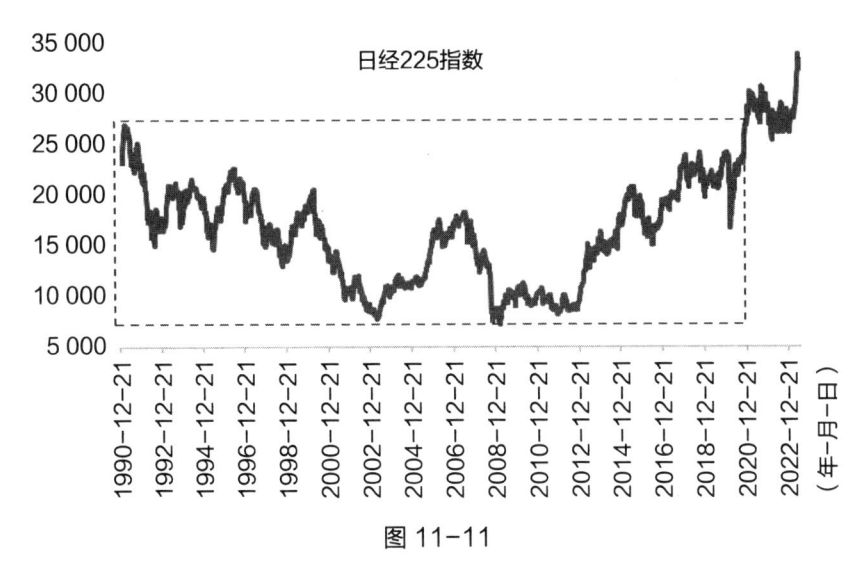

日本巨大的发展机会和增长的外部需求。日本的经济很快完成了复苏和崛起,并进一步引发了投资热潮。而日本对贸易的重视源自其缺乏支持日本工业经济所需的自然资源,特别是化石燃料和大多数矿产。在日本开始推行强有力的出口政策后,海外对日本商品不断增长的需求使得日本从1950年代的贸易逆差,转为常年贸易顺差(见图 11-12)。

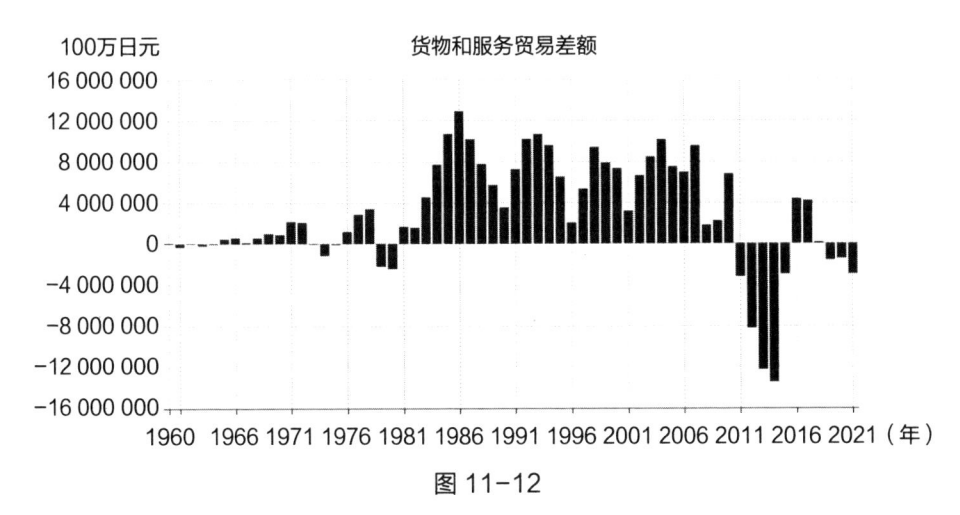

图 11-12

由于日本原材料成本敞口在外,在 1970 年代能源危机的影响下,日本重工业产能过剩、利润下降,日本经济的增长速度开始放缓,全球对日本商品的整体需求减弱，同时日本还受到美国越来越大的压力，被要求日元升值并放松日本为保护本国国内市场而制定的进口限制政策。到 1980 年代中期，日本生活水平已经提高到与其他发达国家相当的程度，而 1985 年广场协议签订后日元的大幅升值，使得许多日本公司开始将生产基地转移至海外。这些出海寻金的企业，大多数表现都优于困囿于日本国内的企业，攫取全球利益的结果远好于困守日本国内。

而后的日本状况则广为人知，日元大幅度升值后，为应对其对国内的冲击，日本央行使用宽松的货币政策，将政策利率自 1985 年的 5% 降至 1988 年的 2.5%，催生了日本资本市场的泡沫（见图 11-13）。自 1989 年 5 月开始，日本央行在 15 个月中四度加息，对房地产使用了总量控制政策，房地产市场受到巨大影响，房地产泡沫也因此破裂。

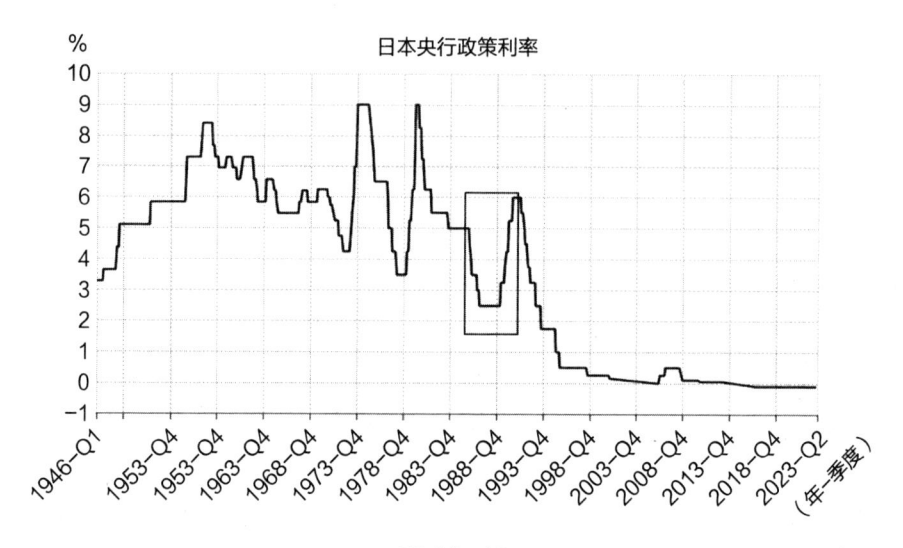

图 11-13

从人口角度来看，与房地产泡沫同时发生的是日本劳动人口的拐点。日本 15~64 岁人口占总人口的比重在 1990 年代初期达到了接近 70% 的阶段极值，之后劳动人口占比持续下降（见图 11-14）。日本总人口拐点在 2010 年左右出现（见图 11-15）。

2015年=100　　　　　　　　　　　　　　　　　　%

图 11-14

图例：15~64岁人口占总人口比重（右轴）　　OECD实际房价指数（左轴）

日本人口总数

图 11-15

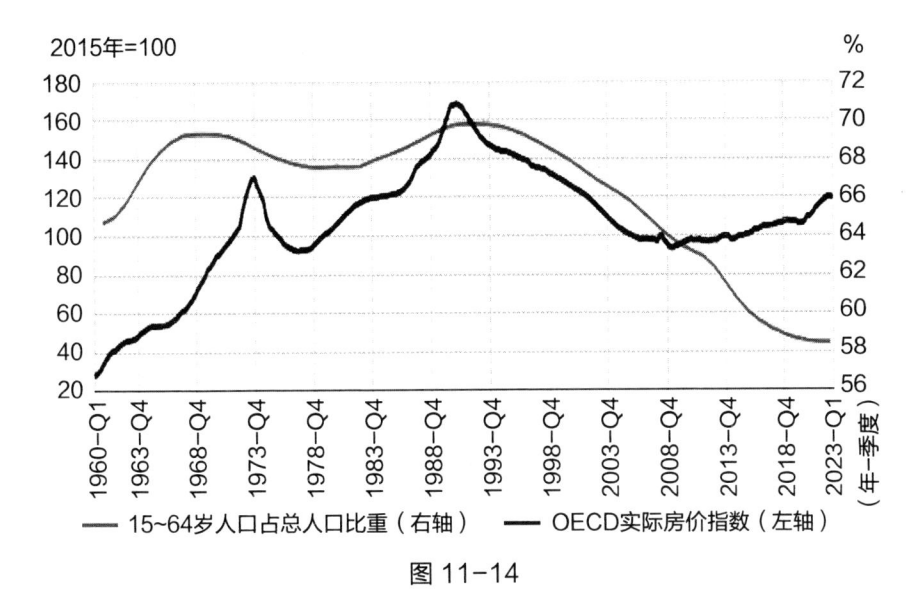

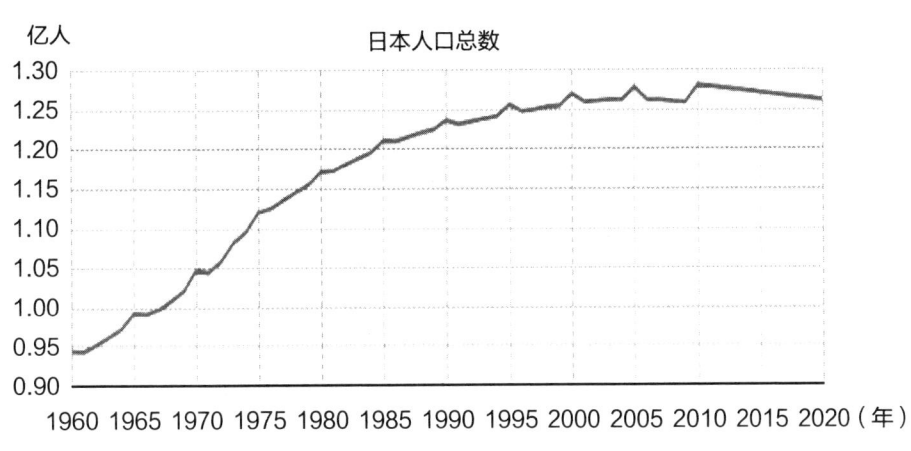

日本房地产泡沫破裂后，总人口拐点尚未出现，且劳动人口处于顶峰，因此房地产危机尽管给日本经济造成了巨大的冲击，但充沛的劳动人口能够支撑债务和杠杆对其进行消化，而这一代劳动力也因为房地产泡沫而遭到损害。

在工业化的大力推动下，日本城镇化速度提升较快。在 1975 年前后，日本城镇化基本饱和，城镇化速度大幅下降，从 1975 年至 2000 年，日本城镇化率仅从 75.72% 提升至 78.65%，25 年中城镇化率新增不足 3 个百分点。而从 2000 年开始的

"市町村大合并"仅从统计意义上提升了城镇化水平,对房价并不构成支撑作用。

在城镇化率不增、劳动人口出现拐点的情况下,房地产泡沫造成了居民部门的资产负债表不佳,以及日本国内居民失落,这些对我国具有一定的借鉴意义。我国15~64岁劳动人口占比在2010年前后达到峰值,而当前面临的是总人口拐点即将出现的情况。劳动人口比重的下降和总人口的减少,意味着未来消化债务负担的加重。尽管我国城镇化率仍有提升的空间,但人口要素的变化注定过去的居民部门债务推动经济增长的方式不再是长久之计。

二战后的日本国内,处于经济高速增长、收入大幅提升、储蓄稳步增加的正循环,日本家庭净储蓄率在1974年达到了22%的顶峰。二战后初期以及经济高速增长时期,日本通过实施产业政策,重点促进了钢铁、化学等重化工业的发展。产业政策的实施极大地推动了重化工业的快速发展,形成了卓越的生产能力,使得这些产业具有强大的国际竞争力。而度过了最高速发展的阶段,在1970年代中后期,日本工业化面临的主要问题从总供给不足转为总需求不足,日本也推行供给侧结构性改革,收入告别二战后高速增长时代,净储蓄率也从1975年后20%的高点逐步下行至1980年代末的13%~14%。

在1990年房地产泡沫破裂前,日本国内总储蓄同比增速在1985年后的宽松和紧缩货币政策中,经历了大幅增长与极速下跌的过程。但在房地产泡沫破裂后,日本净储蓄率进一步下台阶至10%,居民部门资产负债表发生衰退,收入增速进一步放缓,可支配收入中储蓄比重进一步降低,而支出中债务利息支出大幅提高。与净储蓄率相比,居民部门的储蓄总额增速保持稳定,二者发生了一定的分离。

储蓄总额增速并没有像储蓄率一样大幅下降的原因,就在于房地产作为日本当时重要的财产性财富增长手段,固定了大量的收入折现,而泡沫破裂前去杠杆的那批群体,收割了泡沫中加杠杆群体的财富,以后入者的债务支撑了先行者的储蓄,因此储蓄总额在泡沫破裂后基本保持稳定,但从结构上看储蓄率却因为债务的偿还而被大大挤压。

从杠杆率的角度来看,日本杠杆率也在泡沫经济时期停止了增长。由于劳动力收入增长的停滞无法形成储蓄,收入不足以抵消潜在支出,因此杠杆率不再增加。但可以看到，日本居民部门的杠杆率仍没有下来。而在另一个时间点，即2003年，日本储蓄增速开始下降，储蓄率降到0以下，日本居民部门杠杆率终于开始下降（见图11-16）。日本用了13年的时间初步消化了1990年代的杠杆。

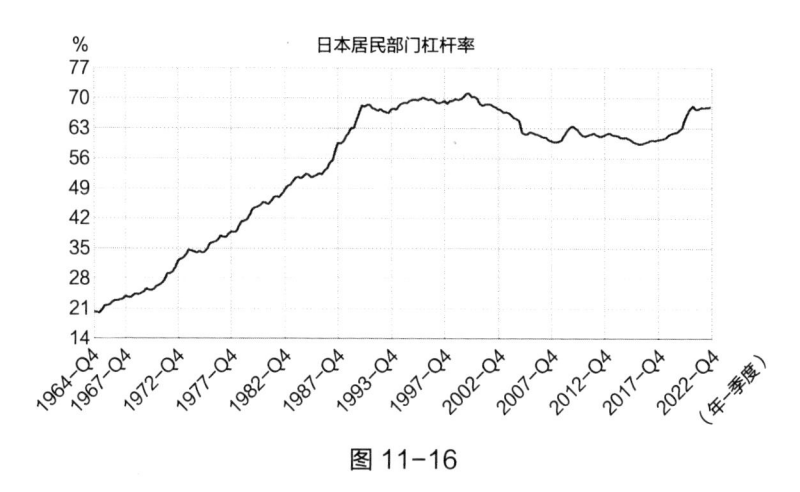

图 11-16

二战后日本具有良好的薪资-收入的正反馈循环。日本从1960年代到1970年代实施了收入倍增计划，通过充实社会资本、提高生产部门在产业中的比重、促进对外贸易和国际经济合作、培训人才和振兴科学技术、确保社会安定和增加就业机会等举措，极大地发展了经济，提高了人民的生活水平，实现了充分就业，改善了日本经济所具有的结构不平衡状况。

因此，1960—1975年，日本薪资实现了长期两位数的增长。1970年，日本人均年收入达到20.8万日元，合579美元，约为1960年2倍的水平；劳动者年收入达到1960年的3.3倍，平均工资达到1960年的1.94倍；职工家庭人均年收入达到19.9万日元，是1960年的2.4倍，其他家庭为12.5万日元，达到1960年的2倍左右。

1988年，保持了一段时间稳定的薪资增速开始大幅下降，增速中枢也出现了明显的下移，自1995年开始，日本薪资保持长时间的0增长。由于资产泡沫破裂和经济衰退，日本企业大量倒闭，失业率大幅提高，人均收入增速难以提升。

而经济状况的大幅下滑使得日本通胀率长期保持在0左右，通缩成为日本经济的常态。为刺激经济，日本央行长时间将政策利率维持在0左右，使得日本各个期限国债的收益率持续下行，日本也成为零政策利率的典型代表，低增长、低通胀、低利率的三低环境，让日本的收入水平也维持低增长。

而极度宽松的货币政策无法对经济产生刺激的效果，最著名的理论基础则是日本经济学家辜朝明的"资产负债表衰退"。由于资产价格暴跌，企业资不抵债，更倾向于减少负债而非增加收入。在这种情况下，企业部门无法形成投资信心，低利率环境下的低融资成本无法对其产生刺激作用，现金流将优先偿还债务而非消费或扩大再生产，因此导致货币政策部分失效。

在这样的背景下，企业自然也没有动力提高员工薪资待遇。1983年之后日本薪资增速降到了5%以下，1990年之后薪资增速回到了0左右，日本率先进入买入利率病时代，日元也因此成为全球套息货币。

日本在1990年代经济泡沫破裂后，没有经济增长、通胀、薪资收入的支持，日本央行实施零利率政策并释放大量日元流动性，为何日元汇率相对能保持坚挺，未曾回到1985年广场协议签订前的贬值状态（见图11-17）？

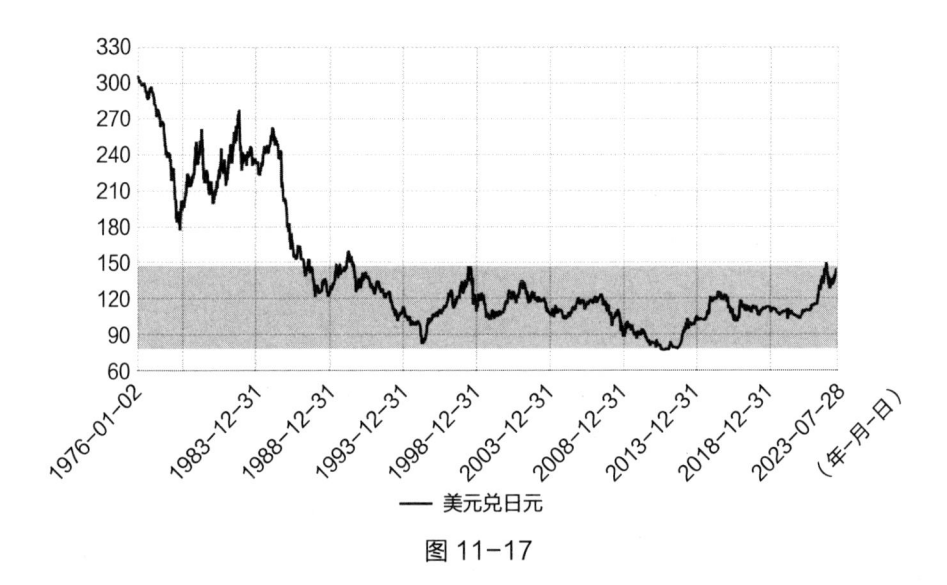

图 11-17

当日本经济陷入困境、投资收益低下时，日本有不少企业自广场协议签订之后便积极参与全球化的再分工与再分配，以避免本国的经济低增长、低通胀和低利率，还可以享受到全球新兴市场的投资机会和高额的资产回报。

从结果看亦是如此。根据世界银行的统计，以本币计价的日本海外净资产自

1990年起快速增长，并于2007年达到最高（见图11-18）。日本在1990年后是充分享受了全球化红利的国家，但海外净资产并不会被日本国内生产总值所计入，因此日本国内经济并未分享到出海投资的收益红利。而正是日本海外的大额净资产，成为日元的支撑，也成为日债的重要支撑。

图 11-18

在全球化后，政府债务的增长不是最重要的考察因素。当新兴市场的本币债务用本币资产做担保时，对于国际投资者来说吸引力和债务保障性并不是特别高。与之相反，美债和日债之所以能成为无风险资产、不必担心偿债问题的基础是，美国和日本具有全球通用的信用补偿物，其信用抵押物可以多元化。而正是因为日本通过全球化获得了大规模的海外资产，日债才得以具有极高的信用。在这方面，日本和美国如出一辙。

日本的经常项目收支主要由商品和服务收支、投资收益和收支经常转移三部分组成。在1990—1997年的亚洲金融危机期间，日本加大了海外投资，此时日本的商品和服务还可以继续保持顺差，同时海外投资收益的逐步积累造成日本经常项目"双顺差"。2004年后日本继续加大海外投资，直到2008年金融危机，这个阶段日本商品服务经济体的优势逐步消失，由成本更低的生产制造经济体所替代，日本商品贸易转为真正的逆差，但海外投资收益依旧在增长。而1990—1997年及2002—2008年是日本经常项目投资收益大幅提升的阶段，匹配了日本海外净资产规模大幅上升的两个阶段。从图11-19中可以看到，日本海外净资产的投资收益对日元和日本经常账户起到了重要的支撑作用。

图 11-19

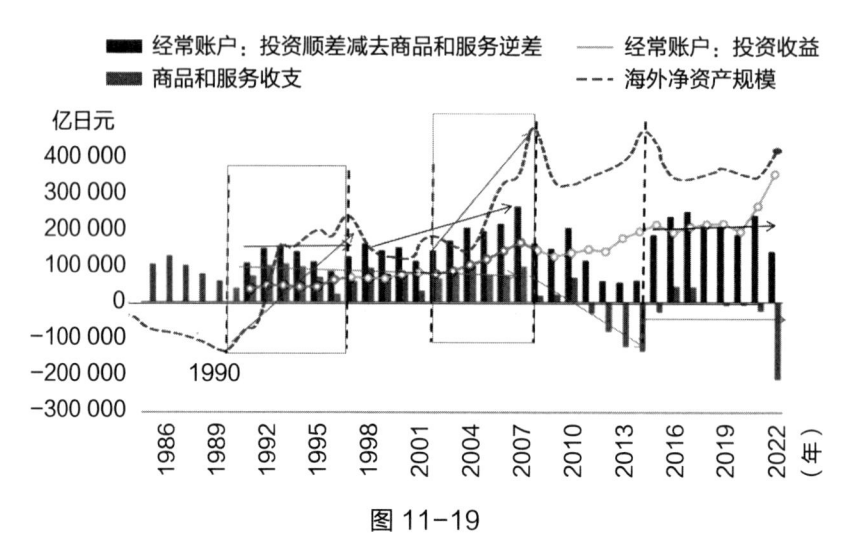

图例：
- 经常账户：投资顺差减去商品和服务逆差
- 经常账户：投资收益
- 商品和服务收支
- 海外净资产规模

2005 年之前，日本的经常项目盈余中，贸易和服务收支的盈余和投资收支的盈余相差不是很大；但是从 2005 年开始，投资收支盈余超过了贸易和服务，成为经常项目收支盈余比重最大的一部分。这是日本海外净资产规模迅速扩大和资产收益率不断提高的结果，标志着日本作为债权国从不成熟走向成熟，在国际贸易中的地位越来越重要。日本将进一步强化投资立国这一方针。

用本国居民部门生成的巨大的低息储蓄，席卷全球高息的资产，这正是以日本财阀和商社为首的跨国性投资集团做的决策。这些走出去的日本企业、商社和日本人，在全球化中获得了巨大的收益，这一点是日本国内普通的企业、商社和日本人无法比拟的。相比之下，走出去的这批企业和人，并未真正感受到日本"失去的30年"。

对于日元来说，在全球化的背景下，本币相对于一篮子货币处于强势地位，其全球购买力也就相应处于强势地位。同时在全球化背景下，进口是对社会底层购买力的补偿。因此对于没有出海、留在日本国内的群体来说，尽管本国的经济是低增长、低通胀、低利率的状况，但全球化下的低通胀成为对低收入人群的补偿，居民部门本币收入没有增长，但本币实际购买力有所增强，这也是日元不会重回广场协议签订前的弱势状态的重要原因。

11.8 全球化下日本对内、对外的直接投资

日本通过扩大贸易和对外直接投资加速"外部"全球化，实现了海外净资产规模的大幅增长。另外，流入的外国直接投资实现的"内部"全球化相对较弱，无法从经济进一步增长的机会中获益。而日本经济全球化的特点，则是通过生产要素的转移与生产网络的搭建，与经济迅速增长的亚洲国家建立起密切的关系。

全球化商品贸易及货币、人口和信息的跨界流动，对经济和社会产生了重大影响。对于从全球化加速的 1980 年代到 2007 年左右发生全球金融危机的经济稳步增长期间，有许多积极的观点认为，全球化在加速经济增长方面发挥了重要作用。然而，在全球金融危机爆发之后，随着经济增速放缓，失业率增加，收入差距扩大，认为全球化是这些问题的根源的观点开始蔓延，反全球化的浪潮逐渐增强。

日本毫无疑问是全球化的受益者。通过对贸易与外国直接投资（FDI）的分析来看日本经济的全球化，日本的贸易自 1990 年代初以来有所增加，外国直接投资自 1980 年代以来有所扩大。然而，与贸易和外流 FDI 相比，内流 FDI 的增速极其缓慢。与其他国家的情况相比，日本的 FDI 内流水平很低。表 11-1 为 2021 年和 2019 年各国贸易和 FDI 占 GDP 比重。

表 11–1

（世界银行与联合国贸易和发展会议统计口径）

国家	贸易（2021 年）		FDI（2019 年）	
	出口（%）	进口（%）	外流（%）	内流（%）
全球	30.1	29.3	39.4	41.5
日本	18.5	18.3	35.8	4.4
中国	19.1	18.3	14.6	12.3
韩国	41.7	37.3	26.7	14.5
德国	47.4	41.2	44.5	24.7
英国	30.6	32.0	68.9	73.4
美国	12.3	15.2	36.0	44.2

日本的进出口贸易规模低于欧洲大国和韩国，但高于美国。日本的 FDI 在外

流和内流之间有巨大差异,这一点也与其他国家有很大的不同。这表明,日本经济的全球化在外部取得了相当大的进展,但在内部受到限制。

就商品构成而言,日本的进出口主要由中间商品和产成品构成。日本政府近年来一直关注的农业、林业和渔业产品出口出现了显著增长,尽管规模较小。中间商品在日本对东亚的出口中占很大份额,而产成品在日本的进口中占很大份额。这种贸易结构的背后是日本与东亚之间存在着一个生产网络,即日本向东亚出口中间商品,组装成产成品后,进口到日本。

自1980年代中期以来,日本公司对外直接投资显著增加。未偿外国投资额从1985年底的580亿美元增加到2000年底的2780亿美元,约为1985年底的4.8倍;2019年底则增加到1818万亿美元,约为2000年底的6.5倍。分行业看,制造业占41%,非制造业占59%。非制造业中占比较大的是金融和批发/零售,制造业中占比较大的是化学品和运输机械。自1980年代中期以来,日本企业对外直接投资增加背后的最重要原因是1985年9月因广场协议签订而引发的日元大幅升值。日元的迅速升值使购买外国资产变得更容易,日本公司便积极地对外进行直接投资。

另外,由于日元大幅升值,在国内生产中失去竞争力的日本出口生产企业利用外向外国直接投资在以亚洲为主的海外建立生产基地,并开始从其海外地点出口。日本公司选择亚洲作为出口生产基地的原因包括,通过贸易和其他手段可以与亚洲国家建立密切的经济关系,有许多低工资工人,港口和公路等基础设施比其他发展中国家要好。

许多亚洲国家实施了内向外国直接投资自由化政策和各种投资激励措施,邀请外国直接投资机构前来投资,从而获得利益,例如增加就业机会和获得技术转让。这些努力也吸引了许多日本公司。在进入亚洲各国的日本公司中,那些生产电力和电子设备及运输机械的公司将其生产系统分解为各种过程和任务,并在能够最有效地完成这些任务的国家直接投资建立工厂。

即使在21世纪,日本企业的外向外国直接投资仍在继续增长。部分原因是2008年全球金融危机爆发之前全球经济稳步增长所创造的投资机会扩大。此后,许多国家采取了宽松货币政策以恢复经济，一些国家的投资资金的丰富也导致其外国直接投资的增加。

在这方面，日本公司的一个独特情况是日本经济停滞不前。1990年代初经济泡沫的破裂引发了日本经济的低增长，尽管采取了各种复苏措施，但增长仍然缓慢。部分原因是缺乏有效的经济政策，但从根本上说，出生率下降导致的人口迅速老龄化以及对日本经济前景的悲观看法，阻碍了消费支出和企业投资，导致经济持续低增长。在这种情况下，日本公司将其丰富的投资资金转向海外而不是国内。

自2000年以来，日本以美元计的外国直接投资几乎持续增加，然而，与世界其他国家或地区相比，日本的外国直接投资占国内生产总值的比重极低。日本政府侧重于外国直接投资的流入对经济振兴和提高生产力的贡献。自1990年代以来，日本一直在考虑采取措施扩大外国直接投资的流入，减少或消除其进入日本的障碍，并通过日本外贸组织等采取措施促进外国资本在日本的投资，但日本与其他国家之间的差距仍然很大。

根据世界银行2019年9月对190个国家商业环境的调查，日本排在第29位。按项目分列，日本创业（106名）和获得融资（94名）的排名特别低。创办企业的细节包括开办企业所需的程序、时间和资本投资，这些方面阻碍了外资在日本的投资。自然，在三低状态下，低投资回报也限制了资本对日本投资的欲望。

日本通过参与全球化，进口贸易和内向的外国直接投资的增加使各种低价商品和服务的消费量增加，通过增加对外贸易和外向的外国直接投资也实现了海外投资收益的增加。日本企业全球化对日本经济的最大好处是通过各种渠道提高了生产率。通过出口和外向的外国直接投资从事海外经营活动，日本企业实现了对劳动力和资本等生产要素的更有效利用。从事出口和外向的外国直接投资的公司不仅比仅从事国内经济活动的公司更有生产力，而且还通过与外国公司的竞争和交流获得了海外的先进技术和管理知识，从而提高了它们的生产力。

2000—2019年，日本的外国直接投资收入，即从日本公司海外业务转移到日本的收入，从 1.8 万亿日元大幅增加到 14.4 万亿日元，经常账户中外国直接投资收入的比例从 12.8% 大幅增加到 70.2%。2019 年，外国直接投资收入在国民总收入中所占比例约为 2.5%，随着亚洲和其他国家预计今后将实现高于日本的经济增长率，这一比例有望上升。2019 年在亚洲各国的外国直接投资收入占日本的外国直接投资总收入的比例为 43%。

由于日本的外国直接投资流入量极低，日本国内经济在全球化方面较为落后，日本经济失去了投资拉动经济增长的机会。接受外国直接投资的好处包括通过获得先进的技术和管理知识提高生产力，通过增加竞争压力振兴经济，以及扩大就业。1994—2018 年，日本全国就业人数从 6780 万人增至 6930 万人。另外，制造业部门的就业人数从 1520 万人大幅下降到 1070 万人。在此期间，进口和外国直接投资持续增加，但认为它们减少了制造业部门的就业机会是不合理的。

第 12 章　未来：理想和残酷的世界

K型分化不仅出现在各国内部阶层，放眼国际社会，发达国家与发展中国家的分化势头也日渐加剧。近年来，逆全球化思潮不断集结，逐渐成为部分西方国家的国家战略，此前推动世界经济大发展的全球化浪潮遭遇前所未有的逆流。"友谊不是偶然的选择，而是志同道合的结果。"意大利著名作家莫拉维亚曾如是说。和平发展不会一帆风顺，暴力冲突、各类超限战和民粹主义等阴云，始终威胁着世界各国的稳定发展。"立天下之正位，行天下之大道"，唯有各国遵循天下大同的理念，进行全球秩序重构，才有望真正构建和平繁荣的国际环境。

12.1　分配均衡的必然

在经济发展过程中，原有的生产要素已逐步被分配完毕，经济增长的活力也逐渐减弱。随着可供分配的资源越来越有限，强者因拥有更多的资源和机会而更加强大，而弱者则面临着越来越多的困难和挑战。这种状况不仅降低了整个经济体系的活力，也使得越来越多的人无法获得相应的资源和机会，进而失去了对未来的希望。

极端的贫富差距和分配不均衡，不仅导致经济增长的活力和动力逐渐丧失，还引发了不同阶层的反抗。这些反抗可能会引发对分配权利和制度的重塑，以实现更加公平和可持续的经济发展。

若再将债务因素纳入考虑，从另一角度来审视经济增长，我们可以将其视为财富的累积。然而，分配的不均衡效应导致财富逐渐集中，底层人群债务无法得到有效抵消。因此，社会中的贫富差距进一步扩大，债务问题逐渐显现出对各个阶层的负面影响。当然，我们注意到，中产阶级的壮大在一定程度上有助于缓解债务的过度集中，为社会发展带来积极而稳定的影响。

就国家内部而言，有两个方面的需求需要关注。首先，需要释放更多的生产要素进行分配，以保障人们日益增长的财富需求。然而，如果不解决贫富差距和分配原则的问题，新的生产要素在分配过程中仍可能被少数强者占据，从而降低收益的边际效应。其次，需要推动创新升级，从原有的国际框架中脱离出来，以获得更为广阔的国际分配权利的机会。

而国家和国家的失衡关系这几年常被称作全球经济发展的不平衡、储蓄的矛盾，这些也就是我们讨论的二战后全球经济框架结构带来的必然结果，就像前面我们浅谈的分配的原则一样，这是不可调和的必然矛盾。

12.2 理想的世界：同一个世界，同一个家

党的十九大报告提出，"推动建设相互尊重、公平正义、合作共赢的新型国际关系"，其本质是要求在日渐分化的国际发展条件下开创新局，进而为构建人类命运共同体开辟道路、创造条件。其中，相互尊重是前提，各国不分大小、强弱、贫富，一律平等，不同文化、制度、宗教一视同仁，必须尊重彼此的核心利益和重大关切，尊重各国人民的自主选择；公平正义是基础，"己所不欲勿施于人"，必须摒弃黑暗森林法则，推动国际秩序朝着更加公正合理的方向发展；合作共赢是目标，必须打破意识形态、分属阵营的思想藩篱，冲破零和博弈、赢者通吃的固有思维，风险共担、难题共解，实现互利互惠、合作发展。

12.2.1 如何解决"赢者通吃"问题

马太效应是指好的越好、坏的越坏，多的越多、少的越少的两极分化现象。马太效应的本质是事物的正反馈过程，即自身不断强化原有趋势的倾向，其来自圣经《新约·马太福音》中的一则寓言。1968 年，美国科学史研究者罗伯特·莫顿提出这个术语，用以概括一种社会心理现象："相对于那些不知名的研究者，声

名显赫的科学家通常得到更多的声望,即使他们的成就是相似的;同样地,在同一个项目上,声誉通常给予那些已经出名的研究者,即使所有工作都是一个研究生完成的。"此术语后为经济学界化用,反映贫者越贫、富者越富,赢家通吃的现象。

马太效应在全球化浪潮下的国际社会发展进程中,体现得淋漓尽致。理查德·弗里曼的研究显示,经济全球化扩大了参与国的内部贫富差距,资本和劳动力的自由流动是造成不平等性加剧的主因。从发达国家视角看,产业转移导致的空心化造成原有产业工人失业,大量的移民和外来劳工也压低了低端制造业从业人员的工资水平,从而扩大贫富差距;从发展中国家视角看,承接了发达国家制造业转移的新兴市场国家中具备相应生产能力的高技术人群,通常相对该国其他群体而言,会获得更高的收入增速。发达国家利用铸币税和知识产权等壁垒,牢牢地掌握了全球价值链中附加值最高的环节,攫取了经济全球化最多的利润。世界银行数据显示,2018 年美国共收入知识产权使用费 1287.48 亿美元,支出 561.17 亿美元;同期,中国收入知识产权使用费 55.61 亿美元,支出 357.83 亿美元。此外,由于部分发达国家掌握着大宗商品定价权,位于制造环节的新兴市场国家还面临着原材料和能源方面的价格波动压力,从而受到"夹头气",成为被发达国家严重收割的对象。

要想破解"赢者通吃"的难题,核心还是在于合理化全球价值链分工。各国要充分发挥自身的比较优势,保持自己的优势产业,治理"马太效应"需全球通力合作,一起来解决问题。结构经济学的理论表明,发挥全球贸易中的比较优势,是发展中国家积累财富、实现技术赶超的最优路径。所谓比较优势,是指一个生产者以低于另一个生产者的机会成本生产经济物品的行为,包括主体由先天的要素禀赋或后天的学习创新形成较高附加值的相对优势,即相对竞争优势与相对合作优势。经济学家李斯特曾对国民财富的基础进行了严格的讨论,其中交换价值就是古典经济学的"蓄积的财富",也就是结构经济学的"经济剩余"。从这个角度看,如果各国能保持自身的比较优势,生产各自机会成本较低的物品并参与国际交换,则经济剩余将达到最大化,从而实现财富积累,缩小不发达国家与发达国家之间的财富差距。

12.2.2 新国际关系的治理

和平、发展、合作、共赢是世界人民的共同心愿。随着旧殖民体系瓦解冰消，冷战时期的阵营分化渐行渐远，任何国家都难以单独主宰世界事务，新国际关系的治理和构建需要各国共同参与、齐心协力。面对愈演愈烈的贫富分化和阶级固化，各国也需要共同发力。

（1）坚持走和平发展的道路。面对世界多极化、经济全球化持续推进和文化多元化、社会信息化深入发展，今天的世界各国人民比以往任何时候都更具备条件朝和平与发展的目标迈进，更应努力构建合作共赢的新型国际关系。暴力和冲突并不能解决实际问题，只会使得仇恨和矛盾不断加深，使得更多民众陷入贫困和疾苦。

（2）按照"亲诚惠容"理念重构新型国际关系。2013年10月，在周边外交工作座谈会上，习近平主席提出了"亲诚惠容"外交理念，并对这四字箴言作了具体阐述。

亲，讲的是要坚持睦邻友好，守望相助；讲平等、重感情；常见面，多走动；多做得人心、暖人心的事，使周边国家对我们更友善、更亲近、更认同、更支持，增强亲和力、感召力、影响力。

诚，强调要诚心诚意对待周边国家，争取更多朋友和伙伴。

惠，在于要本着互惠互利的原则同周边国家开展合作，编织更加紧密的共同利益网络，把双方利益融合提升到更高水平，让周边国家得益于我国发展，使我国也从周边国家共同发展中获得裨益和助力。

容，则是要倡导包容的思想，强调亚太之大容得下大家共同发展，以更加开放的胸襟和更加积极的态度促进地区合作。

面对全球百年未有之大变局，世界各国应肩负起时代赋予的使命，为全球发展与繁荣，一路携手，相向而行。

（3）针对现存的"马太效应"，要审时度势地利用"隧道效应"，引导实现社会公平。历史经验表明，在全球经济高速发展阶段，发展程度不同的国家以及各国社会内部阶层间的收入差距均会快速拉大，但大部分人可能对此持相当宽容的态度，因为这些人预期未来自身也能从经济发展中获益，这就类似于开车排队穿越长长而又黑暗的隧道的过程，因此称之为"隧道效应"。当全球经济保持增长时，即使国家间、各国内部存在阶段性收入分配不公，普通民众也会对未来持有良好的信心。各国应抓住历史机遇期，及时完善制度改革，通力合作，实现对"赢者通吃"的全球共治。

12.3 残酷的世界：不能输的"大国"

一个大国如果失去了在全球治理框架中的地位，那么将面临前所未有的巨大冲击，其在全球政治、经济和军事等各个领域的影响力将受到严重削弱，在国际社会中的话语权也将被削弱。在全球化的世界中，拥有话语权的国家可以制定规则，对全球治理的方向和进程拥有更大影响力。失去话语权的国家将无法在国际社会中发挥积极作用，甚至会沦为被边缘化的角色。

这种冲击不仅表现在国家层面上，也将波及其国民生活的各个方面。在全球化的今天，国家的地位和影响力不仅仅关乎其政治和经济，更与国民的生活息息相关。一个国家的衰落往往伴随着国民生活水平的下降、社会矛盾的加剧，以及文化自信的丧失等。

此外，失去全球分配框架中的地位也将使一个国家在应对全球性挑战时处于劣势。在面对如气候变化、公共卫生等全球性问题时，拥有话语权的国家可以提出解决方案并主导实施，而失去话语权的国家则只能被动接受，甚至会因为地位的缺失而无法获得相应的资源和支持。因此，各国都会努力提升自身实力和地位，以更好地应对内外的挑战和机遇。

然而理想与现实之间、动机与行为之间，总有一道阴影。真实的世界或许并不能像理想的世界一样完美地运行，正如阳光的背后总有阴影。在对美好的未来进行畅想之际，我们也应充分考虑到现实世界可能存在的残酷的一面，并为此做好充分的预案。

纵观西方文明的发展史，很少存在和平发展的道路，更多可能是倾向于暴力重构。古代的亚述帝国、波斯帝国、古罗马帝国、奥斯曼帝国等，无不经历过辉煌时刻，但刀光剑影的杀伐始终伴随其文明的起落。世界近代史更是一部血腥霸权的残暴扩张史，在海洋文明主导的扩张下，从17世纪的荷兰到19世纪初的英国，再到19世纪末的德国、日本，无不拥有对外扩张侵略和妄图征服世界的野心。

其他领域的"超限战"同样威胁着全球的安全与稳定。例如，发达国家掀起科技战，卡住发展中国家的脖子。发达国家通过芯片断供、规则垄断、收购吞并等方式，使得一些国家在不同领域遭到沉重打击，高技术领域无法得到正常发展。同时，发达国家挑起的金融战，也在收割全世界的"韭菜"。国际游资、热钱炒作，资本对发展中国家脆弱的金融体系的攻击，曾使得东南亚、拉美多国的金融环境出现重大倒退，甚至一蹶不振。各类"超限战"，本质是冷战思维的延续，是发达国家对外转移国内社会矛盾的手段。

民粹主义长期阻碍全球一体化发展。民粹主义又被称为"平民主义"，是指反对精英主义的一种社会思潮，主张由平民大众直接发起对社会的激进改革。自国际金融危机爆发以来，"以邻为壑"的理念催生了民粹主义，左右两翼的政治人物开始在西方世界诸国的政治核心圈中粉墨登场。左翼民粹主义仇富，认为经济全球化损害了底层民众的利益，主张引导产业回流、强化福利政策；右翼民粹主义仇外，认为本国民众的工作机会被外国人抢走了，主张本国优先、限制移民。民粹主义是全球化遭遇逆风的重要因素，是部分民众基于被剥夺感而反抗现有国际秩序的具体表现，具有激化矛盾的颠覆性和破坏力，严重时会带来暴力冲突和全球经济增长的滑坡与退潮。如何通过改革化解当下逐渐兴起的民粹主义，是摆在世界各国领导人面前的重大难题。

在这个基础之上，一些发展中国家的快速崛起也让美国产生了危机感，美国内部民粹主义升温，贸易摩擦逐渐升级。而贸易战的深层次逻辑与全球分配的困境密切相关。没有谁愿意让出自己的利益，为了维护本国利益不受损失，各国领导人需要寻求政治上的支持,这也是民粹主义升温的根源,全球化的分配无法再顺利延续。

中国不再仅仅停留在传统的低利润、低附加值环节,而要寻求更广阔的发展空间。全球各国都面临着类似的问题。如果全球各国不能联手拓展新的发展空间和创造更多的利润来源,将会对全球价值链的每一环的利益空间都造成损害。合作而非对抗,创造全球增量增长才是当前各国应做的事。当今世界正经历百年未有之大变局,中美应加强团结合作,携手应对全球性挑战,促进世界安全和繁荣。中美各自的成功是彼此的机遇,也是全球发展的机遇。全球无论是哪个国家,都不应抱守对抗主义,而应力争全球经济一体化不被进一步撕裂。

在过去一段时间里,大国之间、地缘之间的冲突越来越明显,全球的共荣与发展总是在波折中前进。需要注意的是,中国不断崛起的过程必然不会风平浪静,全球复杂的多边关系也不一定都能通过谈判和共融的形式获得很好处理。有人的地方就可能有分配的不均衡,就可能有利益的冲突。我们是过去全球逆潮时代初起的见证者,我们也将是未来中国劈波斩浪、迎潮而上的见证者。